末代皇帝和他的五個女人

王慶祥 著

5. 身著旗裝的婉容。

6. 溥儀，攝於一九一九年。

7. 攝於天津靜園。中坐者即為婉容。與親屬、女友和教師等合照。

7.

8. 溥儀過生日時的合影。攝於張園。

9. 婉容、文繡攝於一九二五年日本駐北京公使館。前排右一為日本公使芳澤謙吉之女，前排左一為婉容外祖母毓朗夫人，後排右二為婉容繼母恒馨。

10. 天津時期的婉容。

11. 婉容與溥儀的合照。

12. 婉容與英文師傅任薩姆之合影。

13.

14.

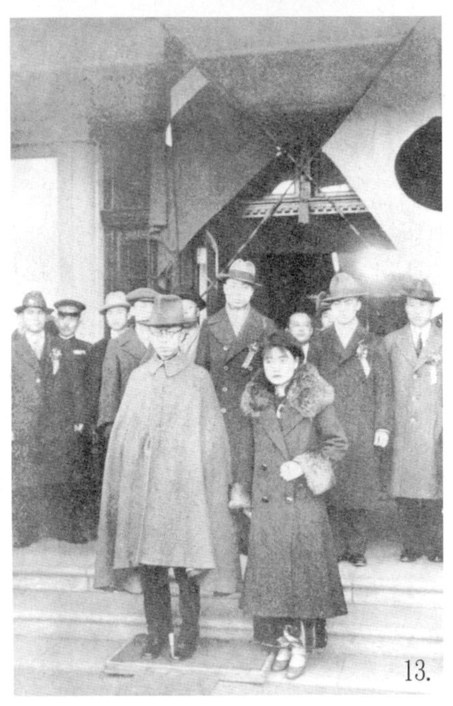

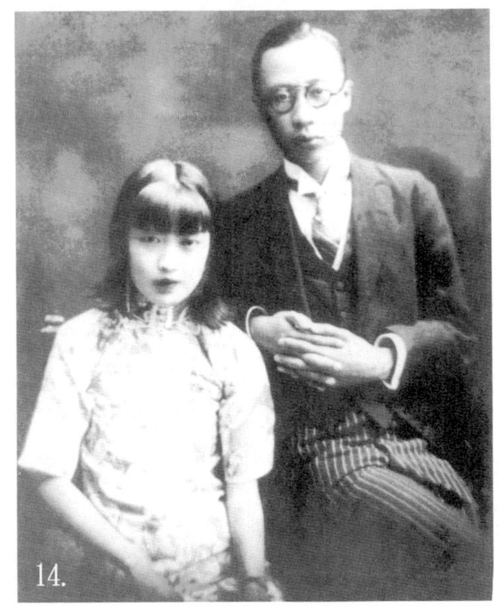

13. 溥儀和婉容在對翠閣（賓館）門前合影。攝於一九三二年。

14. 溥儀和婉容合影，攝於天津張園。

15. 溥儀和婉容，攝於天津靜園。

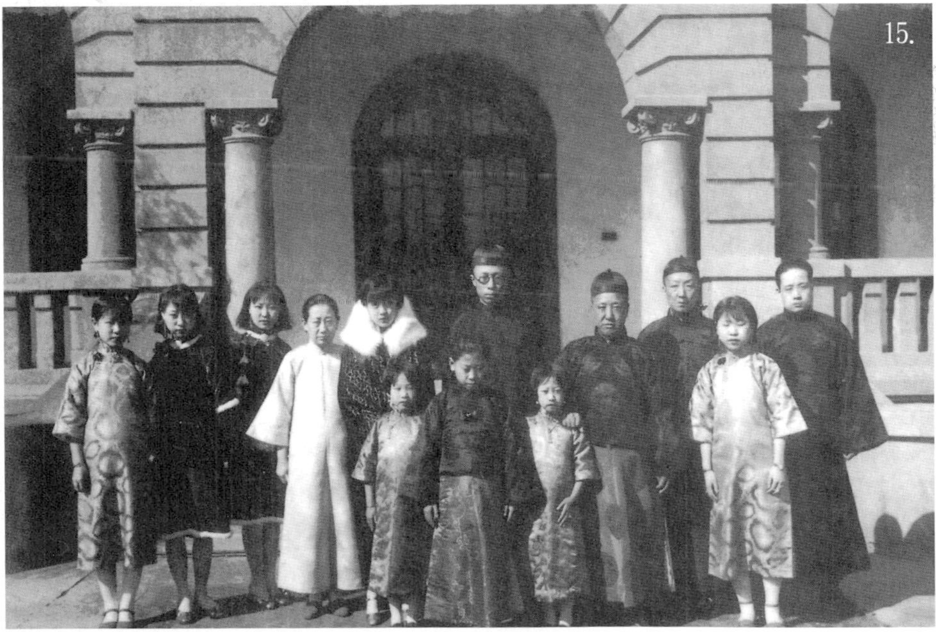

15.

16. 文繡於宮內拍攝的照片。
17. 文繡受冊封後，著宮裝之照片。
18. 入宮前的文繡。

19. 文繡在長春宮內。

20. 文繡手中拿的是折疊式照相機。

21. 文繡的宮廷生活照。

22. 文繡及其女伴。

19.

20.

21.

22.

23. 文繡、婉容及任薩姆之合影。

24. 文繡、婉容及溥儀的弟妹們合影。

25.

26.

25. 文繡、婉容的合影，
可看出二人的相處情形。

26. 書桌前的文繡。

27. 文繡與婉容，二人明顯不和。

27.

溥儀之妃革命
保障人權要求離異

亡清淑妃致其族兄文綺之一封書

妃子自覺・溥儀達觀
一方力求大事化為無事
預料結果不外脫離大吉

28.

28. 報紙上關於離婚的報導。

29. 天津地方法院發出的傳票。

30. 文繡個人照。

29.

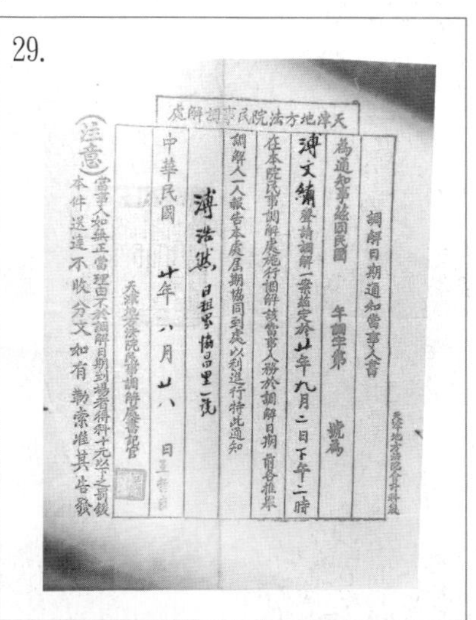

天津地方法院民事調解處

調解日期通知當事人書

為通知事茲因民國　年調字第　號為
溥文繡聲請調解一案茲定於廿年九月二日下午二時
在本院民事調解處施行調解該當事人務於調解日期前各推舉
調解人一人報告本處屆期協同到處以利進行特此通知

溥浩然　日租界協昌里一號

中華民國廿年八月廿八日

天津地方法院民事調解處書記官

（注意）當事人如無正當理由不於調解日期到場者得科十元以下之罰鍰
本件送達不收分文如有勒索准其告發

30.

31. 身著偽滿軍服的溥儀。

32. 譚玉齡（中）與溥儀二妹韞和及嵯峨浩合影。

40. 溥儀與李淑賢攝於杭州靈隱寺。

41. 溥儀與李淑賢在天安門廣場。

42. 溥儀與李淑賢攝於洛陽龍門石窟。

目錄

卷一 末代皇帝溥儀和末代皇后婉容 23

卷二 末代皇帝溥儀和末代皇妃文繡 89

卷三 末代皇帝溥儀和偽滿「明賢貴妃」

179

卷四 末代皇帝溥儀和偽滿「福貴人」李玉琴 253

卷五 末代皇帝溥儀和妻子李淑賢 337

卷一

末代皇帝溥儀和末代皇后婉容

長時期受著冷淡的婉容，她的經歷也許是現代新中國的青年最不能理解的。她如果不是在一出生時就被決定了命運，也是從一結婚就被安排好了下場。我後來時常想到，她如果在天津時能像文繡那樣和我離了婚，很可能不會有那樣的結局。

——愛新覺羅・溥儀

公元一九二二年十二月一日零時前後，雖已退位卻依法擁有尊號的清朝宣統皇帝，身穿龍袍，在文武百官的呼擁下，來到莊嚴肅穆的乾清宮內升座，親送鳳輿出宮，前往地安門帽兒胡同后邸迎娶皇后，從而揭開了中國歷史上最後一次皇帝大婚的盛大典禮的序幕。龐大的迎親儀仗，充分顯示了三百年清朝統治的「餘威」。

一、高貴的雙親血緣

光緒大婚時使用過的鳳輿內，坐著當年才十七歲的皇后，她高高的個子、大大的眼睛、黑黑的頭髮，白白的皮膚，風姿綽麗，楚楚動人。她不但相貌姣好，而且儀態不凡，舉止端莊，談吐文雅，琴棋書畫樣樣都通，實在是一位百裏挑一的有教養的才女。

皇后的名字叫郭布羅・婉容，從字面講，「婉容」意爲「漂亮的臉蛋」，真是名如其人。她生於清光緒三十二年九月二十九日（一九〇六年十一月十五日），原籍在今黑龍江省訥河縣龍河鄉，清末時，此地稱爲東布特哈莽鼐屯。在婉容的祖先中，有很多人曾爲清政府效命疆場，建立殊勳。如乾嘉時代歷任都統、內大臣、總諳達等職的朝廷老臣阿那保，以鎮壓太平天國和捻軍起義而見重於朝廷的都興阿、西凌阿和穆騰阿等。

婉容的高祖長順曾任清代吉林將軍，又首倡並主修《吉林通志》，且以在新疆中俄邊界談判中不辱使命而載入史冊。

婉容的父親郭布羅・榮源，係郭布羅氏莽鼐支第八代，生於光緒十年（一八八四年），京師奏設的大學堂畢業，從一九〇二年開始在晚清供職，先後出任北洋考察商務官郎中、世襲一等輕車都尉、兵部行走、光緒皇帝陵工監修等職。辛亥革命後，在北京地安門外帽兒胡同閒居數年，至一九二二年，其女婉容入選爲皇后，他也被援例爲輔國公，當了一任紫禁城小朝廷的總管內務府大臣。

一九二四年十一月，溥儀被逐出宮，榮源遂告卸任。溥儀擔任主要角色的僞滿傀儡戲開場後，榮源也隨之從北京移居長春，十幾年中雖未擔當要職，卻也出任了幾回肥缺，如僞宮內府顧問官、僞滿洲航空株式會社社長、僞滿洲自動車製造株式會社簡任監事、僞滿洲石油株式會社副理事長等。他於一九四五年八月三十一日被蘇軍俘虜，在伯力拘押五年；一九五〇年八月一日被引渡回國；一九五一年四月十八日因高血壓併發腦溢血病故。

榮源一生中先後娶了四位妻子。原配博爾濟特氏，隸察哈爾正白旗蒙古族，是科布多辦事大臣瑞洵景蘇和湖北巡撫瑞澄莘儒的侄女，未生育；繼配爲貝勒愛新覺羅・毓朗的侄女，名恒香，生一男潤良，一女婉容；二繼配爲多爾袞後代、睿親王愛新覺羅・魁斌的長女，未生育；三繼配爲愛新覺羅・毓朗的次女，名恒馨，生一男潤麒。

婉容的外祖父愛新覺羅・毓朗，字月華，係清朝乾隆皇帝長子永璜（封為定王）五世孫。他的家——朗貝勒府，位於西四牌樓南缸瓦市，就是世襲祖居定王府。毓朗也是晚清顯要人物，據《清史稿》載：「光緒末，授民政部侍郎、步兵統領。宣統二年七月，授軍機大臣。三年四月，改授軍諮大臣。」

若論皇族輩分，毓朗比溥儀小一輩，其外孫女婉容自然又比溥儀小三輩，但按清朝制度，遴選后妃只論容貌身家、宮廷關係，並不在乎戚誼遠近、輩分高低，所以才能允許婉容入宮給溥儀當皇后，作為侄輩的毓朗也一下子升為溥儀的老長親了。

高貴的雙親血緣及門第，還有漂亮的臉蛋和教養，固然是婉容被選入宮的自然條件，但它們畢竟是在一定的政治氣候和紫禁城內的背景下發揮作用的。

當時的中國處在軍閥混戰中。奉系軍閥張作霖、皖系軍閥段祺瑞、直系軍閥曹錕等走馬燈般轉換，民國政府每年向小朝廷支付四百萬元「優待費」一事，其實年年拖欠，而且總有國會議員出面反對，以至釀成後來由李燮陽領銜提出的著名議案，要求對溥儀參與張勳復辟進行追究，取消優待條件，令其遷出宮禁。紫禁城外的軍事、政治形勢，使年輕的「關門皇帝」處境尷尬，深感憂慮。溥儀再也不願意為了有名無實的皇帝尊號、為了招惹社會譴責的優待歲費，而葬送自己的一生前途，甚至丟掉性命了。

促成這種思想的內在因素是，自一九一九年莊士敦受聘入宮以來，溥儀大量接受他的影響，變得越來越與古老的宮廷不和諧了。

更嚴重的是，溥儀逐漸看清了宮廷內部的腐敗。那些王公、大臣、內務府官員以至各類奴才，無一不是靠著溥儀的空頭尊號要吃那筆優待歲費的，此外，便是討賞或乾脆盜賣宮中的珍寶、書畫。溥儀厭倦了被利用、受愚弄的處境。他實在沒有必要把金銀財寶消耗在龐大、臃腫又毫無用處的宮廷機構之中。他採取了一系列整頓措施，親自主持清查大內字畫、撤換清室總管內務府大臣等，都不奏效。

從痛恨宮廷腐敗到想自己脫身，這也是很自然的。溥儀已經不願忍受被限制、不自由的宮廷生活了。對於一個十八九歲的青年人來說，連上街、郊遊的自由都沒有，這種生活有何樂趣可言。這時的溥儀畢竟已經是關不住的了。曾應邀入宮會見溥儀的胡適寫了一首詩，把溥儀當年的心境，把他跟古老宮廷的對立，活化在詩句之中了：

咬不開，槌不碎的核兒，
關不住核兒裏的一點生意；
百尺的宮牆，千年的禮教，
鎖不住一個少年的心。

溥儀要離開紫禁城，常常向同情他的莊士敦講，「作爲無用的民國補助金領取者」他感到「羞恥」。然而，這卻深深震撼了把小朝廷作爲財源及身分依托的王公、大臣們，宮廷內部的對立已經明朗化。

溥儀會見現代派洋博士胡適時，說得很明白：「我們做錯了許多事，到這個地位還要糜費民國許多錢，我心裏很不安。我本想謀獨立生活，故曾要辦皇室財產清理處。但許多老輩的人反對我，因爲我一獨立，他們就沒有依靠了。」可見他已把宮廷對立的實質看得一清二楚了。

竭力要維持現狀的王公和大臣們，都堅決反對皇帝放棄尊號、優待歲費，可又不能激怒了皇帝，於是冥思苦想，希望能有切實的辦法把溥儀穩住，緩和他對腐朽宮廷的不滿。他們終於想到「大婚」，要用美色絕倫的皇后留住皇帝。

二、發生在一九二〇年代的「皇后競選」

在紫禁城內外的大背景下，在清室王公大臣們搭置的小舞臺上，溥儀訂婚這場「重頭戲」，或者說是發生在一九二〇年代初期的中國的「皇后競選」，一幕幕開演了。

早在一九二一年溥儀十六歲時，生父載灃、七叔載濤、族親載澤與內務府大臣世續、「帝師」陳寶琛和朱益藩等就相聚議論，謂「皇上春秋已盛，宜早定中宮」。大家同意後，又向溥儀及太妃們奏明，取得了他們的同意即開始辦理選后事宜。挑選的條件，必須是蒙古王公或滿蒙舊臣家的女兒。消息傳出，前來送「名門閨秀」相片的人往來不絕，連徐世昌和張作霖也派人來提親，只因當時有滿漢不通婚的限制，況且溥儀又是皇帝，所以都被婉言謝絕了。

到一九二一年六月一日，競選初步有了眉目。那天下午一時，由溥儀的生父、前攝政王載灃主持，在醇王府開會，小朝廷最核心的王公大臣全部出席。與會者同意舉出四名皇后候選人，她們是蒙古郡王、民國後又被袁世凱派任蒙藏院總裁的貢桑諾爾布之女、良說之女、端恭之女和文絢之女。其中，端恭之女，即後來的淑妃文繡，而郭布羅・婉容的大名尚未出現在這個最初名單中。

二位皇貴妃呈進皇后候選人的名單和照片，當即引起皇貴妃們的爭執：敬懿主張冊立端恭之女，而端康屬意的人竟還沒有提出來，堅決反對。這件事便暫時被擱置起來。

六月十九日，端康傳見載灃和內務府大臣紹英，重申她對皇后人選的意見，堅持要把婉容提出來。他他拉・端康，係禮部左侍郎長敘之女、珍妃的胞姐，生於一八七四年；入宮爲嬪，六年後晉爲妃，即光緒的瑾妃；宣統初年，溥儀尊之爲「兼祧皇考瑾貴妃」，居永和宮；一九一三年又被尊封爲端康皇貴妃；一九二二年晉封太妃，一九二四年因甲狀腺肥大而死，冊謚「溫靖」。

敬懿仍是堅持冊立文繡的意見。赫舍里・敬懿，生於一八五〇年；入宮爲嬪，不久晉爲妃，作爲同治帝之妃，到光緒年間被尊爲貴妃；一九一三年又被溥儀尊爲敬懿皇貴妃，移居太極殿；一九二二年晉封太妃，溥儀出宮後，遷居麒麟碑胡同北兵馬司大公主府，病逝於一九三二年，冊謚「獻哲」。

載灃調停無效。這裏邊不僅有皇貴妃之間的對立，也有王公之間的對立、醇王府內的對立。那期間，敬懿一次次傳見載洵，他們是「文繡派」，而端康則屢屢召見載濤，他們是「婉容派」。對於皇后人選的意見紛爭愈演愈烈，形成僵局，這顯然是一場隱藏在溥儀大婚後面的權勢之爭。耆齡在其日記中評論此事時，卻把責任推到醇王府的繼承人載灃身上了。他寫道：「內事枝節日多，嫌隙亦日積，皆邸不善調停所致。」

溥儀的訂婚問題終因皇貴妃們爭爭吵吵，再度擱淺了八個月，直至一九二二年二月十七日，溥儀大婚籌備處由載灃主持，重新開會，決定補提三名皇后候選人：蒙古王公陽倉扎布之女、蒙古王公漢羅扎布之女和榮源之女。至此，端康和敬懿相互妥協，都同意將七名皇后候選人的相片送到溥儀面前「御筆圈定」。

兩日後，溥儀「聖裁」。他最先劃了文繡。端康立即出來反對，說文繡家境貧寒，本人的相貌也不怎麼樣。溥儀當時對這類事並不放在心上，任憑皇貴妃們把七張照片重行攤開再擺一次，溥儀的鉛筆這回才落到婉容的相片上了。這下惹得敬懿不滿意。她提出，既然文繡業經御筆圈中，就不能下嫁庶人，於是產生了始料不及的一后一妃新方案。

溥儀最後不得不尊重王公大臣們的意見，默認了這件婚事，但他強烈反對皇后之外再選皇妃。內務府大臣們勸他說，根據古老的慣例，他可以擁有「三宮六院七十二嬪妃」。溥儀回答說，西方文明國家的君主不實行一夫多妻制，清宮皇帝在今天也不應該再實行一夫多妻的制度了。敬懿又哭又鬧，指責溥儀廢棄祖先之制，溥儀這才被迫妥協，同意再立一個妃子。

一九二二年三月十日，溥儀在養心殿召見內務府堂官（內務府堂官負責執行總管內務府大臣的決定，按今之稱謂，相當於「內務府辦公室主任」）傳旨：「候選道輕車都尉榮源之女郭佳氏著立為皇后，候選同知端恭之女額爾德特氏著封為淑妃。」這道諭旨宣告了溥儀訂婚過程的結束。

第二天，聖旨又以宮門抄（所謂「宮廷官報」，即最早的政府公報）的形式公布。從這時起，婉容就有了皇后尊號，文繡也成了淑妃。

三天後，榮源進宮謝恩。不料，此人竟手持宮門抄先到內務府聲明：他女兒姓郭布羅，並非郭佳氏。原來，由載濤代呈的皇后「三代門戶帖」搞錯了姓氏，結果皇上聖諭也跟著錯。作為須負最後責任的人，載灃自覺羞甚，遂命在宗人府諮文上改正即可，不必上陳皇帝。耆齡則在其日記中貶斥載灃和載濤的「欺罔之罪」，並揭露某些人「不過欲借椒房（指后妃）聲息，以為將來希榮之地耳」。

隨後印發的宮門抄上，就登載了榮源受到召見並叩拜謝恩的消息，同時入宮謝恩的，還有文繡的五叔華堪。因文繡之父額爾德特・端恭早逝，唯五叔華堪曾任吏部尚書，是當時家族中地位最高的人，故以族長身分入宮謝恩。溥儀又傳旨，封榮源為「承恩公」，賞「頭品頂戴」、「挑補御前侍衛」，並給予「在紫禁城內騎馬」的特權。

機遇降臨在郭布羅・婉容身上，首先是因為她有高貴的雙親血緣及門第，還有漂亮的臉蛋和教養。

三、中國史上最後一場皇帝大婚

一九二二年三月十五日，溥儀傳旨設立大婚典禮籌備處，派載濤、朱益藩、紹英和耆齡辦理有關事宜。該處開張第一件事，就是把婉容從天津接回北京，一些宮廷官員、太監和護衛官被派往天津執行任務。

三月十七日，當載有皇后的專列返抵北京前門車站時，歡迎她的不僅有身穿袍褂的內務府大臣和清宮宮女，還有民國政府派來的儀仗隊。民國的軍隊和員警則佈置在前門火車站至地安門外帽兒胡同「后邸」的街道上，他們的任務是保護皇后安全並以示敬意。

婉容少女時代的最後八個月，就是在帽兒胡同的后邸度過的。其實，后邸就是榮源的房產，從婉容中選那一刻起，它便升格爲「后邸」了。據莊士敦說，婉容回到這裏居住，目的在於「進入皇家的勢力範圍，並且接受必要的宮廷禮儀的訓練」。當然，榮源仍然住在這裏，所以，外界也有人按「承恩公」的名分稱之爲「榮公府」。

皇后的禮節繁縟，但婉容畢竟是天真爛漫的少女，不可能頭天戴上桂冠，次日便一本正經。她還像在天津時那樣，與女友一起上街、逛商店、進電影院。著名作家老舍的一位族人舒芸女士，便是婉容的女友。她們比鄰而居，情逾姊妹。有一次在東城的真光影院看外國影片《多情皇后》，影片描寫某皇后喜與一般兵士相識爲友，當演到淫亂的情節時，婉容就十分不悅了，不待劇終便拂袖而去。可見正統思想在她頭腦中還是牢固的，她到底是貴族家庭出身。

皇后居處，一舉一動、一言一行，皆爲社會輿論的獵取對象。借助新聞媒介的傳播，婉容入宮前早已聞名遐邇了。《順天時報》一九二二年七月十二日刊出「帽兒胡同榮宅因清室宣統帝大婚之期在邇，鑾輿出入諸多不便」，清室內務府曾「覓工改修」，即運來磚瓦木料等，以原有房間改建，興了一番土木。

不久，婉容的胞兄、胞弟也得到實惠。據《群強報》載：「清皇親榮源因伊子潤良、潤麒二人得賞護軍參領，昨初四日早晨進內謝恩。」至於榮源本人，更是榮譽與實惠並至，一九二二年十一月十九日奉旨「著加恩賞穿輔國公補服」，一九二三年八月十日奉旨出任總管內務府大臣，同年十二月八日奉旨「賞穿帶膝貂褂」，實乃九霄雲外、扶搖直上了。

一九二二年十一月七日，《順天時報》又登出榮源家將爲皇后的生日大肆操辦的消息。題目是《清后千秋》：「陰曆九月二十九日爲清后千秋，雖尚未入宮，然受賀禮節與已入宮之皇后同儀注。千秋日當然受賀並召梨園子弟入后邸演戲，而后之父母兄弟皆得邀賞聽戲之榮。聞余叔岩、楊小樓等奉召入內演戲云。語云『婦隨夫貴』，此之謂也。惟女子命中有此種依人富貴之運，去年今日相去若天淵矣。」

從揭開蓋頭，婉容美麗的面龐第一次出現在溥儀面前時起，婉容的婚後生活就開始了。照滿族風俗，皇帝和皇后在洞房中，還要完成一系列禮節，同食「子孫餑餑」、「行合巹宴飲交杯酒」，又進「長壽麵」之後，對於健康的少男少女來說，自然是溫柔而甜蜜的花燭夜了。

然而，溥儀似乎並沒有遇到強烈吸引的力量，他離開了那張「龍鳳喜床」，那張位於高大宮殿圓柱後面、「日升月恒」匾額下面的大床，那張掛著「龍鳳呈祥」刺繡大紅幔帳的雙人木床，回養

心殿自己的臥室去了。

大清皇帝新婚初夜就逃離洞房，這樣的事可不簡單，很快就被捅到外界了。傳聞種種，不脛而走。

有一個記者報導說，是皇帝讓皇后給拒了，就因爲溥儀宣旨免去了淑妃跪迎皇后之禮，「皇后大爲不懌」，竟一怒而「實施閉關主義」，「宣統亦無可奈何，只得在養心殿宿了一夜」。

溥儀降旨免除淑妃跪迎之禮，這是事實，新婚之夜，皇后獨眠也是事實，然而這兩件事實之間是否存在某種聯繫，報導的說法姑且聊備一格。

不過，有一點則完全可以斷言，曾受過「學堂」教育的婉容，是堅決主張一夫一妻制的。對此，當時的許多洋人都曾以讚美的口吻著文予以宣揚。在這種思想支配下，與其說她反對免除文繡的跪迎之禮，還不如乾脆地說她反對冊立文繡爲妃。她不滿意的並非是文繡的失禮，而是文繡這個人。後來，文繡離婚、婉容被貶，都從這兒看出了兆頭。

一九二二年十二月三日，大婚進入第三天。正午，溥儀在乾清宮大殿內升座，接受皇族王公、清朝遺老和尚在小朝廷內任職的官員近千人排班叩賀。

這樣正式而莊嚴的場合，皇后必須回避，因爲大清王朝三百年間形成了這條「祖制」。然而，在一小時前舉行的非正式的外國人招待會上，則出現了不爲「祖制」所囿的情況：婉容第一次以皇后身分拋頭露面了。其時，婉容身穿滿族旗袍，梳起高高的「兩把頭」，與穿戴龍袍皇冠的溥儀一起，在西暖閣的小套間裏並肩站立，接待外國賓客。

一位老臣面對賓客大聲宣布：「皇帝陛下將親臨大殿，向諸位先生、女士致謝辭！」隨後，溥儀率諸臣走出西暖閣，並登上寶座一側的木臺子，從衣內拿出一張小紙條，用英語緩慢而清晰地讀道：

「朕在這裏見到來自世界各地的高朋貴客，感到不勝榮幸。謝謝諸位光臨，並祝諸位同享健康與幸福！」

讀完，他從梁敦彥端著的銀盤中拿過一杯香檳酒，高舉過頂，環視滿堂，然後向左右各鞠一躬，移杯唇前，一飲而盡。

至此，皇帝偕皇后退下，「非正式」外國人招待會便結束了。皇帝和皇后還賞賜出席盛典的先生和女士，每人一個隻精美的銀製小盒或景泰藍小盒，讓金髮碧眼的洋朋友們永遠記住並紀念這次招待會。

從清朝歷史的角度看，可以認爲這次非正式招待會是有價值的，當然是社會演進的結果。在新思潮影響下，溥儀和婉容終於敢突破「祖制」束縛了。它的「政治意義」在於辛亥革命後第一次在清宮裏招待各國使節，或者可以說是「清朝」與列國「友好關係」的新表現。

這天開戲較晚，婉容仍坐在屏風後面的「鳳座」上，細觀了楊小樓的《連環套》和《水簾洞》、俞振庭的《金錢豹》和《八蠟廟》等，都很吸引她。晚六時剎戲，月亮照耀宮苑古松，投影印地，如繪如描，婉容由宮女和太監前導後扈，回到坤寧宮安歇。

坤寧宮曾是光緒帝大婚時的洞房，後來隆裕皇后移居鍾粹宮，這裏就長期閒置起來。直到婉容入宮前十天，這裏才油飾完畢並安裝了電燈。明亮的燈光照耀著紅床紅帳紅褥紅被紅衣紅裙，還有皇后的紅臉蛋。婉容似乎並不喜歡這個地方，花燭洞房無郎伴，孤身夜影又何堪！

四、儲秀宮的授讀生活

大婚一過，婉容就搬到儲秀宮去住了。此宮曾是慈禧的寢宮，後來又作爲莊和皇貴妃的居所。莊和即同治皇帝的珣妃，阿魯特氏，顯赫一時的大學士賽尙阿之女。一八七三年入宮爲嬪，一八七五年孀居，就在如此堂皇富麗的宮殿內苦守了將近半個世紀，直到一九二一年四月十四日「薨逝」。在淒苦的歲月裏，儲秀宮耗盡了珣妃的青春年華，現在又向年輕而美麗的婉容敞開大門了。

婉容婚後在儲秀宮生活了將近兩年。她不但有皇后的身分，而且有超越清朝歷代皇后的表現，特別是她的西化的思想傾向。紅色的宮牆並沒有阻斷婉容與西方「新式教育」的聯繫，因爲她和皇帝在思想上很接近，溥儀支持。起初溥儀給婉容延聘兩位師傅：一位是美國費城牧師的女兒馬修容，另一位名叫英格蘭木。她們顯然都與婉容在天津念書的那個教會學校有關，是婉容自己物色的人選。不久，伊莎貝爾・任薩姆女士也被聘到宮裏來了，她與婉容也是舊識。她們不但教授她英文，也講授文學、歷史、藝術及世界各地風物知識。

婉容的師傅們頗受禮遇。據溥傑說，她們每天下午入宮授課，屆時總有幾乘二人肩輿在神武門內迎候；酬謝金也是可觀的，逢年過節都有豐厚的賞賜，此外還有俸祿。據檔案記載，清室內務府一九二四年一月間的規定：馬修容和英格蘭木每人月薪三百元，按時價，可買一百五十袋「洋麵」。任薩姆的月薪還要更高些。

婉容的英文學得很不錯，不但能用英語講話，而且能用英文寫信。她在宮中用英文給溥儀寫過大量的抒情短信，落款總是用溥儀給她取的、與英國女王相同的名字：伊莉莎白。比較起來，在天津長大的婉容，西化程度更甚於圈在紫禁城內的溥儀。她還教會了溥儀怎樣使用刀叉吃西餐。像婉容這樣一位講英語、吃「洋飯」、在西方思想薰陶下成長的貴族千金，怎麼能夠受得了宮牆的禁錮呢？在這一點上，可以說她和溥儀是有共同語言的。於是，他們想方設法，要從自己狹窄的生活中走出去。

溥儀大婚後，出宮日漸頻繁，而且每次必攜一后一妃，恐怕不能說這與婉容無關吧。僅從一九二三年的舊報紙上就可以找到許多報導，也能夠反映皇帝和皇后宮廷生活的一斑。五月一日，《群強報》登載了《宣統赴醇邸探病》的消息，六月三日，《大公報》登載了《溥儀夫人省親》的消息，六月六日和九日，溥儀先後兩次率領皇后和淑妃前往醇王府探望祖母之病，並「順便」遊逛了花園。

一九二三年的盛夏季節，溥儀偕同皇后和淑妃，連續三次遊景山。年輕的皇上和皇后，遊了景山，又欲遊萬壽山。一九二四年四月二十日那天，溥儀由婉容陪著遊覽頤和園。他們率領一列由十四輛汽車組成的車隊，光顧了殿堂樓閣，登上了萬壽山頂，又乘遊船「幸臨」了「園中明珠」龍王島，玩了個痛快淋漓。紫禁城紅色的宮牆，怎麼能關得住這些年輕男女飛騰的心呢。

婉容在清宮的那兩年常見外賓，這或許可以說是她的一樁正經事。莊士敦和任薩姆扮演了中間人的角色，他們把一批又一批金髮碧眼的先生、女士帶進紫禁城，並介紹給早已喪失政權的中國皇帝和皇后。

婉容所居的儲秀宮，是慈禧生活了多年的地方，同治帝就誕生在該宮後殿，慈禧五十歲生日那年又重新裝修過，溥儀小時候也曾住過這裏。儲秀宮各室陳設富麗堂皇，多爲紫檀傢俱和鑲嵌螺鈿的漆傢俱。婉容擁有極盡人間之奢華的居所，又有太監、宮女數十人晝夜伺候，然而，她的宮廷生活卻無溫暖可言。別看溥儀出宮逛景常找婉容陪伴，卻很不情願到皇后的寢宮去「合房」，一點兒都沒有小夫婦的親熱勁兒。

給溥儀當過御前太監的魏子卿等，在一九六〇年代初寫的回憶文章中就說過：「當皇上的，同外邊老百姓過日子大不相同，他們夫妻不同桌吃飯，也不同床睡覺。皇后和妃子每天照例按時間到皇上這兒請安，真像客人一樣。」

作爲能騎善射的達斡爾族姑娘，婉容會騎馬，也喜歡球類運動，對網球尤感興趣。婉容也會騎車，溥儀出宮後，在當年作爲自行車車房使用的御花園絳雪軒內，就找到一輛婉容騎過的車，且一直保留至今。宮藏照片中，也有許多婉容騎在自行車上的鏡頭：她頭戴鳳飾，身穿旗袍，正沿著宮牆騎車馳騁，側臉露出笑吟吟的模樣。

婉容還喜歡小動物，她訓練了一隻黑巴兒狗，常撫摸雪白的綿羊，還飼養美麗的五色鸚鵡。婉容愛玩攝影，現存的婉容照片大多是身體微微前傾、頭微垂、雙手交叉扶在膝間，顯得雍容華貴，溫存典雅。她戴頭飾，撫弄鮮花以及做各種嬉戲動作的鏡頭，凝眸顧盼的神態，嫣然一笑的倩影，更富有女兒情。洞簫欲吹的場面，戲裝出臺的場面，也都被攝取下來了，它們能夠證明婉容對文藝的興趣。婚前她就常常光顧全市最好的真光電影院，宮內也安裝了電影放映設備，每月能演幾回，婉容當然是要出席的。作爲從小訓練出來的戲迷，婉容更喜歡京戲。一九二三年十月二日（舊曆八月廿二日）是端康太妃的生日，梅蘭芳入宮演戲使婉容大飽眼福。

然而，這位年輕的皇后還是經常愁鎖雙眉。婉容與溥儀同齡，還只是十七八歲的年輕人。她不一定那麼嚮往金碧輝煌的宮殿，也不一定那麼需要和諧美滿的婚姻生活，但她需要充實、溫暖、快樂，需要愛和感情的撫慰。

在空虛和寂寞的環境中，雖然每天要用去一兩百兩銀子的生活費，換回的也不過是無聊。於是，婉容學會了吸煙，由香煙到鴉片，開始說是治腹痛和頭痛，實際是心病所致，很快便進入了癮君子的世界。

婉容還不懂得吸鴉片的時候，脾氣很壞，夜愈長，心愈苦，一抽上鴉片便飄飄然了，也就沒事了，可見是「真治病」。溥儀或是自知有對不住婉容的地方，遂由著她的性兒去抽，還派了一名叫趙榮升的太監專門服侍皇后吸煙。

五、「閨中相思」與「情場角逐」

婉容也讀過一些中國古典文學書，據在儲秀宮伺候婉容起居的太監趙榮升講，清宮裏的寡婦妃子們每天生活都很無聊，平時閒得慌，練練字、繪繪畫而已，婉容年輕，還常常看書，對寫詩填詞也有興趣。她恭楷抄錄的杜詩《登樓》，至今保存在檔案中。

婉容希望大清帝國朝廷不改，溥儀能夠作爲中興的「後主」彪炳史冊。婉容更願以諸葛亮之忠誠伴君相佐，這是她唱給溥儀聽的《梁父吟》。婉容自己也能寫幾句，常在小詩中勾描真實的自己：「夜半時分，難以成眠，滿腹悲情，長吁短嘆，何所寄託，對月空談。」

溥儀出宮後，人們曾在儲秀宮發現婉容的若干作品，其中有兩首詞作。

第一首，原詞無題，係閨中相思之作。詞句整齊、淺白，比喻貼切、新鮮、感情真摯，有如瀑布直瀉，也像一首朗朗上口的民歌。從內容看，可以品味出作者那種難以壓抑的憤怒，這憤怒顯然來自於不正常的婚後生活：

人言相思苦，我言相思悅。思雖苦，心還慰，只有單思無了時。採蓮蓮花開，君王臥病帳不開。採蓮蓮葉長，桶役宮人來逞強。採蓮蓮結子，桶役宮人炊豆子。太不良，太不良，賽虎狼，賽虎狼。黑心腸，黑心腸，無法償，無法償。狂風揚，狂風揚，天地昏暗日無光。

第二首，原題《桃花歌》，用擬人的手法，宣洩了作者在情場角逐中的心情。她妒忌、諷刺、挖苦的對象，就是淑妃文繡。

桃花宮，桃花院，桃花院內桃花殿。桃花殿，桃花簾，桃花簾內桃花仙。桃花面，桃花面上桃花癬，桃花玉蔓桃花衫。桃花口，氣如蘭，桃花齒，似葉煙，桃花唇，似血盆，桃花媚舞桃花殿。

在溥儀的歷史檔案中，尚可找到婉容的手跡，大多為鋼筆寫下的中、英文書札以及詩文作品和日記等，也有少數毛筆小楷字跡。語句文白相間，但錯別字不少。書法尚可一觀，只是沒有找到她的繪畫作品。據說，她也和溥儀一樣，能繪幾筆畫。她與宮內外的畫家亦有交往，美籍華人女畫家楊令茀，當年曾進宮為婉容「寫真」，留下一幅末代皇后的肖像圖：婉容站在山水屏風前的地毯上，鳳冠鳳袍，全副旗人裝飾打扮，顯得高大、端莊、美麗。

清朝自咸豐起，皇帝享年不永，胤息奇缺。咸豐帝活了三十一歲，雖然后妃成群，只生二子一女，一子早殤；同治帝活了十九歲，有一后四妃，結婚兩年居然無後；光緒帝活了三十八歲，有一后二妃，始終無出。今宣統帝又大婚完畢，也該立嗣了，整個皇族都盼著他呢。婉容更不能沒有自己的想法，作爲皇后，她多想爲愛新覺羅氏生下一位英俊而有才幹的皇儲啊。

婉容天天盼望溥儀來，卻常常盼不到，即使到儲秀宮來了，也往往只是擺擺樣子，或者照幾張相。自從溥儀免除淑妃的跪迎之禮，婉容就頗有情緒，加之「皇帝幸臨」儲秀宮的次數不多，婉容遂懷疑丈夫有更多的時間待在文繡所居的長春宮。其實，許多許多個夜晚，溥儀既不去儲秀宮，也不去長春宮，而只是住在養心殿的皇帝寢宮內。

婉容由猜疑而生事，與淑妃的關係逐漸也就難以和諧了。接受了西式教育的婉容，反對中國傳統的多妻制。婉容作爲皇后入宮，對於淑妃文繡，她固然處於優越的地位，然而，這畢竟不是在完全意義上的遂願。

一九二四年內，婉容給溥儀寫了不少詩文和英文短信，都寫在小小的便箋上，然後裝入特製的白色小信封內，交親信太監傳遞，其中許多篇章便是后妃之間情場角逐的產品。例如題爲《贈淑妃》的這兩首：

愛蓮女士娟鑒：

明明月，上東牆，淑妃獨坐在空房。
嬌弱飛燕常自舞，窈窕金蓮世無雙。

正月裏，打新春，愛蓮房中口問心。
一二十歲把書念來吧呀唉呦。
二八青春作好文來吧咦啞呦。

在這兩首極盡諷刺、挖苦之能事的詩中，充滿「獨坐」、「空房」、「常自舞」、「世無雙」、「口問心」等強烈的字眼兒，儘管點名是對文繡的，自己還是有份兒，因為她對「空房」等詞兒無疑都具有深切的感受。

皇后和淑妃平時也常以函件往來，各派太監遞送。檔案中保存至今的一些函件，已經透露了后妃之間的芥蒂之深。這裏引錄一封婉容致文繡的函件，其中人稱全用英文，為方便讀者，加括弧標明漢字；信中還有一句是文繡閱讀時插入的批語，以【】括進，以示區別。原信如下：

愛蓮女士惠鑒：

昨接來函，知you（你）之悶堵現已痊癒，I（我）甚欣慰之至，and（並）請君勿怕me（我）錯誤。念I（我）是與君互相立誓，彼此均不得再生誤會，不拘何事，均可明言。所以君今不來，I（我）以ate（吃飯）稍有誤會之處，不過【莫名其妙而已】只是君因病不得來此，I（我）實不能解也。君聞過中外各國，you（你）有託病不能見I（我）之理麼?若有何獲罪於君之處，還望君明以見告為幸。不過自嘆才德不足，難當君之佳友耳。

請罪人：Elezabeth（伊莉莎白）

本思再寫數行，以博君之一哂，怎奈不會寫了，只得作此不通之數字，以解君之幽悶。

信中透露了如下事實：皇后和淑妃曾因吃飯鬧了彆扭，相互嘔氣。淑妃則稱病，不到皇后宮中請安，皇后遂寫此信，名爲賠禮請罪，實則興師問罪。這就是小朝廷時代發生在後宮的一幕真劇。在婉容和文繡之間，爭執、吵鬧的「小事件」時有發生，溥儀不得不常常給她們「斷官司」。這兩個人，婉容地位高，又年長幾歲，人也霸道些，總存心排擠文繡，幾近於欺負老實人了，這當然不能說是婉容的優點。這裏引錄婉容用戲謔的詞句寫成的一封短信，則「一斑」之外可想而知。

愛蓮女士惠鑒：

數日不見，不知君還顧影自憐否？余今甚思購一明鏡，以備顧君之影。念有一曲，以還君之一笑：

愛蓮女士吉祥，愛蓮女士彈琴彈得好，愛蓮女士唱得好，愛蓮女士的嬌病好點了。愛蓮女士進藥了嗎？愛蓮女士進得好，拉得香。

祝君晚安！

六、清宮末日

婉容是中國最後一位享受過「皇后」級物質待遇的女性。

婉容有單獨設立的儲秀宮皇后御膳房，自可隨意命人買辦市中肉菜佐料，並隨時傳進喜歡的新鮮食品，乃是宮內級別最高的膳房之一。文繡的廚房——「長春宮主位飯房」，則已經低兩級了。

婉容也有專門的「御用裁縫」，幾乎每天都要裁製新裝。溥儀歷史檔案中，至今保存著婉容的各類服裝尺寸單子。

婉容那時是很得意的。拿她進宮後第一次過生日來說吧，皇上的生日稱爲萬壽，皇后的生日則爲千秋，在帝王時代都是隆重的宮中節日。溥儀退位以後當然要從簡，「皇后千秋例不舉行」。可是婉容的首屆千秋，起初還準備大規模地慶祝，後來雖因「節儉經費」，經陳寶琛師傅諫「傳諭停止祝賀」，但舉動仍是不小：九月十三日「頒賞」，賞給內廷各處當差人員和太監等「每名銀洋二元、四元、十元不等」；到九月十七日那天，特傳當時著名的雜耍演員徐狗子進宮，在漱芳齋演唱八角鼓雜耍，還有快手盧戲法，電影和乘船遊覽等活動。雖說沒連演三天戲，卻也熱鬧了一整天。

紫禁城外的北京街道上則充滿了難得溫飽、沿街討飯的貧民，大、小報紙紛紛登出「啼饑號寒」的消息。皇后婉容「日閱報紙，留心時事」，見有或因貧無米爲炊，或因病無錢就醫，或因喪無力安葬而求助者，她一定要「遣人送去捐洋」，也許五元，也許十元、二十元，皇后因而出了善名。

奢華的生活、美名的善舉，婉容擁有的這一切，實際並沒有牢固的基礎和可靠的保障，因爲她不但是在「大清王朝」的皇帝退位後才戴上鳳冠的，而且是在遜帝小朝廷走向衰敗、瀕臨崩潰的年代裏入宮的。這個小朝廷實際控制在王公、大臣和前朝遺老們手裏，盤踞於此的除了皇帝和皇后，還有老太妃們，以及伺候這幾位主子的太監、宮女和各等各類奴才。他們蠶食宮廷的家當，並依賴這經歷明清兩朝有六百年歷史的中國第一世家的家當，侵吞、掠奪、賄賂、收買、貪污、盜竊，宮廷早已從國家的首腦機關變成社會的贅疣了。

許多卑鄙的勾當都是打著「皇帝」的旗號幹的，這更讓溥儀感到頭疼。大婚前後，他傳旨陸續建立了一些機構，清查宮內倉庫、各殿陳設，以及價值連城的金器珠寶和歷代書畫，卻未能制止盜竊和一切蠶食宮廷的可恥行爲。

失竊事件同樣落在了婉容的頭上，在《我的前半生》中，溥儀仍不時憤怒地寫道：「到我結婚的時候，偷盜已發展到這種程度：剛行過婚禮，由珍珠玉翠裝嵌的皇后鳳冠上的全部珍寶，竟整個被換成了贋品。」

一九二三年夏初那場建福宮的大火，無疑也是腐敗宮廷的一次曝光。火災之後，溥儀非常害怕，因爲他平時對太監很殘暴，動輒重責，懷疑太監縱火報復。溥儀從此不能高枕無憂了。他不再信任太監，甚至懷疑太監行兇害他。溥儀想挑出一個可靠的人守夜，挑來挑去，只挑出一個皇后來。他還給婉容預備一根棍子應變，一連幾天，婉容整夜不能睡覺。溥儀又覺得這究竟不是個辦法，爲了一勞永逸，最後決定把太監全都趕走不要！在這場大火造成的宮廷危機中，婉容始終和溥儀在一起，分擔他的憂愁。

然而，驅逐太監的時候，溥儀或許尚未想到，他自己以及皇后、皇妃被驅逐的時刻已經不遠了。一九二四年十月末，馮玉祥發動著名的北京政變，軟禁了賄選竊位的民國總統曹錕，組織黃郛爲總理的攝政內閣，進而佔據景山，虎視眈眈地守在神武門前。溥儀慌了神。十一月五日清晨，鹿鐘麟帶著清室優待條件的修正文本進宮了。風雲突變，溥儀不得不在《修正清室優待條件》上簽字，清宮生活結束了。當天下午，溥儀一行由鹿鐘麟的士兵押送出宮，皇上和皇后並沒有人頭落地，皇冠和鳳冠卻落地了。此後雖有許多人繼續尊稱他們爲皇上和皇后，但那已不爲中華民國所承認，已經失去了合法性。

七、秘密赴津

婉容既是中國歷史上最後一位擁有合法皇后地位的女性，也是中國歷史上唯一一位經歷了深刻的宮廷變革、失去了皇后身分而又能保全生命的女性。她是不幸的，又是幸運的。

溥儀被逐出宮，婉容也隨之結束了紫禁城的生活，並跟丈夫一起，被鹿鐘麟的軍警幽閉在醇王府內。其時，溥儀和溥傑、溥佳一塊兒住在樹滋堂，而婉容和文繡則與溥儀的庶祖母、老醇王奕譞的三側福晉李佳氏同住。只有極少數最親近的太監和宮女跟隨伺候，而皇家無盡的財富，包括后妃的洗換衣服都留在宮中了。

不久，鹿鐘麟答應溥儀的要求，發還了他一家人的衣物和日常生活用品，還發還了清宮庫存的歷代元寶銀兩，即所謂大內藏銀共六千三百三十三斤。儘管如此，前途問題依然不能不縈繞著皇家幾位青年男女的頭腦。

婉容在清宮的生活並非每樣都愜意，卻無須慮及「前途」。現在不行了，還不到二十歲，又自以為有皇后身分，漫長的人生道路將怎樣度過呢？溥儀說過要帶她出國留學，她也想過漂洋過海，卻沒有很深厚的興趣，現在必須認真地考慮了。那些天，鄭孝胥常來向溥儀說教，把投靠日本的政治方案講得天花亂墜，說什麼先到日本留學，伺機而動，重登九五。文繡反對靠在洋人身上，婉容當時不那麼反對，她倒很想隨著溥儀遊歷東洋，也好享受一下現代文明，開開眼界。

一九二四年十一月廿九日中午，狂風怒吼，塵沙蔽日，溥儀就被這一陣怪風刮到日本公使館裏去了。他是瞞著家人離去的，婉容很擔心，天天流淚，盼著見到她的「皇上」。十二月初，日本政府正式認可對溥儀的庇護，隨即把婉容和文繡也接入公使館。

溥儀在公使館期間先後有兩次大排場，一九二五年一月廿四日過年，二月六日溥儀過生日。溥儀照例傳旨讓婉容上妝出面，使文繡深感不平，鬧到溥儀動手打人，以至溥儀、婉容和文繡之間的三角關係進一步複雜化。當然，在多數場合，溥儀都和婉容站在一起。

一九二五年二月廿三日，溥儀攜婉容共赴芳澤謙吉夫婦舉行的餞行宴會。第二天，溥儀就秘密赴津了。婉容和文繡隨即也來到天津，並住進日租界宮島街張園。這時的婉容雖已失去皇后身分，卻正過著一生中最快樂的平民生活。正如當年的歐美記者不厭其煩報導過的，溥儀和婉容時常一起出來溜冰、看跑馬、參加跳舞比賽、乘汽車在租界內購物或遊玩等，把日子打發得輕鬆愉快。這兩個人也很快成爲天津的風雲人物。

老舍先生族人中有位舒芸老人，其家與婉容家比鄰而居多年，兩人幼年時就有交往，情逾姊妹。婉容回到天津後，「不忘舊誼，當即召見，由是經常用電話邀舒芸去張園作投麻雀戲」。據舒芸回憶，她多次伴婉容乘車到各處遊覽，也去過萬國賽馬會、西湖飯店舞廳，但婉容並不買馬票、下舞池，也不騎馬、打球，「不參加當時摩登活動，只是由於好奇心埋而喜歡到處看看。當時外邊傳說，以及後來報刊上的記載，都是臆造，純屬子虛，依我看，婉容是一個很安詳、慎重的好女人。」

由於婉容常常上街購物，遊逛，花錢如流水，差不多可與溥儀平起平坐，每月有一千元的經費開銷，按當年市面行情，可買五百袋「洋麵」。文繡則不能跟她相比，每月只有一百八十元的經費可以使用，然而也不算很少，要知道張園隨侍每月月例只有十七元。

在天津，婉容繼續學習英文，任薩姆教習自然又從北京跟到天津來了。任薩姆對婉容的影響不亞於莊士敦對溥儀的影響。

除英文以外，當然也缺少不了正統的「國學」課程，給她進講古典文獻的胡嗣瑗評價其女弟子，爲「敏而好學，銳進無疆，於古事必究其興衰，於文章盡通其義蘊，欽服之意，實所難名。從此，璿宮自習，必能貫徹古今，助成聖治」。

那時溥儀還常常偕婉容到新明戲院看戲，此即民國初年的「下天仙」，是當年天津第一流的劇場，著名京劇演員余叔岩、楊小樓、梅蘭芳、李萬春等都在這個戲院演出過。有一次，溥儀和婉容正坐在新明戲院的包廂裏，被胡嗣瑗瞧見了。作爲「行在」大管家，胡自認爲有虧職守，乃恭摺引罪求退。溥儀見此摺，對胡褒賚有加，「著賞給貂皮一件，以旌忠直」，此後卻再也不敢帶婉容看戲去了。

在中國第一歷史檔案館存藏的《清廢帝溥儀檔案》中，尚可找到一些人給婉容進貢以及婉容向某些人頒賞的記載。儘管那幾年婉容不辦千秋，臣下的「進奉」以及「皇后頒賞」還是依例進行，因爲，這到底是有皇后身分者的必要裝飾，從中能夠看出婉容在天津時期的交往情況。

其實，婉容的生活圈子實在太狹窄了。婉容當年能夠聯繫的人，除溥儀和文繡外，只有三部分：一爲娘家和婆家的長輩、平輩及下輩親屬，如朗貝勒福晉（**婉容的外婆**）、大格格（**婉容的姨**）、三格格（**婉容的姨**）、榮公爺（**榮源**）、榮公館二格格、潤良之妻（**婉容的嫂子**）、榮惠太妃、敬懿太妃（**同治皇帝之妃**）、王爺（**載灃**）、載灃側福晉（**鄧佳氏**）、溥傑、韞和、載濤福晉，所進多爲果品、衣料、化妝品、醬菜；一爲有限的幾位師傅、醫生及女友，如陳寶琛之女、崔慧茀、張彪（**張園主人**）四妾、柏瑞爾（**德國女醫生**）、毓崇之妻（**道光帝後人**）、日本總領事加藤夫人，所進多爲字畫、半身石人、菊花、花籃等；一爲宮女、太監、隨侍、護軍等，如洪蘭泰（清宮太監）、霍殿閣（護軍頭目）、劉學衡、曹裕光、趙學文、李英超、祁耀華、毛永惠、吳天培、張宏志、嚴宗淵、寶煦、李國雄、藻通（隨侍、奏事、司房）等，所進多爲點心、壽桃、酒、烤鴨，或多人合進彩瓷太平有象、粉彩百壽圖、青玉雕壽桃仙人、青玉雕喜鵲梅花小插屏、白玉雕龍鳳呈祥小插屏、白玉雕荷葉小插屏、瓷瓶、粉彩梔花代蓋瓷碗等。可以明顯看出，婉容最重要的交往是在皇家內部，是婆家和娘家最親近的人，特別是婆家人。

據隨侍溥儀長達三十三年的李國雄先生講，婉容驕傲甚至有點兒潑辣，卻心地善良，富有同情心，對下人還是挺好的。她曾在李國雄訂婚時，提出要看看女孩的照片，並因此得知女孩缺少俐落的衣裙，立即從自己的衣箱中找出一套來賞給李國雄。

特別值得談談的是婉容的女伴兼女僕——崔家兩位小姐，她們與婉容朝夕相處，關係比舒芸女士密切得多。

崔家是滿族官宦人家。姐姐崔慧茀聰敏過人，讀書一目十行且過目不忘，又精於音律、繪畫、刺繡，是晚清兩大才女之一。妹妹崔慧梅也是一位音樂和繪畫方面頗有教養的女士。她們的父親崔永年是位保皇黨人，給張勳當過顧問。叔父崔永安曾任直隸總督。大表哥商雲亭與三表哥商祖亭同科分別中進士及探花，都成爲翰林院重臣。

一九二五年初夏，由商雲亭引介，三十歲的崔慧茀與十七歲的崔慧梅相偕來到張園，晉見了她們心目中最崇拜的清朝皇帝和皇后。她們來此之前，已決定終身不嫁，因爲家無男丁，要代父爲清朝盡忠。

在張園樓下大客廳內，溥儀和婉容一起接見，各自坐在太師椅上受禮。當身著清朝官服的崔氏

姊妹三跪九叩之後，溥儀清脆地道了一聲「好」，遂決定留下這姊妹倆，擔任婉容的繪畫和音樂教師。婉容與崔家姊妹屬「手帕交」。在溥儀天津時期檔案中，多處記載著崔慧茀向溥儀和婉容進奉以及她接受賞賜的情況，婉容常把戒指、珍珠等物賞給崔慧茀姊妹。

八、婉容參與的「東渡」計畫和「太太外交」

當年有篇外國記者採寫的文章登在《宇宙風》中，繪聲繪色地描述了天津時代的溥儀和婉容：「溥儀已長大而成爲高高瘦瘦的成熟青年，面色蒼白。由於他那厚厚的深度眼鏡，看來時時帶著尊嚴的樣子。當他講話時，常常會露出微笑來，可是當他靜下來時，他立刻就會自然而然地害羞而尊嚴起來的。伊莉莎白（婉容）的美，曾博得很不少男女的羨慕，她好像是個可憐的小娃娃般，有著苗條的身材、纖細的手足和碧藍的眼睛、蘋果似的腮子、活潑伶俐的動作。她的微笑以及熱情的談吐，都是令人傾倒的。他們夫婦的感情，真是如膠似漆。」

一九二九年七月九日，溥儀一家由宮島街張園遷居協昌里靜園，兩個園子相距僅一華里，都在日租界內。張園是清朝第八鎮統制張彪的公館，靜園主人是民國官員、在「五・四」運動中被國人痛罵的賣國賊陸宗輿。搬來後，溥儀和婉容分別住在主樓二層的左右兩側，文繡單獨住在另一座小樓的樓上。

婉容是一位富有思想的女性。她不但要求物質享受，更要求精神上有所寄託。在儲秀宮的歲月裏，她期盼著丈夫的「中興」事業能夠成功，如果有一天她能成爲「國母」，或許也要「干政」

的。離開紫禁城以後，她又寄希望於越洋留學，她與丈夫一樣都是不甘寂寞的，又因時代的薰陶而不居於保守，西化的東西甚至超過了傳統的東西。天津時期的婉容，既不像歷代后妃那樣空居尊位、依禮如儀、虛擲光陰，也不想放棄皇后身分，追求平民那種溫暖的家庭生活。她希望渡洋成行，以便取得新的姿態，早日步入國內政治舞臺。

溥儀和婉容曾經設計了一個「東渡」計畫：在日本住一年，旋即漫遊歐美，然後返國，再永久定居於天津。然而，由於日本方面無法確定對待他們的禮格，「按接待帝王辦法殊感困難」，他們的出洋問題遲遲未獲解決。利用這一對青年男女的世界各國政治家們卻沒有放棄想法，他們利用各種管道向溥儀滲透，也向婉容伸手，這是造成婉容在這一階段外事活動頻繁的原因。這類活動時時給婉容以精神上的慰藉和刺激，不斷在她心頭燃起希望之火，熄滅了又點燃，點燃再熄滅……

這裏首先要提到的一個人，就是任薩姆。她作爲婉容的英文教習，不但教婉容字母、單詞和文法，使她能夠閱讀或用英文寫信，而且向她傳播西方「文明」的生活方式。任薩姆女士曾利用一九二五年暑假，隨日本駐天津總領事的夫人烏薩米太太赴日旅遊。其間，任薩姆寫了一封信給溥儀和婉容，以最動人的辭彙描寫自己經歷的景物。她講自己如何逛日本的商店，如何在歐式飯店裏晚餐，如何攀登山峰或下水游泳，如何要花掉所有的錢。

無比動人的異國情調誘發著婉容的興趣，這封信無疑是任薩姆對其學生施以西化教育的自製教材，同時也反映出這位女師長在被廢黜的中國皇后與現任日本駐津領事夫人之間，開展「太太外交」方面所發揮的作用。這封信是在一九二五年七月廿三日寫於日本卡魯加瓦城四六三號，原件至今仍存藏於中國第一歷史檔案館。

任薩姆也是一位中國通，從某種角度來說，與莊士敦相比也有過之而無不及。她並非單純的是婉容的家庭教師，更是婉容的閨中良伴，從溥儀的態度中，也能看出她們交往的政治性。任薩姆晉見溥儀，交談、合影都很隨便。溥儀幾乎每月都要正式召見她，甚至不止一次。溥儀還參加任薩姆組織的社會活動，例如前往任女士兼職任教的英國小學參觀，出席任薩姆舉辦的茶會等。

如果說莊士敦是受到溥儀尊重和信任的第一位英籍人士，那麼任薩姆便是得到這種尊重和信任的第二位英籍人士。這裏有兩件事例可以證明：一九三〇年四月十一日，任女士從外地返津，溥儀和婉容於當晚六時在靜園設宴，隆重地爲之洗塵，韞和、韞穎亦在座，除了莊士敦和任薩姆，再沒有哪位外國人獲得如此禮遇；一九三〇年十二月初，溥儀又做出決定，讓任薩姆兼任韞和、韞穎的英文教習。於是，這兩位備受溥儀寵愛的格格，乃於十二月七日第一次「赴任女士處念書」，從此，每個禮拜天都在任女士家裏學英文。

當年在溥儀身上下注最大的日本人，同樣也在婉容身上下了注，這就是婉容與日本人士聯繫較多的原因。在溥儀的《召見人名簿》上、在日本駐津總領事館的宴請名單上，雙方的人都經常成爲對方的座上賓。在密切的政治交往中，婉容不但作爲歷屆日本總領事之夫人的朋友出現，而且也要不斷應酬總領事們五花八門的邀請。比如這件由日本駐津總領事R·烏薩米簽名的邀請函寫道：

「皇帝與皇后陛下如能於星期日（五月三十日）晚九時駕臨帝國大戲院，與我等同觀日本戲劇演出，我將感到最大榮幸，特致謝意。我是皇帝陛下最謙卑的僕人。」

原來，烏薩米正是數月前伴同任薩姆航海赴日的那位太太的丈夫。

在天津那幾年，婉容與日本各界人士、名人眷屬、記者等也有往來。其中值得一提的，是來自日本設在遼東的機構——關東廳的貢品，進貢人爲兒玉源太郎大將的眷屬兒玉澤子。

兒玉源太郎（一八五二～一九〇六），一九〇〇年出任日本第四次伊藤內閣的陸軍大臣，日俄戰爭期間出任滿洲軍總參謀長，戰後創建南滿鐵路公司，一九〇六年出任參謀總長，旋即暴卒。兒玉澤子在向「宣統皇后」恭請「懿安」的信中寫道：

「宸遊沽上、坐看雲起之時，遠處遼東敬進御持之傘，區區粗品，伏乞賜收是幸，恭請懿安。兒玉澤子拜上。」

婉容受貢，同時也頒賞贈物。她曾與溥儀聯名向日本旭川的新井龜太郎贈送珍寶，也曾跟溥儀一塊兒在張園款待日本長野縣上伊那郡高遠町的小田切親一，這是一九二八年十月間的事情。

在婉容聯繫的外籍人士中，除了日本人就屬英國人了。而英國皇室與婉容的交往頗有意味。一九二六年六月三日中午，在天津俱樂部爲英皇室喬治五世壽辰舉行慶祝會，會議主持者曾在事前專函邀請「宣統帝后」臨席。事隔三個月，喬治的四太子因公路過天津，又通過張園的一位老朋友、記者赫・伍德海德，給溥儀和婉容寄了一份邀請信，說正在英國海軍服務的英王之四子喬治王子，現已乘「彼得斯飛」號軍艦來此做短期訪問，「軍艦艦長與其夫人，將以莫大榮幸邀請陛下與皇后來艦與喬治王子會晤，並在甲板下同進晚筵」。

這次輕鬆的會見如期實現。在互相贈送禮品的一幕中，溥儀「賞」給英皇四太子一冊裝幀精美的《西湖風影》。會見中，溥儀與婉容還分別同英國領事、英軍駐津司令官、英皇四太子、軍艦長及其女眷們照了許多紀念照。

婉容與美國女畫家卡爾小姐也有交往。這位老小姐就是當年在宮中給慈禧畫過像的，那時她很年輕，從此與清宮結緣，一九二四年二月晉見溥儀時，還得到貴重皮貨的賞賜。一九二六年九月十一日，婉容又曾把卡爾召到張園敘談，其後，卡爾還有一次「邀請皇帝、皇后赴阿斯多飯店參加晚宴」。

婉容不但接受各方請柬，出席外國人主辦的各種招待會，而且有時也以個人名義或與溥儀聯名在張園、靜園舉辦活動招待洋朋友。當年留下的一些照片能夠證明。婉容和她的英文名字——伊莉莎白，由於經常出現在歐美的報刊上，而跟溥儀與他的英文名字——亨利一樣，爲國際社會所熟知，知道她是一位美麗、溫存且尊貴的「滿族女性」。

英國《星期日新聞報》曾在莊士敦於一九三〇年十月初，從威海衛行政長官的崗位上卸職，並登乘日本皇后號輪船離華返英之際，專文介紹並評價了這位爵士在華幾十年的歷程，特別對他在把溥儀和婉容介紹給世界方面所起的作用給予高度讚揚。文中說，正是莊逐漸把「眼看著長大成人的皇帝」和「動人的皇后」「介紹給外籍人士」，從而「使許多外國人得到機會謁見清帝，並且接近皇帝的宗室近親」。溥儀、婉容以其不平凡的出身爲資本，又借助莊士敦、任薩姆這些人搭橋而走向世界。遺憾的是，他們並沒有真正用雙腳走出去，婉容的東渡之想、歐美之夢，跟溥儀一起破滅了。事實上，搬往靜園以後，婉容日漸灰心，政治理想方面的精神支柱已有坍塌之勢，她看不到多少希望了。

九、中國最後一位皇后的獨白

如果大體上可以拿溥儀一家搬遷到靜園作爲斷限，而把婉容到天津生活劃爲兩段的話，將能夠看到在四年多的前段和兩年多的後段中，婉容的處境是有很大差異的：在前段樂趣多於苦惱，而在後段苦惱多於樂趣。

婉容的苦惱首先來自身體方面。曾經採訪過她的凡爾農，每次撰文都提到她體弱多病，可見這一事實已給別人留下深刻的印象。據婉容一九三一年四月三十日日記載，她在七年天津生活中大病了三次。同時還有許多慢性病，見於日記所載的即有神經衰弱、見風過敏、經血不調等病。後來又增添眼病，加之鴉片煙癮愈來愈大，這一切都纏繞著她，折磨著她，無情地吞蝕著她的青春。

溥儀也曾為婉容延請西醫大夫。據檔案記載，先請一位海大夫，未見明顯療效。又請德國醫院柏瑞爾大夫，這位女士是溥儀熟悉的醫生，常為溥儀及其家屬治病，當時住在北戴河西山三號，是拍電報催她來津的。婉容的身體終於一步步有了起色，也有些症狀得以康復。

婉容的苦惱還來自家庭方面。皇家雖已沒落，其富貴也是普通人家不能相比的。然而皇家的矛盾多、在富貴後面躲藏著冷酷。一九三〇年九月十八日，韞和記下的一篇日記透露了皇家的矛盾：她聽皇兄說，「昨日皇后又大生氣，言被予等欺負，種種悖謬之言不堪入耳」，又說，「予心甚感慨，因種種事件皆甚為難，實不便記之於這書中，只有自心明白可也。」

所謂「悖謬之言」、「種種事件」雖都沒有載入日記，卻也可想而知了。家庭主要矛盾自然是在一夫兩妻之間，可是婉容與溥儀的妹妹們顯然也有不和諧的一面。綜觀韞和那一時期的日記，誰都看得出溥儀最喜歡二妹和三妹，在許多出門遊玩的場合裏，例如赴馬廠、打檯球、看日本之大力士摔跤，可以沒有婉容，卻往往丟不下韞和與韞穎。

皇家的夫妻關係愈來愈難處了，一夫兩妻三角的家庭格局，當然不會沒有問題。據舒芸老人回憶，她作為婉容的閨中密友，只知皇家夫妻三人日常起居飲食不在一起，有時婉容從樓窗或樓梯向文繡的居室「窺視」，但不作任何表示，既看不出婉容對文繡的愛憎感情，亦未聞后妃之間有何不睦情況。這只能說明婉容頗有涵養，更不願「家醜外揚」。

這時的婉容正承受著巨大的感情危機，從她當年拜神的存留乩辭上可窺一斑：

吾（按：設壇人自稱）仙師叫金榮氏（按：指婉容。「金」為夫姓，「榮」為父姓）聽我勸，萬歲（按：指溥儀）與榮氏真心之好並無二意，榮氏不可多疑。吾仙師保護萬歲、榮氏後有子孫，萬歲後有大望！榮氏聽我仙師話，吾保護爾的身體。萬歲與端氏（按：指文繡。「端」代父姓）並無真心真意，榮氏你自管放心好了。

婉容希望丈夫能夠真心愛她，盼著快點兒懷孕生子，時刻都在妒嫉情場上的對手。她的更深沉的感受，也以另外的方式被記錄下來。正是婉容自己把思戀、痛苦與追求，把愛情、憎惡與無邊無際的苦惱，都通過筆尖傾注在日記的冊頁上了。翻開婉容的日記，似乎就穿越了沉重的歷史年代，看得見傾國傾城的絕色，聽得到哀婉動人的心音。這是歷史的記錄，中國最後一位皇后的獨白。以下選錄婉容的幾篇日記：

一九三一年四月三十日

吾愛呀！妾今甚悔，不應言此。切望吾愛原諒，實不願言此。吾愛如不相信，可以掐指算來，今已八載（按：指一九二二年十二月大婚至今），妾又何嘗言過？不但未曾言過，即暗地埋怨亦所非敢。不過，自嘆倒所不免。紅顏薄命，自古皆然，妾絕對不敢含怨。

吾不義，亦不敢逼迫吾愛必與妾同床共枕，此亦非妾所要求。如果吾愛能真心愛妾，心中時有妾之影並妾之聲，妾即覺安慰極矣。即言病時，若非吾愛曲意護妾，已早死九泉矣。再，妾病亦非只一次，大病已然三次。妾知吾愛與妾不但不是薄倖，並且情義甚重。此情此景，妾早已銘之五腑，妾不但不埋怨吾愛，並且感念極矣。午夜捫心，實在感激，泣筆。三月十三夜十二鐘又半，不眠，書此以慰吾愛。

一九三一年五月一日

……即言此九載（按：此取概數）之內，妾之言行吾愛亦所盡知。如有不悅吾愛之心之處，切望明言，妾亦好知過改。妾之衷心所願，即是吾愛愛妾；所最切望者，即是吾愛之顏色。吾愛面上一笑，妾心即安慰極矣；如吾所愛面上有些許不悅之色，妾心即不知所以矣。妾日夜所最盼望者，不過即是吾愛快活與喜悅，如有能安慰吾愛者，妾是無所不犧牲。

妾今勉強書至此處，心力已竭，待至痊癒再接述。三月十四日夜。

一九三一年五月二日

唔（嗚）呼吾愛呀！倒是怎樣好？如果妾自己犧牲，雖然臥病床間，然而良心甚慰；如果旁人為妾犧牲，妾實不知其所以。吁嗟吾愛乎！不知吾愛心中到底怎麼感想？思想起來，不覺今人好狠，絕不該將妾嫁與有婦之夫。即言前數年在張園，吾疑吾愛與淑妃要好時，余心甚悲。終日終夜終時終刻無一時不是悲泣，所以憂思通皮，因至經痛腹瀉，晝夜不停，總有百日。因此，隨有今日之神經衰弱。可是，余亦未言過，余亦未曾怨過。余每日見人時必須洗面陪笑，那時誰也不知余心之苦。

一九三一年五月十三日

吾愛持吾手言曰：「余恨不得將我們之障礙物——淑妃等，都將他們殺宰了，我才願意！」並表示很多誠懇愛我之意。並又言：「即再有八百多個西施，余亦不能愛她！」余亦言：「即再有八百多個安（按：不知何指），我亦不能愛他。」

前幾日吾愛以手搭吾曰：「吾愛可有何不快之處乎？可是怕我二人之愛情不長久乎？到底有什麼心事，是否說出怕我不悅嗎？吾愛告訴我，我絕不能不快。如無不悅，為何吾愛之手如此冰冷？我今告訴你一句放心話：如有人在我跟前說你一句壞話，我一定告訴你，我一定不能聽別人的話，我一定不能再跟別人好了，你放心！」此話是在吾愛寢宮床上所言。後，至余屋中。余曰：「昨夜真睡好乎？」吾愛曰：「昨夜三時余即睡熟，到十一時才醒。」余曰：「今晨六時余睡醒，聽前廊說話，是否未曾睡好？」吾愛辯道：「不是！不是！不是！你聽了，不是我。」余曰：「我聽明白了！」吾愛含慍道：「莫非是睡夢而起？」余曰：「那不能罷！」後即言他事。三月二十六日夜，子初。（按：婉容並未記載聽到的內容，卻對溥儀的愛情表白並不十分相信了。）

一九三一年六月廿五日

吾愛道，他說叫我與旁人好。余道：「不！別說了。你還說今天不解決，待多少年也必須解決。你說，我聽著多難過！我不願意再與旁人好。」並說到，「你那天作夢……你還難過，何況一來你就讓我與別人好，如又言時很難過，看來卻是因何？」天乎！天乎！伊是否如我，悲哀在心中，卻不忍呼天！余確無路！榮月華（按：婉容臨時用名）五月初十卯。

一九三一年八月十四日

一日晚間十時，淑妃從窗戶望這邊有人，遂大聲道：「做什麼必須吃鴉片？回頭就捅肚子去。怎麼死不了呀？墜樓、跳河好不？只尋我這一飲？這些次我都沒死，做什麼單這次我死呀？傅（按：文繡家族所用漢姓。）公館是傅公館，靜園是靜園。你不用來了！你不用來了！我受是應當，別人反受不上。鬼奓著頭髮、吐著舌頭、摟著柱子嚇死你、你們！我不死啦，我不死啦，不用給我賣……

一九三一年八月十八日

初七日七時餘，余見皇上與格格等在門院中乘涼，余隨在樓下吸煙。後，皇上尋余亦至此，待余吸畢，遂一同上樓。將出屋門，見淑妃之太監在此等候，回道：「淑妃又哭哪！哭著，忽然起來拿起剪子就要捅肚子。她說，今天又是初七了，是她的紀念。現在她在床上大滾了。」皇上道：「不用理她，她慣會此種伎倆，嚇唬誰。不要理她！」那太監道，反正有你們看著了，他奴才擔不起。皇上著余上樓，當時嚇得余立覺周身發抖。後，用膳時余道：「不然將她叫出吃飯？」皇上說英文：「不用！你如叫她出來，余即不吃。」吃完，余走開這裏。七月七日榮華書。

一九三一年八月十九日

新雨初晴，吾愛與余至馬廠，尚有二格格、三格格、余母一同。秉燭夜遊，正當天氣清爽、新月如鉤、遊興甚暢時，至夜深歸來。余與吾愛並坐上，余道：「吾愛累乎？」吾愛道：「不累。」余道：「明日七夕矣。」余道，余在馬廠嘆氣，因牛郎織女一年方得一見。吾愛道：「雖然一年一見，可是千年萬年總是一樣，勝似人間，並只是一個愛；二人相愛，沒有旁人。」七月初六夜，子初。榮月華。

一九三一年九月十八日

八月初七日晚，皇上道：「如有人調停，令淑妃單住，如余應允，那時余亦著汝脫離；余或再見淑妃，余亦著汝脫離。那時余亦知汝在不在於此處。即余設身處地一想，余亦不能在此。即使汝走後日日在報紙罵余，余亦不能怪汝非禮。」後並起誓道：「如余巧言騙汝，著余五雷轟頂；如余有意今生再見她，著余槍斃！」榮月華。

一九三一年九月三十日

八月十九日，前四五日，余道：「余欲戒煙矣。」皇上道：「汝身體尚未復原，現在不可戒煙，待強健後亦未為晚。」余道：「您不是不喜余吸此嗎？您如不願，余即戒之。上次您曾對余云，言吸煙者對於生育有礙。」皇上道：「聽他的哪！那亦是鄭垂（按：鄭孝胥之子）與張誠和說的，那又何足信！吸煙之生育者有的是，不必以此為意。再說，柏大夫（按：德國醫院女醫生）亦曾說過，如吸不多，勝於喝酒，不但無礙於人身體，尚有益處。你看哪個外國人不喝酒？每飯時必喝酒，然生育俱很發達。」余甚感激皇上之聖明！不拘於偏聽之言，亦是皇上多情，這亦是皇上之體諒。

一九三一年十月一日

八月廿日，今晚皇上與余談及叛逆之事。（按：視要求離婚的文牘為「叛逆」。）余道：「報紙所云是否是實？」皇上道：「俱屬謠言」。

一九三一年十月一日

八月廿日，皇上道：「余絕不能無信義，汝勿疑余，余絕不能如此無是非，並且余將打算將來出來做事，余豈能騙汝？余騙汝一人事小，將來豈能保人民、治天下？再，還有證據可評，無論如何總要有證據與汝看。如離異，必須有淑妃之字與余——我們之律師之字；如起訴，必須有傳票。無論如何總須有證據，將來你可以看。」余道：「如單居，余亦可以知道。如您總托詞出門，即是您應允彼單居；如您去，余亦可知道。」皇上道：「余不能如此無信義。」皇上道：「此次不能怪汝疑心，確是遲挨甚久，余絕不能如此糊塗。一則此為臉面，余如騙汝一事，允其單居，余將以何顏面見人？再者，余還做事否？余信義要緊。」今所談甚難記憶，意甚絕絕。今所談，皇上以信義為重，此事一定脫離。皇上道：「此事無論旁人怎樣，就全憑我了。」皇上道：「此次不怪汝疑心，因這多日胡（按：胡嗣瑗）等所言（按：胡經辦此事），余未告汝。余不但不怪汝，余很諒解汝。」皇上話已說盡，決定脫離，並以信義為重，並且從先前我們已然起過誓，豈能不算？「余如騙汝，是余不誠，汝可立即離余去，留余在此受報應。余已起誓數次。」余看今日所談之言已絕，實無再言之處，看情態不能是騙余。（按：婉容疑溥儀允文繡單居另住而不離婚，至此方釋。）

婉容的日記就保留至今的上述篇章而言，其實更像一篇篇短文。從寫作時間看，都是一九三一年的作品。從篇章內容看，有記事，有抒情，而大量的是後者。婉容讚賞爲忠於愛情而「捨子捨身」的羅馬皇后。她反對「不妒爲賢」的說教，認爲「姜后之賢，亦須文王之德」。她不喜歡楊玉環和西施那樣的美人，因爲她們不能以德、才佐君王。她曾爲正史中的「孝女節婦」們垂淚，也爲人世的詭詐、暴虐和悍蠻而深惡痛絕。她溫存多情，摯愛自己的丈夫，「吾愛面上一笑，妾心即安慰極矣」。同時，她也痛恨欺騙行為，痛恨男子漢做「不光明之事」。她理解自己，並客觀述說了幾場大病及病因，其「內心之苦」當年也是令人同情的。

然而，她卻沒有對命運相同的文繡表示應有的同情。她懷疑丈夫會應允文繡別居另住，恨不得立刻把文繡趕出皇家。她終於看到了溥儀與文繡的離婚協議，人們理解她作為一個女人的本能的反應，但她卻未能因此而交好運。她讚美荷花純潔高尙，自認「紅顏薄命」，購得木魚，寧願身赴佛境，「不失處女身分」。可悲的是，丈夫一次又一次的誓言都不解決實際問題。可憐的婉容空對月、獨嘆息，淪為鴉片癮者而難以自拔……

十、苦境天知

婉容日記真實展現了這位末代皇后的心境，展現了皇家給她帶來的無邊無際的苦惱。毋庸諱言，婉容的無以解脫的苦惱，是來自不正常的夫婦生活。讀過婉容日記的人，誰還懷疑這一點呢？婉容度過「八載有餘」的婚姻生活，「未曾言過，即暗地埋怨亦所非敢」而妄作「自嘆」的事情是什麼？婉容面對丈夫大聲疾呼：「如貞我不如放我出家！」「為何不令余死！」這種事情在夫婦之間自然可以是公開的，所以溥儀曾在一九三一年六月廿五日跟婉容說，叫她「與旁人好」，還說「今天不解決，待多少年也必須解決」。即使溥儀真說了這話，也絕不是心裏話，或許他正試探自己的妻子：處在如此尷尬的婚姻中，還願意繼續作妻子嗎？

在靜園的一個晚上，隨侍祁繼忠正執筆寫字時，見溥儀過來，便慌慌張張把字紙塞進嘴裏咽下了。疑竇頓生的溥儀一手掐住祁的脖子，一手掏他嘴巴，追問他寫的什麼，逼得祁跪地求饒。聯繫後來發生的事情，很可能這時在婉容與祁繼忠之間已經開始傳遞紙條，而且已經引起了溥儀的警覺。

天津時期的婉容，既有享樂的皇家生活，又有無盡無休的苦惱。但是，即使在最苦惱的日子裏，她也未曾絕望過。因爲還看得見希望：溥儀還能夠娓娓地向她傾訴「我愛你」一類動人的愛情語言；她父親榮源、庶母恒馨以及榮公館娘家的親屬也還總想著她，時時送來她所需要的骨肉之情。

婉容雖然足不出戶，卻也做過一件舉世皆知的善事。一九三一年盛夏之際，長江沿岸數省發生水災，主持賑災的東北賑務委員會委員長朱子橋先生來向皇家化緣。溥儀慷慨捐贈坐落於天津日本租界伏見街十四號樓房一座，婉容也獻出珍珠一串，一時傳爲美談。在京、津、滬的報紙上，紛紛刊出「皇后」玉照，有的則登了那串閃閃發光的珍珠照。儘管溥儀還能捐出樓房、婉容捐出珠串，然而，這正可說明皇家經濟的困頓，他們在天津典當國寶維持體面的日子，終因時局變化而行將結束。

不過數日，就發生了「九一八」事變。當時，文繡已經離開皇家，溥儀則搖擺於動盪的時局之中，爲自身政治去處而煩惱，婉容更覺得孤獨淒冷，終日悶坐於室內，懶得跨出房門一步。終於在一個漆黑的夜晚，溥儀瞞著妻子婉容，也瞞著父親載澧，乘日本商輪「淡路丸」號離津出關，踏上險途。

婉容是在第二天最先知情的。她自然明白丈夫這次出動事關重大，卻猜不透前程是吉是凶。她很擔心，又感到自己也失去了依靠，遂命太監傳了李國雄來。下面這段對話，是李國雄先生在一九八七年向筆者提供的。

「什麼事呀，老爺子？」李國雄來到坐在走廊內椅子上的婉容跟前問。

「你看，皇上也走了，王爺也來不了，把我放在這兒誰管呀？」婉容說著說著抹開眼淚了。

「老爺子有什麼事儘管吩咐奴才，奴才給老爺子幹。」

「那好！園子裏的事你先擔待著，我今後有事也要找你。」婉容還是一邊說一邊抹眼淚。

其實，溥儀並不曾丟下婉容和靜園不管，他行前給胡嗣瑗和陳曾壽留下一道諭旨，兩天之後，溥儀已在營口登陸，那道諭旨才公布出來：「辛未年十月初四日（按：西曆一九三一年十一月十三日）奉諭：園內一切事宜歸陳曾壽全權辦理，所有當差人等稟承咨訓可也。」從張園到靜園，胡嗣瑗一直給溥儀當管家人，這時，溥儀又怎麼把管家權交給了陳曾壽呢？據陳曾壽的姑爺周君適講，溥儀離津前留下的不僅是一道諭旨，還有兩張親筆字條，一命「胡嗣瑗、夏瑞符隨後即往」，一命「陳曾壽照料園中善後事宜，與日本人接洽，隨後護送皇后前往」。原來作爲「諭旨」公布的，只是溥儀「兩張親筆字條」中的部分內容。

過了一些日子，一位頭戴禮帽、西裝革履、細皮粉面的翩翩少年，由另一日本人陪同，上樓直奔婉容房間。來者緣何，能如此大膽地升堂入室？因爲她也是一位皇家女兒——肅親王第十四女金璧輝。作爲川島浪速的養女，而以「川島芳子」這個名字顯赫一時，當年幾乎無人不曉有這樣一位「男裝麗人」。

川島芳子一九二八年曾在天津張園住過幾個星期。她爲「嫵媚、超道德的頑皮姑娘」，是「一個由滿族公主變成的日本間諜」，二十歲剛出頭。溥儀和他的皇后帶她去參加晚會，讓她見識一下天津的夜生活。她饒有興趣地說，和上海、東京的場面相比，天津要穩重得多。

在日本人已經侵佔東北大部地區的關鍵時刻，溥儀因一時難決進退而顯得坐立不安，婉容這時卻有一個堅定的態度，拒絕離開天津。後來溥儀秘密出關，並住進旅順肅王府，芳子因有該王府格格的身分，又有與日本軍政界的廣泛聯繫，遂主動向溥儀要求，希望允許她出面，前往天津「晉見皇后」，把婉容接到旅順來。溥儀答應了，並寫一封親筆信交芳子帶到天津。其實溥儀已經看出，芳子請求做這件事情本來就是負有使命的，這是日本關東軍司令部的決策，爲了穩住溥儀必須把婉容接來，所以由不得溥儀不答應。

婉容與這位擅長撒謊的女間諜可不是一路人。婉容早就聽說過川島芳子的風流韻事，對她沒有好印象，從戒心出發，不願跟她同行去滿洲。川島芳子用盡種種手法，經過反覆地勸說，終於說服了婉容。大約是在溥儀去滿洲後的一個月左右，她們在天津的日本駐軍翻譯官吉田及其夫人陪同下，由白河上船，經大沽，從海路去大連。

十一、婉容在旅順

一九三一年十一月廿八日，婉容一行在大連登陸，笑顏逐開的川島芳子可以向日本關東軍司令部交差了。如果說溥儀的出關是他政治墮落的開始，那麼婉容的離開天津，便是她走向自我毀滅的起步。

婉容等一行十人乘坐的「長山丸」抵大連碼頭之際，受到羅振玉之子羅福葆的迎接，隨後安排在清朝遺臣王季烈的家中暫住。

王季烈，字君九，與陳曾壽爲同科進士，婉容下榻於其宅，當然是與這種淵源有關的。據溥儀本人在一九五〇年代寫的回憶文章稱，婉容抵達大連後，下榻於黃金台大和旅館的分館，可備一說，或許是先居於此，繼遷於王季烈宅。

婉容住下後，即要求前往旅順晉見溥儀，但幾度要求都碰了釘子。當時，溥儀正處在板垣征四郎的嚴密控制之中，形同軟禁，是不允許隨便見人的，見自己的妻子也不許可。於是，婉容起了疑心。據當時可以往來於旅順、大連之間的極少數人中的一個、給溥儀當侍衛多年並深受其信任的唯一的日籍人士工藤忠說：

「當時有一種謠傳，說是皇帝已經被日本軍隊殺害了。也有人說是遭到了監禁。所以皇后就歇斯底里般鬧了起來，並嚷著說『我爲什麼見不到聖上！』」

婉容自然是向當時仍陪住在一起的川島芳子鬧，因爲是芳子去天津勸駕的，並信誓旦旦地表示要把婉容送到溥儀身邊，現在卻擱淺在大連了。芳子被婉容鬧得難以應付，就跑到旅順找到工藤忠。後來，「也許是由於板垣之輩表示了『讓步』的關係吧」，溥儀在一九五〇年代回憶這件事時寫道：

「這幫圍繞在我周圍的日本浪人特務，如上角利一和甘粕正彥等便出來作轉圜。結果算是在日本帝國主義者派來的憲兵『佯作不聞不見』的『網開一面』的默許下，許可我的愛人到旅順來見我一面，並且還限定只能暫住一宿，下不爲例。」

於是，溥儀和婉容才在旅順見了面。

日本軍部的要人們爲何如此不近人情，甚至不允許人家夫妻同居呢？原來此時板垣與溥儀正就「滿洲新國家」的「建國事項」進行談判，並且溥儀頗不馴服。在這樣時刻裏，板垣反對他所不信任的人接近溥儀，爲溥儀出謀劃策。對於婉容，板垣既想利用她穩住溥儀，又擔心她「思想不純」影響溥儀，所以雖然把她從天津接來了，卻不願讓她在關鍵時候與溥儀住在一起。

婉容在天津那幾年一直抱著隨溥儀東渡的希望，並深受任薩姆等人影響，對日本的印象本來是不錯的。她後來逐漸看出問題，開始憎恨日本人。不料，她這回看到日本軍人的猙獰，更深深受到了刺激。

婉容第一次赴旅順是在一九三一年十二月九日。溥儀派了一名日本人來接，婉容乃帶侍女一名、隨侍一名，赴旅順見溥儀去了。就在這個旅順的「良宵」裏，婉容跟溥儀說了許多話，有些是在大連王宅聽到的。婉容告訴溥儀說，胡嗣瑗已經來到大連，很想前來面聖，但受到了日本軍方的限制。於是，溥儀便讓鄭孝胥去交涉。鄭與上角、甘粕幾經磋商，才同意胡來旅順，條件是不許留在皇上身邊，見面後即返大連。胡來後在溥儀面前痛哭失聲，滿腹怨氣，憤憤不平。可見，從打破日本軍部壟斷溥儀的角度說，婉容還是做了工作的。

這以後或許是爲了平息婉容的不滿，日本人一度把她送到湯崗子溫泉勝地旅遊療養。又過了大約半個多月，大概是板垣與溥儀的談判已見眉目，遂允許婉容在旅順與溥儀一塊兒生活。

肅王府是一座花園式院落，頗爲優雅。院牆依山而砌，院內一棟兩層中式樓房便是溥儀的臨時「行宮」，二樓左側是溥儀的寢宮，右側就是婉容的寢宮。一樓是隨侍和護軍的宿舍以及前來覲見者的臨時客房，還在院內新蓋了一間茶膳房。大門口上的日本憲兵荷槍實彈，名義上說是保衛溥儀，實際是監視皇家的每一個人。韞和、韞穎這時也來到了旅順。

在旅順期間，婉容最高興的日子是跟溥儀上「星個浦」（今大連星海公園）旅遊。那天，溥儀雇了兩輛小臥車，帶著李國雄等貼身隨侍和幾名護軍，直奔位於大連市郊的海濱。當然，後邊仍然跟著日本憲兵的汽車，隔著明亮的車窗，荷槍者目不轉睛地盯著溥儀和婉容。據李國雄回憶，婉容在海邊上非常快活。她東問西問跟溥儀說個不停，嘰嘰嘎嘎地笑個不停。她在沙灘上撿石子、拾貝殼。她膽子小，還躍躍欲試想蹬著海邊露出水面的礁石向深處去。她不時地跟丈夫撒嬌……在肅王府內前後兩、三個月的生活中，等級觀念、「男女大防」似乎鬆弛了許多，這或許與溥儀的心情有關吧。

婉容在天津時，對未來還是抱有希望的，現在只剩下失望了。一九三二年二月十八日，按舊曆是壬申年正月十三日，溥儀在旅順度過了又一個「萬壽聖節」。溥儀往年過生日，遺老雲集，受禮受賀，十分隆重。這次在日本人的軟禁之中，只有十來個人敢於冒險前來拜壽。景況之蕭條冷落，婉容看在眼裏，寒在心上。然而此時此刻，連溥儀也已成爲日本人的俎上肉了，婉容還有什麼辦法。

精神上的苦悶與感情上的空虛交織在一起，猛烈地襲向婉容。她不甘於這種難堪的處境，卻又無可奈何。

這時，僞滿「新國家」正在積極拼湊中。一九三二年三月四日，經所謂東北民眾派出的「特使」、「推戴使」一再「懇請」，溥儀應允出山就任「執政」，遂於六日先派出內務府大臣、隨侍、護軍、廚師、勤雜人員、勤務人員、勤務兵和女傭人組成的「先遺隊」，一行四十三人徑赴長春。同時，溥儀和婉容也在這一天先後乘專列離開旅順，到湯崗子駐蹕。對婉容來說，日本人第一次給了她「國家最高級」的禮遇，然而她的心情不會痛快的。

在萬繩栻等十位婉容的扈從人員中，還有婉容的漢文師傅陳曾壽以及陳的姑爺——專門給婉容抄課本的周君適。周君適在《僞滿宮廷雜憶》一書中談到婉容離開旅順時的細節。他說：

「我和陳曾壽到肅王府，溥儀已經走了。樓下空無一人，陳曾壽引我在樓梯口等了一會兒，婉容下樓來，二格格韞和、三格格韞穎跟在身後。我爲婉容抄寫課本已有半年多，這才第一次見著她，高高的身材，細長的眉眼，年齡雖然不過二十幾歲，舉止已不像一個少女那樣活潑了。身旁隨侍遞一隻小保險匣給我，陳曾壽叮囑：『小心攜帶，這是皇后的珠寶箱。』」

次日中午，專程從奉大（今瀋陽）趕來的「迎接使」一行十人到達對翠閣，張景惠、趙欣伯、謝介石、馮涵清等大漢奸列名其中。三月八日上午七時半，溥儀偕婉容步出對翠閣賓館正廳前門，將要前往長春之際，在對翠閣門前留下一張合影：溥儀戴著禮帽，身披呢子斗篷，腳穿一雙晶亮的高筒皮靴，站在臺階下的一塊腳踏墊板上；婉容則在她平時喜愛的旗袍之上，加了一件狐皮領的呢子大衣，站在墊板的旁邊。他們能夠並排站在一起，對婉容來說已嫌逾格。溥儀又發表講話，隨後即偕婉容在眾扈從的簇擁之中，由日本便衣憲兵先導前往車站，上午八時登上專列，下午三時抵達長春。

在長春車站上，婉容和溥儀一起觀看了一場「迎鑾」的滑稽劇。特別是吉林市的旗人還組織了一個有四十多人參加的「吉林滿洲舊臣迎鑾團」，以前清舉人、吏部郎中鍾岳爲團長，前清舉人、吉林諮議局議長慶康爲副團長，他們仍視溥儀爲「清帝」、視婉容爲「皇后」，「帶頭行跪迎禮。而當時情景，團員中有的伏首，有的拱手，鍾岳、慶康則是淚流滿面」。

就在這手執黃緞的長方形黃龍旗、行跪迎禮的人們面前，溥儀被「感動」得落了淚，婉容的心情當然也不會平靜。十幾分鐘以後，他們雙雙被送到一所從前是道尹衙門的破舊不堪的院落裏，這便是前不久的長春市政公署。婉容緊跟著溥儀，踏著鋪在臺階上的地毯，先後邁進了這位於長春北門外東六馬路的公署大門。

十二、偽滿初年的婉容

「執政」就職典禮於一九三二年三月九日下午三時如期舉行。二十五分鐘之後，典禮大廳中的人又跟著溥儀來到院子裏參加升旗儀式，接著是半小時的「慶祝宴會」。婉容待在附近她住的屋子裏，似乎對剛剛發生的這一切無動於衷。然而正是這一切，既改變了溥儀的身分，也改變了她的身分。當此之際，位於長春東北角上的吉黑榷運署正在翻修，那裏有幾棟小樓，當時算是長春最好的建築了。爲了改建成僞執政府，還必須大興土木，特別是要把西牆外四百多間民房全部拆除。

溥儀和婉容是在四月三日遷入新居的，爲他們分別裝修的起居活動間位於一座灰色的小型三層樓內，後來溥儀親自爲之取名「緝熙樓」。溥儀住在西側，婉容住在東側。東側樓上共有三個房間，爲婉容的臥室，她始終住在前間；樓下各室則按客廳式樣佈置，是婉容的書齋。各室都鋪有地毯，四壁用帶有素色花紋圖案的金黃色彩綢裱鑲，玻璃窗上安著紗和綢的幾層窗簾，加上掛在牆上的畫，放在門前的屏風，擺在牆角的花瓶等，整個佈置富麗典雅。

婉容有單獨的膳房，據毓嶦說：「婉容吃飯，最初是由老媽子在緝熙樓東側的下房給做，後來就在緝熙樓樓下給做吃。」毓嶦係道光第五子後人、已革輔國公載瀾之孫，生於一九一四年，後來一直住在吉林市，僞滿期間在溥儀身邊。他說，平時溥儀不與婉容一起吃飯，他可以隨時傳弟、妹、族侄等陪餐，婉容就只好獨自吃悶飯了。不過，僞滿初年膳食品質還好，雖然不是每餐珍饈海味，也不能「吃一看二眼觀三」了，但依舊很排場，葷素涼熱五味俱全。婉容還是非常嬌氣的樣子。有時候滿桌的飯菜擺了上來，她卻連筷子也不動一下。偶爾，溥儀也召她一起進膳，可她常常是忸忸怩怩地來到門口，又要返身回到自己房中去取手絹。溥儀便動氣了，撇開她單獨吃了起來。

遍查僞滿十四年間的「政府公報」，根本沒有關於「執政夫人」或「皇后」正式場合服裝樣式的規定。但是，關於「皇帝」、「大臣」及一般文武官吏的服裝樣式規定非常之多，本來也沒想讓她公開露面，規定服裝也是多餘的，至於平時穿著就更隨便了。

在僞執政府內以及後來的僞皇宮內，都設有專門爲溥儀和婉容個人辦私事的機構，服務於溥儀的叫作內廷司房，服務於婉容的叫司房。每個司房都有三五人，他們照各自主人的吩咐按慣例辦事，職責範圍很寬，管錢、管物、記賬、記事、採買等，無所不做。

歸婉容使喚的傭人有三個太監：劉慶衍，北京人，家住鐘樓灣鈴鐺胡同，個頭稍高，而年歲稍長，人稱老劉太監；劉振瀛，滄縣人，家住缸瓦市街，因有劉慶衍比著，人稱小劉太監；王福祥，濟寧縣人，家住小付莊，嘴愛叨叨，人稱王太監。太監以外，還有馮媽等兩個老媽子和春英等一兩名貼身丫環，他們各自的宿舍都在緝熙樓院內東廂房。

當年溥儀使用經費是有限制的，大約每年八十萬元，比較寬鬆就是了。溥儀是按月支取的，每月支取六萬六千六百六十元，寓有「六六大順」之意。溥儀又按月分出一千五百元歸婉容開銷，讓隨侍嚴桐江交給太監王福祥、劉振瀛，管理著婉容的花用。

婉容的漢文師傅陳曾壽，從天津到旅順，又從旅順到長春，一直作爲扈從伴隨在婉容身邊。溥儀就任僞滿執政後，任命陳曾壽爲執政府特任秘書，並在當上「執政」後的第三天夜間，召陳曾壽入宮爲婉容請脈開方。那天，溥儀還當著陳的面發了幾句誓言，大有轟轟烈烈幹一場的架勢。

不料，陳對時局有自己的看法，並於兩天後不辭而別返回天津去了，繼而兩次呈遞奏摺，堅決辭去了秘書職務。他雖然保留著爲婉容進講的講席一職，但人已離去，婉容的日課自然也就停了下來。這種狀況一直持續了八個多月，到一九三二年十一月間，溥儀又決定成立內廷局，並任命陳曾壽爲內廷局長。可是，陳仍是一再推辭，堅不就職。

溥儀知其意向，遂明確傳諭，內廷局職司祭祀、陵廟、醫官以及有關內廷各項事務，歸溥儀直轄，不與執政府相涉。這樣做，似乎已把內廷局從日本人控制的政局之中解脫了出來，陳曾壽這才接受任命，前來長春就任內廷局長，同時恢復爲婉容講課。有如此思想基礎的漢文師傅，將對他的女弟子施加怎樣的影響，那是可想而知的。

婉容在北京和天津時期都有一門必修課——英語，現在到了日本人的圈子裏，必修課成了不修課。他們似乎應該學日語了，但溥儀不願學，當然也不讓婉容學。

除了陳曾壽，婉容還有一位師傅，即崔慧茀小姐。崔小姐和她的妹妹崔慧梅，誓爲清皇作不貳之臣，得知婉容已在長春，即毫不猶豫冒寒北上。然而，這姐妹倆很快就看出，長春是日本軍人的天下，政治空氣令人窒息，遂以「母病」爲由，一度向「皇上」、「皇后」辭職，但婉容捨不得她們，溥儀也不批准她們的辭呈，說「既然你們以孝代父盡忠，就留面子給先王，繼續留下來服務」！崔慧茀聽到這句話，又下定決心要爲已經成爲歷史的清朝鞠躬盡瘁，立即收回了辭呈。她們繼續過起常年陪伴婉容的生活，教婉容繪畫、音樂、刺繡、陪她彈琴、下棋，共同打發無聊的時光。婉容曾在緝熙樓東邊的幾間木板屋中挑了一間，作爲崔家姊妹的繪畫之所，並親自爲之命名爲「綠屋」。

僞滿初年的婉容，在物質生活方面固然是愜意的。日本人非常願意像供養一隻美麗的小鳥那樣，把婉容養起來。爲此，不但在長春裝修了緝熙樓、西花園等等，還雇傭日本工匠在千里之外的湯崗子溫泉對翠閣賓館內，爲溥儀夫婦修造了一座「龍宮溫泉」。如果說在僞滿十四年黑暗的日子裏，婉容也曾有過「黃金時代」的話，那無疑就是她作爲「執政夫人」的頭兩年。

溥儀高興時也找婉容玩玩。在執政府院內有花園、假山和水池，這便是他們的天地了。他們有時攬轡駕馬，有時騎車畫圈，有時在西花園的網球場玩一會兒。溥儀喜歡養狗，飼養了一頭狼狗，頭部像老虎似的，取名叫「虎頭」。婉容則養了五六隻哈巴狗。

溥儀和婉容兩人間也有應酬，每年婉容總要在自己的經費中撥點錢給丈夫買進貢禮品。表面看來，溥儀和婉容似乎還有著歡洽的情感。其實，他們中間的裂痕已經無可彌補地愈來愈大了。自從婉容擠走了文繡後，溥儀一想起這事，就要怪婉容不好，對她逐漸反感起來，很少和她說話，也不大留心她的事情，也不願意聽她述說自己的心情、苦悶和願望。有時溥儀在睡覺前，也到婉容的臥室坐一會兒，可是一到夜深便拂袖而去。他沒事兒似的走了，婉容可氣得發瘋，沒有別的辦法發洩，便把屋中的陳設物品東扔一個、西扔一個。無限的空虛、冷寞和寂寥在婉容的內心鬱結成疾，天長地久便得了精神失常的病症，不過開始時還是很輕微的。

十三、籠中僞后

對婉容來說，致命的傷痛與其說是來自溥儀，不如說是來自僞滿、來自囚徒般的人身束縛和污辱性的政治壓抑。

婉容很快就發現，原來她鑽進了新的鳥籠子。溥儀在長春（改名「新京」）就任「執政」不久，帶著「執政夫人」婉容和二妹、三妹，坐上專用汽車出門到了西公園（今勝利公園），結果不等玩得盡興，關東軍司令官便得到情報，立即派出憲兵和員警，把公園團團包圍起來，直到把溥儀夫婦等「安全」接回「鳥籠」，並讓他們保證今後不再發生類似情況才告終了。失去自由又沒有退路的婉容，無聊得直淌眼淚，除了睡覺，時間都花在一支接一支的煙捲上。她大部分時間待在床上，下午抽鴉片，房裏整天煙霧繚繞……

婉容還有更大的痛苦。她不甘寂寞，她有自己的政治理想和抱負。正如人們所知，在北京和天津的年代裏，她就一心想幫助溥儀完成「復辟大業」，爲此，她設想過漂洋過海的計畫，陪伴丈夫周遊世界，也與英、美、法、日各國的駐京、津外交官們交際來往。然而，限於當時的眼界，她還看不清把復辟希望依託在洋人身上會帶來怎樣的後果。

一種莫名的政治壓抑感愈來愈強烈地襲向婉容，事實上，早在僞滿建國之初，她就考慮過自己應有的去處。當受國聯指派的李頓調查團一九三二年五月進入東北期間，婉容就曾採取了一個不爲外界所知的行動，乘機派人接觸了代表團中的中國政府代表顧維鈞。

據顧維鈞回憶，他在大連時，一個從長春來的滿洲國內務府的代表要見他，此人化裝爲古董商，是婉容派來的。因爲知道顧要去滿洲，讓他幫助皇后從長春逃走。來人說，婉容覺得生活很悲慘，在宮中一舉一動都受到監視和告密。雖然皇帝不能逃走，但她自己也要走。顧維鈞爲這故事所感動，卻不能替她做什麼事。他說：

「因爲我在滿洲是中國顧問的身分，沒有任何有效方法來幫助她。雖然如此，我得到一個明確的概念，知道日本人都幹了些什麼，這個故事可以證實日本的意圖。」

這是一個真實的故事，特赦後的溥儀曾經說過，婉容做這件事時瞞了他，但過後還是告訴他了。

婉容沒有因此氣餒，還想逃出這人間地獄。從策略出發，她希望把日本當作過渡之橋，並在一年後找到了機會。那是一九三三年八、九月間，僞滿立法院院長趙欣伯的妻子赴日，婉容便托她幫忙東渡，結果又沒能成功。

歷史就是這樣安排的，婉容不但逃不出去，而且愈陷愈深了。政治上的壓抑轉化爲思想上無盡無休的苦悶，她懷念清朝，憎恨僞滿；她嚮往大清皇后的地位，卻因眼下虛僞的身分而深深地感到恥辱。

崔慧梅回憶那時候與胞姐崔慧茀陪伴婉容的情景，印象最深的一段往事，就是婉容親自教她們姊妹唱清朝國歌：

「我兩姊妹教婉容皇后繪畫和音樂，但猶記得一首歌卻是皇后教我們唱的。這一首屬於滿清的國歌，歌詞淒涼，相信是可汗入關前流傳，開國後因歌詞悲切，很少有機會聽到。凡有國家元首來訪，『皇上』心情好的時候，便命老宮女唱出：『涼風吹夜雨，蕭颯動寒林，正在高堂宴，難忘遲幕心，軍中一劍舞，塞外動笳音，不作邊城將，雖知恩義深。』」

僞滿年代，婉容只有過一次正式的公開的露面，並受到新聞媒介的著意渲染，那是一九三四年六月間的事情。日本秩父宮雍仁親王代表昭和天皇「訪滿」，祝賀溥儀稱帝。兩個月前，日本天皇贈送禮品便是溥儀和婉容每人一份，現在「御名代」來了，自然也須兩個人出面接待，況且這次秩父宮來訪不同尋常。早在六月三日，溥儀就頒發了一道諭旨：「自六月六日至同月十五日間，待秩父宮殿下以皇室貴賓之禮。」於是，「皇后」成了不可缺少的角色。婉容雖然沒有拒絕，卻把清宮中穿用過的鳳冠、錦袍和珠寶飾物等都找了出來，她顯然是要向日本天皇的代表炫耀自己大清國皇后的身分。

據周君適回憶，婉容召見師傅陳曾壽的次女陳邦荃時，已經流露出這種心情：「會見前一天召見邦荃，談話間叫侍女捧出這套宮裝給邦荃瞧。婉容指著鳳冠說：『這上面有十三隻鳳凰，是珠寶紮成的，歷代皇后都戴過，曾經遺失了一隻，另紮一隻補上。本朝制度，皇后才能戴十三隻鳳凰，以下是貴妃、妃、嬪、貴人、常在、答應，各級冠服都有一定的制度，不許僭越的。』婉容又叫侍女拿出一隻保險箱，親自打開，裏邊全是珠寶玉器，取出來攤在一個大盤子上，真是五光十色，一時哪看得清楚。婉容說：『這些東西，連過年過節我都少戴，老是鎖在箱子裏，今天才拿出來給你瞧瞧。』」

六月七日午前九時四十分，婉容依照清朝舊例，身著宮裝鳳冠錦袍，與溥儀一起在勤民樓正殿會見了雍仁。參加會見的有僞國務總理大臣鄭孝胥、僞國務顧問宇佐美、僞宮內府大臣沈瑞麟、僞外交部大臣謝介石以及日本關東軍司令官兼駐滿全權大使菱刈隆等。在會見中，雍仁向「康得皇帝」和「皇后」轉交了日本天皇的「親書」，同時向溥儀贈呈「大勳位菊花大綬章」、向婉容贈呈「勳一等寶冠章」。會見儀式在十時零六分結束，歷時二十六分鐘。

當天中午，溥儀在勤民樓清宴堂「賜宴」爲雍仁接風，次日又在中央大街舉行「奉迎觀兵式」。婉容自然不曾出現在這樣規模盛大、人員眾多的場合，但她卻出乎人們意料地出席了溥儀在六月十二日爲雍仁舉行的送別午宴。她仍然穿戴清朝皇后的正式宮裝，不過，因爲不得不佩戴天皇贈呈的那枚「寶冠章」及日式綬帶，而顯得有些不協調。許多日本高級軍政人員，包括後來擔任日本侵華司令官的岡村寧茨都出席了那次宴會。作為政界之內的公開露面，婉容出現在送別雍仁的宴會上，這是最突出的一次，也是最後一次。此後，她僅僅在家族活動中出現。

十四、痛苦最深的女人

婉容是與溥儀共同生活時間最長的女性，因此，也是痛苦最深的女人。跟她同時入宮的文繡早已看穿了這活地獄，並在溥儀離開天津前就下堂求去了。在溥儀、婉容與文繡三人之間，如果說還有某種共同的東西，那就是政治上對清朝帝國的追求。然而對這個問題，婉容與文繡在認識上也有很大差距，當婉容還在洋人，特別是在日本人身上寄託著希望的時候，文繡卻已看出投靠日本人無異於叛國。於是，她倆分道揚鑣，各自選擇了應走的路。

至於談到溥儀、婉容和文繡的夫妻生活，應該說，從來就沒有一個共同的基礎。面對一個不合格的丈夫，正如溥儀後來分析婉容的思想時所指出的，婉容畢竟與文繡不同，文繡的思想裏，有一個比封建身分和禮教更被看重的東西，那就是要求自由、要求有一個普通人的家庭生活的思想；而婉容的思想裏更看重「皇后」的身分，她寧願作個掛名妻子，也不肯去掉「皇后」的身分。其實，即使她真想離婚，她的父兄、她的師傅、那些離開溥儀就不能生活的人，又有誰肯支持她呢？

然而，婉容又畢竟是個有血有肉的人。她在這樣一種非常奇特的心理狀態下，一方面是人的正當要求，一方面又丟不開皇后的尊號，不敢理直氣壯地建立合理的生活，鴉片也愈吸愈重了。

正是偽滿臨頭那種令中國人深以為恥的年代，讓婉容清醒了。她終於看清了世道，也逐漸讀懂了寫在「滿洲國執政」和「滿洲國皇帝」臉上的虛僞，對丈夫的親近、信賴和尊敬，也由此崩坍了。

「長時期受著冷淡的婉容，她的經歷也許是現代新中國的青年最不能理解的。她如果不是在一出生時就被決定了命運，也是從一結婚就被安排好了下場。」溥儀在《我的前半生》一書中繼續寫道：「自從她把文繡擠走之後，我對她便有了反感，很少和她說話，也不大留心她的事情，所以也沒有從她嘴裏聽說過她自已的心情、苦悶和願望。只知道後來她染上了吸毒（鴉片）的嗜好，有了我所不能容忍的行爲。」

婉容的「婚外情」播揚出來了，即使歲月悠悠又度過了半個世紀，提到這事，許多人還是很不理解，當年曾在內廷伺候過男女主人的白頭宮女和侍從等，就曾先後站出來「爲婉容皇后呼冤」。

崔慧梅女士便是一位長期隱居香港的清朝宮女。自僞滿垮臺前從婉容身邊離去，她就立下了「至死不能洩密的毒誓」，而如今已經改姓埋名、不露身分地打發了四十多個春秋，可是當她看到一部電影裏有婉容婚外情的內容時，氣憤莫名，再也無法隱居下去，遂自報姓名大聲疾呼：「歷史豈能篡改，先后那容誣衊？我最不忍見婉容皇后被蒙上『失德』不白之冤，儘管時移世易，清室之江山與榮辱皆如過眼雲煙，但只要我這白頭宮女尙有一口氣在，我仍然要吶喊，仍然要呼冤！還我皇后的清白！」接著，崔女士回憶這段歷史，一連舉出七項證據說明「皇后失德這件事絕非事實」。

崔慧梅女士確實稍知內情。她當年並不居住在宮內，實際也不是宮女，但可以算作婉容的一個女伴。她列舉的證據有一些比較籠統，不甚準確。比如其姊崔慧茀從來未當過「宮內府內務總管」，溥儀一度擬提她爲皇后的御前女官，而她未及就任即仙逝了。儘管如此，崔慧梅的文章一發表就從海外傳到海內，影響頗大，說明確實大有欲還婉容「清白」者在。

在東北一個邊陲小城，至今有位伺候過溥儀的老護軍健在，他就是前文提到過的王慶元先生。他看到崔女士的文章後，立即寫了一篇《不爲呼冤爲正名》的文章。王先生於一九八八年三月寫成此文後，曾寄筆者要求審核，後來又決定不發表。該文雖未發表，其中談及「宮禁森嚴」的內容卻是有價值的。這位身臨其境的歷史過來人，顯然比崔女士更知情。

據王先生講，當年僞皇宮內有三條非常嚴格的界限：第一條是內廷和外廷的界限；第二條是內宮和外宮的界限；第三條是婉容的起居行止都與外界隔絕，這是更加嚴格、令人無機可乘的界限。有鑒於此，王先生的結論是「這段私通醜聞純屬杜撰，子虛烏有」。

然而，溥儀對此深信不疑。這位當上「康得皇帝」不久的「懷疑狂」，很快就處治了非常寵信的兩名隨侍：祁繼忠和李體玉。

祁繼忠，家住北京地安門內大石作胡同，在溥儀被攆出紫禁城前不久入宮。溥儀親自給他起過兩個名字，一叫祁耀華，一叫祁振浚。在天津時，他受到溥儀信用，作爲隨侍，曾掌管司房財務開支；後隨溥儀出關，先赴旅順，繼赴長春，僞滿初年又兼任了溥儀的奏事官；一九三三年春天被溥儀以「滿洲國陸軍將校候補生」的名義，保送到日本陸軍士官學校學習。

李體玉，家住北京城玉皇閣胡同，也是在紫禁城裏就伺候溥儀的隨侍，又跟溥儀轉到天津、旅順和長春。

這兩個人都比溥儀小幾歲，在清宮時還是小孩子，到天津靜園已是二十歲左右的小夥子了，且都生得眉清目秀、聰明伶俐，頗能討人喜歡。當時溥儀迷上了網球運動，就在庭院中設置球場，除雇用著名網球選手林寶華等教練外，還讓隨侍們陪他練習，逐漸連韞和、韞穎和婉容也都成了網球迷。她們或與溥儀對局，或與祁繼忠、李體玉等隨侍對局，一進網球場，無形之中打破了「男女大防」。至今在歷史檔案中，仍可找到婉容與祁繼忠、李體玉網球對陣的比分記錄。初到長春，溥儀又命人在西花園前面鋪設網球場，老搭檔們還是免不了要搭檔，小小網球或許能夠成爲傳遞資訊的一種媒介。

僞滿最初幾年，兩人都是內廷隨侍，又都是輪流爲溥儀陪寢的人員，陪寢之夜就睡在緝熙樓二層正南面的中藥房內，隔著西牆便是溥儀的寢宮，隔著東牆則是婉容的寢宮，何況僅憑樹立在走廊上的一座屏風就要把同一座小樓隔爲內宮和外宮，其實也是隔不開的，從屏風這邊到那邊易如反掌，接觸機會自然很多。至於婉容的起居行止，在那個時候，也沒有做到完全與外界隔絕，這或許是引起溥儀懷疑的又一原因。

僞滿初年對婉容來說，是政治上最感到壓抑的年代，又是生活上束縛較少的年代。對此，王簡齋先生回憶說：「僞滿宮內對男女大防和歷代封建帝宮一樣，有嚴格的規定，不許越雷池一步。可是在內廷就不像外面那麼嚴格了。溥儀有時和皇后同宿，早晨還未起床，就曾召隨侍進去侍候。皇后、貴人有時也召隨侍上去支遣。還有隨侍每天早上到溥儀、皇后處『喊早』。」所謂「喊早」，即奉命招呼起床，就像在旅順有過的情形。

婉容比祁繼忠和李體玉在年齡上要大六七歲，自天津靜園以來，因爲常在一起打網球，把他們看作是自己的小弟弟一樣，而這種「好感」並不就是以身相許。在天津、在旅順，包括從天津到旅順的路上，什麼事情都不曾發生。溥儀後來聽到一種誤傳，說是婉容的一位親屬「爲了換取某種利益」，在離津去大連的路上，就「把自己的妹妹賣給一個同行的日本軍官了」。大量事實證明，當時沒有這種環境。何況日本方面正極力勸誘溥儀出任傀儡，絕不會允許發生這種事情。再說，婉容畢竟是位有身分的人物，不可能隨隨便便接受日本人的污辱。

婉容到長春以後將近一年，祁繼忠就被溥儀派到日本留學去了，傳聞說他是個十足的僞君子，此後婉容「鍾情於李體玉」。在一些文學及影視作品中，有的把李體玉描繪成「侍衛官」，能「提著勃朗寧手槍」東遊西逛。有的說李體玉是司機，一直給婉容買鴉片，「他們常常躺在一起吸，慢慢地成了她閨中密友，後來成了情人」。還有人說，婉容與李體玉的畸戀曾經留下若干「合影照」。這真是令人難以想像的，請問：當時的環境和條件能允許他們動用攝影師麼？即使拍下了鏡頭，又有哪家相館敢給他們沖洗？作爲文人的描述，離開事實太遙遠了。

根據李國雄在一九八七年夏向筆者提供的回憶錄音資料，並核實以嚴桐江寫於一九五五年十一月三日的證言資料及若干初稿，筆者瞭解到這樣一個真實的細節：有一天早晨，溥儀讓毓嵣、毓嵒、李國雄等在藥房找東西，那屋裏除放各種中西藥品外，還存放溥儀隨時需要的服裝、鞋帽之類物品，溥儀也過來看看。正在這時，李體玉打外邊進來，別人沒太注意，溥儀忽然發現李的嘴唇上有斑斑紅印，頓生疑竇，遂問道：「你怎麼還抹口紅？」李體玉聽問一驚，知道是剛才與女人偷情接吻時沾染了紅色，乃急中生智道：「奴才這幾天嘴唇發白，就稍許點了點紅色，或許萬歲爺看著順眼些。」他的巧辯引起哄堂大笑，一時把溥儀也應付了，從此李體玉公開塗口紅，以使人們不疑。

不久，輪著李體玉陪寢，也在藥房打地鋪。真是該他倒楣，溥儀睡睡覺來病了，跑到藥房找藥吃，發現李的鋪蓋在地下放著，人卻不在了。起初溥儀以爲他上了廁所，遂命人去找，但找不到，前後樓門也都鎖得好好的。那時規定：溥儀就寢後，緝熙樓各門一律上鎖，斷絕出入，直到次日溥儀起床後才開鎖啓門。正疑著，李體玉兩手提著褲子從樓下急匆匆上來，溥儀一看就火了，聯想起

抹紅嘴唇的事，遂逼問他「半夜三更上哪兒去了」，李體玉張口結舌，一時語塞。溥儀更顯得急不可耐，一面打他，一面追問，好長時間才問出一句話：「奴才到樓下去了。」再問他半夜下樓幹什麼，李體玉硬挺著挨打，什麼都不肯說。溥儀這時已斷定他是有姦情的，遂傳毓嵒等人共同審訊。輪番轟炸後，李體玉招供與某某有染，其人是某侍衛官之妻，也是皇親，常出入陪伴婉容，時而留宿不退，遂成此事。

李體玉此供是否屬實，現已無從查考，而當年溥儀的疑心也並不因此稍減。

有一天，溥儀秘密佈置嚴桐江、李國雄、趙炳武和吳天培四人監視李體玉。趙炳武即趙蔭茂，在清宮就給溥儀當隨侍，一直到僞滿垮臺。他善於烹調，給溥儀管理過茶膳房，有時還親自給溥儀做菜。吳天培，也是從北京就跟著溥儀的隨侍，僞滿初年提爲奏事官兼護軍第一隊隊長，後因貪污受賄被開除。李體玉是精明人，早已看出苗頭，知道皇上是在調查他是否與後宮有聯繫，結果一連數日都無人抓到證據。然而，溥儀還是決定要處置李體玉。

有人說，溥儀想把李體玉槍斃了之，可沒等動手，李倒提著勃朗寧手槍在宮內裝瘋，要斃起別人來了，而且公開聲言「有兩人私進過婉容的寢宮」等，溥儀乃被迫給「兩名肇事者」各發四百塊大洋，作爲保密費，打發他們離開僞滿。這顯然是對僞滿宮廷的環境和背景毫無所知的人，憑主觀臆斷而編造的。在「康得皇帝」的宮廷中，豈容李體玉提著手槍裝瘋？再說，他這個小小的隨侍，當時尚可與溥儀講講條件的，無非是保守秘密，對於鍾情於他的女人，也應愛護其情面，怎麼可以亂喊亂叫的「聲言」呢？

還有人說，此事當時已經傳開，隨侍們認爲李體玉丟了大家的臉，主張把他拉出去槍斃，後被溥儀制止。事實上，這件「宮闈秘聞」並未傳開，雖然有的隨侍被派任監視、拷訊等工作，但都是單線對溥儀負責，且有規定：隨侍之間不得接觸、談話，是不可能知道全面情況的，也不可能得到向溥儀提出處置意見的機會。

也有人說：「溥儀對事情的反應既寬宏大量，又膽小怕事，他滿可以處死李，因爲他違反了大清道德，犯下了滔天罪行。可是溥儀偷偷塞給他二百五十英鎊，叫他趕快離開。」這是一種比較謹慎的說法，卻含糊其辭，沒有涉及細節。

關於對李體玉的處置，李國雄的回憶比較客觀、貼近事實。他說：「爲了避免傳聞外揚，溥儀當即開除李體玉，秘密遣人送回北京，永遠不准再來。由於此事做得人不知、鬼不覺，連朝夕不離溥儀左右的我，居然也不知道李體玉是什麼時候、以什麼名義離開僞滿的。」

又據嚴桐江檔案記載，溥儀當時還派了一個叫王子明的人護送（實際是押送）李體玉返回北京。王子明也是僞滿內廷勤雜人員，北京人，家住秦老胡同。按溥儀打發下人的慣例，無論是因病請退的、自動離職的，還是被開除的，都發遣送費。李體玉情況特殊，亦不過開除而已，遣送費照例可發。加之李體玉是溥儀貼身老隨侍之一，還有溥儀在天津時，給代存銀行、規定可動息不動本的一千塊錢在，即使再另外加些錢給他，也是不奇怪的，算不上「保密費」。其實，李體玉是絕不敢張揚的，溥儀如果想讓他死，不但可以在長春槍斃他，回北京後，也可以隨時取下他的首級。

還有另外一種傳聞，溥儀的二妹夫、鄭孝胥之孫鄭廣元先生，曾在一九八五年六月十一日向筆者說過，李體玉被逐出僞宮後，離開長春前，曾在火車站前的小旅館住了一宿。其間他與別人，或許就是負責押送的王子明，談到過宮裏的事，主要是說他與婉容是有感情的，曾透露過暗殺溥儀的企圖，卻被婉容堅決地勸止了，才未能動手。李體玉這樣講或許是一種好意，他不願在自己離開後，婉容還要受到嚴厲懲罰，然而也不能找到傳聞有據的確鑿可信的證據。

有趣的是，度過相安無事的二十七年後，溥儀和李體玉於一九六一年在北京煙袋斜街碰上了。李體玉向舊主人深鞠一躬並道歉說：「過去的傳聞您不會當真吧？實在對不起了！」已經獲得特赦的溥儀，自然不會計較這一類往事，連說：「沒啥！過去的事不提了。」不久，溥儀還特意到李體玉當時所在的寬街中醫醫院去找他敘舊，並順便參觀了李體玉負責管理的動物實驗室，他們又成了朋友。

溥儀對祁繼忠的處理就更簡單了。因爲祁繼忠正在日本陸軍士官學校留學，所以既用不著攆，也用不著遣送，只拍了個電報，告訴日本方面，將祁繼忠從「滿洲國陸軍將校候補生」中除名，從而也就跟溥儀、跟僞宮、跟僞滿脫離了關係。此後，祁繼忠又被日本軍方派到華北僞軍當上將級軍官，早有人說他已被日本人收買，成爲溥儀身邊的日本特工，由此似可證實。祁繼忠的下場可悲，他是在日本投降後，被國民黨政府俘獲的，很快就被處以極刑。

溥儀處理兩名隨侍後，又整頓了婉容身邊的太監、傭婦和丫頭們，採取劃地爲牢的辦法，嚴格限制她們與外界接觸。據嚴桐江講，連婉容經費的支付方式也有所變動。他說：「婉容的每月經費是一千五百元，原由太監領取，後來溥儀叫我交給他們，這是溥儀爲了防備伺候婉容的人和別人交談。」歸根到底，是爲了防止「傳聞」擴散。

繼而溥儀又授意婉容的漢文師傅陳曾壽辭去講席，陳曾壽只好照辦。作爲「進講」多年的清朝遺臣，陳曾壽同情婉容，認爲溥儀夫婦形同怨偶，是胡嗣瑗以及醞和等挑唆所致，希望溥儀不要忘記患難夫妻的情分，爲此還曾寫詩寄意，並斷然與胡嗣瑗絕交。陳曾壽隨溥儀到東北，再三聲明只願照料溥儀家事，以逞效忠清朝之志，絕不過問僞滿政治。於是，既辭講席，又向溥儀奏請辭去近侍處長職務，雖經慰留暫消辭意，兩年後還是去職，遷居北京自度晚年去了。

至此，婉容與外界完全隔絕。她的冷宮生活開始了。

十五、婉容不該被遺忘

溥儀不能容忍這種事情，決心廢掉「皇后」，卻不料受到日本人的干預，自己當不了家。關東軍司令官菱刈隆竟蠻橫地表示不同意離婚。菱刈隆的反對態度顯然是反映了裕仁的意志，其原因是政治的。日本人擔心內廷醜事外揚，將會影響僞滿皇帝的尊嚴，後來發生的一連串事實證明：日本人把溥儀廢后、立后乃至冊立一個「貴人」，都看作是牽涉政局、影響社會安定的重大事件，都極爲慎重地參與其間。

離婚不成，溥儀又想出一個主意：採取甩包袱的辦法，以赴旅順「避寒」爲名，把婉容遠遠地甩在外地，來個「眼不見爲淨」。爲此，僞滿宮內府已在一九三五年一月十四日發出第一號佈告：「皇帝、皇后兩陛下於本月二十一日行幸旅順，遵旨佈告。」對此，關東軍方面仍然表示反對，「認爲皇帝應有皇后，皇后應和皇帝同居」。其實與「廢后問題」一樣，日方考慮這個問題還是著眼於政治，即日本人的統治局面的穩定，而絕不遷就溥儀的個人感情，不願把宮廷危機播揚到社會上去。婉容則是因爲看穿了溥儀的用心，又哭又鬧堅決不去。離婚廢后不成，甩包袱又甩不掉，溥儀懲治婉容的最後一招，就是把她打入冷宮。

從一九三五年到一九四五年，可憐的婉容在人間地獄般的冷宮中度耗了漫長的十年光陰。只剩虛名的「皇后」，成了盤旋在僞宮上空的幽靈，在「滿洲國」，從日本關東軍司令官到最小的僞官吏，再也沒有誰還能注意到婉容其人的存在了。

婉容所住的冷宮，那是比珍妃囚居之所還要冷的真正冷宮。因爲珍妃心愛的光緒皇帝還能想著她，設法見到她，可謂恩深情重。婉容卻沒有知音，丈夫根本就不愛她，不理睬她，從來不進婉容的寢宮。她每年只在春節和溥儀生日才能見到丈夫一面。冷宮中的婉容，一舉一動都處在不堪忍受的監視之中。溥儀也不允許榮源、潤良和潤麒等婉容的親屬平時入宮會面。婉容偶爾召見親近眷屬，都得先經溥儀許可。交談時彼此都存戒心，不敢多說話，只能應酬似的聊聊天，或是問問外邊的情況，婉容既不敢對某人表示特別親近，被召見的人也絕對不敢對外散佈宮中情況。

婉容難以承受冷宮的巨大痛苦，政治壓抑、感情壓抑，喪失了愛情和親情，終於不可避免地精神崩潰了，身體也被摧殘了。到僞滿末年，她的兩條腿已不會走路，甚至完全不能動了；她的眼疾也幾乎近於失明，由於常年圈在屋中，雙眼均不能見光，看人時以摺扇擋住臉，從扇子的骨縫中看過去。誰能想像這便是當年那個傾國傾城的「明星皇后」呢？

一九四五年八月僞滿垮臺，婉容隨皇族一起向通化逃亡。這時，她已經只能靠鴉片維持生命了，餘則任人擺佈。從長春僞宮帶出的鴉片不夠她抽的，還要用高價在當地購買。在大栗子溝和臨江的幾個月裏，受到李玉琴的照顧，她的情況還好些。一九四六年四月長春解放，婉容也跟部隊回到長春，李玉琴被娘家人領回去了，但婉容卻找不到安身之處。她父親榮源已被俘去了伯力，而其兄潤良則棄之不顧，婉容只好仍隨部隊行動，漂泊四處。不久，婉容又隨部隊從長春轉移到吉林市，臨時留置在吉林市公安局看守所。當時她身患重病，神志有時不清，生活不能自理，全靠隨從人員服侍，爲了維持她的生命，每天都需要供應她適量的鴉片。

婉容在吉林市期間「還有過一度公開展覽」，在當時，這無疑是對欺壓東北人民十幾年的日僞政權表達憤恨的一種方式，也可以理解。據報導此事的記者說，吉林警察局主辦者指著婉容告訴觀眾：「這就是溥儀的妻子！」

關進拘留所後，婉容再也得不到鴉片供應了。她時而瘋狂呼救，時而痛苦呻吟，時而圓瞪雙眼似乎透不過氣來，時而又躺在地板上翻身打滾。她被煙癮折磨得死去活來，慘不忍睹，而周圍牢房中的囚徒則被她的吵鬧激怒了，發出一陣陣「真討厭」、「殺了她！」的吼聲。

婉容轉移到吉林市不久，國民黨軍隊就佔領了長春，並向吉林市逼進。在這種形勢下，於一九四六年五月廿三日夜，她又被抬著送上火車，一直轉移到延吉市，被安置在延吉監獄（**舊址在現延吉藝術劇場**）。六月十日傳下一道命令：將婉容、嵯峨浩等六人轉往牡丹江，再赴佳木斯；考慮到婉容已經不能走路，還特意給她準備了一輛漂亮的馬車，以便在監獄到火車站這段路程上代步。然而，監獄負責人很快就發現婉容已是完全不能經受旅途折騰的人了，「如果她死在半路上，不如不走的好」。留在延吉監獄中的婉容，身邊沒有一個親人，也沒有一個皇族成員，孤獨地度過了悲慘一生中的最後十天。

在愛新覺羅・浩走後的第十天，即一九四六年六月二十日，這個中國歷史上最後一位皇后終於與世長辭了，死後葬於延吉市南山。在一份保存下來的原始登記表上，清楚地記載著她的準確死亡時間，「於六月二十日午前五時亡去」。

從一九〇六年十一月十五日到一九四六年六月二十日，從北京市帽兒胡同到延吉市南山，中國末代皇后郭布羅・婉容痛苦地走完了自己悲慘的人生途程。她戴過紫禁城裏的鳳冠，卻不是自己攀附來的；她曾把希望寄託在洋人身上，可沒想過出賣祖國的山河；她也被推進了屈辱的偽滿皇宮，則顯然不是她個人的過錯。她有缺點、有毛病、有很強烈的虛榮心，但她追求光明、追求愛情、追求一個普通人的幸福，這是應該獲得理解的，應該得到同情的，應該受到稱讚的。

作爲清朝末代皇后，婉容的生平與清朝和民國初年的歷史相聯繫；而作爲僞滿的傀儡皇后，婉容的經歷又與日本軍國主義侵華史聯繫著。對日本人，她希望過、失望過、怨恨過、反抗過，而日本人也打過她的主意，建有專門的「極密」檔案，關注她的私生活。所以說，婉容絕不止是一個身陷後宮的「皇帝」的玩偶，她和溥儀一樣，都被揮舞東洋戰刀的武士們耍弄了。她的悲劇滲透著侵略者的伎倆。然而在一個很長的時期裏，她被社會遺忘了。

婉容不該被遺忘，這不僅是因爲她的悲慘命運值得同情，還因爲她的生命歷程囊括了頗爲重要的歷史內涵。作爲中國最後一位皇后，她既是舊中國封建主義和帝國主義利用的婦女界代表人物，又是身受封建主義和帝國主義壓迫和摧殘的孱弱女子。她的生平具有非凡的典型性，值得記述、研究、傳世。

卷二

末代皇帝溥儀和末代皇妃文繡

文繡從小受的是三從四德的教育，不到十四歲就開始了「宮妃」生活，因此，「君權」和「夫權」的觀念很深。她在那種環境中敢於提出離婚，不能說這不是需要雙重勇敢的行為。

—— 愛新覺羅・溥儀

額爾德特・文繡，又名蕙心，自號愛蓮，小時候讀書以及與溥儀離婚後當教員的名字叫傅玉芳。額爾德特氏隸屬於鑲黃旗，是滿洲八旗中最負盛名的幾大家族之一。文繡的祖父錫珍，在清朝歷任工部右侍郎、刑部右侍郎、戶部右侍郎、吏部右侍郎、吏部尚書等職，逝於一八八九年，遺有成片房產、田產。文繡的父親端恭，係長房，但一生不得志，以候選同知鬱鬱而終。

作為合法的、為社會公認的皇妃，文繡是我國歷史上的最後一位，也是中國歷史上第一個敢於向封建皇帝提出離婚並訴諸法院獲得成功的皇妃，從而擺脫了如同婉容那樣的悲慘命運。

一、不盼而來的女孩

在紫禁城太和殿的寶座上，剛剛度過登極周年紀念日的小皇帝宣統快滿四歲了。這時，離他並不遙遠的交道口大方家胡同，正在發生著後來與他有過重大關係的事件。

這是大清朝吏部尚書錫珍的府邸，這裏曾是冠蓋雲集、車水馬龍之地，現在雖趨蕭條冷落，看上去還相當氣派。進入府門，穿越廳堂，通向一個別有天地的小花園。園中有假山、水池、石板彎橋和幽雅的小亭，樹也禿了，花也落了，可這天很晴和，是初冬季節中令人喜歡的暖日。一九〇九年（宣統元年）十二月二十日（舊曆十一月初八），端恭的妻子蔣氏分娩了。

蔣氏，出自漢族，卻也屬大家閨秀，心地善良，性情柔和。蔣氏看著自己的頭生女兒，眉眼還算周正，便給她取了個文氣的乳名叫「大秀」。端恭何曾想到，十幾年後，他的大秀竟能步入金碧輝煌的宮禁，倘晚死幾年，自己也當上了舉國側目的國丈，到那時，他自然不會再有生女不如生男之慨嘆了。

大秀不是端恭盼來的，但當父親的很快也就喜歡上自己的女兒了，並爲女兒起了一個大號：蕙心。還爲大秀的「滿月」要了二十桌魚翅席，辦得很排場。

蔣氏第二次懷孕後，端恭斷言一定生個男孩兒，結果仍是不能如願，二秀又來到人間。端恭抑鬱成疾，把兩房的三個女兒扔給年輕的蔣氏便撒手而去了。端恭一死，年輕的蔣氏自有無盡的淒苦，可她主意打定，不論遇到多少災難，也要把丈夫的骨肉——前妻生下的「黑大姐」和自己所生的大秀、二秀拉拔成人。她向大秀的五叔華堪說：「我們娘幾個，今後就請五叔您多照應了！」

蔣氏是漢族人，相比之下門第也低些，然而曾爲清朝二品大員的華堪並不因此而輕視蔣氏，相反一向敬重這位大嫂。蔣氏說：「蕙心這名字叫著太不順口了，請五叔再給大秀取個名字吧！」華堪想了想，就對蔣氏說：「我看這孩子挺文氣的，就叫文繡吧！」隨後，又給二秀取名「文珊」。這就是若干年後轟動一時的兩個名字的由來。蔣氏本想借助封建大家庭的庇蔭，把幾個女孩拉拔大，然而好景不長，她所憑依的那個家庭，很快就在滄桑世變中瓦解了。

額爾德特氏家族，隸屬於滿洲八旗中的鑲黃旗，也是最負盛名的幾大家族之一。文繡的祖父錫珍，當了半輩子吏部尙書，去世時，在北京東城安定門大街方家胡同，給子孫留下五百餘間房產，並在西郊大興縣內留有大片田地。他的六個兒子就依靠這些產業，維繫著方家胡同封建大家庭的局面。長子端恭終生只謀得內務府的一名主事小差使，其餘弟兄，除老五華堪官至吏部尙書、較爲得意外，都是縱情於聲色玩樂的紈袴子弟。

晚清之際，不管怎樣還算是官宦人家，到時候總有旗人錢糧進戶，加上房租利息，足夠支撐門庭。辛亥革命後，情況就大不一樣了，頂戴花翎一律作廢，身為吏部尚書的華堪也只好閉門謝客，念經禮佛了。

最初，還有房租、地息收入和少量的銀行存款。可是家族的子弟們誰也不知勤儉度日，使奴喚婢，大吃大喝，過了今宵，不想明晨。酒足飯飽之餘，照例提籠架鳥，鬥蛐蛐，聽唱戲，硬是打腫臉充胖子的掛出一副貴族之家的臉譜。

存款很快就消耗淨盡了，在入不敷出的情況下，每每捉襟見肘，只有舉債度日了。日子長了，難免有不能應付的時候。於是，把祖宗留下的古玩書畫壓價抵給當鋪和琉璃廠的古玩商人，結果，到期又無力贖回，都白白便宜了人家。隨後又開了賣房之戒，今天一個院套十間，明天一趟北房五間，零打碎敲地脫手而去。當華堪也終於身陷病老之中，再無力避免這六房聚居的封建大家庭的崩潰時，方家胡同這大片的園宅也就很自然地先後易主換姓了。

分家時，方家胡同的大片宅院早已走到形存實亡的地步了，延續了數代的四世同堂的局面，不過是一張虛空的外殼而已。蔣氏以長房地位的分家所得，除房內傢俱外，也只有數目甚微的一筆現款。

曾幾何時，這裏本是達官貴人的府邸。今天，老房已經抵債易手，原主只好遷居異地，另立門戶了。分家後，蔣氏帶著黑大姐和文繡、文珊姊妹，還有跟隨多年的兩位忠心耿耿的老年女僕，離開了世居的老宅。蔣氏已在花市上頭條租好了幾間房子，那將是她們的新居。舉目茫茫的蔣氏，顧念前程，禍福未測，實有滿腹難言的苦衷。

蔣氏雖在貴族之家生活多年，卻並不曾沾染貴婦人那些奢靡腐朽、以浪費為榮的習氣。雖有若干私儲，卻能儉樸度日，不擺闊氣，不打牌，起初幾年，蔣氏一家的生活倒也安定。

誰知天有不測風雲，蔣氏有個胞弟蔣二好吃懶做、窮困潦倒，待端恭一死，就覬覦著姐姐的錢財了。他三番五次地磨蹭，勸說姐姐把私蓄全部借出，幫他開個糧店。善良的姐姐可憐他，便以現款和金鐲首飾湊足全數。蔣二有了資本，便在前門大街西草市口掛牌營業、開起糧店來。可是，沒過多少日子就鬧個雞飛蛋打，把姐姐全家人生命所繫的血本虧盡了。蔣氏叫天不應，喊地不靈，只好埋怨命苦。

可是，蔣氏人很要強，決心靠雙手，靠節衣縮食，把門戶支撐下去，把孩子們撫育成人。她辭去僕婦，退掉兩間租房，一家四口擠在兩間房子裏，爲了結束「坐吃山空」的局面，又領著女兒們做挑花活，掙手工錢，多少有點兒進項。苦熬苦過，竟把時間推到一九一六年夏天。

文繡已經虛齡八歲，她勤快、聰明，要上學，要認字讀書。蔣氏有心供女兒念書，卻是心有餘而力不足。聰明過人的小文繡深知家庭的窘狀，但她一定要上學，遂於一九一六年九月初以傅玉芳的名字登記註冊，入花市私立敦本小學初小一年級就讀。

辛亥革命後，滿族人紛紛改用漢姓，額爾德特家族也就從文繡這一代起，從百家姓中挑出「傅」字當作姓氏了。她白天上課，晚上就挑花活掙學費，登校未久，已顯露超人之處。當年學校開設了國文、算術、自然、圖畫幾門課程。文繡成績大多爲甲等，時而有「甲上」之譽，蔣氏深感欣慰。

文繡人品憨厚，好學上進，舉止有節，樸素淡雅，不失大家閨秀的風度。她的少女年華中，固然不能沒有歡樂，但更不乏酸楚和眼淚。娘兒幾個也能掙點兒辛酸的手工錢，但家庭生活的主要開銷，還是靠著蔣氏被坑騙以後所餘甚微的私蓄。錢既然是愈花愈少，日子也就一天不如一天了。可憐的小文繡，白天看書習字，晚上又要湊在微弱的煤油燈下穿針引線，好端端地兩隻眼睛全累成了近視。艱苦的環境往往促人早熟，十一二歲的文繡已出落得像個大人了。她並非容貌娟妍、花明雪豔的絕世倩影，但人長得高頎又白如玉肪，挺富態。

二、御筆圈定

一九二一年春天，紅牆黃瓦的清宮之內，身穿團龍補服或帶膝貂掛的王公大臣忙忙碌碌，往來穿梭。原來尊號仍存的小皇帝溥儀已經十六歲了，王公大臣們說，他已經到了該結婚的年齡。

選妃的事自然由溥儀的幾位「宮廷母親」首先提出，她們便是同治皇帝載淳的瑜妃（敬懿太妃）、瑨妃（榮惠太妃）和光緒皇帝載湉的瑾妃（端康太妃）。幾位女主先後召見溥儀的生父載澧和十位王公，商定了選妃的細節。

選妃的範圍是確定無疑的，必須是皇室貴胄、滿蒙王公大臣的女兒。但在挑選方法上與過去不同。可能是女主們回憶起自己年輕時入選的過程，產生了惻隱之心。當年她們作爲候選的「秀女」，清晨經歷一番濃妝豔抹的打扮之後，要以傷心的慟哭向父母辭行，然後乘轎入宮，在坤寧宮外「排班候駕」，等待皇帝親臨，當面挑選。選上的倒還「榮耀」，落選的太難爲情。這回改成選照片的辦法，候選者照張相片送到小朝廷的內務府，皇上看中了算數，這對姑娘來說，面子上好過些。

「小皇上」選妃的消息，很快就在仍對溥儀敬若神明的皇室貴胄和滿蒙王公大臣家庭中，引起了轟動，都願意把女兒送進宮去，當一當「大清國」的正宮娘娘。當時，額爾德特氏家族雖說已陷入窮困潦倒的地步，但按門第，是符合選妃條件的。這引起因在清末當過大官而成為家族之長的華堪的苦苦思索，他何嘗不想借這個機會光耀冷落了的門庭？大兒媳婦就向老爺子建議讓文繡試試。起初華堪有疑慮，他以為小皇上選妃，必須品貌上乘，文繡雖然也不乏五官端正、皮膚白嫩等長處，但論相貌也不過中等之人。一旦落選，喪失光宗耀祖的機會不說，蔣氏和文繡在個人面子上也不好過呀！

華堪的大兒媳婦則列舉了文繡的種種優點：第一，文繡相貌不醜，一個十二三歲的孩子，已有一百六十多公分的個頭。眼睛也大，又能傳出像是要說話的神氣；第二，文繡儀態好，溫文爾雅，落落大方。比如在她家作客吃飯，她能以手、眼、口，配合默契，合於禮，適於度，而使在座的人，誰也不感到冷落，都非常愉快、滿意；第三，文繡有才氣，不但文學方面，而且棋、琴、書、畫，樣樣都在行，顯然具備才女的條件。華堪接受了大兒媳婦的建議，打發兒子前往花市把蔣氏請來，一五一十說了一遍，事情就算決定了。

蔣氏轉回家來，又把華堪的意思告訴了女兒文繡，她原以為女兒準能歡喜，卻沒料到倔強的小姐竟是一百個不願意。蔣氏又改用順從的辦法苦苦相勸。她說，能參加候選是因為祖上有德，倘若中選更是天意，天意誰敢違拗呢？文繡雖不相信什麼「天意」，但是她可憐額娘。年復一年，老人遭罪受苦才把自己養大，不應讓她傷心。再說，候選也未必一定中選，無須太固執。於是，文繡按要求照了相，照片由華堪呈交清室內務府了。

溥儀看過那張文繡的待選照片後頗為滿意，結果正如大家所知，連文繡自己也沒料到：她的照片有了「小皇上」畫過的一個鉛筆圈。這個圈，完全改變了文繡的生活道路。

文繡那張待選照片也被溥儀順手收藏於養心殿內臥室中，溥儀出宮後成立起來的故宮博物院發現了它，立即作爲文物珍藏至今。博物院的研究人員介紹說，這是一張梳「兩把頭」、身著旗袍外罩坎肩的半身像，照片貼在一張用本色絹裱襯的薄紙板上，右上角貼著大紅紙條，恭楷墨書：「端恭之女額爾德特氏年十五歲」十三個字，這是對未出閣女子的提法，十五歲是虛齡。文繡待選照背面還寫有「溥儀妻文繡便服照片」等字樣。

文繡的命運絕不是蔣氏在神案香爐之前求來的，也不僅僅是「小皇上」信筆一勾畫來的。在封建制度的帷幕下面，這裏面有著又深又長的背景。

人們知道，當時那個畸形小朝廷早已不再是皇權的象徵，然而，小朝廷內的女主和男主們仍在繼續做著好夢。首先是皇貴妃們爲了效法慈禧獨攬朝綱，都想像慈禧控制光緒那樣，把溥儀操縱在手，若把一個自己人安插進後宮，真太有利了。

額爾德特家族與醇王府六房貝勒載洵素有往還，兩家走動頗密，而載洵又與宮中敬懿皇貴妃的關係好，文繡遂被這位女主當作了自己人。敬懿是同治遺下的三個妃子中能詩工樂、聰穎又有頭腦的一個，當然也有很大的野心。她用慈禧一句話「承繼同治，兼祧光緒」爲法寶，來證實自己的正統地位。然而，宮中實權人物——光緒遺下的端康皇貴妃絕不示弱。她也有法寶，民國總統袁世凱曾指定由她主持宮中事務。針尖、麥芒在「中宮」問題上各不相讓，都想把自己人立爲皇后。

據太監信修明講，因敬懿主立文繡，載洵又附議，溥儀未加思索即畫了圈，此事似乎定案。不料，端康皇貴妃堅決反對，提出冊立婉容，載濤附議，溥儀生母瓜爾佳氏因與端康關係密切，也予以支持。雙方相持不讓，紛爭愈演愈烈，拖了半年多，最後還是由溥儀出面，給婉容補個鉛筆圈兒，立爲后，文繡則立爲妃，從而平衡了矛盾。這雖非溥儀的本心，卻是宮內女主之間爭權奪勢政治鬥爭的必然結局。

三、平步青雲

「小皇上」溥儀把兩個鉛筆圈畫上之後，清帝大婚的籌備工作就在一陣密鑼緊鼓之中開始了。主持籌備工作的機構爲大婚典禮籌備處，經太妃們與載灃議定：由貝勒載濤出任總辦大臣，溥儀的師傅朱益藩以及清室內務府大臣紹英和耆齡任副大臣。

爲了女兒出閣時體面些，蔣氏就領了文繡和文珊姊妹，搬回了交道口方家胡同老宅。那時，黑大姐已經出閣。不久，溥儀頒發諭旨，著清室內務府在北京地安門後海南沿大翔鳳胡同四十一號，爲蔣氏全家買下一個院落，計有北房五間、東西兩廂各三間，另掛小夾道後院和位於犄角的一間平頂小房，並賞賜全套紫檀傢俱，供給蔣氏一家居住使用，以示體念。

打這時起，蔣氏一家的生活算是有了轉機。文繡的妝奩也是「小皇上」溥儀頒旨，由清室內務府大臣紹英和耆齡，按照宮中貴妃的禮儀制度，斟酌損益而備辦的。文繡不再上學、上街，也無須燒火做飯、掃地抹桌，或在煤油燈下挑花活了。華堪五叔一有閒空，就教她君臣大禮、宮中規矩，教她誦讀《女兒經》。

一九二二年三月至同年十一月底，文繡悠哉遊哉地度過了從訂婚到結婚這一段少女時代的最後時光，其間生活既不同於以前的貧窮日子，更不同於以後的清宮歲月。她不用再挑花活兒，餓了就告訴廚師伺候，想玩便約家族各房的同輩們彈琴唱歌，家裏還專門爲她聘請了教漢文的寶先生和教英文的陳老師，至於程度，這位虛齡十四歲的女孩已能教別人「念四書詩」了。傅家也不像從前門可羅雀了。

四、迎娶

宮中的瑜、瑾、瑨三位太妃，特別關心溥儀的婚事，要求籌備處趕快確定大婚典禮的吉期。婚禮大臣載濤命掌禮司初擬，該司即以占卜之法獲知：舊曆十月十二日和十三日爲「上吉」之日；又按宮廷禮法，妃子要先一日入宮，以俾跪迎皇后。最後由宣統皇帝溥儀圈定：十月十三日寅刻舉行大婚禮，大婚前一日，即十月十二日丑刻，按西曆爲一九二二年十一月三十日凌晨二時整，遣使迎娶文繡入宮。

到了吉期正刻，溥儀旨派鄭親王昭煦和內務府大臣紹英分別爲正、副使，帶領一小隊內務府官員和太監，既無儀仗又無彩禮，從神武門出宮，經東磚門、景山東街、地安門、煙袋斜街、銀澱橋、什剎海、後河沿，進入大翔鳳胡同傅宅。「寶冊」送到，蔣氏跪接，叩謝天恩。過了半個時辰，他們便從大翔鳳胡同拐出來，經龍頭井、南藥王廟、皇城根、地安門、景山東街、東磚門，進入神武門。

在黎明前的北京街頭，這一小隊人馬悄悄地行進著，不緊不慢。馬蹄的「嗒嗒」聲，車輪的「吱扭」聲，劃破了寧靜的夜空。民國政府派來的遊緝馬隊，也前前後後地隨行保護。坐在黃圍轎車中的新人淑妃，當時僅有十四歲，既不能掌握也無從預知等待自己的命運。她雖然沒有鳳冠霞帔，也是珠簪一髮，綾羅滿身，被送進了皇城。

文繡大婚期間穿用過的兩件禮服，至今仍在故宮博物院織繡藏品中保存著。其中一件是杏黃色綢繡雲蝠金龍袷朝袍，另外一件是石青綢繡雲蝠雙喜金龍袷朝褂，兩件配套穿用。終文繡之一生，僅在紫禁城內生活的兩年中，在大婚期間、溥儀的生日和舊曆正月初一，才穿用寥寥幾次的這套服裝，乃是清朝皇妃正式禮服的珍貴實物。

當身穿正式禮服的文繡被悄悄抬進神武門內之際，正在順貞門外照料的耆齡即導引新人晉見溥儀。這時候，溥儀正坐在養心殿的寶座上等著淑妃到來，文繡恭行三拜九叩之後，溥儀只說了一句話：「下去歇息罷！」遂有人導引文繡住進長春宮，與敬懿皇貴妃同處。

第二天凌晨四時，皇后進宮，文繡本應於鳳輿到達坤寧宮皇后下轎之際，按老規矩，親率女官和宮女等「膝行跪迎」，以示等級尊卑，使之開始就能認識到自己與皇后在地位上的差異。好在溥儀還算開通，未被舊制所囿，臨時傳諭免去了「跪迎」的程序。淑妃有了面子，婉容卻很不舒服。然而，整個婚典過程證明：皇后與淑妃地位懸殊，她們之間隔著一道天然的不可逾越的鴻溝。

五、皇家初度

洞房花燭夜，「小皇上」仍在養心殿獨宿。第二天，溥儀一整天都和婉容在一起。他們還曾前往景山壽皇殿，面對列聖列后聖容拈香行禮，叫做「廟見禮」。淑妃是沒有資格與皇帝、皇后一起行禮的，只能當他們辦完禮儀大事，來到漱芳齋屋內看戲時，才能坐在他們近處。宮廷請來了京滬兩地最著名的演員，如楊小樓、尙小雲、余叔岩、兪振庭等，當時初露頭角的馬連良、李萬春也參加了演出。

大婚第三天是皇帝、皇后受賀的日子，婉容穿一件黃緞織花旗袍，高高地梳起滿族的「兩把頭」，雍容華貴地站在溥儀身邊，接受一批批駐華外國使節的祝賀。尤爲稀奇的是，民國大總統黎元洪也委派總統府大禮官黃開文爲專使，以對待外國君主之格前來致賀獻禮。如此這般隆重的禮遇，好像只是對著皇帝和皇后，小妃子文繡無從與聞。連賀禮也都是進呈皇帝和皇后的，從圖書古玩到銀元金寶，紛至遝來，堆積如山，應有盡有，每逢溥儀和婉容雙雙行禮、受賀的時候，文繡只能形影孤單地待在長春宮裏，她感到不可名狀的寂寞和孤獨。

婉容的冊立禮在大婚典禮前一日舉行，而文繡的冊封儀式則訂在大婚典禮結束周月之後的一九二三年一月四日，其時寶熙充正使、朱汝珍充副使、鄭親王昭煦授節，上午十時禮成。從這時起，文繡才算正式擁有了「淑妃」的身分。永和宮司房首領太監信修明回憶說：

「皇上初見淑妃似感平常，自此與淑妃疏遠。淑妃也甚自愛，獨居長春宮，每天早晚除至養心殿、鍾粹宮請安以外，關閉宮門教宮女讀書，並課針線，雖有太監也只備差而已，宮中稱賢。」

自從大婚期間聽了幾天戲，淑妃對京劇漸漸有了興趣。那時溥儀的寢宮中就擺著一架手搖式留聲機，還預備了一大摞京劇唱片，淑妃對那種西洋玩意兒由羨慕而想得到。於是，她向溥儀提出，溥儀立刻囑咐內務府到東交民巷外國洋行買回一套。從此，淑妃讀書累了，便要放開留聲機，學唱青衣花旦。久而久之，《紅娘》、《醉酒》等幾齣戲，她都會唱，而且唱得很有味道了。

淑妃本來是位善於美化生活的人，還有個愛花的嗜好。淑妃喜歡梅花，也喜歡蘭花，自從淑妃住進長春宮，這裏便成了一座花園，千差萬別的一盆盆鮮花點綴著宮內宮外。

淑妃入宮後一年多的時間裏，竟以自己的文才和嫻雅的性格贏得了「小皇上」的歡心。他們在書房切磋學問，在月下交流感情，在養心殿與長春宮中間的御路上你來我往，共同度過了一段美好的青春時光。

淑妃從小喜靜好讀，入宮後的環境倒不錯，每天除了照例要向三位太妃以及皇帝、皇后請安外，也沒有誰來打攪。她喜歡文學，就讀了不少古典文學名著。淑妃入宮四個月後，溥儀旨派名儒朱益藩教授四書五經。她學得很認真，能默讀許多段落，還向朱老先生請教作詩塡詞之法，並逐步掌握了格律、對仗、詞牌等基礎知識。淑妃的文才漸漸受到「小皇上」的賞識。

如果說論眼睛、臉蛋和體型，婉容更加美麗動人的話，那麼談到性格、氣質和修養，則文繡也有自己的優長。婉容太傲，甚至有時張狂，喜歡向皇上撒嬌；文繡穩重溫存，在溥儀面前頗拘束，有問才答，不輕易啓齒。若論文學修養，那更是婉容所不能及的了。

淑妃入宮前曾跟一位陳先生學英文，但時間很短。進宮後，溥儀命她從頭開始學，因爲溥儀總不忘尋找機會出國留洋，當然也要攜帶后妃，因此自己學英文，也讓婉容、文繡學。起初，由溥儀的英文教師莊士敦輔導淑妃，後來給她聘請了一位專家——凌若雯女士，作爲專職英文教師。

一九二二年十二月十五日的《群強報》就登出了一條消息：「清宣統因淑妃不會英文，現已聘定英文專家、中國人凌女士爲教習，不日進內授課。」

溥儀還給予凌若雯女士與婉容的英文教師任薩姆同樣的榮譽：在神武門內可以乘坐二人肩輿。淑妃跟凌女士學字母、單詞、會話以及《英文法程》等，不久已經能夠閱讀原文《伊索寓言》了。然而凌女士畢竟不是任薩姆，她不善於在當妃子的學生面前渲染西洋貴婦人的生活方式，她沒有能力改變淑妃的傳統思想和風貌。

深宮冷寂，深夜無聊，書籍已成爲淑妃的閨中良伴，每天晚上都要讀書直到月殘斗斜，否則是絕不肯登床尋夢的。

六、景仰珍妃

淑妃對時事和政治有自己的理解。她利用在宮中的方便條件，多方瞭解有關珍妃宮中活動的秘聞。她熟知才華橫溢的珍妃支持光緒變法、與皇帝一起策劃起用康、梁頒佈新政大計的史實，讚佩珍妃的「干政」之舉，景仰她的遠見卓識，更爲她的慷慨就死而感動不已。

淑妃也想輔佐溥儀幹點什麼，可那年頭，「小皇上」並不是真皇上，沒有什麼政事可做。當然，紫禁城那個小圈子裏也有發號施令的事情，還要接受清朝遺留的王公貴族和滿漢大臣的叩拜，會見仍與小朝廷保有各種聯繫的民國政府人士和外交使節、來賓。處理這些事情，全憑幾位「帝師」和內務府官員們一言而定，又何須小小的淑妃插嘴？

淑妃入宮後，正值端康皇太妃主持宮廷內務的年代。端康就是珍妃胞姐瑾妃，當時患粗脖病，滿臉皺紋，又黑又胖又矮，每天早晨，淑妃要跟皇帝和皇后到端康宮裏請安。端康愛吃零食，身邊果脯、瓜子不斷，高興了就順手拿些柿餅、金糕賞淑妃。淑妃不願意吃也只能畢恭畢敬接過來，跪謝主子聖恩。端康模樣蠢、聲音又特高，不文雅。端康並不喜歡淑妃，淑妃也不喜歡端康，卻對端康還是尊重幾分，實因她是珍妃胞姐。每逢給端康請安，淑妃總在心中默念：珍主子安息！

如果說文繡與溥儀結婚後也有「黃金時代」的話，那就是一九二三年，短暫的一個年頭！其時，溥儀還是喜歡他的淑妃。由於淑妃知識面寬，又有文才，溥儀覺得有話可說。他們不但坐而論道，說古道今，而且還常常攜手同遊，把兩雙腳印疊錯地印在御花園的小橋上、御路邊，有時就在長春宮或養心殿的廊前階下談情說愛。

溥儀閒來無聊，每天除養貓養狗、騎車騎馬、打球看戲之外，也還有時間逗逗自己的皇后和妃子。在宮裏待得太悶，就找藉口外出散心，也把皇后和淑妃都帶在身邊。他們一起穿街探親，登山遊玩。

一九二三年春夏之交，溥儀的親祖母，也就是醇親王奕譞的側福晉劉佳氏患病，溥儀總算有了出宮的正當理由，帶著皇后和淑妃，連續三次出宮探望。其實老太太沒有大病，溥儀和他的一后一妃，倒是趁機把醇王府後花園好一頓遊逛。

按宮廷規定：盛暑降臨後，皇帝和后妃也停止上課，放假避暑。溥儀又乘機大遊景山，以飽眼福。七月三十一日下午一時，溥儀帶著皇后、淑妃乘轎出宮，從北門登景山，眺望全城。這次同遊的還有滿蒙親貴以及內務府大臣等多人，轎子一頂接一頂，熱得轎伕汗流浹背，叫苦不迭。到達正中亭畫舫齋，溥儀傳諭茶點伺候，啤酒、汽水、餅乾通通端了上來，皇后和淑妃羞啓朱唇，溥儀還給她們逗樂兒呢。

溥儀玩得盡興未減，只是人太多了點兒，不如單獨和后妃在一起。於是，八月三日下午，三頂轎子又把溥儀和他的后妃抬上了景山。他們在山上漫步，遠眺各處風光。因爲上午下過一場雨，四處綠樹紅牆，格外清新悅目，竟使幾位高貴的遊客留連忘返，足足待了一個多時辰。等要下山時，溥儀發現，景山紅牆外面竟聚滿了人山人海的觀客，他們都想一瞻皇上和后妃的手采。

八月四日，溥儀又找出探問「國丈」的理由，帶著皇后和淑妃奔帽兒胡同榮公府去了。進門不足十分鐘，就囑后妃多待一會兒，自己則再跑到景山上去盡興。

這年冬天，也有幾次出宮活動，溥儀仍是把皇后和淑妃同時帶在身邊。一次是省親。一九二三年十二月廿二日上午十一時，溥儀偕同皇后和淑妃，分乘三輛汽車，出宮赴北城德勝橋醇王府，省視了祖母劉佳氏，陳寶琛和朱益藩兩位「帝師」隨行護駕，至下午三時還宮。另一次是在一九二四年一月十三日。頭一天，溥傑與正藍旗滿洲都統志錡的女兒唐石霞結婚，溥儀遂於次日攜同皇后和淑妃以及瑜、瑾、瑨三太妃，赴醇王府受雙禮。一路上，他們分乘汽車十一輛，加上太監、侍衛、護軍、員警以及游緝隊、保安隊等，前呼後擁，浩浩蕩蕩，好不威風。

七、屈居妃位

淑妃畢竟是位妃子，在宮中永遠不可能與皇后並駕齊驅。然而，時代不同了。皇后主張一夫一妻，反對皇上納妃；淑妃也不願屈居妃位，要爭平等的人權。這樣，后妃之間的明爭暗鬥就是不可避免的了。

後宮等級森嚴，誰都不能錯半步。當時溥儀在醇王府的九位弟妹，每年都依例有幾次入宮會親，其間每天都要行禮或請安，順序是絕不可以打亂的：端康、敬懿、榮惠、皇帝、皇后、淑妃。載灃在對待文繡問題上是很精明的，按清宮舊制，皇妃沒有資格接受請安，如果照這條做，不但掃了淑妃的面子，也會使端康等幾位太妃不悅，因爲她們當年都是皇妃。所以載灃不許子女們請安時丟下淑妃，不過把她排在最後一名罷了。至於「伺候用膳」，即依例由會親的九個人每天陪一位主子吃飯，則無法考慮淑妃了。載灃雖然不敢太出格，也有圓通之策：他把孩子們在宮內住的時間安排爲四天，順序是陪端康、敬懿、榮惠和婉容吃飯，第五天都已經離宮而去，這就繞過了一個難題，似乎不陪淑妃吃飯只是受到時間限制而沒有輪到她，並非資格問題。

載灃還能細心考慮到給文繡做面子，婉容對「情敵」可就沒有這個態度了，恩恩怨怨，是是非非，無休無止。她從入宮之日起就對淑妃充滿妒意，但也深知皇上對淑妃不錯，只好敷衍著，不把厲害擺到臉上。

后妃之間的矛盾愈積愈多，愈演愈烈。「小皇上」今天到這宮沒到那宮，明天到那宮沒到這宮，都能引起她們之間的猜疑、互相生氣，甚至連吃飯、穿衣，請安、說話一類雞毛蒜皮的小事兒，也會鬧得不可開交、一塌糊塗。

一九二三年十二月十五日（舊曆十一月初八）是文繡入宮後第二次過生日，內務府預先就造了輿論，不擬操辦。《國強報》遂於十二月八日作了題爲《淑妃壽辰止賀》的報導：「清宣統之淑妃，舊曆十一月初八日壽辰，內廷供職大員例應祝嘏。聞淑妃因體念時艱起見，已擬止賀。昨由敬事房傳諭王公大臣，概免進奉壽物。」婉容入宮前就聲勢浩大地辦「千秋」，入宮後，更在千秋日演戲、頒賞，到文繡這兒就要「止賀」，未免讓人不服。或許淑妃呈請「小皇上」過問了，或許是溥儀自行決定，總之「概免進奉壽物」一條未曾執行。自十二月十二日起，淑妃開始向王公大臣及其女眷們頒賞，依例進奉「千秋貢」者也有多人。內務府大臣耆齡在日記中記載了他和夫人及兒媳受賞納貢的情況：「昨日（指一九二三年十二月十二日），淑妃賞大緞一疋、內人及均媳畫各一軸。今日，內人及均媳進千秋貢如例。」

皇后和淑妃鬧矛盾，皇上也說不清孰是孰非。

十七八歲的溥儀把心思都放在「復辟」上，對后妃之爭沒有多大興趣，也不偏向哪一個。當溥儀還喜歡淑妃時，皇后不太敢憑著優越的地位欺侮她。在兩人的「官司」上，溥儀也總是站在公正的立場上。

拿吃飯來說，皇上、皇后和淑妃平時總是各自「傳膳」，你吃你的，我吃我的。想同桌共飲，吃頓團圓飯，那必須皇上傳旨才行。溥儀樂了，也會發出 道這樣的諭旨，而且絕不把淑妃撇開。

再說穿衣，一年四季之中，皇后和淑妃幾乎每天都裁製新裝，溥儀對誰都不限制，著成衣頭目量了尺寸，隨便做去。故宮博物院迄今還留存著皇后和淑妃的一些裁衣尺寸單子，例如「皇后的棉便衣尺寸」、「淑妃的挽袖棉襖尺寸」等。她們做冬裝，則挽袖棉襖、舒袖棉襖、棉便衣、棉馬褂、皮馬褂、夾背心等等成系列地做；做夏裝則更是幾套系列地做起來，沒完沒了。自然是浪費，但總算公平。在故宮博物院織繡藏品中，還有兩種衣物：一種叫石青紗繡八團雲蝠金龍單褂，另一種叫雪青緞繡菊花紋小坎肩，都是在喜慶日子裏才穿用的「吉服」，文繡平日就很喜歡穿那件小坎肩。

轉眼到了一九二四年春天，淑妃開始感到宮中起了變化。這是因爲皇后不但地位優越，人又長得漂亮，常把「小皇上」哄得矇頭轉向。從此，淑妃總是輸「官司」，眼見溥儀越來越偏袒皇后，疏遠自己，甚至連長春宮的門檻也很少邁了。正如溥儀在《我的前半生》中所說：「差不多我總是和婉容在一起，而經常不到文繡所住的地方去。」

淑妃失寵，心中痛苦難言。皇后卻得意起來，公然寫信挖苦淑妃，諷刺她、嘲弄她，把她置於十分難堪的處境之中，或問她「顧影自憐否」，或問她「嬌病好點了」，大有欺人無所顧忌之勢。文繡也不示弱，從矛盾初起之日，她就敢於以牙還牙。

一九二四年是婉容愈來愈占上風的一年，她在社會上的名聲也愈來愈響了，因爲她可以用「濟貧」作手段，讓小報記者們讚美她的善舉善行。可是，淑妃就沒有這個餘力，她即便拿得出錢來，也絕不許出這個風頭。

皇家的事，本來就是不公道的。俗話說，雪裏送炭的少、錦上添花的多。其實在現實生活中，趁人之危、落井下石的不也大有人在麼？淑妃失寵，連宮中下人也敢欺侮她。《實事白話報》登出題爲《二太監恃寵而驕》的新聞：

「清室長春宮首領太監劉海、李舍二人因清帝信任，所以恃寵而驕，把持權柄，目中無人。每見淑妃年幼可欺，時用蒙蔽手段。因其驕傲性成，淑妃亦敢怒而不敢言，劉、李二人越發肆無忌憚。此種權奸可謂代代皆有，何以皇室不能絕此根株？」

偌大的宮殿，冷漠的人心，四周一片淒涼。淑妃這才體會到，自己哪裡是什麼皇妃，簡直就是一個尼姑，置身於深山老林內的廟宇，在青燈供案之前禮佛焚香。若干年後，淑妃回憶這段宮中生活時，臉上頓現悲戚之色。她的每句話都滲血滲淚：「宮裏本有發電機的，但總出故障停電。溥儀是不和后妃同住的，我只好一個人守候著空曠的宮殿。那是可怖的長夜，那是難熬的孤獨！我燃起蠟燭，面對孤燈，一直等到燒去了一大截。燭芯長了，光影恍了，我就拿起剪刀剪一剪。一陣莫名的傷感襲來了，我想：自己正像這截深宮之中的殘燭，眼淚快要淌盡，生命化作青煙。這是金碧輝煌的宮殿麼？也許是陰森可怖的墳墓！」

八、袖藏利剪

終於到了必須離開皇城的時候。淑妃並不留戀那空曠的宮殿，卻沒有忘記自己還是「大清朝」的皇妃。

一九二四年十月二十日，端康皇太妃病故。時值直奉戰爭期間，國中不靖，人心惶惶，突然街頭巷尾又佈滿了軍警，四門關閉，全城戒嚴。馮玉祥發動了成功的北京政變，民國總統曹錕被軟禁在延慶樓內，軍閥吳佩孚向南方逃竄，還有一批知名的政客、軍人如曹銳、李彥青等已被槍斃，駐紮在清宮之外的「內城守備隊」也被馮軍改編。溥儀覺察到形勢不妙。

各種各樣的傳聞不斷飛來，有人說因爲溥儀攆走宮內的太監，出於報復心理，便有太監向馮玉祥密告溥儀盜運寶物出宮的情況，這次馮軍倒戈，就是要逮捕溥儀，索還寶物。溥儀聞言很感恐慌，一天到晚愁眉苦臉，曾把幾位老師和載灃等王公以及清室內務府大臣等召集在一起，開「御前會議」商討對策，結果誰都沒有辦法。

垂頭喪氣的溥儀來到長春宮，向淑妃訴說了自己的苦悶心情。他捶胸頓足表示，痛悔祖宗留下的大清江山喪失在自己手中，並發誓絕不放棄「大清皇帝」尊號，不當民國順民！溥儀這話在淑妃心中打下了深深的烙印。

十一月五日上午，溥儀最擔心的事情終於發生了。當時，溥儀正坐在儲秀宮與皇后邊吃水果邊閒聊，內務府大臣紹英帶著鹿鐘麟交給的《修正清室優待條件》，踉踉蹌蹌地跑來報告說：「北京

警備總司令鹿鐘麟和員警總監張璧，還有故相國李鴻藻的公子李煜瀛，已經帶兵進宮，還在景山架設了大炮。要皇上立即在這張修正條款上簽字，並限令三小時之內交出玉璽，遷出宮禁！」

溥儀一聽，急得團團轉。電話線被掐斷了，宮外的王爺，還有莊士敦師傅等也全都進不來。溥儀立即命太監傳旨把淑妃找來。皇上、皇后和淑妃商量了一回，沒有一點兒主意。後來還是由紹英和朱益藩想出一條折衷之策：只要馮玉祥寬限時間，允許清理並帶走宮中全部財產，皇上可按優待條件規定移居頤和園。溥儀贊同此策，命紹英傳旨「約定日期，清室自遷，物品不予點交」。紹英乃再去洽談，很快便帶回結果，向溥儀報告說：「鹿鐘麟認為如全部遷出，自然不是倉促之間能夠辦到的事情，當然可以延緩幾日；但是皇上必須今天出宮，不能耽擱！」

溥儀表示不能接受此議，命紹英再去磋商。過了不多時間，紹英又來回報：沒有緩和餘地，再不出宮，二十分鐘之後向宮中開炮！溥儀不再顧忌什麼，立即在《修正清室優待條件》上簽了字，隨後命皇后和淑妃各自收拾細軟，傳諭內務府發給各宮太監每人十元、宮女每人八元，分別做好出宮準備，指示將養心殿新添設的全套西式傢俱和從東安市場買來的大量兒童玩具也一併裝車帶走。一時之間，清宮中的四百八十多名內勤太監和一百多名宮女通通陷入忙亂之中。

紹英一眼看見宮內懸掛的「宣統十六年十月初九日」牌示，命太監趕快把它摘了。

這時，淑妃回到自己的長春宮內，只把平日自撰的詩文手稿、溥儀給她的信以及若干首飾裹成一個小包，命宮女送到養心殿去，自己則來到大殿供案前拜了幾拜，突然從袖內亮出利剪，對準咽喉就要刺入。

說時遲，那時快，只見有人一個箭步竄了上來，死死抓住淑妃握剪那隻手不放，苦苦哀求道：「淑主子萬萬使不得，不為自己，也要替奴才想想，奴才擔當不起呀！」此人是長春宮的一名聰明伶俐的太監，早已注意到淑妃的動向，今天則一直在用眼睛盯著她，並發現她在袖中藏了一把剪刀。

原來，溥儀命紹英再去磋商的時候，立於一側的淑妃已經預感到問題嚴重，就橫下一條心：逼宮之日就是亡清之時，也就是我淑妃魂歸西天之時！自從馮玉祥發動北京政變成功以來，溥儀惶惶不可終日，她已暗暗備好一把鋒利的剪刀，準備好把慷慨殉清作爲自己的歸宿。淑妃雖然未能遂願，卻以實際行動表達了自己爲封建帝王喋血殉葬的誠心。內監宮女們把淑妃攙扶到養心殿，向皇上稟報了事情經過，溥儀深爲感動，勸慰淑妃一番後，命內監宮女精心照料，不得擅離左右。

這時又有太監來報，說敬懿、榮惠兩太妃寧死也不出宮，聲言倘敢動武就跳井一死，而且已經開始絕食，滴水不進，誓以宮禁爲死地。溥儀無法，聽任兩太妃留居皇城。

當天下午，溥儀召開第二次御前會議，決定出宮後暫居醇王府。四時十分，溥儀等人登上了鹿鐘麟準備好的汽車。淑妃和皇后同坐在第三輛上，她看著宮內正在盛開的千姿百態的盆菊，流淚不止，感傷萬分。

九、在醇王府的歲月

溥儀一行出宮時，臨時挑選了十七名最親近的太監和宮女跟隨伺候，一起前往醇王府。其餘宮中奴僕除少數人繼續負責原有工作外，大部分如鳥出籠，恢復了自由。清室各種附屬機構也同時自動解散，其中人員都各奔前程了。

從紫禁城到醇王府不過十幾分鐘的汽車行程，對溥儀、婉容和文繡來說，卻像換了天地，相同的是，他們在這兩處地方都沒有自由。一進入醇王府，他們又被鹿鐘麟的軍隊給封閉了。那些天，溥儀和溥傑、溥佳一塊住在樹滋堂，而婉容和文繡則與溥儀的庶祖母李佳氏同住。這一組奇特的夫妻還分居著，可見面的機會比在清宮多得多，因爲醇王府畢竟不比深宮疊院的紫禁城，天地小、範圍狹，想長期阻隔人們的視線也是不可能的。

出宮前半年多的時間裏，溥儀爲了減少皇后的猜疑，對淑妃日漸疏遠，已經很少再去長春宮了。由於出宮那天，發生了淑妃殉清未遂事件，溥儀受到感動，復萌對淑妃的敬重之意。這個時期，溥儀常與皇后、淑妃在一起。

應該特別指出的是，有些事，溥儀也要來找文繡商量商量了。從心情上講，這時的皇帝、皇后和淑妃也完全一致：他們都關心宮中的金銀財寶，更瞪大眼睛注視著時局變化，而王府門口那端槍掛刀、須臾不離的衛兵，又同時給三人精神上造成極大的威脅和不安，確實已到了患難與共的時候！

從十一月五日到七日那幾天，王府內的人們個個驚魂未定，如坐針氈。八日上午，溥儀的情緒稍見穩定。他身著淺灰色的嗶嘰長衫，腳穿一雙黃皮鞋，大概因爲這幾天沒胃口，又難得安眠，面孔顯得更加清瘦，像一個時髦的青年學生。這天，溥儀正和皇后、淑妃同桌共用早點，紹英匆忙來報：鹿鐘麟要見皇上，已在前院大客廳內等候了。溥儀聞報，把筷子朝桌上一扔，起身就走。皇后和淑妃哪裡還吃得下飯，也隨後跟了出去。等溥儀走進客廳，一后一妃也閃身進入客廳屏風後面靠右側的小耳房裏偷聽。她們不知道將發生什麼事情，以爲鹿鐘麟這次絕非善來，替自己的丈夫捏著一把冷汗。

客廳內還坐著隨鹿鐘麟一起前來的員警總監張璧，和社會知名人士李煜瀛等兩位「逼宮」時在場的人士。他們一起來到醇王府，找溥儀商談清室善後問題。溥儀同他們一一握手，分賓主落座。

最先開口的便是鹿鐘麟，此人快言快語，表現出明顯的軍人作風：「我們今天來，是要與溥儀先生談談清室善後問題。」鹿用手指一下坐在身邊的李煜瀛，接著說：「清室善後委員會現已成立，李石曾（李煜瀛的字）先生就是委員長，所以一同來了。對於清室善後問題，當然要聽一聽溥儀先生的意見。」沒等溥儀搭話，鹿鐘麟一連串提出四個問題，讓溥儀逐一表態。

這時，客廳中的溥儀想起皇后和淑妃談過的幾件事，何不利用這個機會向當局問問呢，就說道：「我的意見早已說過，今天既然是中華民國一分子，對於清宮善後事宜，自然沒有什麼不可以商量的，然而權利應該是對等的。門禁問題，希望能稍爲放寬，請通融一下。」

紹英馬上意會，並補充道：「皇上出宮時太匆忙，連過冬衣服也不曾帶出。皇后和淑妃已經三天沒有更換衣服了，請允許先把衣物和日常用品陸續取出，以備應用。」

鹿鐘麟顯然並不阻止取回衣物，他的著眼點只在那些具有政治色彩的事上。鹿回答說：「取回衣物和日常用品自然是可以的，但不許攜帶歷史文物，像朝冠、龍袞等是具有帝制性質、違反國體的文物，絕對在禁止之列。至於清宮門禁本來就是暫時的，在交通方面，一定儘量給予方便，我將命令清宮衛隊可以聽任府中人員自由出入。」

除放寬清宮門禁等要求，溥儀還提了些別的，如對尙在宮中的敬懿、榮惠兩位皇太妃的生活照顧問題，列祖列宗陵寢宗廟的祭祀問題等，鹿鐘麟都表示予以關照。溥儀以及他的在小耳房裏偷聽的兩個妻子這才鬆了一口氣。原來溥儀提出的幾項要求，都是預先跟婉容和文繡商量過的。

鹿鐘麟等三人離去後，溥儀獨自在大客廳中踱來踱去，心中憤憤不平。淑妃在耳房中仔細聽取大客廳中的對話，並用自己的頭腦加以思考，思想上開始起變化了。她開導溥儀說：「事已如此，從長計議為好。」

皇后和淑妃陪伴著溥儀穿越庭院返回樹滋堂的路上，無可回避地又看見了大門外端槍站崗的鹿鐘麟部下，從心頭頓時升起一股又苦又澀的味兒。這時，皇帝、皇后和淑妃三個年輕人，真可以說是心氣相通。在紫禁城生活的年代，他們真想生出翅膀飛出城內。特別是淑妃感受更加強烈。可是，一旦被攆出宮門，又覺得無限惆悵、眷戀往日的生活。她也和皇帝、皇后一樣，尊號沒有了，皇宮沒有了，有的只是遙遠的難以預料的人生之路。

此後，文繡看到的第一件大事，就是溥儀急急忙忙地命人把宮中大內藏銀取出來。這是紹英與鹿鐘麟交涉的結果，說是用費太大，急需現款。根據善後會議決定，鹿鐘麟允請。所謂大內藏銀，就是清宮庫存的歷代元寶銀兩。

取銀那天，由善後委員會的雙方委員監視用秤。過秤之下，竟有六千三百三十三斤，舊制一斤十六兩，折合十萬一千三百二十八兩，都是每只十來斤重的銀元寶，上面鑄有福、祿、壽、喜等字樣，也有一定的文物價值。經雙方議定：每樣留下少許做陳列品用，其餘通通發還，運到清室指定的鹽業銀行，兌成帶有袁世凱頭像的銀元歸溥儀使用。

接著，文繡又見溥儀命人清理並取回了溥儀、婉容和兩位皇太妃以及自己的衣物用品。這中間自然也做了些手腳，把一些閃閃發光的珍珠金寶、精美玲瓏的乾隆瓷器、名貴無比的書畫手卷以及舉世罕見的古玩佳品，混在用品箱中、行李囊內偷運了出來。雖說到了神武門要檢查，可當兵的門衛並不識貨，大都放了過去。他們只是特別注意了溥儀的行李，結果搜出了王羲之的真跡《快雪時晴帖》和仇十洲的原畫《漢宮春曉圖》，那本是乾隆皇帝最欣賞的「三希」珍品，自然能被識別出來並予以扣留。

敬懿和榮惠兩位皇太妃聽說大內藏銀仍歸了皇室，而且已經運送出宮，也就不想繼續賴在宮中，更不準備投井了。她們捎話給溥儀說，可以搬到政府指定的宮外北兵馬司大公主府居住；但是有兩個條件：一是要允許把自己宮中全部傢俱物件悉數帶走；二是宮嬪人等出宮時，不受神武門的男人檢查，以嚴男女大防。溥儀遂命紹英向鹿鐘麟轉知上述要求，鹿一一應允。十一月廿一日，即溥儀出宮半月後，兩位皇太妃也大車小輛地出宮去了。那天，鹿鐘麟從北京大學找來一幫女學生，在神武門前搜查人身、翻檢行李，最後一一放行。

至此，文繡和皇宮、小朝廷算是斷絕了關係。「大清皇帝」從此再不存在了，「皇后」、「淑妃」的尊號也就不存在了。此後，他們沿襲舊稱，則是地地道道的自稱。在醇王府的這段時光，正是溥儀當然也是文繡個人歷史上的轉捩點。

正是溥儀迷途問津、未明所之的時候，從天津來了一位鼎鼎大名的學者兼政客，他就是在清末官至中國公學監督和湖南布政使的前清翰林、閩籍人鄭孝胥。

鄭孝胥在溥儀出宮前一年北上，深受溥儀賞識，曾授總管內務府大臣，支持他革弊興利。他雖然雄心勃勃，卻並無起色。鹿鐘麟「逼宮」之時，他正在天津，聞皇上「蒙難」才救駕來了。鄭孝胥叩見溥儀，照例行了三跪九叩大禮，然後便旁徵博引，慷慨陳詞，縱論時局，其論點歸於一：欲圖復辟大業，必須借助外援，而外援之中能夠爲我所用者要數日本。鄭孝胥最先爲溥儀設計了投靠日本的政治方案。

那一陣子，溥儀頗有「家庭民主精神」，討論時局政事，常允婉容和文繡在側，而且聽取她們提出的意見。婉容傾向贊成鄭的方案，文繡則有自己的看法並勸導過溥儀。據文繡族侄傅嬙回憶，

文繡的看法不同凡響：

「我看歷史，日、俄兩國在我東三省打仗的年代，從旅順口登陸的日本海軍，竟把我國千千萬萬的男女老少殺得精光，甚至雞犬不留。這般殘暴的日本人會有什麼好心眼兒呢？皇上千萬不能輕易相信鄭孝胥的話啊！否則引狼入室，後果不堪！」

說起來，鄭孝胥在宮中曾爲文繡進講過古文，他們有師生之誼。文繡的看法並不包含個人成見，涉及政見時她又拗得很，絕不含糊。然而，溥儀的頭腦中方針尚未分明，面對茫茫的前程，舉棋不定。就在那個特定的歷史關頭，溥儀留下了這段特定的口頭記錄：

「從甲午年我大清被日本打敗，直到如今，從袁世凱到馮玉祥，哪個不怕日本人？民國的總統誰都不是日本的對手哇！」

溥儀說這話是什麼意思呢？羨慕日本的強大，抑或戒備日本的陰險？那時候還真看不出來。

淑妃效法歷史上的珍妃，衷心希望助溥儀一臂之力，利用小朝廷的地位而在政治上有所建樹。但那時誰聽她說呢？溥儀出宮後，面臨著命運的抉擇，開始讓文繡「與聞機要」了。文繡能提出不同凡響的看法，足以證明她是有頭腦、有主見的女人。

十、駕幸淑妃的「單闈」家

照清朝皇室祖制，妃子的娘家喚作「單闈」家。作爲妃子，文繡沒有出宮看望母親的權力，而作爲妃子的母親，蔣氏也沒有資格入宮會親。她年輕守寡，含辛茹苦地把女兒撫養成人，一旦送進宮中，就連想也不敢想再見到女兒一面。從什刹海到紫禁城，不過區區幾華里，卻像隔了一道天河，文繡入宮二載，竟連一次回家省親的機會也沒有得到過。而皇后婉容則可以非常排場地回家看望父母，據報載，皇后於一九二三年六月省親時，北京地安門爲之「大開」。婉容之父榮源「身體不爽」，溥儀還曾攜同正宮娘娘親往慰問。同爲溥儀的妻子，地位迥殊如是，厚此薄彼如是，文繡忍痛在心，雙淚暗流。

自從遷進醇王府，情況漸起變化。溥儀與文繡一起進餐、常常見面交談。接觸多了，特別是共同分析時局、商討對策，兩人的感情似乎比任何時候都好。此時，「宮規」的約束力也大大削弱了。文繡便壯起膽子，請求溥儀允許她回娘家看看額娘。她講述額娘痛苦的生活經歷，打動了丈夫的心，溥儀不再拿宮中的封建禮法來難爲她了。她出乎意料地先後兩次回到大翔鳳胡同傅宅，看望了日夜思念的慈母蔣氏。

蔣氏見女兒回來，情不自禁，老淚縱橫，兩眼模糊，竟不知如何是好。等情緒穩定，驟然想起女兒是「皇上」的妃子，就趕快整裝整容，口稱「淑主子吉祥」，恭恭敬敬地施禮，然後才敢受女兒一拜。母女抱頭痛哭，盡情傾訴了無休無止的離愁別緒。在額娘跟前，文繡掀開飯堂的碗櫥，摸摸臥室的箱櫃，這裏是多麼親切啊！

醇王府距大翔鳳胡同很近，其間只隔著什刹海，一個在南沿，一個在北沿。可文繡每次回家，總願穿越鼓樓後面的繁華街市。文繡走在街上，就像一隻出籠的鳥兒飛上藍天，兩隻眼睛貪婪地環顧著四周的一切……回到王府，文繡把在家裏看到的、在街上看到的，都一股腦兒地講給溥儀聽。溥儀也只是十九歲的青年，對這些都很感興趣。一天，他突然對文繡說：

「你的娘家不是離這裏很近麼？我很想去看一看你的母親。」

文繡聽到這話愕然，「皇上」竟肯屈尊「駕幸」一個妃子的「單闈」家，這怎能不讓文繡感到出乎意料？

原來，溥儀在醇王府待的時間一長，就想到外面轉轉。可是，「皇上」要通過門禁談何容易！作爲鹿鐘麟的衛隊控制和監視的主要對象，溥儀心裏明明白白。於是，他挖空心思地想出了這個辦法。文繡當然十分高興，立即派人給額娘捎信，因爲這畢竟是家門的榮耀，也該好好籌備一番才是。

溥儀並不和王公遺老們商量，就自己做主把這事定了。他命紹英通知守衛王府的衛隊排長，排長又上報北京警備總司令部。鹿鐘麟心想：溥儀此舉也算是向平民靠近了一步，應予支持，於是不但同意溥儀出府，而且表示屆時將派出汽車和警衛人員，提供方便。

省親日期是由溥儀親自決定的。那天，鹿鐘麟果然派來兩輛汽車，溥儀和文繡坐在前面一輛汽車上，王府衛隊的排長和兩名太監坐在後面那輛汽車上陪同前往。汽車穿街過市，只幾分鐘已拐進大翔鳳胡同，停靠在傅宅門前。

這時，文繡之母蔣氏、妹妹文珊以及五叔家的族兄等幾位近親，早在門前恭候著了。蔣氏雖說已當了幾年皇上的岳母，卻還未曾拜見「聖上」一面，今天「駕幸」宅門，只慌得蔣氏無所措手足。她一口一個「皇上」，連頭也不敢抬。等溥儀在中堂坐定，蔣氏便率先在女婿面前跪下，行起君臣跪拜大禮來。溥儀遂上前扶起蔣氏說：

「我也是中華民國一分子，不再是皇上了，不必再行這老禮！」

蔣氏起身，仍是很拘謹，埋頭立在一旁。

溥儀雖然沒有對蔣氏叫出一聲「額娘」來，倒也不錯，一連幾次起身讓蔣氏坐。蔣氏哪裡肯依，與「皇上」平起平坐豈不反了？不過，她到底拗不過年輕女婿的一番好意，坐在茶几旁的一張椅子上。

為了這次「皇上」省親，蔣氏和家人們一連忙乎了好幾天，庭院和各房都收拾得窗明几淨、一塵不染，又根據文繡提供的「情報」，買了一大堆溥儀喜歡的茶食、點心、水果，擺滿了中堂那張鑲嵌著大理石的長條硬木几案。

人們坐定後，溥儀命太監把御賜品交蔣氏過目，蔣氏這才敢抬頭看了兩眼。見面禮物共四色：其一為四件衣料，其二為一對嵌翠金手鐲，其三為一對古瓷瓶，其四為銀元五百元。接著，溥儀又問些家常，一問一答，蔣氏竟不敢多講半句，怕是擔心冒犯「龍顏」罷！一位寡居多年、忠厚老實的婦道人家，在「天子」面前不敢輕易啓齒，這原是可以理解的。溥儀待了不足一個時辰，就傳命打道回府了。

臨行，蔣氏也沒敢走到女兒身邊，說幾句貼心話，親熱親熱。儘管如此，蔣氏心裏還是甜滋滋的。香茶換過幾次，「皇上」沒喝一口；蘋果削了幾顆，「皇上」沒咬一口，可是畢竟是「天子」屈尊而至。這個時候她想起了丈夫，端恭抑鬱一生，遺憾無兒，這回是女兒爭得了家門榮耀，九泉之下的丈夫可以瞑目了。

溥儀屈尊省親給文繡以深深的鼓舞，從這以後，她經常在丈夫面前表達自己的意見，甚至在政治問題上發表見解。

十一、仗義執言勸「困龍」

一九二四年十一月廿四日，即溥儀出宮第二十天頭上，政局驟變，張作霖率奉軍入京，馮玉祥的部隊失勢退走，被捧上臺的段祺瑞當上了「臨時執政」。人們知道，溥儀大婚時，張作霖曾進呈厚禮，段祺瑞也是對「小皇上」有感情的人。馮玉祥驅逐溥儀出宮的第二天，段就在天津以電報表態，質問「逼宮」的人「何以昭大信於天下乎」？當他在十一月廿四日取得政柄後，當即下令撤換醇王府的大門衛隊，解除對溥儀的監視，並委派親信、秘書長梁鴻志前往王府慰問溥儀。

原來這位梁秘書長與溥儀的師傅陳寶琛頗有交情，他們既是同鄉，又有師生之誼，當然對溥儀也是很關照的。於是，醇王府形勢大變，門衛一排人撤走後，只派來幾名員警，府外的王公遺老、府內的家屬親族，包括溥儀本人均已出入無阻，往來自由。人們舒展愁容、面露喜色、額首稱慶，對前途又樂觀起來。王府的大書房裏迎賓送客，各種各樣的政治交易正在往來應酬中進行。

溥儀前途的設計者們提出了兩種方案。一種認爲可以利用北洋政府中的某派軍閥，通過段祺瑞、張作霖等人，力爭返回原優待條件的地位，「復號還宮」；或是求其次，退居頤和園，儘量爭取較好的優待條件。

另一種則認爲無論哪派軍閥最終都是靠不住的，要想擺脫危險，必須先在東交民巷的外國使館內找個安身之所，將來再圖復辟大計。溥儀的幾位師傅便是這後一種方案的設計者。他們之間也有分歧，鄭孝胥主張暫避日本公使館，將來依靠日本的力量實現復辟；陳寶琛和莊士敦則希望前往英國公使館取得政治庇護，再圖進取。

數日之前，鄭孝胥曾帶著日本公使館的武官，混過醇王府門禁衛隊，秘密勸說溥儀。當時，文繡就表示了自己不同凡響的意見。如果說，文繡是從政治上考慮反對投靠日本，那麼家族中也有人從切身利益考慮反對溥儀離開王府。他們認爲，馮玉祥安設的門衛崗哨監視森嚴，不可盲目冒險。何況，即使溥儀脫身出去，馮玉祥來要人怎麼辦？誰能負得起這樣重大的責任！因此，鄭氏說教未能奏效。

門禁開放後，鄭孝胥又以前議苦苦相勸。他一見到溥儀就陳說目前處境如何危險，並把投靠日本的政治方案講得天花亂墜，說什麼先到日本留學，伺機而動，重登九五，特別講到欲脫王府，正可利用眼下門禁鬆弛的機會。

果然，溥儀讓鄭孝胥說得動了心，想按他的意見行動。這天，溥儀找來婉容和文繡，向她們透露了自己的心思。他鸚鵡學舌般地複述了鄭孝胥剛剛教他的美麗言辭，最後說：「我是一條困龍，正在受災，單等難期一滿，仍舊飛上天去。」

聽了溥儀的話，婉容不以爲然。她倒很想隨溥儀遊歷東洋，也好享受一下現代文明，開開眼界。文繡則想得很多。她從小看過不少林琴南的翻譯小說，爲祖國的貧弱而感到痛心疾首。她能流利地背誦屈原的《離騷》和《九歌》，愛國詩人的思想感情和高尚情操，曾是那樣地使她感動、折服。她喜歡歷史，把日本壓迫和欺侮中國的史實牢牢地記在了心裏。文繡認爲在這個時候，自己不應沉默，於是又把不能投靠日本、「與虎謀皮」、引狼入室的道理陳述了一遍，希望溥儀打消前往日本公使館的念頭。

文繡曾爲皇家的妃子，又是地道的封建時代的弱女子，卻敢於衝破「三從四德」的傳統觀念，堅持民族氣節，這不能不說是一種勇敢行為。

溥儀終於決定避到公使館去，擺脫「困龍」的處境。他走得很詭秘，瞞了父親、瞞了叔父、也瞞了自己的兩個妻子。

十一月廿八日，溥儀有意做出姿態：離開王府前往麒麟碑胡同，看望敬懿和榮惠兩位皇太妃，然後鎮靜如常地返回王府。這一姿態無疑會使那些主張「復號還宮」的人物，如載灃、載濤等放鬆戒備。

第二天中午，狂風怒吼，塵沙蔽日。溥儀按著鄭孝胥的策劃，先以「選看房址」為由離開醇王府，又以「身體不適」為由溜進德國醫院，從而甩掉了載灃的管家張文治，最後由鄭孝胥陪著，被一陣怪風刮進日本公使館去了。到了晚上，溥儀還不回來，醇王府的人們這才慌了手腳。可是，文繡心裏早已明白，從兩隻眼角簌簌地滾落下晶瑩的淚珠……

溥儀在那個狂風大作的鬼天氣裏進入日本公使館後，立即受到日本公使芳澤謙吉的笑臉相迎。芳澤把自己居住的一座二層樓房騰了出來，供溥儀使用。沒過幾天，芳澤又向溥儀轉達了日本政府的慰問之意，並說：「對於皇上來館避居，我國政府已經正式予以認可，願意承擔保護之責！」

溥儀遂放下心來，命人通知醇王府，讓把婉容和文繡也送到公使館中來暫居。

自從溥儀離開王府，婉容天天流淚，真不放心，就想見著皇上，這會兒高興地收拾箱籠細軟。文繡對這件事則並不情願。她埋怨溥儀一意孤行地做出了決定，她擔心溥儀會掉進新的政治漩渦之中愈陷愈深而難以自拔，可事已至此又無可奈何，只好硬著頭皮去罷。

二人登車出府，卻在大門口被擋住去路。把門的員警一看婉容和文繡攜帶著大批箱籠衣物，不知有何背景，遂拒絕放行。對此，王爺也是無可奈何，便派人送信給溥儀。溥儀又轉托芳澤，這位公使親自出馬，前往段祺瑞政府的外交部。當然免不了一場表面看來唇槍舌劍的交涉，不過終於奏效，婉容和文繡乘坐的汽車很快便越出醇王府，開進了日本公使館。

熟悉內情的人對這事不會感到意外：日本政府把溥儀當作可居的奇貨加以豢養，是為了實現蓄謀已久的「滿蒙政策」，而段祺瑞既與「大清」存有君臣舊恩，又曾得到日本的政治支持而媚日親日，所以他對日本與溥儀的勾結，開始就抱定了不聞不問、裝聾作啞的態度，實際上儘量地給予了方便。

婉容和文繡來到後，芳澤又騰出館中最好的另一座樓房，並讓夫人芳澤幸子殷勤款待。幸子夫人在外觀上確實能給人很有教養的印象，對婉容和文繡都很尊重，彬彬有禮，言談舉止十分得體。每隔三天兩日，幸子便來到婉容、文繡的房中，周到細緻地問一遍飲食起居情況。據文繡回憶，那一段生活確實不錯，吃的東西可以說是應有盡有。

在醇王府和父親身邊，溥儀總覺得不安全，怕遭人暗算。到了日本公使館，在洋人的「保護」下似乎才可以不必顧及「人身危險」。於是，重又把「皇帝排場」擺了出來。公使館大門口並沒有北洋政府派來的員警，但溥儀照樣不自由，不但不可以隨便上街，連在院內散散步也常常受到限制。溥儀愈來愈感到煩悶，他的兩位妻子也是一樣。婉容稍好些，娘家親屬多，母親呀、姥姥呀、姨娘呀、外甥女呀，常來陪陪。對文繡來說，這種機會不多，大翔鳳胡同更難得回去了。公使館中也有幾位女眷倒是相處得熟了，比如參贊池部的妻子，還有公使芳澤的女兒，可誰能保證這些漂亮女人不是負有特殊使命呢。

若干年後，文繡回憶這歷史關頭的一幕場景，仍是心有餘恨。她痛心地告訴族兄傅功清說：

「溥儀盲目聽信鄭孝胥的話，沒有主心骨。在是非面前又總是堅持自己的皇帝立場，不允許別

人稍有違拗，仍是認為自己的話就是金口玉言，就是法律。只為被攆出清宮而在心中充滿了怨恨和復仇情緒，哪裡還顧及國家利益、民族氣節？」

十二、初犯「天顏」

在公使館的一個罪惡角落裏，後來為世人所共知的政治醜劇已經開演，作為一名「得天獨厚」的觀眾，文繡看清了那開場中最醜惡的一幕。

為了溥儀的到來，芳澤公使騰出了整棟的樓房。儘管如此，這裏的格局也遠遠不能與紫禁城、醇王府相比。地方狹小，但溥儀忘不了擺設供案香爐。這位虔誠的信徒，每天上午務必手拿一串佛珠來到這裏拜佛上香，認認真真地做佛事。

不過，文繡對這一套並無興趣，更不願聽溥儀喋喋不休的解釋。一次，文繡向溥儀問道：「在宮中時，怎麼不見皇上每天焚香拜佛？」這是文繡依據事實提出的問題。溥儀從小就佞神信佛，但還從來沒像現在這樣每天叩拜一番。溥儀回答說：

「我在宮中，到了一定的日子才齋戒沐浴，焚香拜佛，那只是為大清社稷卜歲豐、求太平，祝願宮闈清吉，國泰民安，乞望風調雨順，四海昇平。現在，我每天做功課，念佛號，是為了懇求菩薩保佑，垂憐憫念，給我降恩啊！」

在這裏，溥儀掩飾了他對時局動盪、前途迷茫的空虛和擔憂，掩飾了他由於正在幹著的罪惡勾當而帶來的恐懼和不安。

據文繡回憶，溥儀就從這時開始走上一條危險的罪惡之路，其時對他影響最大的兩個人物，即鄭孝胥與羅振玉。這兩個人都曾幾次東渡，各在日本的政界和學界交際了一些頭面人物，都主張讓皇上借助日本的力量實現「大清」復辟。他們交替著充當芳澤公使與溥儀之間的傳話人，並取得了溥儀的極大信任。他們一方面獨攬了溥儀的參謀大權，嚴格控制著通往溥儀會客廳的門禁，一方面為溥儀設計出一張又一張的政治藍圖。

溥儀對婉容和文繡親口說過的一段話：「馮玉祥算什麼東西！他竟對我不以禮相待。還是日本人懂得禮貌，待我不壞。當我被困受難的時候，他們雪中送炭，把我救出了險地，真是患難出真知啊！看來鄭孝胥、羅振玉都是忠臣，他們的條陳有見地，比迂腐不堪的陳寶琛高明多了。」

日本公使芳澤也並不白把房子騰出來，他也很殷勤，不過三天必定請安，所謂請安就是密談。文繡說，他們每次見面都很詭秘，具體談話內容外人無法知曉，但有時，溥儀也能當著婉容、文繡透露一點兒。文繡記得有兩次溥儀與芳澤會晤後，表現出興高采烈的樣子。他對婉容和文繡說，今天，芳澤公使轉達了日本天皇對他的關心和同情，又說：「天皇陛下還邀請我們三人去日本留學或訪問哪！」接著便大罵馮玉祥「不近人情，竟把我逼到今天這個地步！」

溥儀投靠日本的思想傾向，至此已經十分明朗。文繡看到了這發生在佛前的一切。她既不能約束、限制溥儀，防止他走上邪路，也不能幫助、引導溥儀，讓他走上正路。然而，時代畢竟已經前進了，文繡無法影響溥儀，卻希望能夠主宰自己。若干年後降臨的大斷裂，此時已深深地開了一個口子。

如果說，宮中的淑妃還充滿著幼稚和天真，出宮後的文繡卻在耳聞目睹中變得成熟了。佛前的罪惡勾當使她認識了丈夫的品格，而客廳中的爭吵，更使她瞭解了所謂復辟「大業」的本質。所謂「客廳中的爭吵」，是指包圍溥儀的王公遺老們的派系之爭，他們中間大多是靠著溥儀的俸銀養家糊口的人，如榮源、紹英，更是利用小朝廷的生計大發橫財的。也有政見之爭，如鄭孝胥和羅振玉，都千方百計要把「小皇上」納入自己設計的政治方略之中。自出宮以來，文繡因常常有機會與溥儀一起商議前途問題，甚至溥儀寫信擬稿，有時也交文繡運筆潤色，因此文繡得以瞭解這種種內幕。

由於從小接受封建家庭的教養，更由於宮闈生活受到皇家的薰陶，文繡曾對宣統皇帝充滿了崇拜，也對復辟事業充滿了希望，可今天終於看到了事情的真相，幻想中的一切開始走向破滅。在日本公使館的日子裏，文繡不但從溥儀的政治中看出了破綻，也從皇家的生活裏見到了危機。

一九二五年一月廿四日是舊曆大年初一，溥儀在日本公使館內樓上小客廳，安設寶座接受王公遺老的叩拜。遺老們叩拜完畢，日本公使芳澤謙吉和夫人也禮節性地過來拜年，溥儀便「傳旨」讓婉容上妝出面。

在宮中遇有禮節場合一向由婉容出頭，似乎這次也是順理成章，可文繡有自己的看法：現在是被難之時，何況溥儀已在《修正優待條件》上簽了字，帝號已廢，爲什麼還把后妃分的那樣清楚？大事也和我商量，信稿也讓我代擬，爲什麼不讓我在正式場合露面？文繡內心不服，就拿了「出面」這件事直問溥儀。所謂「天顏」、「天威」對她來說已經動搖，所以她敢於理直氣壯地提出問題，爲自己爭一平等的家庭地位。

在溥儀看來，文繡竟敢無視封建「禮教」，妄圖打破嫡、庶的「名分」，豈不是造反？他氣憤已極，大聲申斥文繡。

「帝號已經廢除，還談什麼皇上、皇后！」

「你這是趁我之危，有意和我過不去啊！我曾經那樣寵幸你，是賞識你有頭腦，有文才。早知你這樣不懂禮義、目無尊卑，一定把你廢掉，趕出宮去！」惱羞成怒的溥儀，惡狠狠說完了這話後還覺得氣沒出盡，隨手操起一把雞毛撣子，照文繡的後背就抽打了幾下，當然打得並不重，不過，這種使人格受貶的行爲，文繡受不了！她入宮兩年多，蒙受許多恥辱、冤枉和窩囊氣，但溥儀動手打她還是第一次。

婉容看在眼裏頗覺得痛快，這一兩個月來，她正爲溥儀與文繡接觸增多而妒嫉在心，遂以不冷不熱的語氣幸災樂禍地說：「大年初一的，就惹皇上生氣麼？」

文繡後來對親屬回憶說，她和「小皇上」鬧離婚並不偶然，從溥儀那次動手打她，就朦朦朧朧產生了這種想法，從此感情愈來愈淡薄，以至於無可挽回。

過了春節十多天，就是溥儀二十歲整歲生日，芳澤公使把使館內較大的辦公室、客廳、禮堂一概騰了出來，按中式點綴，佈置得古香古色。還讓使館的僕役、傭人等穿戴清朝衣帽，屋裏院外地移來移去。這一隅之地，真好像大清王朝回來了。爲了這次慶賀朝拜，芳澤公使可謂盡心盡力。

辦壽那天，平、津、滬各地「不忘舊主」的遺老千里迢迢地跑來叩頭，耿耿忠心的「外臣」莊士敦送來大批洋酒、洋點心，東交民巷使館區一對又一對的公使及夫人則等著鞠躬致賀。場面愈隆重，文繡愈沒有露面的資格。十幾天前還讓溥儀白打了一頓，現在只有在心中生悶氣。婉容卻偏偏要在這種時候盡情地打扮，故意在文繡身邊晃前晃後，一副得意忘形的神態。怎麼可以向一個還在作著皇帝夢的人要平等呢？文繡終於明白了。

人是矛盾的又是複雜的。一方面，文繡有民族氣節，反對溥儀投靠日本；但另一方面，作爲一個女人，文繡卻要與婉容爭出頭露面、接待日本公使的所謂平等權利，這也是可以理解的。

溥儀帶著他的一后一妃，在日本公使館內住了將近百日。後來，羅振玉建議遷居天津日租界，準備漂洋東渡，赴日留學。溥儀接受了這一建議，遂命羅氏與芳澤謙吉公使和池部政次參贊具體商量。溥儀擇定在一九二五年二月廿四日動身，因爲這天按舊曆是二月二日的「龍抬頭」。溥儀一向自認爲是一條真龍，希望從此飛騰起來，揚眉吐氣。

然而，重新飛騰，談何容易！溥儀心裏明白，一到婉容、文繡面前，又欷歔流涕了。赴津前夕，他十分難過地對婉容和文繡說：「從世祖章皇帝到德宗景皇帝，除文宗顯皇帝巡狩熱河時龍馭上賓外，並沒有棄宗廟社稷而不顧、出亡而不歸的。庚子年拳匪之亂，國將不國，兩宮雖蒙塵西狩，但自和議告成即回鑾還宮。我這次也是蒙塵離京，何時能夠恢復祖宗遺業，難以預料啊！」

那天溥儀又找出幾樣東西，有古玩、玉器和書畫，偕婉容去芳澤公使辭行，喝了餞行酒，並以兩人名義向芳澤夫婦贈送禮品，以感激這一百天的殷勤款待。文繡照例被排斥於外。第二天，溥儀以池部爲警衛、羅振玉爲隨從，化裝成商人模樣，到前門車站，混雜在日本兵車之內，赴天津去了。

爲什麼沒有帶婉容和文繡一塊兒走呢？因爲北京城裏誰都知道「小皇上」有一后一妃，這后和妃的模樣也常常因爲不知從哪裡搞到照片而印在了報紙上。所以，三人同行怕目標太大，倘被路人認出「小皇上」來可不是鬧著玩兒的。

過去的一百天，對文繡來說是痛心的一段時光。她已經發現，無論從政治理想還是從家庭生活看，似乎她和溥儀完全屬於異路之人。然而，可以不跟著溥儀到天津去麼？可以離開皇家麼？可以向「小皇上」鬧離婚麼？這種種念頭都在文繡頭腦裏一閃而過，但當時她還不敢想得太多太深。

兩天以後，文繡和婉容一起，由日本公使館派人護送前往天津。行前，她打發隨身太監到大翔鳳胡同給母親捎口信，請額娘到公使館來見一面。那年蔣氏不過四十幾歲，但由於多年寡居和貧困，顯出一副未老先衰的神態。見女兒文繡便忍不住淚流滿面，這一分別誰知何時還能再見？文繡更有一肚子委屈，不說難受，說也不好受。文繡個性剛強，又內向，挨打受氣的事兒沒露半句，只是勸慰母親保重、善自珍攝，孰料這竟是母女間的最後會面。

十三、困龍「抬頭」在津門

一九二五年二月廿七日，文繡和婉容一塊兒到達天津，直接住進張園。位於日租界宮島街的張園占地十八畝，這所三層樓洋房係清朝兩湖統制張彪的別墅，因爲張彪沒有忘記舊主，才恭請溥儀使用的。這裏雖然很美麗豪華，可文繡的日子還是很淒涼。

溥儀又把園子裏裏外外點綴一番，這邊有假山石，那邊有網球場，滿園花卉果木、風光秀美。室內設備也「洋」化了，傢俱是在英國訂好的，鋼琴是從義大利買回的，大立鐘是瑞士產品，地毯則是法國式的。溥儀的書齋和寢宮內也擺著紫檀木古玩架，每個格裏都陳列著從宮中帶出來的稀世藝術珍品。婉容和文繡的房間也都有豪華的陳設。儘管如此，可文繡還是流淚多，因爲溥儀愈來愈偏心，在一后一妃之間總是護著婉容。

早在清宮時，溥儀難得走出神武門一步，一旦有機會出宮，必定把后妃帶在身邊。到天津以後能隨便上街了，但溥儀往往是把文繡扔在家裏，而只攜著婉容。他們兩人把惠羅、正昌、中原、義利等天津的大百貨公司，最熱鬧的中街以及不少遊樂場等吃喝玩樂的地方蹓躂遍了。每逢盛夏時節，隔個一兩天，溥儀總要帶上婉容乘汽車出外兜風，順便到起士林、利順德，買冰淇淋、刨冰、奶油栗子粉等冷飲或西餐飽飽口福。若在嚴冬之季，溥儀也會攜婉容出席租界內的各種交際晚會，溜冰呀、跳舞呀，他們形影不離地盡情歡樂。愈是這種時候，文繡愈是深深地感到痛苦。偶爾有幾次溥儀上街也帶了文繡，一塊兒看戲或是吃頓飯，買點東西，那不過是溥儀一時高興，逢場作戲罷了。

溥儀上街不帶文繡，在家裏也冷冰冰地把她放在一旁。文繡後來回憶那段張園天挨天、月連月、年靠年的冷板凳生活時，痛苦地說：

「溥儀和婉容住在二樓，我住在樓下溥儀會客大廳旁邊的一間房內。雖然我們住在同一棟樓房裏，無事誰也不和誰來往，好像馬路上的陌生人一般。婉容成天擺著皇后的大架子，盛氣凌人，溥儀又特別聽信她的話，我被他們兩人冷眼相待，我和溥儀的感情也一天比一天壞了。」

文繡跟著溥儀在天津一住七年，前四年多住在張園，後兩年多住在靜園。靜園位於日租界協昌里，離張園不過一華里，其主建築也是一座三樓三底的洋房，比張園略小。溥儀和婉容各自的寢宮都在二樓東側，文繡單獨住在西側。這兩個園子耗盡了文繡與溥儀的姻緣。「行在」中的溥儀對他的兩位妻子厚此薄彼，愈來愈嚴重了。對這個恩恩愛愛，而對另一個卻橫眉立目。在這七年中，文繡向肚裏吞咽了太多痛苦的眼淚，就像深秋之季的瀟瀟細雨，無盡無休。

溥儀在衣飾上相當考究，過年或逢忌辰祭祖時穿皇帝龍袍，而平時常穿中式長袍馬褂，此外，西裝、夾克、獵裝、軍服以及日本和服等都非常多。他應邀出席洋領事的宴會要穿燕尾禮服，下場打球又有各式運動服。白金、鑽石、翡翠和玉石等各色高檔戒指一日數換地戴在他的手指上。與此同時，婉容和文繡兩人也以競賽的速度購物治裝。溥儀自己回憶說，他給婉容和文繡硬性規定了很不公平的「月費」定額，允許婉容每月比文繡多花一筆錢。

婉容追求時髦，到天津不久，就把長髮剪成短髮。文繡見了也想剪，但不敢自做主張，請示了溥儀。據當時正在溥儀跟前伺候的李國雄講，溥儀那天高興，痛痛快快地答應了。文繡剪髮後，還特意到溥儀房裏讓他看看。

溥儀在天津時吃飯仍由膳房單做，不與婉容、文繡同桌，但也有高興的時候把后妃叫來陪餐。婉容常常能陪，文繡則像個受氣包，溥儀很少想到她。連溥儀的妹妹們在張園聚餐，文繡也不得靠前。據七格格韞歡說，她只能偶爾望見文繡「無聲的側影」，「就連搭話的機會也不可得了」。

爲了換口味，隔二、三天，溥儀就要向利順德等「番菜館」要「洋飯」。有一次要了大香檳酒四瓶、小香檳酒一瓶、汽水兩瓶、白葡萄酒兩瓶、牛奶兩盒、方糖三份、冷吃四大盤、麵包加雞肉一大盤、麵包加火腿一大盤、麵包加雞子一大盤、麵包加魚肉一大盤、麵包加腸子兩大盤、奶油大點心兩個、口布紙兩打，擺滿了一大桌子，溥儀便與婉容對飲大嚼起來。可以想見，當西餐桌前嬉笑開顏之際，冷板凳上的文繡該是怎樣淒苦悲涼。

那幾年，溥儀與租界地的英、法、義、日等國的領事或駐軍司令官都保持著密切聯繫，經常收到各國駐津頭面人物多種多樣的邀請。那些光亮、鮮紅而又燙了金的漂亮請柬，無一例外地都是發給皇帝陛下和皇后陛下，他們應邀出席閱兵典禮、晚宴、婚禮和舞會，悠哉遊哉，快樂非凡。文繡則像個局外人，似乎永遠沒有資格足登大雅之堂。

一九二六年九月，溥儀和婉容應邀會見英國喬治王子，汽車出門時，文繡正在園中漫步，看見花枝招展的婉容那得意的神態，一陣莫名的酸楚又湧上文繡的心頭。如果說拘於禮儀，文繡才不得升堂入室，那麼溥儀向臣下、親族頒賞總該公平吧！查閱溥儀在一九二六年一年內的賞賜紀錄，在受賞的人員中，有陳寶琛、陳曾壽、溫肅一類忠心耿耿的老臣；有張宗昌、吳佩孚、劉鳳池、畢庶澄一類軍閥；有日本員警署高橋、海軍少將有野修身、日本公使芳澤及其夫人、小姐；有英軍領事、英軍司令；當然也有皇后婉容、醇王府的格格們、朗貝勒府的親屬們，甚至連溥儀的乳母、老媽子、御醫、隨侍和太監們也一個都沒有遺漏；唯獨文繡沒得過任何一樣賞賜。當婉容今天拿了御賜的照片，明天拿了皇帝賞給的黃絲圍巾，後來又取走了溥儀新購進的帶寶石頭的收音機，春風得意地謝恩而去之時，眼睜睜瞅著這一切的文繡，能不感到透骨穿心地寒冷麼？

頒賞沒有文繡的份兒，進貢卻是落不下她。據檔案記載，一九二八年舊曆九月，婉容過生日，接受果品、衣料、化妝品、古玩、首飾、字畫、煙酒等「千秋貢品」無數，其中也包括文繡進貢的「燕席一桌」，外加燒鴨一對、餅乾兩匣。可是，輪到文繡做生日，有誰進貢呢？

在這樣的環境裏，文繡深感痛苦和寂寞。莫名的傷感時時向她襲來，她患了嚴重的失眠症和神經衰弱。好在妹妹文珊這時也住在天津英租界，常來看望二姐。原來，文繡入宮後一年多，妹妹文珊也出閣嫁給了慶親王載振（**晚清權勢極大的軍機大臣奕劻之子**）的二兒子溥銳，一九二五年前後全家搬到天津。

十四、在過眼的政治風雲中

到了天津，溥儀爲婉容聘師授課，請進講漢文的陳曾壽，每月支付束脩五百元；又請進講英文的任薩姆，一月只授課若干小時，也給七十元的高薪。溥儀沒給文繡聘任專職進講教師，她只能與婉容一塊兒聽聽課，鬧起彆扭來就接連幾天不去。儘管心情不舒暢，但文繡在天津時期一直很用功，讀書還是不少。因爲溥儀上街常常只帶婉容不帶文繡，有幾次也就「恩准」讓文繡自己由太監陪著上街去買東西。有了這樣的機會，她總是不忘逛書店，買一大摞新舊文學小說等書籍，晚上一看就是大半宿，有時停電，便借著微弱的燭光繼續閱讀新舊文學書籍，從而變成一個深度近視眼。

文繡的英文也有相當好的基礎，日常生活會話說得很流利。她還常常伏案寫字、繪畫、作文，可惜大量真跡已被歲月的風塵所淹沒，流傳至今的實在太少。從一篇《哀苑鹿》裏可以知道，文繡描寫景物細膩、輕鬆，抒發感情真摯、自然，用詞準確、優美，比喻恰當、新奇，確實有一番筆下功夫。

文繡和婉容不同，她雖然小婉容幾歲，卻似乎更有頭腦，政治細胞也多些。那幾年正是溥儀想復辟想得發狂的時期，整天與遺老舊臣謀劃於密室，接見各地軍閥派來的代表於客廳，發佈「諭旨」、撰文寫信於書房……文繡在溥儀身邊，頗爲細緻地觀察了這過眼的政治風雲。照實說，對於溥儀的復辟活動，文繡並不怎樣反對，可她看到溥儀在投靠日本的泥潭中愈陷愈深，從心底升起了陣陣悲涼。

溥儀在天津的頭幾年，正是張作霖控制著北京政權，並向冀、魯、蘇、皖各省和上海發展勢力的時期。那時，張作霖本人在天津曹家花園坐鎮指揮，曾會見溥儀，並承認他是「皇上」，給他磕了頭，還說，奉天是大清發祥龍興之地，太祖、太宗均以盛京爲本，揮師入關，問鼎中原。他奉勸溥儀也重返奉天老皇宮，等他把大江南北一鼓蕩平，「再把皇上請回北京清宮坐天下」。

文繡後來回憶溥儀跟她講的會見張作霖過程時還說，溥儀雖已有了「立足滿蒙、重打江山」的思想苗頭，只是依靠對象一時還沒有選好。他曾對張作霖做了長期觀察，但還不敢輕易把賭注下在張作霖身上，認爲他是草莽氣派，「紅鬍子」作風，並非盡如人意。雖說張作霖兩隻狐眼顯得機警過人，畢竟是個武夫粗人。

溥儀赴曹家花園張氏館舍，只見從大門到房門，有手持長槍、大刀者分立兩廂，還是戲臺上那種綠林英雄、草莽氣派，不脫胡匪作風，連袁世凱也未能節制江南、統轄全國，張作霖還不如袁世凱老練有識，能在北方站得住腳也就不錯，蕩平江南談何容易？溥儀的這些看法都親口對文繡講過。

不久，鄭孝胥父子又從上海來到溥儀身邊，仍以依靠日本、實現復辟相說教。據文繡講，起初溥儀還彷徨，對日本有戒心。那時，溥儀還不想單靠日本人，希望同時得到西方各國的助力。自從鄭氏父子來後，溥儀的思想開始全面傾向日本，常常會見天津的日本領事和駐軍司令，與北京日本公使館的芳澤公使也更頻繁地往來會晤。當時，凡事溥儀都交給鄭孝胥辦，還派他去日本走了一趟。他回來向溥儀報告後，溥儀意有所動，曾對文繡講，鄭孝胥已在日本爲他聯絡了在朝在野的各界要人，都承認他是大清宣統皇帝，願意幫助他復興祖業，使「聖朝大統」不至有失。他的結論是「日本對咱大清不壞」。其實溥儀說這話，就如同拿鋼針扎痛了文繡的心，令她非常難過。

文繡一向反對溥儀投靠日本，在這一點上，倒和溥儀的父親載灃談得來。載灃攜全家遷居天津時，堅決不住在溥儀爲之安排的日本租界內的寓所，而住到英租界去了。每與溥儀談到政治問題就要爭吵，聲震屋瓦，爭來爭去，各不相讓，只好面約：父子見面，避談國事。載灃只求適應形勢，安度晚年。這一切都被文繡看在眼裏，她贊成載灃的主張。每次載灃前來，文繡請安、行禮之後，總要陪他說一會兒話。載灃對文繡也很客氣，吃飯時若見文繡未到，一定打發太監催找，飯後常和文繡一起下棋、寫寫字、談談詩詞曲賦一類。婉容知道載灃對文繡好，當面也就不敢太跋扈。文繡常說載灃是個性格寬厚、識大體、明大義的人。

文繡和載灃可以說是政治上的同路人，可他們誰也沒有能力說服溥儀，痛心地看到溥儀對日本的投靠愈來愈緊，而日本對溥儀的拉攏，不只透過鄭氏父子，管道愈來愈多，無孔不入。

十五、孤燈伴淚夜難眠

當政治裂痕在溥儀與文繡之間愈益擴展的時候，他們共同的生活道路也被萬丈懸崖阻斷了。文繡與溥儀共同生活了九年，其間冷冰冰的日子多，而熱乎乎的日子少。文繡雖倔強，但在愛情上有自己的追求，對丈夫始終保持著尊重和溫情，從文繡寫於一九三一年春天的一篇短文中，可以看到她仍對溥儀懷有妻子的深情。天津時代，這對不平等的夫婦更常常口角，溥儀有時還要動手，何況尚存一位難以逾越的「情敵」。

然而，這種情形終究無法持續。儘管溥儀曾經是真正的皇帝，婉容也絕不允許他除了自己還愛別人。婉容天天向溥儀絮叨，讓他發誓不愛文繡，連設壇扶乩也要求個「萬歲（指溥儀）與端氏（指文繡）並無真心真意」的「吉利語」，終於發展到兩人之間有我無你的地步。文繡這時的處境真是苦不堪言，夜夜伴孤燈，淚如溪水不盡流……

一九二九年的某一天，文繡起而抗爭，在薄情與冷酷之中，以一個弱女子的哭鬧發出人權的吶喊。一九三一年九月七日的《庸報》替文繡說了幾句話，講得全是實情：

「文繡自民國十一年入宮，因雙方情意不投，不為遜帝所喜，迄今九年，獨處一室，未蒙一次同居。而一般閹宦婢僕見其失寵，竟從而虐待。種種苦惱，無術擺脫。」

文繡在她自稱爲「監獄」、自度是「囚居」的九年之中，受盡了磨難。婉容排擠她，這是事實，也可以理解。但這絕不是文繡遭罪的主要原因，溥儀早已對她恩斷情絕了。溥儀不但把她單獨放在冷屋子中不予理睬，還加以冷嘲熱諷，從精神上折磨她。

悲楚之下，文繡更懷念母親。自從在北京日本公使館一別，蔣氏無緣來津看望女兒，文繡也沒有機會再赴什剎海畔的大翔鳳胡同了。她真想見到額娘，倒一倒滿腹的苦水。可不久傳來的訊息幾乎令她暈厥，慈母啊，年不及五十爲何急匆匆地去了？那次公使館的會面難道就是生離死別？爲什麼孩兒命蹇，母親又不幸？額娘死後，文繡更覺得活在這個淒苦的世上太無聊，愁腸百結，晚上常常終夜難眠。

十六、悄離靜園

一九三一年入夏後，文繡與這封建皇家的關係，已經鬧得不可開交了，因爲區區小事也會掀起軒然大波。

舊曆六月初七日，文繡獨自外出，回來後在院子裏吐了一口唾沫，湊巧婉容正坐在旁邊，便生了疑心，認爲文繡是作態詬罵她，立即向溥儀告狀，要求他派人到文繡房中，鄭重其事地進行所謂「奉命斥責」。溥儀便命隨侍李國雄和太監李長安執行。二李狐假虎威地前往文繡房中，聲色俱厲地加以斥責。

文繡辯白說，她並沒有看見皇后坐在院中，吐口痰並不存在辱罵皇后的意思。二李厲聲阻止道：「上說了，休得胡辯！今天不認個錯兒就別想過關！」文繡一氣之下，頭暈目眩，渾身發抖，一時不知如何是好，只在一種麻木狀態中聲聲哀告，口口乞憐，翻來覆去念叨一句話：「求皇上、皇后開天高地厚之恩，赦我死罪！」人既如此，溥儀尚不滿足，又遣派侍從往返幾次，指斥文繡說：「古來無你這等之人！清朝二百多年無你這不知禮之人！」文繡只好哀告討饒，表示「服罪」。

有什麼辦法呢？她也曾想見見溥儀，說說這不白的冤屈，可住在同一座樓房內的「丈夫皇上」就是不見她，有意讓她把冤屈吞進肚子裏。就這樣折騰了好幾天，文繡哀哭以至「眼中出血」，溥儀才「降旨寬赦」。那道「諭旨」上赫然寫著：「下次如犯過決不寬容！」

這件事發生後，文繡思之再三，覺得活著無味，曾想了此一生，還留過遺書。

大約一個月後，舊曆七月初六，白天一陣清雨落下又雲開天晴了，到了晚上，夜空更是格外鮮豔。溥儀、婉容，還有婉容的母親以及二格格和三格格秉燭夜遊。微風拂面，新月如鉤，幾人遊興甚濃，玩得十分舒暢，直至夜深人靜才驅車返回靜園。溥儀和婉容都無睡意，就並肩坐著卿卿我我地聊了起來。

第二天晚上，傳說中牛郎織女鵲橋相會的美好日子，象徵愛情與團圓的一天來到了。它帶給文繡的是更重的淒苦和更深的悲愴。那天，溥儀和幾個妹妹坐在園內籐椅上乘涼，婉容由太監伺候著在一樓客廳抽大煙。一會兒，溥儀也從院中走進來，坐在婉容旁邊。等她吸完四口煙，二人一起上樓去了。只見溥儀的寢宮門前立著一個人，原來是淑妃的太監趙長慶正等著向「萬歲」奏報一個重要情況。

「奴才有事稟報皇上，淑主子正在自己房中大哭大鬧，還在床上打滾，揚言初七是她的紀念日，拿起剪刀就要捅自己的肚子，讓奴才奪下來了。」趙太監明知他的「淑主子」並不得寵，但只要有邀功的機會是絕不放棄的。

「不用理她！她慣用這種伎倆嚇唬人，誰也不要理她！」溥儀十分生氣。

果不出所料，以「淑主子」邀功無效，還引來皇上絕情之言，趙太監不敢反駁，只在下面小聲嘟囔：「反正萬歲爺和皇后主子都看著了，有個好歹，奴才可是擔當不起呀！」溥儀仍是不以為然，吩咐婉容回自己房裏去。

婉容怕真鬧出事來有礙自己的名聲，希望緩和一步，就在吃晚飯的時候，建議溥儀把淑妃叫出來一塊兒進餐。誰知溥儀竟恩斷情絕地用英語對婉容說：「不用！你如果叫她出來，我就不吃飯了！」

在百般折磨之下，文繡精神恍惚，一會兒要死，一會兒要活的。隨身太監趙長慶不敢大意地盯著她，別看溥儀不在乎，他可是責無旁貸。

一天，文繡在中堂招呼開飯，侍膳的小太監愛搭不理，文繡很氣惱，隨口罵道：「討厭！討厭！」恰逢溥儀經過門口，以為文繡一定是指桑罵槐，對著自己，便命太監傳諭：「欺君之罪該死，朕將賜你死矣！」

當時溥儀知道文繡想死想活的，本不該再拿這類話激將她，溥儀竟全然不顧。文繡氣憤之下，操起剪刀就向喉嚨刺去，趙太監一個箭步竄上去奪下女主人的剪刀，卻在自己手上留下一道口子。在冷峻的現實中，文繡終於清醒了，不能無謂地毀滅自己，而應把炸彈甩向那桎梏人身的封建堡壘！

牛郎織女相會後的第五天，也就是舊曆七月十二日下午。那天，文繡又哭鬧得很厲害，溥儀便打發太監前往慶王府找來文珊，讓她勸導胞姐。文珊勸慰一陣，就向溥儀建議說，她姐姐心情鬱悶，希望允許她陪伴姐姐出外散散心。溥儀大發慈悲，慨然應允。當天下午三時，文繡由文珊陪著，爲掩人耳目，也帶了太監趙長慶，乘坐溥儀的專用汽車，出了位於協昌里的靜園大門。

溥儀萬萬沒有料到，這便是長期預謀後的驚人之舉，文繡從此再不曾跨進這座靜園大門。

文繡在此時脫出靜園，這實在已是瓜熟蒂落、水到渠成的事情了，首先是溥儀向日本靠近的傾向已愈來愈明顯，即將成爲現實。雖然「九一八」事變尙未發生，但不久前從日本歸來度假的「御弟」溥傑，已經向溥儀傳達了鹿兒島駐軍某聯隊吉岡安直大隊長關於「滿洲最近也許就要發生點什麼事情」的訊息，駐天津的日本領事和司令官們也更頻繁地往來靜園。文繡當然不會對此無動於衷。再說，文繡與皇家的矛盾已成水火之勢，「中宮娘娘」婉容勢與小妃子文繡不兩立，文繡若不自我毀滅，勢必出走，已經沒有別的道路可以選擇了。

文繡的娘家親屬中有一位遠支的表姐夫，名叫毓璋，號子特，此人晚清時曾任清西陵守陵大臣，辛亥革命後，順應時事出任新職，在民國政府的海軍部當上一名總務司長。毓璋的大女兒玉芬雖說是文繡的晚輩，卻較之年長。玉芬長相不錯，爲人老練，有謀略，工於心計。可是在婚姻問題上她卻很不幸。由於父母包辦，她嫁給了一度身爲民國總統的馮國璋家，成了國內第一號人物的孫子媳婦，然而這位馮家少爺（**馮國璋的長子長孫馮曙山**）並不是正經人，整天吃喝玩樂，尋花問柳，完全不把玉芬放在心上，所謂夫妻感情根本談不到。不過，這樣的環境卻逼她想了問題，長了見識，有了經驗。

文繡入宮前，因家境貧寒與許多親屬都無往來，後來，文繡平步青雲成了「小皇上」的妃子，也是額爾德特氏家族的榮耀，親戚又都走動起來了。玉芬也常到大翔鳳胡同蔣氏那裏串門聊天，與文繡的母親相處頗近。文繡出宮在醇王府「被難」的日子裏，曾幾次回到大翔鳳胡同的娘家看望母親蔣氏，也是因爲受到了玉芬的鼓勵。

玉芬的婆家不但在北京東四十條有漂亮的公館，而且在天津租界也有房產。所以，玉芬有機會居住兩地。文繡隨溥儀去天津後，和玉芬有了更爲密切的來往。她們無話不談，息息相通。玉芬和文珊一樣，成了文繡最親近、最信賴的人。逐漸地，玉芬瞭解了文繡在皇家的悲慘境遇，她第一個向文繡指明了新的人生目標，這便是文繡向溥儀鬧離婚的緣起。

文繡脫出靜園前，從各個方面做好了準備：聘好的三位律師張紹曾、張士駿和李洪岳已在國民飯店租了房間，等待行動；文繡陳述離婚理由的文件，以及脫出後致溥儀的信等也已擬好繕清；同時，文繡也找機會清理了自己房中的細軟及金銀首飾，讓文珊分批陸續帶出，暫時存放在她家裏，以備脫出後應急之用。這一切都做得周密細緻，神不知、鬼不覺……

舊曆七月十二日，按西曆是一九三一年的八月廿五日，離日本侵佔東三省的「九一八」事變只有二十四天，文繡爲擺脫溥儀的控制而發難，竟選擇了一個這麼關鍵的時機。

十七、淑妃啊，到哪兒去了？

汽車開出靜園，文繡指令司機一直開向民國飯店。汽車在飯店門前停穩後，文繡和文珊從容下車，推門而入，與值班店員略微說明後，便直奔三十七號房間去了。太監趙長慶面有惑容，又不便多問，只好緊緊地跟隨著。

進房坐定後，文珊正色對趙太監說：「你先回去吧！淑妃就留在這兒啦！還要向法庭控告皇上哪！」

被此話震驚的太監趙長慶，頓時現出張惶失措，不知如何是好的窘態。一會兒，他又雙腿長跪哀告道：「如果淑主子就這麼站下了，讓奴才怎樣向萬歲爺交代？乞主子可憐奴才命苦，先回園子稟報一聲再來，也就不關奴才的事啦，奴才在這兒謝罪了！」一副哭喪相的趙太監叩頭不止。

文繡態度果決，不為所動，從袖中出示三函，說：「今日之事與你無關，你可拿著這幾封信回去轉告皇上！」

太監接過信件還想哀求，只聽房門一響，三位西裝革履的先生同時走進室內，這便是玉芬替文繡聘好的張紹曾、張士駿和李洪岳三位律師。

律師們與文繡、文珊一一握手，為首的一位十分禮貌地開口說道：「我們恭候二位女士已經兩天了！能夠為您服務深感榮幸！」

文繡一看這三位先生，個個雙目有神，都有一副精明能幹的派頭，心中暗暗稱道玉芬識人。文繡一面讓坐，一面連聲稱謝。跪在地上的趙太監，一看這情形知道哀告無用，便直起長跪的雙腿，把信揣進內衣口袋，一溜煙出門登車去了。

這裏，文繡深知不可久居，溥儀一定會派人來找，於是向三位律師交代了一下，確定了接頭聯絡辦法，隨後由文珊陪伴，從後門走出國民飯店，按既定計劃另覓安全的處所去了。

再說太監趙長慶回到靜園，戰戰兢兢地據實向皇上稟報一番。溥儀也像驚弓之鳥，平時他欺侮文繡爲所欲爲，從來不曾想過一個小妃子竟敢在他頭上動起土來，冷不防地給他出醜，這還了得！只見他顫抖地從太監手中接過信來，開封展閱。原來是文繡的律師們所寫，一封是張士駿代表文繡致溥儀，一封是張紹曾代表文繡致溥儀，還有一封是李洪岳代表文繡的胞妹文珊發言。律師在信中聲明，已接受訴訟者委託，正式受理這樁離婚案，還透露了文繡出走的原因和要求。

據報載，「內容大要申述其備受虐待不能忍受。且述事帝九年，未蒙一幸，孤衾獨抱，愁淚暗流。今茲要求別居，溥應於每月中定若干日前往一次，實行同居，否則惟有相見於法庭云云。」

溥儀看過，只覺得頭暈目眩，眼前變得一片昏黑，事已如此，如何收場？大清三百年間從來沒有過這樣的事情啊。妃嬪一旦入宮，一輩子都別想跨出宮門，倘淑妃夜不歸宿，開數百年大違祖制的先例，可就把他「皇上」的臉面丟盡了！於是，溥儀立即傳諭，派出一批太監和隨侍到國民飯店尋找。可是，人早去了，如何查得到。

雖說「小皇上」已經無權，可社會各界總念他曾是至高無上的人君，處處讓他，國民飯店內大小房間隨他派來的人翻檢查看。找尋了半個多時辰毫無結果，卻有三位律師走了出來，面含微笑地對太監們說：「文繡女士讓我們轉告各位，毋容多瀆，還是回園子去吧！」太監們沮喪而歸。

「都是廢物！她一個女子還能跑到天邊去不成！快上慶王府找，一定是讓文珊拐到她家去藏起來了。今晚上必須找回來！」因天色漸晚，溥儀更加著急，向太監們發瘋似的喊叫一通。

太監們乘車來到載振家門口停下，進門就搜，當時載振去奉天辦事未歸，載振的福晉很不高興，冷冷地對來人說：「你們來此尋找妃子，我還想向你們要兒媳婦呢！」太監們搜過文珊的居室毫無蹤影，便草草收兵返回靜園去了。

溥儀到處找不到文繡，又想到求助於住在國民飯店的文繡的律師們，於是派出代表企圖說服他們：「溥儀與淑妃伉儷情深，絕無虐待之事，請不要誤會。」

「現在事情已經到這個地步，文繡女士是絕不回去的。如果溥儀先生還想和解，那就只有承認她的完全自由，否則除向法庭提起訴訟外，再沒有別的辦法了。」律師李洪岳的答覆使溥儀的代表們感到絕望。「希望溥儀先生尊重文繡女士的人格，尊重她的願望和一切正當要求！」張紹曾律師說話時目光冷峻、面目嚴肅。

「請允許面見淑妃，只想問一句：尙有無可能返回園子，與皇上言歸於好？」溥儀的代表們拿出乞求的態度。

「在現在情況下，文繡女士拒絕會見任何人。如果溥儀先生有誠意，允許文繡女士擇居另住，照給用度，我們可以盡力調解，以求和平解決。」只有張士駿律師的態度似較緩和。

溥儀得到回報甚是焦急，像熱鍋上的螞蟻不知如何是好，遂派內侍祁繼忠乘汽車到「清室駐津辦事處顧問兼總務處任事」鄭孝胥和胡嗣瑗家中，把他們找來商討對策。溥儀把淑妃出走事件說了一遍，並表示「似此情形，極應加以處分」。出席「御前會議」的鄭孝胥和胡嗣瑗也和他們的皇上一樣，認爲這是一樁見不得人的醜事，是「勝朝」的恥辱，可面對無情的現實又該怎麼辦呢？

鄭孝胥苦苦思索一番，先亮出高見：「淑妃此舉已犯家法，似可先行廢去名號，彼方所求不遂，當然成訟，我但遣律師陳訴，妃因觸犯家法，名號已廢，即不至有其他影響矣！」

胡嗣瑗一聽，連喊「使不得！」他認爲辦這件事不能太操切，否則將助長淑妃的氣焰，有害無利，隨後緩緩地說明了自己的意見：

「此事誠屬意外，但淑妃平日頗得人望，必有人從中挑撥，一時爲其所惑，乃至如此。是宜和平處理，穩住淑妃，不使擴大到法庭上去。萬不可聽其決裂，亦不必遽予淑妃處分，亦毋庸與悠悠之口爭閒氣，刻可先遣我方常務律師林棨等與彼方張士駿等接洽，姑看究竟做何要求。同時再找一位能和淑妃說上話的女眷，當面詢問淑妃真意，如此才好著手辦！淑妃這次出走，事關皇上的名譽，應付苟不得法，必至橫生枝節更難收拾。」

胡嗣瑗方寸不亂，有理有據地陳述自己的意見。

顯然是胡嗣瑗一番話對了心思，若照鄭孝胥的意見辦，那不啻逼迫淑妃起訴，而這「起訴」二字猶如一聲晴空霹靂，直震得溥儀心驚膽戰。普通家庭尚要防範「家醜外揚」，何況皇家！一旦對簿公堂，勢必播揚於整個世界，溥儀無論如何不能設想，以自己「九五」之尊，成何體統？加之中華民國的法律不見得能為他這個「大清皇帝」著想，勝訴乎？敗訴乎？實在難以預料。溥儀這邊已經亂成一團麻了，還多虧胡嗣瑗老謀深算，拿出主意來，使人心稍穩。於是，溥儀決定採用胡嗣瑗的軟招，命律師出面與文繡的律師對話，爭取和解，把大事化小、小事化了。他最後向鄭、胡二人吩咐道：「汝二人隨時會商辦理吧！」

婉容在這個時候當然也是不甘寂寞的，九年來，她和淑妃兩人爭風吃醋，鬧得不可開交，現在快有出頭的日子了。當時，婉容的受業老師陳曾壽返鄉度假，假期未滿忽聞中宮電召，遂匆匆趕回靜園。師傅一到，婉容立即傳諭賞飯，飯後就在自己房中召見了他，父親榮源也在座。婉容這次把師傅召來，是要通過他掌握淑妃出走後的情況，以便按照自己的願望影響這一事件。

下午三時，清室辦事處常務律師林棨和林廷琛會晤文繡的律師張士駿後，面露喜色地報告胡嗣瑗說，淑妃但求在園外另住，月給用度，而皇上能於每月之中臨幸數次，於願已足，像這樣的要求顯然是不過分的，從皇上的角度來說也是容易辦到的，這件棘手事情有希望順利了結。然而胡嗣瑗聽後並不輕鬆，不見淑妃一面就不能信實，遂叮囑二林道：「必須再請張士駿定時間，面見淑妃，以求證明淑妃的真實旨意，然後好妥商對策。」

再說那天文繡離開靜園，只在國民飯店略坐一坐，便帶了文珊，出飯店後門，登上一輛預備好的計程車，穿街走巷，來到一處商店門前，匆匆付了車錢就進店裏去了。文繡姐倆並沒有在商店購物，很快便從另側旁門離開商店，又東拐西拐地步行十幾分鐘，來到一處幽雅別致的花園洋房門前。按了電鈴，很快便有一名使女前來開門，她認得文珊，也不通報就把文繡姐倆帶進院內。文繡四處一看，呵，好秀美的家庭花園！一片片鮮花盛開，爭奇鬥豔，遍灑芳香，還有一架架的葡萄藤、一排排的果樹……原來比皇家還美的地方多著哪！

這時，洋房門前的雨篷下，正有位裝扮入時的貴婦人站著，看樣子四十上下歲，滿面春風地迎著文繡走來。文珊立即上前介紹說：「這位就是太太！」溫文爾雅而又知禮的太太不因年長又是主人而擺身價，主動向落難中的皇妃施禮，親切可感地挽著文繡的手臂進入樓內。

原來，這位太太就是袁世凱七姨太張氏的娘家兄弟媳婦。袁世凱在世先後娶了一妻九妾，有十七個兒子和十五個女兒。七姨太張氏乃是袁世凱任直隸總督時添房，因爲生得漂亮，很受寵愛，常讓她守侍在側。後來宣統登極，載灃攝政，命袁「回籍養疴」，袁去河南輝縣暫住還帶著七姨太。

雖說張氏並未生上一男半女，卻受寵不減。天津房產便是她隨袁在直隸總督任上時置辦的，當時她有個娘家兄弟在天津一帶經商，也住在袁府。不久，袁轉任遷居，就把房產作爲賞賜張氏的禮物，留給她的娘家兄弟了。張氏此舉，無非是要爲自己留一條無依無靠時的後路，不料袁竟突逝。沒過幾年，兄弟也死去，寡居的張太太便在這所安靜而華貴的花園洋房中，過起貴婦人的生活來了。在一個偶然的機遇裏認識了文珊，她們很快成爲朋友。文珊提起姐姐在皇家的遭遇，張太太十

分同情，願讓文繡暫住她家，認爲這是一件榮幸之事。

顯然，溥儀和文繡各有各的打算。文繡去向不明，溥儀派出大批人馬，目的在於找到文繡本人，當面和解，一了百了。而文繡則在已經擺脫控制後，絕不願意重返牢籠。她除了自己的幾位律師，不會見任何人，通過律師把自己的聲音播揚到新聞界，並很快在平津街頭和千千萬萬的人民中間產生了「呼救」的效果，從而把這齣皇家戲搬上了社會舞臺，給溥儀製造了強大的輿論壓力。

十八、「妃革命」震盪了海河兩岸

文繡出走第二天，胡嗣瑗照常到處視事，正當忙亂不堪之際，奏事官來「宣胡任事入對」！「臣蒙召見，恭聽聖諭。」在一樓客廳，胡嗣瑗向皇上叩拜如儀。

「愔仲！朕召汝來，有一事告，朕爲之而感悲涼。朕嘗派員檢查了淑妃屋內，發現衣飾等件已運走一空，恐無歸志矣！但使不至成訟，令朕在法庭上出醜，即使彼人一定要求離異，亦不必固執不許了！」溥儀無可奈何的聲音迴盪在胡嗣瑗的腦畔，並在他的心頭增加了一層焦灼不安。

退出溥儀客廳的胡嗣瑗剛回到總務處辦事房坐定，房門啓處，林棨和林廷琛到了。「見著淑妃了嗎？淑妃住在哪兒？」胡嗣瑗正等著他們，盼能偵知淑妃真意，現在顯得急不可待了。

「淑妃下榻的地方保密。她另外找一個地方和我們見面。」林棨說。林棨敘述了一個小時前會見淑妃的詳細經過。

當天下午一時，二林按約定乘車去接張士駿，然後三人同車至某法國律師事務所，坐定後，就見淑妃在其妹文珊陪同下從樓上聯步走了下來，雙方在客廳相見了。淑妃一邊流淚、一邊訴說九年來在皇家的悲慘境遇，又談到上月因一口唾沫與皇后鬧彆扭的情景。由於一時激憤，淑妃說話常常前言不搭後語，支離破碎。說著，淑妃還順手從衣兜裏掏出一把當票來，看樣子有十多張。她說，皇上常常不管她，沒有錢花只好典當衣物；外人誰能相信一個當皇妃的還能淪落如此？又說她出覓律師設法救濟，實在是「勢出無奈」。二林遂問淑妃今後打算怎樣？有否「和平調解」的可能？淑妃當即提出五個條件，態度嚴肅，可見是早有準備的。胡嗣瑗在當天的日記中有詳細記載：

一、另住須聽其自擇地點；

二、給予贍養費五十萬元；

三、此後個人行動自由，或進學堂或遊歷外國均不得干涉；

四、行園內上用隨侍小孩一律逐去，每星期駕幸其宅一、二次，不得攜男僕；

五、不得損其個人名譽。

如以上各條件不能照允，立即起訴，三日內務即答覆。

胡嗣瑗很氣憤地對二林說：「如上所述，所謂願回另住之說，實屬毫無誠意！可轉告張士駿律師：如淑妃仍堅持那些條件，我即不能代達；如真有回來另住的心事，就應斟酌另提辦法，方可接近商榷。否則，即使法庭相見亦所不避。」

林棨、林廷琛去後，溥儀又差人來宣，胡嗣瑗原原本本地彙報了律師面見淑妃經過，並說明了自己的分析和態度。在淑妃問題上，他的老練與多謀為溥儀賞識，已經可以說是言聽計從了。這回聽完胡的奏本，溥儀嘆息道：「似此足知淑妃平日性情乖謬，豈能專咎他人不容？」他和淑妃在感情上的裂痕更擴大了。

然而，文繡也根本沒把解決問題的希望寄託在溥儀的點頭上。她在當面提出五條的同時，堅決地向天津地方法院提出了要求依法調解的訴狀。她寫道：

「為聲請調解事，聲請人前於民國十一年，經清遜帝溥浩然納為側室。九年以來不與同居，平素不准見面，私禁一室不准外出，且時派差役橫加辱罵。蓋以聲請人生性戇直，不工狐媚，而侍役群小遂來為進讒之機。溥浩然雖係遜帝，而頤指氣使、唯我獨尊之概，仍未稍減於昔日。聲請人備受虐待痛不欲生，姑念溥浩然具有特別身分，為保全其人格及名譽計，不忍依照刑事程序起訴，理合聲請鈞院俯予調解，令溥浩然酌給撫養費，異後各度以保家庭而弭隱患。謹呈天津地方法院。」

同樣是在文繡脫出靜園的第二天，即西曆八月廿六日，這條重大社會新聞已經不脛而走，震盪了海河兩岸。醒目的大標題《前清廢帝家庭之變》，佔據著天津各報的顯要版面。皇家之醜終於外揚，使千千萬萬視皇家為享樂與幸福之代名詞的人看清了真相。正如報上所說：「此事發生後，天津市社會上多日沉寂的空氣為之一破。」

當年的文繡照片也紛見報章：在隆起的髮髻上插了三片玉飾，就像戴了三朵白花，一張橢圓形的臉，顯得有點胖。眉毛濃重而眉梢揚起，眼睛不大不小，正堅定地注視著前方，口鼻之間看上去似乎缺少點兒秀氣。論外貌，文繡確是不如婉容美麗，論思想，則在許多方面超過婉容，她不願作豢養在御花園中的囿鹿，她心靈深處有一個比皇妃的身分更重要的東西，這就是自由。她要求在政治問題上堂堂正正做人，在民族問題上光明磊落辦事，同時也企望著有一個普通人的正常家庭生活。然而這一切，在帝王之家她都得不到。

一九三一年八月廿七日，《國強報》登出署名非女士的短評。這篇題爲《溥儀妃子離婚》的文章大聲疾呼，支持了文繡，稱之爲「數千年來皇帝老爺公館破題第一遭的妃子起革命」。

還有人從這一事件論到妾與家長在法律上的關係，探討了「妾」這個在當時普遍存在的社會現象。此人認爲「納妾之制，既足以妨害家室之和平，又顯與男女平等之旨相反，在今日之社會中，亟宜改革之一事也」。提出要以文繡鬧離婚這一事件爲缺口解決社會弊端，他認爲「此誠屬解決多妻制度萬惡家庭之極好良機。此事若無相當辦法，將來全巿以至全國，將永無解決多妻制度之一日」。

還有的文章雖然不說支持誰，卻是拿了這件「醜聞」貶斥皇家、皇帝乃至幾千年的君主制度，而且挖苦、諷刺、率直的抨擊，什麼詞兒都用得上，可真把溥儀的肺都氣炸了。

有一篇署名「老太婆」的《嘆文繡別居事件》寫得奇巧，從「人心大變」入筆，引出文繡鬧別居「非和卸任皇上打一場熱鬧官司」；又從文繡的「事帝九載，未蒙一幸」，扯到阿房宮裏的妃子三十六年沒見過秦始皇的面，從而說起「歷朝宮闈實在是一個大罪惡之藪」，緊接著話鋒急轉，拿溥儀最傷心的兩件事——除了淑妃鬧離婚，還有祖宗墳墓被人挖掘、弄得屍骨狼藉那碼事來狠狠地刺他，用語挖苦尖刻，其目的不在一個文繡，而是讓溥儀看清楚自己的末日。可見文繡離開靜園的社會意義，早已超出家庭事件的範圍。

八月三十日，天津地方法院調解處向溥儀下達了調解處傳票和「副狀」，通知他「定於民國二十年九月二日下午二時在本院民事調解處施行調解」，要求當事人「務於調解日期前各推舉調解人一人報告本處，屆時協同到處以利進行」。就在這紙通知中，還赫然寫著這麼一行字：「當事人如無正當理由不於調解日期到場者，得科十元以下之罰款。」溥儀固然是不怕這區區幾個小錢的罰款，但「對簿公堂」可真是要他的命！在他看來，不僅丟了自己的顏面，也丟盡了列祖列宗的臉啊。短短幾天中，爲了文繡的出走，溥儀使盡了花招，派律師去「商洽」，只是驗證了文繡的堅決，而編造故事又能騙得了誰呢。傳票到底還是送來了，看來「招架之功」已悉數破敗。

十九、拍案而起的衛道士

正當溥儀感到黔驢技窮、捉襟見肘時，從額爾德特氏家族內殺出一個封建禮教的衛道者來，此人便是文繡的堂兄——傅文綺。

爲什麼會從文繡的娘家親屬中跳出一個文綺來呢？當然有它的原因。

文繡的父親端恭早年謝世，操勞寡居的母親蔣氏也在兩三年前身赴黃泉。至此，文繡的直系親人中，只剩下同父異母的「黑大姐」和三妹文珊了。黑大姐向與文繡無交往，更不干預離婚問題。唯有文珊始終在這件事上與胞姐同步思考、同步行動。可是，若從文繡的祖父錫珍來說，則文繡在北京還有一大家族哪。除文繡所出生的端恭長房外，尚有五房人家。文繡入宮前，家族中的主事者是她五叔華堪，文繡的入選與冊封都是五叔當家。

如果五叔在這時仍健在，肯定是要過問的，文繡也許能徵求老人的意見，可華堪畢竟也已故去。各房晚輩之間多年分居、素無來往，家族關係漸趨淡薄。文繡出走事件見報後，首先在額爾德特氏家族的各房親屬中間炸了鍋，幾乎都把文繡視爲大逆不道的人，雖然不明真相，卻要議論紛紛。華堪之子傅功清首赴津途，因長房與五房之間向來相處較近，來者雖有問罪之意，文繡尚能理解，遂將皇家九載的悲慘遭遇盡情傾述。傅功清瞭解了真相，轉爲同情，回京後告知各房，老老小小大都替文繡流出了憐憫之淚。

唯有二房的文綺獨持異議。這位老夫子拍案而起、橫眉豎目、大聲疾呼：「國法家教、三綱五常，豈容褻瀆？皇恩浩蕩、列祖有靈，豈可忘宗？我既身爲兄長，絕不能袖手旁觀！」

傅文綺，號俠先，晚清民初之際一直在山西做官，曾任榆次、介休和臨汾的縣知事，所以文繡少時未見過他。此人既好嘩眾取寵，又樂攀龍附鳳，曾與大軍閥閻錫山結爲換帖弟兄。

如果說因婉容入宮而獲實惠的家族成員首推其父榮源的話，那麼，因文繡入宮而獲實惠的家族成員，就要首推這位堂兄文綺了。一九二二年四月廿八日，即文繡被圈選爲妃的諭旨頒佈一個月後，溥儀又傳旨「文綺著加恩賞給乾清門二等侍衛」。同年十一月十九日，即文繡入宮前十天，溥儀再傳聖旨「文綺著加恩賞給御前頭等侍衛」。浩蕩皇恩，皆因有位族妹當了妃子，何其榮耀。

如今文繡竟敢和皇上鬧離婚，這還了得！對這樣有傷門風的大逆不道之人，如不公開聲明，整個家族都要遭到世人的指斥了。於是，傅文綺奮筆疾書，給文繡寫了一封快信，且以副本披露給新聞媒體，八月三十日即刊諸報端，從而在遺老中間贏得一片讚譽之聲。正當招架不迭的溥儀偶獲有力聲援，心中暗暗高興。最先登載文綺之信的《商報》傳到靜園，這裏的君臣就像在沒頂之災的一片汪洋中撈著一根救命稻草，一個個喜形於色。

剛放下手中報紙的胡嗣瑗，顯然有點情不自禁，從筆筒中抓過一枝毛筆，以流利的恭楷在日記中寫道：「見《商報》載淑妃之兄文綺勸誡其妹一書，語語透宗，聲隨淚迸，不知勾串訛詐諸人見之亦有動於中否？」寫完把筆一扔，他急急忙忙地「入對」去了，推開溥儀的客廳房門，見鄭孝胥正高談闊論地向皇上獻策呢。

「文綺如此明白，可令將其妹領回，略給用費，事當可了，汝意如何？」鄭孝胥見胡嗣瑗進來，轉頭相詢，以示尊重。

「能照此辦到極好，但此時若遽由我表示，恐彼且謂文綺為我所利用，一切非其本意。如此則必致枝節橫生、轉多窒礙，似宜俟雙方律師商洽大致就範後，再告以非其族兄文綺出面不可，這樣差不多可以免去種種誤會，豈不更好？」胡嗣瑗這番話似乎是回答鄭孝胥，其實更是向皇上提出自己的意見。

「所慮極是！」溥儀很欣賞胡嗣瑗的意見。

面帶得意之色的胡嗣瑗退出了溥儀的客廳，悠閒自得地回到總務處辦事房。別小瞧這間辦事房，它就像清朝宮廷裏的軍機處一樣重要。這些日子裏似乎皇上更信賴他，當他和鄭孝胥意見相左時，皇上總是投他的贊成票，對他來說，這是多麼高的榮譽啊。

正中胡大管家的下懷，次日的報紙上又刊出了道貌岸然的文綺以家長姿態致文繡的第二封信，再勸二妹「急速回頭」。

胡嗣瑗正看得高興，忽然從外面傳來一陣摩托車的響聲，郵差又送來了朱益藩發自北平的快函。胡嗣瑗急忙打開來看，其中提到兩件事情：一件說淑妃入宮前，曾在溥儀的六叔載洵府中住了一些日子，淑妃的中選為妃也是載洵力薦的結果，他們之間關係密切，可否囑載洵夫婦出面調解？另一件，說據報載，文綺勸誡其妹那封信非常中肯，既然如此，可否請皇上召文綺來津，令其設法說服其妹，收拾局面？

胡嗣瑗遂持朱益藩信「入對」呈覽。溥儀閱後，嘆息一聲道：

「朱老師擬囑載洵調解一節，實為只知其一不知其二也。載洵夫婦久已反目，哪還會顧得勸誡淑妃？至於九年前的交往、選妃，不過含有利用淑妃意思，談不上什麼感情親近，讓他們參與此事不但沒有好處，反而會有損害，所以還是不找載洵了罷。」

「朱師傅的信中還提到叫文綺來。」胡嗣瑗試探皇上的態度。

「汝意以爲如何？」溥儀自己不答卻反問了一句。

「文綺義正辭嚴地寫信勸誡其妹，並公開在報上發表以正視聽，這全出於該員深明大義、情關手足，若遽由我方招之來津，共商挽救之法，恐彼方或且詆爲文綺的一切個人行動，皆係受人嗾使，這無疑只會給他造成不便，顯然是有害而無利的，請皇上三思而行。」胡嗣瑗侃侃而談，確實講出一番大道理。

「極是，極是！」溥儀顯然是折服了。

「依臣愚見，可由朱老師訪晤文綺本人，並致辭表示嘉勉之意，倘文綺願自動來津料理此事，估計有可能收到釜底抽薪之效，豈不好麼？」胡嗣瑗乘勢又出了一個高招。

「可即照汝所說，覆函朱老師酌行之。」溥儀當即採納了胡嗣瑗的意見。

很明顯，溥儀是歡迎文綺的，想得到這位「御前頭等侍衛」的進一步幫助，比如親自來津「開導開導」他的妹妹等。然而如胡嗣瑗等溥儀的謀臣，是絕不蠻幹的。當瞭解到文綺的信已經引起文繡和文珊的強烈不滿後，更加慎重而絕不隨意涉足了。

二十、回擊惡勢力

文綺的信發表後，一股圍剿年輕皇妃的旋風頓時從平地刮起，潛伏在四面八方的遺老遺少射過一支又一支的冷箭來。一時間，陰霾密佈，黑雲壓頂。文繡事件就像一支靈敏的政治體溫計，準確地測試了一九三〇年代初我國封建主義的濃度。

消息迅速由平津南傳上海，那裏的清朝遺老們於八月廿九日在哈同花園集會，「討論溥儀與妾離異案」。出席的若干「勝朝遺老」「均主調解」，並推舉晚清末科狀元劉春霖北上，「參與清室會議」。劉春霖一到北平便積極活動。有位記者曾採訪他的行跡，並以題爲《前清狀元劉春霖和記者的談話》之專訪文章刊諸報端。「前清光緒癸卯末科狀元劉春霖（潤琴），在水車胡同寓所接見記者走訪，對廢帝溥儀和淑妃文繡離異事發表談話云：淑妃文繡實屬大逆不道，於情於理，均不合清祖宗法制。近日正與鄭家溉、邢端、商衍瀛、陳雲誥、邵章等在京翰林集議，擬聯名撰稿公諸報端，抨擊淑妃文繡云。」

面對壓頂而來的黑雲，文繡和文珊姐妹倆沒有屈服。她們把反擊的矛頭首先對準了文綺。因爲在他公開發表的兩封信中，字裏行間全是威逼和謾罵，這樣絕情的族兄真讓她們難以接受。文珊是個烈性子女人，當即委託律師張士駿向地方法院提起訴訟，理由是文綺曾在信中污衊她「挑唆」了胞姐，幫助胞姐走向「自殺」。文珊由此認爲文綺破壞了她的名譽。

據知情人講，文繡看過族兄文綺的來信，直氣得眼前昏黑、兩手發抖，想立即覆信登在報上，直抒心中的憤懣，並使被蒙蔽了的千千萬萬的讀者能瞭解真實情況。只是因心情關係，文繡當時難以執筆，便由律師捉刀，根據口述筆錄，再由文繡親自審定，信中尖銳地揭露了文綺的虛僞面目。

文繡的覆信隨當天報紙來到皇家，當然還是胡嗣瑗先看到。每天的各種報紙先彙集到總務處辦事房來，胡閱後，認爲應「呈覽」的便畫個圈兒，然後交專人剪黏成冊再呈溥儀閱覽。胡讀過文繡的覆信，真是氣不打一處來，遂在日記上寫道：「見《新天津報》載淑妃答文綺一書，顯係律師手筆，支離怪誕，可憤可駭。」

正好那天中午，奉敬懿、榮惠兩太妃面派，專程從北平來津慰問溥儀的載濤、廣壽和爵善三人到了。他們在溥儀面前照例行完叩拜大禮，轉達了兩太妃的「懿旨」，「淑妃事總以和平調解爲是」。溥儀遂命胡嗣瑗把這些天來雙方律師交涉情況講給載濤他們聽，嚴重對峙的形勢使他們都犯愁了。

「請皇上速召文綺來津，此人深明大義，又係淑妃族兄，可令其設法挽救！」載濤又一次提出了這個問題。

「汝又有所不知矣。眼下淑妃已經指斥文綺爲我利用，又是談話，又是覆函，顯騰於報端。當此之時，自不便再招之來津，使本來與我無關的事情，平添許多扯不清的痕跡。」溥儀憂心忡忡地說。

「臣奉旨已於今日上午給朱師傅發出了覆信，請設法訪晤文綺，表示同情，倘能自行來見淑妃，當面開導，以理相勸，或較有益。屆時能獲得濤貝勒等以禮相待，文綺亦必勇於自任，或可一舉而成也！」胡嗣瑗又發揮了自己的見解。

「朕亦願文綺能來，但恐難於收效耳，姑試爲之可也！」溥儀何嘗不想快了結這樁倒楣事，不過，他也看出了這中間的難度。

稍有頭腦的人從文繡致族兄的覆函中便可看出，文繡和文珊根本就不買文綺的賬，這位族兄又能起什麼作用呢？

就在文繡的覆信登報的當天，文珊也親自帶了覆信手稿來到北平面交文綺之手，因爲文綺在信中極不禮貌地點了文珊，使她氣不消、恨難平，告了一狀不算，還一定要找族兄當面評理。兩人見面如同仇人，年輕氣盛的文珊痛斥文綺「助紂爲虐」，文綺則擺出封建兄長的派頭，狠狠地打了文珊兩記耳光。族妹不甘示弱，族兄大施淫威，兩人竟扭打在一起。

雖說還沒到「殺聲震天」的程度，畢竟驚動了傅家幾房中的老少兩輩，文繡的諸位兄嫂都出來解勸，還是五房族兄傅功清說了幾句話，才把文珊說服。他說：「不管怎樣，文綺是兄長輩分，比你大二十歲，打幾下也應諒解，不該鬧出笑話來呀！」文珊一向尊重這位五房族兄，就不再說什麼了。

再說文綺因這一氣非同小可，竟大病一場。此人十分迷信，有事無事扶乩坐禪，供奉呂祖。與文姍生氣那天，因打坐時運氣不得其法而熱結膀胱，留下一個「膀胱炎」的病根。本來經手術治療能夠痊癒，可文綺不信西醫，耽誤了治療時機，不足兩年便一命嗚呼了。

就這樣，文繡在文珊的幫助下，針鋒相對地回擊了惡勢力的進攻。

廿一、離婚之議的提出

封建禮教的衛道者們使盡全身解數，用上九牛二虎之力，要把文繡找回靜園，讓她認罪賠禮，以挽回「小皇上」的面子。可是，他們的努力終於失敗了，溥儀這才開始認真考慮文繡的要求。

文繡出走的舉動是果斷的，社會輿論方面的態度也是堅決的，但她畢竟是女人，是中國末代皇妃，是與溥儀共同生活了九年的妻子，她是帶著滿身的封建痕跡而在封建樊籬中掙扎著。事實表明，文繡起初只要求「別居」、要求溥儀給予她在皇家應有的地位，和她作為妻子應該得到的權利。

文繡曾提出撥給她生活費五十萬元，這是因爲她的生活已無保障，想買點日常用品還要進當鋪典當家底呢，而且往後生活道路還長著哪，沒有一定的保障能行麼？文繡也曾提出與婉容分居，那是因爲婉容太霸道了，連溥儀的隨侍、婉容的太監也要欺負人，憋憋屈屈地守在一起又有什麼好處呢？分開心淨，各過各的，也不過是委曲求全的下策罷了。文繡還曾提出溥儀每周應駕臨一二次，同床共枕、良宵相伴，這又有什麼不對呢？名正言順而嫁了人的文繡要盡妻子之道，當丈夫的自然也應該盡丈夫之道。

起初，淑妃不允許提到「脫離」，還對張士駿律師說：「我生是皇室人，死是皇室鬼，怎能談到脫離呢？只求與皇后分居另住、給予必要的贍養費，此外的事情不商量！」

當時溥儀的態度怎樣呢？關起門來捫心自問，難道自己就沒有短處麼？再說，文繡的要求哪一條不是從妻子的角度提出的？並不算過分啊！說句心裏話，文繡的忠厚老實、內秀、才學，還足以吸引溥儀，所以他也不希望把文繡放走，並向文繡的律師透露了如下態度：文繡如欲私行調解，不能要求若干萬贍養費，須由他酌量其生活之情形，每月或每年給予相當生活費用；文繡不欲回宅同居，可由他代覓居所，或返北平，寄居於太妃處，不能與文珊同居一處。

文繡提出的五條「別居」條件遭到溥儀的拒絕。於是，張士駿律師鼓勵文繡直接提出「脫離」辦法，文繡痛哭不允。張律師見談不攏，便找了個能和淑妃說得上話的近人再去談。此人就是前中華民國總統馮國璋的孫兒媳婦玉芬。玉芬受張律師之托，於八月三十一日面見淑妃，好一番規勸，只是淑妃始終不講「脫離」二字。

正當事情又僵起來的時候，玉芬自恃是文繡的「實在親戚」，又是這次文繡出走事件的實際發難者，加之較文繡年長、比較老練，便串聯文珊，把文繡放在一邊，自任「全權代辦脫離事項」，並通過張士駿律師提出脫離條件：一、發還平日所用衣飾；二、酌給費用。林棨和林廷琛當即把這一情況轉知靜園具體主事人胡嗣瑗。

「像這種事情，淑妃本人不肯說出，旁人能負得了責任麼？」胡嗣瑗出語莊重。

「她們說是親戚，全權代辦責無旁貸，當然是要負責任的。」林棨答道。

「必須再與淑妃的親戚接洽一次，要有淑妃明確的授權，才能考慮和她們洽商。」胡嗣瑗說完又補充一句：「明天聽回話」。

「回話」果然在第二天，即九月一日傍晚，由林棨和林廷琛送到胡嗣瑗面前。

據說那兩個親戚已經見到淑妃，淑妃仍是不說「脫離」二字，但表示願托兩位親戚代表談判。於是，玉芬等代表文繡提出三條要求：要求脫離，給予所有衣飾等物，索費十五萬元。

九月二日一大早，胡嗣瑗就到溥儀面前，把淑妃的戚屬宣稱負責代辦脫離、又提出三個條件等情說了一遍。「此事絕非他人所能代表，必須由林棨等親自見著淑妃，問明本人真意，倘其果真志在脫離，再議應對之策不遲。」鄭孝胥說。

「蘇戡兄所言極是！」胡嗣瑗極讚其說。

「汝等所見與朕意吻合，照辦可也。」溥儀一錘定音。

退下後，胡嗣瑗立即打電話把林棨和林廷琛約來，轉達了皇上的「諭旨」。林棨和林廷琛聽了這番話都很贊同。當天下午，兩林會見了張士駿，相約次日下午親見淑妃本人。

九月四日下午二時剛過，文繡的律師張士駿和李洪岳來到溥儀的常務律師事務所，會同林棨、林廷琛兩律師，乘車同赴約定的會面地點——天津法租界內六號路門牌八十三號寓所，這就是淑妃幾度公開露面的借用地——法國律師龐納富的事務所。雙方律師坐定後，淑妃在其妹文珊陪同下從內室走出來，只見淑妃手裏拿著幾張紙單，別人看不清上面用鋼筆寫的一行行的字跡。

「今日必欲見我，何意？」文繡並無寒暄，開門見山、單刀直入地問道。

「今來打攪，實因日前張律師曾談到淑妃的兩位貴戚自任代表，並提出了要求脫離的條件，像這種事，斷非他人所能代表，遂將提議轉達皇上。皇上究以此事並非出自本人親口所說，因而不忍心一下子認定這就是實行決絕，所以今天當面詢問這事究竟是否出自真意、淑妃是否已經下了決心？」林棨禮貌地說明了來意。

「關於脫離一層，如果彼方贊成，我也可以贊成。」淑妃說。

「剛才已經說明了皇上的意思，必須問明淑妃本人的意向和宗旨，皇上自無贊成之理。」林說。

「實際上，皇上久已無情無義，現在還有什麼不忍？我尚有許多話說，但暫不宣布，這就是所謂家醜不可外揚。你們既然這樣詰問，我也可以告訴你們，下面是我的三項要求：一、徹底脫離，各不相擾；二、我日常使用的衣物已經開列了清單，就在這裏，應照單子全部付給我；三、必須撥付贍養費十五萬元。能辦到這三條便可無事，否則只好法庭相見再說了！」淑妃顯然已有準備，把手持的四張紙單一一遞給了林棨。

會面結束，兩林和張、李，雙方共四位律師同車離開法租界。

廿二、尚未絕情的夫妻

「有她無我，有我無她。」婉容希望趁著文繡離開靜園的機會，一舉拔除眼中釘。溥儀則更多地想著維繫皇家體面，能對文繡有所控制才好。由於事情的複雜性，這一過程卻是以「商洽脫離」開始的。

胡嗣瑗為了能讓文繡就範，又想到了濤貝勒，昨天在春和戲園子聽林棨說，淑妃已同意會見北平兩位太妃派來慰問的載濤、廣壽和爵善等三人。胡嗣瑗向溥儀陳明後，溥儀很高興，希望能由載濤生出個新局面來，遂「電告載濤轉約廣壽、爵善即來津往見淑妃。」

次日中午，載濤、廣壽和爵善三人到了，理應先叩見皇上，今天免了，僅由胡嗣瑗詳述近幾日交涉情形，即用電話把林棨和林廷琛約到靜園，商訂下午二時一起去見淑妃。

屆時二林踐約而至，陪同載濤等三公先到張士駿的寓所，又一起赴約好的會面處所——法國律師龐納富的事務所。六人剛在客廳坐定，淑妃竟自己從別室走來相見。雙方律師已會意，這種場合有外人是很不適宜的，遂相繼退出去了。這次淑妃與載濤等三人坐談長達一個半小時。他們會見時，陳寶琛就在胡嗣瑗家裏一起等消息，等到五點多鐘才見載濤他們歸來。載濤曾當面擬提了一個「別居」方案，而被文繡拒絕了。

九月九日，胡嗣瑗向溥儀陳明載濤等人昨天面見淑妃的情形。不一會兒工夫，載濤、廣壽和爵善三人先後來到。載濤第一個進入溥儀客廳，他們叔侄間單獨談了很長時間。之後，溥儀宣召廣壽、爵善、胡嗣瑗、陳曾壽入見。

「淑妃今日脫離、明天別居，所提條件前後反覆，何也？」溥儀思而不解，甚以爲怪。

「此非反覆，當係良心激動所致。」陳曾壽說。

「現經淑妃否認脫離，自應從別居另商辦法了。」胡嗣瑗提議。

「事已至此，倘再允其另住，恐有不便，加之她和皇后也已形同水火矣。」溥儀所顧慮的主要是自己已經受到衝擊的尊嚴，再說婉容也鬧得厲害。

「請皇上考慮由我方提出條件，先令隨侍太妃赴北平居住，似亦救濟之法。」胡嗣瑗順水推舟，提出具體方案。

「此層辦到後，必須對其加以懲處，不能再有更易，否則人多言雜，迄難定議。」溥儀不忘身分，即使很不光彩輸了棋，也要找個臺階坦然而下。

「方策既定，濤請俟律師帶來回話，再商面見淑妃事宜。」載濤說完，大家都退了。

經過這次「入對」，溥儀方面已經形成確定意見，載濤再見淑妃可以拿出談判的面孔了。他們已不想聽淑妃「怎麼說」，而是要讓她「怎麼做」了。可是事情會那樣如他們的心願麼？

午飯後，林廷琛果然來送回話。他說剛才張士駿到他們事務所去過，並說已就載濤還要面見淑妃之事詢問了淑妃本人。她回答說：「昨天話已說完，何必再見？」之後，張士駿又找到林廷琛，遞交一封淑妃致載濤的親筆信。信確是淑妃親筆：

「七爺鑒：

頃聞張律師談及今日再繼晤談，關於苦衷詳情業於昨日盡情奉聞，愚以身心鬱喪實難如命。祈與張律師直接榷商，想亦無不便也。余無續言。順頌近佳！

繡啟」

這是一封言辭冷淡的短信，不但拒絕了載濤的「再繼晤談」的要求，也沒有寫出關於別居或脫離的具體條件。本想讓濤貝勒打開新局面，誰知他也無能爲力。

雙方都不願意先說「脫離」二字，這很容易理解，誰肯承擔先提出離婚的責任呢？

這天，鄭孝胥和胡嗣瑗把林棨、林廷琛兩位律師也找了來，大家一起商量下一步的行動計畫。在意見分歧、局面頗僵的情勢下，林廷琛律師提出了一個趨向折中的意見。他用詢問的口氣說：「可否以我方律師個人意見的角度提出，爲了顧全彼此的體面，採取『名爲別居、實則脫離』的辦法？」

「此亦不可遽出諸口，使我方仍有偏重於脫離的嫌疑，那樣的話，也許還是免不了爲彼方挾制。」胡嗣瑗擔心掉進身受挾制的陷阱。

胡嗣瑗的意圖到底還是被林棨琢磨透了，林棨的看法就聰明得多。他說：「脫離條件由彼方提出進行協商已經數日，今若仍願別居原無不可容納，考慮到別居並不斷絕關係，當然不應該再有其他條件。簡言之，即無條件的別居方可照辦。」

議論至此，意見趨於一致：要麼別居，不能附加任何條件；要麼脫離，得由淑妃本人提出，再商洽具體辦法。說到底，就是要逼著文繡先說出「脫離」二字。為此已把「別居」一途的大門關上了。

所謂「無條件的別居」，就是不許文繡提這個、要那個。而文繡要過什麼呢？無非是和婉容分開居住，再給一筆生活費，使能與丈夫共度正常的夫妻生活。一句話，她要的是在皇家的平等地位和人道待遇，這正是胡嗣瑗不許她要的，也是溥儀不許她要的。所謂「無條件別居」，原來就是要吞噬掉文繡的人身自由。隨著文繡被迫先說了「脫離」二字，這場震驚中外的離婚官司即將進入一個新的階段，此後要談贍養費的具體數目問題了。

廿三、皇后不願再喝苦酒

文繡曾在條件中提出「別居」，溥儀雖然並不反對，但有一人卻堅決反對，那就是「中宮」婉容。那些天，婉容總是命太監收羅平津出版的各種報紙，她仔細閱讀一切有關文繡的消息或評論，最擔心的事就是溥儀接受文繡提出的別居條件。

有一天，她終於發現某報登出溥儀準備接受「私行調解」的態度。溥儀的條件是，可為文繡「代覓居所，或返北平，寄居於太妃處」，「每月或每年給予相當生活費用」。婉容感到非常痛苦，文繡不走，我婉容還能在麼？這些年來「二女共侍一夫」的苦酒喝夠了。現實就這樣擺著：有她文繡，無我婉容，反之也一樣！

婉容拿著報紙去找溥儀，是要讓「小皇上」「抉擇」，兩女選一。婉容一面逼溥儀起誓，一面還要回避自己在這一事件中的責任。早在九月三日，她就曾讓漢文師傅陳曾壽向靜園「大管家」胡嗣瑗傳達過她的「懿旨」。旨曰：「我方律師如再見淑妃，務問明：皇后平日虐待有何證據？否則胡某記載，恐後人見之諸多不便，等因。」

皇后發難，胡嗣瑗不勝慚愧，甚至感到心驚肉跳，這皇家的家務也著實難辦啊！一邊是后，一邊是妃，當中還有皇上，又各揣心腹事，得罪哪一位能沒有麻煩呢？這些天，他千方百計地東邊調解調解，西邊維護維護，又左右消弭一陣，其結果還是落埋怨。難哪，難哪！

皇后婉容突然耍了這麼一招，也不是沒有根由的。日前溥儀曾命胡嗣瑗把淑妃出園前後事實經過記下呈覽，婉容擔心涉及她時會有不三不四的話，希望能把美名留給後世。

次日上午「入對」，胡嗣瑗跪奏道：

「昨天陳曾壽向我傳達了椒闈的懿旨，是爲了日前皇上曾命微臣將淑妃出園前後經過事實記出呈覽之事。心惴惴然不敢載筆，可否俟辦有頭緒時請派陳曾壽記載，庶愈昭翔實也！」

胡嗣瑗告了皇后的御狀。

「皇后向來疑心最重，朕所深知也。實則此次事件若不是汝處理公正明白，近日已不免生出許多枝節矣！豈有隨意記載之事？汝萬不可存在心上啊。倘汝願意，即便將來交給陳曾壽記述亦無不可。」胡嗣瑗得到這麼一番體恤，感恩戴德以至老淚縱橫。

九月十四日「入對」的時候，鄭孝胥和胡嗣瑗都在溥儀身邊。胡嗣瑗把昨天張士駿對林棨所說的「決辦脫離」的話陳明皇上。由於他的謀略，這「脫離」二字終於出自彼方之口了。有了這個小小的功勞，他期待著皇上的欣賞。

「『脫離』二字究仍出律師之口，我心終覺惻然不忍。」溥儀竟發下這樣一道「諭旨」，能證明他與文繡並非沒有一點兒感情。

「竊以爲彼方律師負責並敦促速辦，自不便再行拖延，擬除照諭傳知外，再問明外家侄男叫什麼名字、年歲若干、有無職業？果然可靠而能保障淑妃的生活麼？然後才能與彼方徐商具體條件。至於彼方請求發還衣飾物品，經已說明，可盡現存者盡數與之，此事也許不至還有什麼刁難。關鍵是彼方索要贍養費的數目太大，自應告以既然脫離出自彼方要求，不得提出索費數目。倘能照辦我方提出的三條附加條件，可由皇上酌給生活費用若干。此節須請皇上先指示大約數目，以便讓林棨等相機交涉。」胡嗣瑗已經感到了過度的必要，提出了進一步商談贍養費問題的原則意見。

「可預備一次給予三萬元，再多實無此項財力矣！」溥儀提出了關於贍養費的一個原則上數目，又不勝感嘆地談起導致這次變故的種種因素。

溥儀有其本身的難言之痛，加之婉容的不容，久積猜嫌，以致橫決。在這裏，溥儀承認了一些客觀存在的事實，但還不願意涉及淑妃平日所遭受的種種非人道的待遇。末了他嘆息道，堂堂皇家竟發生這種丟人的事情，祖宗家法也無能爲力了，可憐可悲。

隨後雙方律師商定，九月十六日下午二時面見淑妃。對這次會面，胡嗣瑗的估計是「大勢已專趨脫離一層，俟見後恐須進商條件矣」。溥儀也頒發「諭旨」，定了調子：「事已至此，只可照脫離協商條件。」

真是一波未平一波又起，每到關鍵時刻總有新花樣生出來。

廿四、溥儀希望「早了」

當林棨和林廷琛按照規定時間來到張士駿寓所後，發現情況又有變化。當時，文繡的另外兩位律師張紹曾和李洪岳也在場。張士駿突然告訴二林說，淑妃不能見了，可由其妹文珊代見。這一突然其來的變化把二林窘住了。

林棨心想，再見淑妃之說本係對方律師發起，今忽以文珊代見，這於理於情是萬不能遷就的，遂毅然答覆說：「淑妃不來，實無見其妹文珊之理。只要貴律師等對於脫離一層，確得本人決心委託，代爲負責，即暫時不見本人也是可以的。」

「確實能夠負責！」張士駿的口氣十分肯定。

「希望立即開始協商具體脫離辦法。」李洪岳提出建議，實際也是對張士駿的「負責」的補充。

「這要向靜園主人請示後再說。」林棨的答覆。

二林從張士駿寓所出來，一直到靜園向胡嗣瑗做了彙報。胡嗣瑗也沒料到淑妃竟又不見。他不敢斷然作主，認爲必須在明早「入對」時，面請進止後，才能決定像這種情形可否即與彼方協商脫離的具體條件。

九月十七日上午，「入對」的時刻又到了。胡嗣瑗把林棨等沒見著淑妃以及和張士駿談話的情形陳明後，提出了如下建議：

「擬先飭雙方律師協商條件，俟有眉目抑或不能就範時，再請親見淑妃，面談一切，以免彼又藉口我方延宕而另生枝節。」

「可與先商條件。」溥儀允請。胡嗣瑗得旨後，即宣林棨、林廷琛來園，轉知皇上的決定，命先與對方協商脫離條件，騎驢看唱本——走一步，瞧一眼。

在此前大約半月時間內，溥儀與文繡以及雙方的謀士和律師們，從幕前到幕後進行了一場艱難的談判。談判主要是圍繞「別居」、「脫離」和「贍養費數額」等幾個關鍵問題進行的。文繡理所當然地拒絕了「無條件別居」。在「脫離」問題上，溥儀一方又提出許多附加條件，而對此文繡卻表示認可。當「脫離」的大前提確定後，雙方又圍繞歸還文繡日常用品和支付贍養費這兩個問題展開談判。

九月十八日，雙方律師繼續會晤。歸還物件一事首先被提了出來，胡嗣瑗接到報告後，立即指示佟濟煦迅速開列物件清單交來，同時「入對」陳明，請求頒下「聖旨」，「物件單可先交去。」隨後，胡便打發佟濟煦前往林棨事務所，面交淑妃原來提供的四張物件單子和清點後新製的兩張單子，這兩張單子，一張開列著淑妃居室內現存物品，另一張開列著倉庫裏現存原淑妃使用的物品。佟還向林棨說明了連日來檢視物品的經過實情。

「原索款數暫請保留，俟淑妃見單後再商增減。」張士駿收到林廷琛轉來的那兩張現存物品單子後，便這樣作了答覆。所謂「原索款數」，即指淑妃第一次會見林棨和林廷琛時，因談到脫離問題而提出的贍養費數目十五萬元。所謂「暫請保留」，是因爲林廷琛提出靜園財力拮据，請淑妃考慮酌減贍養費數目，張士駿表示可以轉達這個意見，結果要看淑妃拿了主意再說。

「喂！我是張士駿，請林律師接談！」張士駿在九月十九日上午，把電話打到了溥儀的常務律

師事務所。

「我是林棨呀，有話請講。」

「貴方交來的現存物品單子已經轉達文繡女士。她發現列在單內的物品短缺頗多，擬不領回，請折銀五萬元。另外，同意將原索贍養費由十五萬元減為十萬元。這樣，一次總計付給十五萬元也就了事了。」

「情況已明瞭，容我請示後再做答覆。」

林棨是個戲迷，湊巧當天下午春和戲園子有名角好戲，就弄張票去瞧熱鬧，偏偏胡嗣瑗也是戲迷，他們在包廂裏碰上了。林棨如此這般把張士駿的話彙報一遍。胡對淑妃的寬宏大度不以為然，反而得寸進尺，念念有詞道：

「我方只從接到淑妃來單，即對居室內和庫內物品進行了仔細查點，實存此數。至於珠翠飾品如何運出，淑妃心裏明白，倘仍在物品上糾纏，則我方應說之話甚多，非不能說，不肯說也，似可止則止。至於談到贍養費，既然是彼方要求離異，豈能更限索費數目？我若財力有餘，便多給些亦未為不可，眼下實在只能辦到三數，萬難再增，可再與切實交涉。」

說到這兒，一陣鑼鼓過後，幕布拉開，胡嗣瑗、林棨兩人的注意力一下子就被臺上的角色吸引了過去。

這兩天，東北的政治形勢風雲驟變，瀋陽、安東、營口、長春等城市，一個個被日軍襲而據有。溥儀一邊密切注視著動向，一邊派劉驤業前往東北探聽虛實，有點兒顧不得淑妃的事了。

九月二十日上午，溥儀照例宣陳寶琛、鄭孝胥、胡嗣瑗、陳曾壽等人「入對」，並頒旨說：「關外之變是否影響到我尚不可知，但不能不先有籌畫。」於是，老臣們縱論大勢、各抒所見，以備採擇。

末了，溥儀又問了問淑妃事近日談判的情形，胡嗣瑗乃把林棨轉述的彼方要求以及他的答覆一一陳明，深得溥儀的贊同，遂頒諭道：「所答極是，但此事能了，總宜早了。」

到這時，「早了」已成爲溥儀心目中的原則，他要從糾纏中擺脫出來。

廿五、討價還價

儘管溥儀想快些甩掉包袱，談判仍進行得很艱難。在淑妃向皇上鬧離婚的那段歷史上，確實有過討價還價的事實，這給某些攻擊者留下口實，可他們就不替文繡想想：一個二十多歲已出嫁的女人，處在女人要依賴男人生活的時代裏，離婚後的吃飯穿衣問題，幾十年的漫長道路，怎麼走哇？是誰貽誤了她的青春，鑄就了她的痛苦？難道溥儀不該負責？爲了復辟那個「大清」的蜃樓海市，他潑灑了無數的國寶和金錢，對文繡卻十分吝嗇，不願意多拔一根毫毛。

九月廿一日，雙方律師又在電話裏進行了商談。

「物品折價可減至一萬元，索款十萬元則不能再減。」這是張士駿的聲音。

「物品折價一說萬難成立，至於索款如一定要求十萬，也是斷然辦不到的。」這是林棨的聲音。

「如果不能照允，調解必至停頓。」

「事實上絕對辦不到，亦無可如何！」

商談僵持了一會兒，林棨表示將商談的情況轉達靜園主人後，可於次日下午一時回話。遂於次日清早向胡嗣瑗作了彙報，胡嗣瑗立即「入對」詳陳，當溥儀感到時機已趨成熟時，便按「早了」的原則稍有讓步，在內部頒下一道密旨：

「此事總宜得了即了，不可使其涉訟。前擬給三萬或再加一二萬亦可，至多至五萬之數，無可增矣。」

胡嗣瑗回到辦事房，見林棨正等著回話，就把皇上的意思說了一遍，又密告之曰：

「這個給款限度萬不可脫口就給加上去，宜先詰每月生活究需若干？若得二三百元必敷用度，倘要求過分，論理固不許，論勢亦有所不能，那就只好聽其所為，實不得已，可另籌應付之法。」

當下，林棨和林廷琛前往張士駿的事務所，雙方就贍養費問題辯論了很長時間。兩林為文繡的生活費用算細賬，張士駿則強調一個無依無靠的單身女人的難處，以及溥儀應該承擔的法律責任。辯論結果，林棨答應「或可辦到」在三數（即三萬元）之上再為「求加數千以至一萬」；張士駿則表示「願轉達當事者」，「三日內必須辦妥」。

胡嗣瑗得知雙方的商談情況，咬著耳朵根兒告訴林棨說：「彼方什麼時候回話，可持一不催、二不問的態度，以表示我方並不汲汲於求成，而不妨略予放縱，吊吊彼方的胃口或許好辦些。」

回話是在九月廿五日傍晚由林棨直接送到胡嗣瑗家裏的。林棨剛和張士駿會晤過，他最瞭解胡嗣瑗的心情，便等不到第二天上班就跑來了。張士駿說，眼下，淑妃已經同意照我方開列的現存物品單子領回，可不必折價；至於索款數目也可以減至八萬，但絕不能再減少。末了，張士駿又強調說，如果我方仍不肯照允，他也無能為力了。

文繡堅持要八萬元贍養費，溥儀則答應給五萬元，雙方討價還價，爭論不休。溥儀本想就此了結，可胡嗣瑗卻持強硬態度。他還把自己的想法向皇帝陳明，事已至此，不可操之過急，「愈急則彼愈難就範，未可再予鬆口」。很明顯，胡嗣瑗的「強硬態度」是要最終達到使彼「就範」。溥儀對此頗爲理解，乃頒下一個字的「諭旨」：「是」。

胡嗣瑗略爲思索，感到目標趨向接近，物品問題已經解決，索費問題也有希望，乃指示林棨可在談判中適時地拋出內定給款的最高限度。

第二天，胡嗣瑗「入對」歸來，又把他因這次處理而深得皇上讚許的過程，十分得意地寫進日記。然而，也有人反對這樣處理。婉容就認爲胡嗣瑗太「寬厚仁慈」。按照她的願望，只要發一道諭旨把淑妃廢掉攆跑就行了，歸還物品、撥付贍養費都是不該做的。

胡嗣瑗真可謂溥儀的耿耿忠臣，不怕攻擊，不怕誹謗，寧爲危難中的主子竭誠效力，絕不像夏瑞符者流不甘於共患難而溜之乎也。

這天，雙方律師的談判仍十分艱難地進行著。

「關於贍養費的數目，最多至五萬元，實屬加無可加。」林棨根據胡嗣瑗的指示，拋出了內定的給款最高限額。

「毫無可加，只好由文繡女士起訴了！」張士駿一步不讓。

「我方固然不願意起訴，但財力只能辦到此數，超過此限，將使我方處於無法可想的狀況，又當奈何？」林棨說。

起訴，對簿公堂，是溥儀最害怕的事情，溥儀方面的一切策略幾乎無不是從避免起訴這一原則引申出來的。然而，爲了能在談判中處於主動地位，爲了把彼方的要求壓在最低限度內，他們總是在表面上故意輕視「起訴」二字。林棨在這裏使用了「無可奈何就硬挺」的「不軟不硬」的一招。

他有時是軟招，有時是硬招，有時甚至使出絕招！前不久，他們曾抓住報界披露的「事帝九載，未蒙一幸，孤衾獨抱，愁淚暗流」的文繡真實處境，經過一番周密策劃，先聲奪人地通過輿論「將」了文繡「一軍」。於是，受過「皇恩」的記者們便在報上聲嘶力竭地替溥儀叫喊起來：

「伊與文繡早實行同居，彼並非處女，其所提出之離婚理由：『未曾與之同居，仍爲處女』一節，完全虛構事實。願涉訟公庭爲詳細之檢驗，究竟彼是否處女，以斷定有無同居之事實。文繡此次私行離家，避匿不出，顯係受金文珊之略誘，現已搜得證據，即控告於法庭，逮捕，以憑究辦。」

這樣一來，將文珊也捲進了漩渦中心。雖然文珊並不害怕溥儀的訛詐，文繡可受不了啦。她還不過是個二十幾歲正當芳齡的青年女子，怎好意思讓法醫做那種「丟人」的生理檢查？她固然是封建社會勇敢的叛女，卻也沒有再進一步的勇氣。

其實，溥儀又何嘗願意讓一個曾爲自己妃子的女人去經歷法醫的驗證，不過是在情急之中抓住文繡的弱點進行恐嚇罷了。他們的這些招數很有一些已經得手，使討價還價的拉鋸愈來愈有利於自己。

「屢聞溥儀先生對文繡女士並未絕情絕義，何不仍再從別居的角度商談一盤？」張士駿沉思良久，突然轉入新的話題。

「脫離乃貴方決定提出，我方實出於遷就，不得已之所爲也，如果尚可別居的話，即照現允之數——五萬元，存本用利，淑妃可先赴北平與兩位太妃同處。此外不能再有其他條件。這樣做對於淑妃來說是極有利益的，對於靜園主人來說也保全了體面，豈不兩全其美麼？也能使淑妃擺脫離婚後浮游無歸的處境。」林棨振振有詞、情理俱全。

「完全明確，將如實轉達，明天午後再談。」張士駿似乎很高興地去了。

雙方律師向各自的當事人彙報後，出人意料的事情發生了。

胡嗣瑗聽到彙報後持欣賞的態度。他認爲，淑妃若能幡然改計，可以准許她前往北平與兩位太妃同居、隨侍左右，如果不再提其他條件，應准照撥五萬元，存本用利，以保障其生活用費。然而，當胡嗣瑗向皇上陳明後，溥儀卻一反常態地下了一道「密諭」：

「能如此，豈非委曲求全辦法？但近日中宮且以脫離而又給款，時有不平之辭。實告汝：此人奇妒種種，異想天開，不可情遣理喻。今日之局直鬧成彼歸則此必求去，兩害相較只可聽彼去而此留，目前暫可無事，唯汝知之而爲我善處之。」

原來，「皇上」還被「皇后」約束著，無論什麼條件都不會允許別居。驟聞之下，胡嗣瑗感慨萬端，悲憤流涕。那天溥儀和胡嗣瑗足足密談兩個小時，內容甚多，可惜胡嗣瑗「不忍記亦不敢記」，今天這一段秘聞也只好付諸闕如了。

林棨關於別居的解釋成了無根之草，而張士駿的提議和「感動」自然也就成了水上浮萍，他在文繡面前也碰了大釘子。

廿六、宣告離婚

十月八日，文繡親筆開了一個單子，內列珠寶、書畫、古董等若干件，這些都是溥儀從宮裏帶出來的，也是文繡在自己房內擺設過或熟知的。她讓張士駿把單子轉給林棨，並告知說，如果現款

不足，可於現款之外給以有價值的物品若干，因為這對她來說，涉及離婚後大半輩子的生活，也是實出無奈，皇上豈能斤斤計較？若仍不獲允許，調解也真沒有必要了。

張士駿轉述了文繡的堅決態度，此即胡嗣瑗所謂「或恐嚇、或軟商，說話甚多，不能悉記」，事情可能由僵化而導致決裂。溥儀終於發現，如果還這樣僵持下去，彼方不會「就範」，莫不如再多花幾吊小錢，或許能減少許多麻煩，於是在十月九日上午頒下一道旨在緩和衝突的「諭旨」：

「帶來珠串等件都已變價，無可檢給。可飭律師再予開導，不得已再加給現款若干，總以了事為主。」

雙方律師遂於次日下午再度晤面，林棨表示，可在五萬之上再加少許，或一千或兩千，希望達成和解。張士駿也表示，願盡力去說服文繡女士，如果還遲遲不能達成協定，他也決心不再過問了。就此，雙方律師在氣氛上又融洽起來了。

這幾天裏風雲變幻。十月十一日，有日本貴族院議員志池濃來見溥儀，說什麼「東陲必屬皇上」；十月十四日，又有日本駐津總領事桑島主計來見，以代表內田康哉「謝賞」的名義，也送來一句話：「請皇上珍重，不可輕動，所事應看天心、民心之所向。」溥儀也於十月十二日派出他信任的家庭教師遠山猛雄，到日本去聯絡剛上臺的日本陸相南次郎和「黑龍會」首領頭山滿，幾天後，又派劉驤業前往東北找榮厚等人刺探情報……何去何從，溥儀正站在政治抉擇的路口上。

這時，在溥儀與文繡爭鬥的天幕上卻出現了曙光，他們的裂縫終於在十月十五日下午彌合起來了。那個半天裏，因為林棨公出北平未歸，林廷琛先後與張士駿商談了兩次，在要價和給價上幾經周折，最後統一在五點五萬元這個數目上。文繡在做了很大讓步後，只要求一次交付現金，並在最短時間內辦理手續。溥儀非常爽快地答應了，稱讚了胡嗣瑗和律師們的辦事能力，並在十月十六日頒下「諭旨」：「如此了結，總算能顧大局，現款即到期，三、五日當可提撥。」

至此，退還物品和贍養費兩個問題均已解決。自以為消息靈通而又無法得知確切真情的記者們，遂以《清遜帝與文繡離異，五十萬元與五萬元的商磋》為題，著頭不著腦地報導了離婚即將成交的訊息：「清遜帝溥浩然的淑妃文繡請求別居並要求贍養費五十萬元、退回妝奩一案，曾迭至本報。茲悉溥浩然方面已允付文繡贍養費五萬元，至所有妝奩因逢變時頗有損失，恐不能如數交出。文繡已有允意，刻正由雙方律師李洪岳、林廷琛等進行磋商，日內即將解決云。」

離婚協議書由二林初擬，再交張士駿改擬。改擬稿於十月二十日送到胡嗣瑗處，又經胡修改若干處並「入對」一一陳明，溥儀乃頒下「諭旨」說：「擬改處均甚妥，存款尚有六日方到期，約一星期准可撥付。」

協議書經雙方修改議定後，律師們又就具體手續問題交換意見。

張士駿說：「款項必須在協議書簽字時當即就付。」

林棨說：「沒有一星期時間難以措齊，當然也可以先付定期支票。」

張士駿又說：「貴方代表必須有靜園主人授權、委任的親筆信函作為證明才行。」

林棨答覆說：「可蓋用清室駐津辦事處的公章，絕無差錯。」

這些，雙方都無異議了。但是，林棨還曾提出，淑妃如同意上述辦法，應「自出手函」。這個意見經張士駿轉達後，文繡表示「不願照辦」，但是可以在收到款項和物品後分別付給收據，這一手續也可在協議條文內注明。這種辦法當然也是可以保險的，胡嗣瑗遂表示「權宜許之」。

這場史無前例的、曠日持久的離婚糾紛終於有了頭緒。

十月廿一日一整天，雙方為協議書的簽字各自進行準備工作。

清早，胡嗣瑗就「入對」陳明了近情，溥儀滿意地批准了方案，即派佟濟煦到銀行填寫並取回了定期支票。不一會兒，林棨又給胡嗣瑗打來電話，轉達了彼方的兩條要求：一、關於代表簽字問題須由我方律師去函證明；二、應盡數先付現款，不足部分再填給支票。胡告知：函證事可以酌辦，但現款「一文俱無」，只能全部以定期支票支付。當天，佟濟煦開出兩張定期支票：一張票面值兩點五萬元，限十月廿六日支取；另一張票面值三萬元，限十月廿九日支取，可謂萬事俱備只欠東風了。

文繡方面的律師負責繕寫清楚一切書面文件，原定十月廿一日下午六時簽字，結果因文件準備尚有未盡事宜，臨時改延一天。

一九三一年十月廿二日，即舊曆九月十二日，溥儀與文繡宣告離婚，離婚協議書的簽字儀式，於當天下午一時在林棨和林廷琛的律師事務所舉行。協議書中寫入了自八月廿五日以來近兩個月時間裏，雙方律師反覆磋商、調解的成果。

文繡與清皇室主人脫離關係一案，茲經雙方律師調解，議定條件如左：

一、文繡自立此約之日起，即與清皇室主人脫離關係；

二、清皇室主人於本件簽字之日，給文繡一次終身生活費五萬五千元（付款另有收據）；

三、文繡於本件簽字之日即將所有隨身常用物件（另有清單）全部帶走（付物時另有收據）；

四、履行二、三兩條件之後，文繡即歸北平大翔鳳胡同母家獨身念書安度，絕不再向清皇室主人有任何要求；

五、脫離之後，文繡不得有損害名譽之事，雙方亦不得有互相損害名譽之事；

六、文繡將天津地方法院調解處之聲請撤回，此後雙方均不得發生任何訴訟；

七、本件自簽字之日生效，共繕四份，雙方律師各執一份。

在該協議後面有三方的簽字畫押：首位爲「清皇室主人代表、管理駐津辦事處事宜」胡嗣瑗；次位爲「立約人」文繡；再次位爲「公證人」林棨、林廷琛、李洪岳、張紹曾、張士駿五位律師。作爲協議的首位簽字人，胡嗣瑗把簽字過程細緻入微地寫入《直廬日記》了。這篇日記非同尋常，記載著中國末代皇帝與末代皇妃史無前例的離婚案的終結：

午後一時，林棨以汽車迎余先到事務所。少遲，淑妃攜其妹文珊、律師張士駿、張紹曾、李洪岳均到，與余隔屋不相見。林棨、林廷琛先與看明所寫條件與底稿相符，物件單與原單無異，示以證明我方簽字人函件均無他說。

由妃先在對屋一一簽字，條件共繕四份，由雙方及雙方律師分存之，各附物件清單。余謹就條件後一一占位簽署畢。妃親書收到給款據，聲明「正金定期支票二紙如屆期該行拒絕支付應請換給現款」字樣。簽名蓋章訖，余乃以付款支票二紙交林棨轉付，遂分持條件各散。

余即到園，入見。面繳條件、收據各一件。物件單二紙仍請（准）帶下，飭濟煦於明早先將物件點運吉野街空屋內，再飭彼方來人搬取，較為方便。

承諭：「即擬旨廢淑妃為庶人」，因請明晨再辦。回寓已四時矣，心中乃大不怡。

第二天，胡嗣瑗奉命擬就「廢淑妃爲庶人」的「諭旨」，「入對」時奏請皇上過目。溥儀拿過

來看時，只見「恭楷」兩三行字：「諭淑妃擅離行園，顯違祖制，應撤去原封位號，廢爲庶人，放歸母家居住省愆，欽此。宣統二十三年九月十三日」。

溥儀讀過兩遍，細細思量，覺得措辭未免過苛，於是提筆勾去「放歸母家居住省愆」一句，才正式頒發。他還不惜花費一大筆廣告費，把這條煌煌「上諭」刊諸平津報紙報頭旁邊的頭條廣告欄內，以向世人宣布，他雖然破費了幾個錢，總算是買回了皇家的臉面。

溥儀和文繡離婚後，心情頗不平靜，回顧淑妃在皇家的九年生活，似乎感到有點兒對不住她，遂把責任加在了婉容身上，以求得心理平衡。爲此，他還專門寫了一篇《龍鳳分飛記》的文章，以記其事。

清宮小太監蔡金壽自溥儀大婚即在長春宮伺候文繡，繼而跟到天津，直到溥儀離津出關，他也離開靜園。一九三八年，溥儀又把他召到長春僞宮，《龍鳳分飛記》的內容便是這時透露出來的。蔡金壽因偶然機會而看過此文，他說文中對婉容多有責怪，用了「專橫」、「霸道」等詞句，遺憾的是這篇「御製宏文」沒能存世。

十一月十日，即他們宣告離婚後的第十九天，溥儀在鄭孝胥和鄭垂父子以及日籍保鏢工藤忠的陪伴下，乘汽車偷渡白河，闖過守衛軍糧城的中國哨兵，又登上大沽口外的日本商船「淡路丸」，吃了一頓「滹沱麥飯」，便向已被日本關東軍佔領的我國東北的營口碼頭駛去了。幸虧文繡和他離了婚，才沒有跟他走這歷史的一步——邁向背叛祖國人民的罪惡深淵。

卷三

末代皇帝溥儀和偽滿「明賢貴妃」

一九三七年，我為了表示對婉容的懲罰，也為了有個必不可少的擺設，我另選了一名犧牲品譚玉齡，她經北京一個親戚的介紹，成了我的新「貴人」。

——愛新覺羅・溥儀

譚玉齡二十二歲的一生太短暫，她與溥儀婚後的五年，亦即這位年輕女士人生旅程的最後歲月，卻清晰地折射出日本關東軍控制溥儀的程度和手腕，折射出在虛偽寶座上的傀儡皇帝的心態種種，這是那個時代，政治和歷史環境所決定的。

譚玉齡年輕去世，且距今已經久遠，尋覓她的生平資料太難了。但憑本文粗線條的勾勒，讀者也可以看到關東軍的兇殘面貌以及傀儡皇帝的可悲可憐。

一、闖關砧套的「猴帝王」

溥儀「闖關東」的本意，是要拿著皇帝的身分，借助日本的武力，以恢復大清的江山，不料陷進圈套，成了日本人手中的玩偶，成了一隻被要戲的猴子。

在白山黑水遍地燃燒抗日烽火的年代，溥儀由偽滿執政而「康得皇帝」，官當得愈來愈大，事管得卻愈來愈少。據溥儀自述（溥儀一九五八年在撫順戰犯管理所寫的自傳），偽滿初年，各部大臣或其他官員入宮「陛見」，尚無太多的限制，後來情況就變了，「帝室御用掛」吉岡安直瞪著眼睛站在「皇宮」大門口，除了「總理大臣」和「參議府議長」每週依例入宮報告毫無實質內容的「政情」外，誰都不讓進門。溥儀作爲皇帝的公務，也只剩下例行的「正式接見」，出席「特任式」或種種「典禮」，以及在僞國務院和僞參議府通過的法令上裁「可」了。

僞滿組織機構是這樣的：國務院內設總務廳，掌管僞國務總理大臣的職務和實行有關政務。

由日本人擔任的總務廳長和僞滿各部次長，定期於星期二開會，稱爲「火曜會議」，關東軍的代表——第四課長也出席，在這個會議上決定僞滿的一切政策法令。呈送到溥儀面前的政策、法令，都是在僞滿總務廳長主持的「火曜會議」上議決，並秘呈關東軍批准後，再經僞滿國務院和參議府付諸形式上的討論和通過才形成的，溥儀只能畫「可」而不得反對。在這種情況下，溥儀漸漸懶得再到勤民樓去辦公，整個上午都在緝熙樓睡懶覺，一覺醒來，便坐在衛生間的「恭桶」上畫「可」，「差不多連內容都可以不必去看，並且也無須去看，因爲看也等於白費工夫和徒勞自己的眼睛」（溥儀一九五八年在撫順戰犯管理所寫的自傳），畫完隨手一扔，再由隨侍一張一張從地上拾起。

這種「辦公」方式，顯然是溥儀不甘心受人擺佈的消極的反映，其實溥儀也曾經試探性地爲掌握主權而積極地行動過。一九三二年八月，趁著關東軍司令官換屆的機會，胡嗣瑗給溥儀出主意，讓他向新上任的武藤信義建議縮減總務廳長的政治許可權，以使僞滿各部大臣得以負責辦理各自部務。溥儀照辦了，當面講過之後，又把一份書面資料交給武藤。結果，胡嗣瑗被調離溥儀身邊。

溥儀的這位高參是一九三二年三月出任僞滿執政府秘書長的，一九三三年調任有位無權的參議府參議至一九三九年免職，由溥儀供養其全家，直到僞滿垮臺。他提議後，總務廳長的許可權不但沒有縮減，反而在一九三七年七月機構改革時擴大了，改總務廳長爲總務長官，原係國務總理大臣直屬部下，今爲國務院總理大臣的唯一輔佐者，有權代行院務，實際已是監督和統轄僞滿各部及各地方官廳的握有最高實權的人物。

身爲「皇帝」的溥儀，不僅對此無能爲力，而且還要接受作爲僞滿太上皇的關東軍司令官赤裸裸的當好傀儡的教育。他們告誡溥儀說，「滿洲國」實行「總理負責」的政治制度（實際是僞總務廳長或偽總務長官負責的制度），「皇帝」應取「高高在上，垂拱無爲」的態度，不要干涉或駁改「國務院」和「參議府」業已通過的議案或法令（實際是「火曜會議」通過的議案或法令），這正是「培養君德」的地方。

溥儀在其自傳中，還曾舉出偽滿年代第三任關東軍司令官菱刈隆爲例：

「有一次他對我講，愈是『身爲人上』的人，便愈發應該保持有『裝聾作啞』的雅量才行，能夠這樣，才能做到『無爲而治』的地步。說到這，他還做了實際表演：以雙手做蔽目、掩耳的姿勢。並說他身爲『三軍司令』的關東軍司令官，就一貫採取這種不聞不問、聽之任之的態度，所以其部下才有放手去幹和負責去幹的積極的工作作風。然後他又把話歸入本題，以教訓的口吻強調說：『皇帝更應該採取這種垂拱無爲而天下治的態度，才能把國家大事搞好。』他還自作結語說：『這就是爲君之德，也就是身爲皇帝所必須具有的最高政治道德和品質。』」

菱刈隆是日本陸軍大將，於一九三三年八月繼武藤信義之後，出任關東軍司令官兼駐偽滿全權大使及關東廳長官。他在任期間，一方面把偽滿改爲帝制，讓溥儀當了皇帝，另一方面，進一步強化了關東軍對溥儀和偽滿的控制。

當年的溥儀，不僅作爲「皇帝」沒有自由，即作爲個人也是沒有自由的，比如例行的會見偽國務總理大臣和參議府議長，要有日籍總務長官在側，至於會見其他偽滿官吏、外國來訪者以至官方或非官方的日本人，都毫無例外地有人監視。溥儀還懷疑監視者把竊聽器裝入爲他新建的「同德殿」內，而堅決不搬進去居住，這已是眾所周知的事實了。

二、魔爪伸進帝王家

菱刈隆於一九三四年十二月調回國內就任軍事參議官。他還沒有離開「新京」（長春），溥儀的「後宮」先出了事。

出了何事？當然就是那段「宮中穢聞」。早在一九三四年九月間，婉容的漢文師傅陳曾壽就聽說溥儀已有「廢后之意」。陳曾壽是一九三〇年奉召從杭州來天津「進講」的，一九三一年末護送婉容至旅順，一九三二年又隨往長春，「進講不輟」。有了這層關係，他才能略知一二。他認為溥儀廢后，係由二格格和胡嗣瑗「構陷」所致。當然，他也知道還有進一步的原因，唯「宮禁事秘，莫能詳也」。為此，陳曾壽進見溥儀，力請保全婉容的「皇后」地位，「且言今尚未有皇子，選妃事，宜亟辦，固不必徵后同意也」。溥儀似乎被說動了，他給陳曾壽的答覆，一面對婉容「深致不滿，而不肯明言何事」，另一面又表示一定保全「皇后」。這當然只是表面的虛與委蛇，其時婉容既憂且懼，連旁觀者也認為，溥儀「此機既動，恐終不免耳」。

陳曾壽親身經歷的這段史實表明：廢「后」與選「妃」開始就是聯繫在一起的，溥儀早就立意要召一位新「妃子」入宮了。

當時，溥儀的一舉一動無不在關東軍司令官的掌握之中，「後宮」曝出特大新聞，自然瞞不過「太上皇」的眼睛。菱刈隆沒有袖手旁觀，而是根據日本軍國主義的利益，參與了溥儀的家事。他明確反對溥儀廢「后」（溥儀一九五八年在撫順戰犯管理所寫的自傳），擔心內廷醜事外揚，將影響偽滿皇帝的尊嚴，並波及社會安定和日本的殖民統治；再說，廢舊「后」，必然帶來冊立新「后」或新「妃」的結果，應以怎樣的新人取而代之？這裏不能不包括日本人的利益。因此，即使允許廢「后」，日本人也要等到時機成熟。

菱刈隆剛剛調任，溥儀就想出了甩掉婉容的新主意，打算利用一九三五年一月下旬赴旅順避寒的機會，先把婉容隔離於旅順，再宣布廢「后」。不料，繼任的關東軍司令官南次郎同樣干預溥儀家事，指使偽宮內府次長入江貫一跳出來反對，「廢后」之舉再度受阻。

日本人深知，「廢后」固可反對，迎立新「妃」卻勢在必行，趁機打入一個符合殖民統治利益的新「妃」人選豈不更妙？當然是日本女性最適合，因為這可以從血統上改造偽滿皇帝。

一九三五年四月，溥儀第一次訪問日本期間，一個足以吸引路人駐足傾聽的消息已在大洋兩岸傳開，據說「康得皇帝」要娶一位日本女人當「妃子」，且由天皇的母親——日本皇太后做媒人，一切都已內定。這不是事實，卻是一個有來頭的傳說，真實地反映了關東軍的陰謀。

在這個問題上，溥儀的頭腦是清醒的，他受夠了「太上皇」的氣，絕不願意再把關東軍的女奸細引到自己的床前枕邊來。他暫時放棄了選立新「妃」的想法。溥儀當時認為，關東軍怎麼也不至於在這類事情上逼人太甚吧？然而，不久發生的另一件事，改變了溥儀的認識，這便是溥傑的婚姻問題。

一九二四年一月，由端康太妃（光緒帝的瑾妃）「指婚」，把侄女唐怡瑩嫁給了溥傑。不料，這位唐小姐頗為風流，更傾心於交際場中手握虎符、舉止瀟灑的青年將帥，而對於沒落王孫如溥傑者，並不看在眼裏，以至於兩人雖是夫妻卻形同陌路，後來乾脆分居了。一九二九年溥傑赴日留學以後，兩人幾乎很少來往。

一九三一年冬，唐怡瑩憑藉浙江軍閥盧永祥之子盧小嘉的勢力，趁著溥儀偷渡出關、載灃率子女常住天津而醇王府無人看守的機會，把王府財物大批用卡車運走，從此與溥傑和載灃一家斷絕了來往。

一九三五年夏秋之際，年已二十八歲的溥傑從日本陸軍士官學校畢業了。正是傳出溥儀要選立日本女性為妃的那些人，這回又把目標落在溥傑身上，極力撮合他與日本女性聯姻。這一下溥儀又急了。他敏感地認識到，這是一個關係到自身生命安全和政治地位的大事，當即把二弟找來，告誡說：「你若和日本女子結婚，往後可就不好辦了。」又說，「我可以負責從北京給你找個合適的人」。事不宜遲，溥儀馬上向二妹韞和面授機宜，予以佈置，力圖搶先一步，能在關東軍付諸行動前給溥傑找妥滿族妻子。不久，婉容娘家的一位親屬被召到長春，溥儀當面商定了她女兒與溥傑的婚事。

正當溥儀又要以皇帝身分行使「指婚」的權力時，卻被吉岡安直攔腰擋住。他以命令而不可更改的口氣對溥傑說：

「現在，關東軍方面很希望你能和日本女性結婚，這是關係『日滿親善』的重大問題，你應在這方面做一個活的模範，這也是軍方的旨意！所以，你先別忙與中國女子訂婚。你的婚姻由我負完全責任，你只管放心好了！」

在「皇兄」和「軍方」的交叉路口上何去何從？溥傑只好跟「軍方」走。吉岡安直也說話算數，果然承擔起「完全責任」。他親自前往北京，代溥傑辦理了與前妻離婚的法律手續。又在一九三七年初前往東京，為溥傑的聯姻作準備，終於促成了以本莊繁和南次郎為媒人的溥傑和嵯峨浩的婚姻。

人們把這次婚姻稱爲「政略婚姻」，還因爲隨這次婚姻產生了一個《帝位繼承法》，它明確規定，「御弟之子可繼皇位」，藉以實現改造皇帝血統的日本關東軍的夙願。

這件皇家的家務事就這樣發生在溥儀的反對下和眼皮下，它教育了溥儀，使他懂得了「小胳膊擰不過大腿」的道理。他不得不相信：二弟的婚姻模式早晚會落到他自己身上。

三、私傳「密旨」讓岳母選妃

與其由鐵腕的「軍方」安排，不如自己做個果斷的決定。正當「負有完全責任」的吉岡安直爲溥傑的「聯姻」而奔波之際，溥儀爲自己選立新妃的工作也在暗中緊鑼密鼓地開始了。

訊息傳到北京醇王府，這選妃的使命當即被立太太領過去了。

立太太是乾隆皇帝長子、定親王永璜的直系後裔。祖父溥煦襲定郡王，父親毓朗襲貝勒。庚子之後，毓朗曾赴日本學習員警，是清朝親貴中出洋留學的第一人。他興趣廣泛，博學多才，難能可貴的是自然科學水準很高，物理、化學、天文、地理無所不通。回國後歷任民政部侍郎、步軍統領，到宣統年間官至軍機大臣。溥儀當「關門皇帝」的時候，毓朗先任宗人府右宗正，後遷左宗正。他病逝於一九二二年十二月六日，溥儀賞給陀羅經被，予諡「敏達」，派貝子溥伒前往奠醊，賞銀兩千元治喪，其子恒韺被挑選爲在乾清門行走。由此可知，立太太不但出身皇族，而且她的家庭在皇族中間地位甚顯。

毓朗有五個女兒，立太太居次，人稱二格格，閨名恒馨，性格開朗，舉止活潑，帶一種男子英氣，且能詩善畫，書法亦佳，是一位才女。成年後，嫁給世襲一等輕車都尉郭布羅・榮源為三繼配夫人。榮源的繼配夫人恒香，即皇后婉容的生身之母，也是毓朗的侄女，在婉容兩歲那年就病逝了。婉容遂由姨母兼繼母的恒馨撫養成大，所以這立太太也就是溥儀的岳母大人。

由於特殊的家庭和身世，立太太恒馨在北京皇族圈裏特別吃得開，與醇王府載灃一家人過從更密，溥儀碰上私人方面的大事小情往往也交給她辦。溥儀的親信隨侍嚴桐江憶及一件事：

「約在一九三五年，溥儀的岳母介紹北京東興樓飯莊廚役劉德壁來長春內廷御膳房。他是山東人，很倔，待了八九個月。有一次因一盤菜被挑出毛病，溥儀罰他幾元錢，他不受罰。溥儀叫我去告訴他，如做出好菜，還可以賞錢。他不聽，很不滿意地說：『我就是不叫罰，不要我，我上別處吃飯去。』溥儀就把他開除了，當月還給他一半工資，這事是我經辦的。」

這種事要擱在別人身上起碼要狠揍一頓，因為有立太太的關照，居然也免了。立太太介紹廚役可是有來頭的，她本人對烹調很有興趣，曾遍覽京城各王府和著名餐館的絕技，兼有廣、川、京、津各地風味之長，廚藝精湛。其間入宮陪伴當皇后的女兒時，她時而親手掌勺，連溥儀也嘖嘖讚賞。所以，她推薦的廚役應該沒有問題，只不過溥儀太挑剔了。

暗奉溥儀的「聖旨」，立太太恒馨先選了好幾家滿族女兒，都不合意，後來選中他他拉氏家的女孩。

四、植田謙吉批准的「貴人」

他他拉氏家的女孩，原是一位清朝大臣的孫女，到一九三〇年代中期家道早已衰落，連本姓他他拉氏也不敢沿用，一音之轉改爲漢姓「譚」。女孩學名譚玉齡，從小失去父母，是嬸娘撫養大的，當年十七歲，是中學二年級的學生，與哥哥譚志元和嬸娘住在北京地安門外李廣橋西口袋胡同。

立太太向溥儀介紹譚玉齡時用的那張全身「玉照」，一直到這位皇帝成爲公民之後，還完整無缺地保存在一個透明的票夾裏，並且貼身攜帶，由通化而伯力至撫順，最後還帶到了北京。這件事可以說明，溥儀對譚玉齡的懷念之情極其深厚。今天人們還可以清晰地看到照片上那位少女的模樣：一位滿臉稚氣的初中女學生站在花園中的「月亮門」前，梳著齊頸短髮，穿著那個年代流行的短袖旗袍，兩隻裸露的手臂很自然地交叉在胸前，白皙的臉上很文靜的微露笑意。照片背面是溥儀親筆寫下的幾個字：「我的最親愛的玉齡」。見到那工整而又秀氣的字體，就不難想見那時溥儀對他的「祥貴人」傾注了多少愛慕和柔情。

就憑這張照片，溥儀畫了「可」字。消息傳到北京，醇親王載灃當即召開記者招待會，向新聞界公布了這條引人注目的消息。載灃這樣做，是要以既定事實形成不可更改的輿論和聲勢，迫使關東軍當局對譚玉齡的進宮無法阻攔。

然而，這無異於向時任關東軍司令官的植田謙吉通報情況，輿論和聲勢的作用等於零。關於植

田干預「康得皇帝」這次婚姻的情況，溥儀曾在一九五〇年代中期告訴來訪的潘際坰先生說：「在結婚之前，關東軍司令官植田謙吉還特地派人到北京去打聽她究竟是怎樣一個人，一切認爲沒有問題了，才能把她找來。」

溥儀一九五〇年在撫順戰犯管理所寫的自傳中也談到了這件事，並且講得更詳細。他說：「當譚玉齡由北京來到長春和我見了面、彼此都同意結婚之後，也遭到了植田謙吉的干涉，干涉的理由是：必須由他先派吉岡安直赴北京到譚家作詳細調查，認爲『合格』之後，經過植田的正式許可才行。結果是在『令出如山倒』的情勢下，經吉岡赴北京調查認爲『合格』並和植田見了一面之後，才允許我們結婚的。」

這段文字略有誤差，譚玉齡由北京赴長春，並不是在吉岡安直調查之前，而是在這以後，調查毫無問題，才由吉岡親自安排譚玉齡成行的。因爲尙須經由植田謙吉當面敲定，故還不能以特別身分大張旗鼓地前往，乃由吉岡親自安排，讓立太太和譚玉齡的嬸娘陪同，譚玉齡悄然北上。直到植田面見之後，認爲她純屬滿族而幼稚的女孩子，毫無政治因素，遂不再干涉。

譚玉齡先在西花園暢春軒住了一個多星期，隨立太太演習宮廷禮儀，繼而入宮進見溥儀。冊封典禮是在一九三七年四月六日（舊曆二月二十五）舉行的，這有當時住在千葉的三格格韞穎給溥儀的信爲憑。從這封信中我們看到，溥儀當時很高興，他賞賜三妹許多禮物。而且，那些天裏，二弟溥傑剛剛完婚，四弟溥任也要結婚。但對溥儀來說，溥傑的婚姻並非吉事。三格格的信正是溥傑舉行婚禮那天（一九三七年四月三日）寫的，信中寫道：

「敬稟者：奉廿二三號手諭，敬悉二月廿五日舉行冊封貴人典禮，穎謹此謹叩大喜。今日是傑之結婚日，連日奉到電話，穎非常高興。傑等之披露宴，在八時閉宴。潤麒大約九時可歸千葉。

明日下午三時，仍到富士演習去。傑等明日到神奈川旅行去，七日回來。皇上賞穎的別針，穎太愛了，謹此謝恩。皇上賞穎的相匣，是什麼樣？請畫一圖樣，穎太想現在就看，不知皇上能不能等誰來時，命帶來。如能，穎太高興。穎近日常累，真不是病，千千萬萬請皇上別惦念。王爺又來信說：任於某月某日結婚。穎現打算給王寫幾個字道喜。余俟再稟，謹此恭請聖安。」

按祖制規定，清朝皇帝妻妾分為皇后、皇貴妃、貴妃、妃、嬪、貴人、常在、答應等八個等級。譚玉齡進宮後被「冊封」為「祥貴人」，是皇帝的第六等妻子。

這次冊封典禮不但嚴格限定於「貴人」級別的範圍之內，而且儘量不聲張，與溥儀一九二二年大婚就不可同日而語了。外廷賜宴，本是禮儀中所必有的，現在也有兩種說法：一說日本關東軍司令官以下日籍文武官吏和傀儡政府偽國務總理大臣以下「滿系」文武官員都來助興道賀了；另一說則認為，根本就未曾安排外廷的祝賀活動。

在內廷則按清朝規矩行事，譚玉齡從跨進緝熙樓的第一步就不停磕頭，從一樓磕到二樓，又在溥儀的書房裏，面對身穿深色西裝並戴一副黑架眼鏡的「康得皇帝」行三跪九叩大禮。只聽溥儀輕輕說了一句「平身」，又將一柄帶有「祥」字的「三鑲玉雕龍鳳如意」親手遞給譚玉齡，隨後領她往奉先殿叩拜列祖列宗，至此禮成。譚玉齡便被引領著回到一樓西側專為「貴人」安設的寢宮，並在那裏接見前來請安的內眷和侍女們。

頗令譚玉齡奇怪的是，沒有安排她給「皇后」請安，甚至連婉容的面也未曾見到，其時，那位可憐的「皇后」就住在幾步之遙的同樓東側房間中。

五、養在宮中的鳥兒

冊封以後，正像溥儀所說，就像養一隻鳥兒似的把譚玉齡養在宮中。

溥儀先命內廷侍從人員騰出原爲召見室的緝熙樓一樓西側幾個房間歸她使用。在譚玉齡的臥室中，南窗下擺著一張雙人用沙發軟床，床前掛著淡綠色芭蕉葉式的幔帳，而靠北牆放著一張賜宴用的小桌，腳下鋪著藍色地毯，從整個佈置看，典雅、大方。溥儀常在白天到這房間中來，和譚玉齡說說笑笑，誰知卻氣壞了對面東側房中的皇后婉容。那個獨處空閨、冷冷清清的淚人，天天聞聽皇上的笑語，卻年年不見「聖人」的金面，是何等可憐！

溥儀又命僞宮內府營繕科，在緝熙樓西側第二個視窗處與膳房房門相對的地方另闢一便門，還增修了稱爲「避風閣」的高大門斗，專供譚玉齡出入。並且封閉了緝熙樓一樓西側與東側相通的過道門，這顯然是爲了防止「貴人」與皇后碰頭見面的措施。還在溥儀的寢宮與譚玉齡的寢宮（正是樓上樓下）中間，臨時安裝了可供單人上下的小型室內樓梯，溥儀由此隨時進入「貴人」的寢宮，「貴人」也可以直接進入溥儀房中，東側的婉容可就沒有這樣便利的條件了。

溥儀還給譚玉齡配備了侍女和僕婦，僕婦當時稱作「老媽子」，其中有位張媽，本名張敬慶，原在漿洗房給溥儀洗衣服，後來溥儀讓她伺候譚玉齡。溥儀也給譚玉齡派了幹粗活的太監，名叫李長安，外號李得兒，當時也有五十歲開外了，是個實實在在的「老公公」。他年輕時伺候過光緒皇帝，以後又伺候隆裕太后和端康太妃等，其間曾因故被端康太妃外放服苦役，後來又被溥儀召回並留在身邊。一九二三年溥儀遣散太監時，把他也一塊兒轟走。兩年後，已經移居天津張園的溥儀又把李得兒從北京北城寶鈔胡同內車輦店胡同家中找了回來，讓他伺候婉容。他也曾伺候溥儀的幾位妹妹念書。

一九三一年十一月，溥儀出關潛往東北，他作爲隨侍，稍後跟到旅順，算個「斷後」的。轉年三月，溥儀前往長春就任僞執政，他又提前兩天到達僞執政府籌備處，替主子安排住處，又成了打前站的。總之，他頗受溥儀信用。譚玉齡入宮後，他即奉旨伺候。

因爲他對光緒年間宮中軼聞趣事知之甚多，常常講給女主子聽。他提到光緒日常生活情形，說他處在軟禁的壓抑之中，常常恨得把穿在腳上的鞋子也踢飛了。他還說到溥儀過繼時面見光緒的情形，以及隆裕皇太后「讓國」時，在退位詔書上蓋印的實況等。「貴人」從他嘴裏念到一部無字的清宮秘史。

像對待婉容和文繡一樣，溥儀給新「貴人」安排的第一件事是讀書。她的書房就設在暢春軒內，這是位於西花園北側的幾間平房，一出門便是小橋流水、花草繁茂的西花園，還真是讀書的好地方。溥儀給譚玉齡聘請的老師叫陳曾矩，字絜先，號強志，係婉容師傅陳曾壽的三弟。陳氏兄弟是湖北蘄水（今浠水縣）人，出身於跟清王朝有深厚淵源的家族，先祖於嘉慶年間以廷試第一入翰林，祖父陳廷經官至內閣侍讀學士。曾壽、曾植、曾矩三兄弟曾參加光緒庚子、辛丑鄉試，同榜中舉，當時傳爲佳話。長兄曾壽係光緒癸卯科進士，當過學部員外郎，張勳復辟期間出任「學部侍郎」，他的兩個弟弟作爲頑固的帝制派也參加了這次復辟。嗣後，曾壽長期追隨溥儀，先後出任僞滿內廷局長、近侍處長等職。曾矩也隨長兄到了僞滿，被任命爲譚玉齡的漢文老師。

六、「皇帝」與「貴人」的感情生活

譚玉齡並不是一位非常漂亮的人，但皮膚白嫩細膩，舉止言行文雅且落落大方。對於這位中學生來說，一下子進入「宮廷」，面對「皇上」，她上這坡也真太陡了。呈現眼前的一切，過去僅從舊小說和戲劇中略知一二，這回卻是實實在在的東西，不過，她很快就由陌生而熟悉了。

譚玉齡對「皇帝」丈夫的印象很不壞，在她眼裏，溥儀雖然瘦弱，卻透露著帝王的莊嚴，從這位年過而立的人君身上似乎還能看到幾絲希望。於是，兩人由冊封而進入蜜月，由蜜月而相愛，由相愛而熱戀，開始了特定條件下的感情生活。

傍晚，內廷的人們常常能聽到從太監或老媽子口中發出的「噺噺」的聲音，遂趕緊回避。不一會兒，溥儀和他的新貴人就出現在西花園中了。他們並肩散步，溫言熱語，卿卿我我。西花園規模很小，卻有樹、有亭、有假山、有石桌和石凳，走走坐坐挺愜意。有時溥儀想玩球，西花園內設有高爾夫球場，被溥儀親自命名為「綠意軒」的西側平房之中還設有乒乓球室，譚玉齡很快就掌握了這兩種球類運動的要領，能給愛玩的丈夫做搭檔了。

譚玉齡很會唱歌，嗓音低沉，雖然唱不出女高音的調門，卻有獨特的韻味，頗令溥儀歡喜。「皇上」最愛聽她唱淒淒切切的流行歌曲，一時高興就能坐在鋼琴旁邊給「貴人」伴奏，演出婦唱夫隨的人間喜劇，實為悲劇。

溥儀很喜歡攝影，偽滿垮臺後，曾有人根據從宮中散落的《相片玻璃版簿》，統計過溥儀留存的照片。據說在數千張照片中，皇后婉容露臉的只有八張，而「祥貴人」譚玉齡露臉的卻有三十三張之多。這位統計者因此而評論說「這可見溥儀愛情所在的輕重」。

溥儀的一位侄媳婦楊景竹曾見過譚玉齡的一些照片，給她留下了深刻印象的一張，是譚玉齡身穿西服、打扮素雅而手持網球拍攝下的。

隨著歷史的變幻，今天我們已經無法找到那些三四十年代的鏡頭了。幸運的是還有這樣一張照片竟保存了下來：畫面上的牆壁鑲嵌著深棕色的木製屏風，地面上鋪著帶有菱形大花的地毯；房間中央放著一把軟座靠背椅，譚玉齡就側坐在這把椅上。她沒有把頭髮像滿族女人那樣高高地隆起在頭上，而梳著當時流行的式樣，左耳旁邊插著幾朵小花；兩彎細細的眉，一張俊秀的臉；右臂自然地垂放在椅背上，那腕上的金表和指間的戒指閃閃發光；左臂彎曲地靠在身前，而那白色帶小方格的短袖旗袍一直垂拖在地毯之上。整個畫面的氣氛並不是皇妃的森嚴，而充滿了年輕的朝氣。

這張照片是溥儀保存下來的，二十年之後，當他和李淑賢結婚時，爲了表示愛情的忠貞和專一，他決定把這張照片交給李淑賢，讓她燒掉。但是，李淑賢沒有這樣做。她代替溥儀保存了它，直到今天。正是這張照片讓我們對「帝宮」中的「明賢貴妃」的形象，有了活生生的感性認識。

有時譚玉齡也是滿族打扮。一九五六年，潘際坰在撫順戰犯管理所訪問溥儀時，曾向他提出這樣的問題：

「皇后、妃子穿的衣服，是不是像京戲『四郎探母』裏的那樣打扮？」

溥儀說：「就是那樣。那種頭飾我們通常叫『兩把頭』。她們行起禮來，也跟那齣戲裏一樣。在僞滿洲國時代，譚玉齡還穿過這種服裝呢。」

溥儀對譚玉齡的感情，還表現在傳膳方面。自紫禁城大婚以來，溥儀一直單獨擺膳，婉容、文繡都難得有機會跟他同桌用餐，只好每餐向皇上進貢幾盤菜以應酬門面。在長春僞宮之中，這種情形尤甚，溥儀有時太感到孤獨了，就讓他的幾個侄子陪膳，卻不准婉容靠前。但譚玉齡進宮以後，溥儀一改傳統，常常就在「貴人」的臥室裏擺膳，給了她比皇后和皇妃都略高一等的禮遇。

據溥儀自己說，他和譚玉齡感情甚篤。「祥貴人」性情溫柔，對溥儀體貼入微，宛然解語之花，使這位處在日本關東軍控制之下的傀儡皇帝格外喜悅。有時溥儀受了日本主子的氣後，回到寢宮時，心情煩悶而又暴躁，往往無緣無故地對譚玉齡大發脾氣，摔東西，推推搡搡，有一次甚至把「祥貴人」身上穿的旗袍撕得粉碎。然而譚玉齡當面從不分辨，總是主動認錯。她不僅能夠容忍，而且還能勸慰丈夫，使他心平氣和。

楊景竹也講了一件事：她有一次去向「貴人」請安，剛好碰見譚玉齡在織毛衣。那天，二格格拿著一本英文的關於織毛衣的書，也許是她從倫敦帶回來的吧。她一邊看，一邊向「貴人」講書裏提到的一些技法。「貴人」手很巧，一邊聽一邊就織出來了。她能運用平針或凸針等技法織出很多的花樣來。「貴人」給溥儀織了許多的毛衣，如果僅用毛線去織，本用不著「貴人」動手的，但既然要用深情去織，卻又非她不可了。

在溥儀面前，「貴人」有時也撒嬌。每天早起後，她常常無須通報就隨便走進溥儀的寢宮，有時便從那裏拿幾塊糕點或水果吃起來。這樣的事情，無論婉容或文繡都不敢。

溥儀和譚玉齡在一塊的時候也多些。有一次「貴人」召見楊景竹，楊依約在同德殿等候會面。她沒有想到皇上陪著「貴人」一起來了。那天，譚玉齡穿一件米色的大衣，白狐領，進殿後隨手一脫，那瞬間的動作給楊景竹留下深刻的印象，真是瀟灑極了！

七、女伴眼中的「貴人」

偽滿初年，溥儀仍信誓旦旦要「光復祖宗的江山」，經過日本人一次又一次的教訓，到一九三〇年代後期，溥儀對於復辟清朝所寄託的希望愈來愈淡漠了，他深感苦悶和壓抑，這是入宮的「貴人」也無法替他排遣的。他雖然喜歡譚玉齡，卻沒有心思拿出很多的時間陪她，也有十天八天不去看她的時候。溥儀怕「貴人」太寂寞，便約些女伴陪她，這些女伴無非都是身邊的親屬，比如族弟溥儉的媳婦葉乃勤、族弟溥佚的媳婦葉希賢、族侄毓嵣的媳婦楊景竹以及族侄毓嵒的姐姐毓菊英等，都專門入宮陪伴過譚玉齡。

過年過節，內廷也和民間一樣熱鬧。除夕晚上守歲，女伴們寧可放棄自家團圓的機會，也要進宮來陪「貴人」玩玩「升官圖」一類的消遣。據知情人士說，當時的「升官圖」還是舊官制，如殿試分爲狀元、榜眼、探花、傳臚、二甲、三甲六項，一人中了狀元，大家要上賀禮。溥儀自然也常常從連通兩人臥室的小樓梯上走下來湊興，還要擲幾把骰子，也能僥倖當「狀元」，這時，在座的人便要齊聲拍手高叫「皇上中狀元啦！」溥儀也會在這時向「貴人」說幾句悄悄話：「我中狀元就娶你做狀元夫人，我們還要騎馬遊街呢！」

拿毓嵣的妻子楊景竹來說，她父親是當地一位很有名望的律師，她本人是位中學畢業生，後來一直從事教育工作，直到一九七〇年代才從學校的崗位上退休。她是在一九四〇年前後跟毓嵣結婚的，當時，溥儀還以「皇帝」的身分賞了五百元錢作爲賀禮。楊景竹乃隨三嫂（毓嵣胞兄毓峻之

妻）前往長春進宮謝恩。

在此之前，楊景竹只在學校見過幾回「御影」，那「恭放」御影的地方還掛著黃緞簾布，每逢開學或有重大紀念活動時，才能由校長拉開簾布，讓大家面對御影行禮。這回卻由丈夫帶進緝熙樓二樓溥儀的書齋中叩見「天顏」，嚇得她身上打顫，哪敢抬頭哇！一進屋，只見當中已經鋪好一塊紅氈，就趕緊雙腿跪下，按入宮之前的預備訓練，行三拜九叩大禮。

「讀過書嗎？」溥儀問楊景竹。

「讀過。」她囁嚅地說。

「在哪個學校哇？」

「吉林市女中。」

「畢業了嗎？」

「今年剛畢業。」

溥儀問過這幾句之後，楊景竹才敢偷偷看了他一眼。只見溥儀身穿一套灰色禮服，面露微笑，還挺和氣的，她的心情稍稍安穩了些。

溥儀那天高興，對毓嵣說：「一起到樓下看看吧！」於是，他背起一架照相機就帶著毓嵣等來到西花園中。在園中小亭裏，溥儀照了幾張相，他還讓毓嵣和楊景竹站在一起，又親自動手將毓嵣的手放在妻子的肩頭，然後就把相機鏡頭對準他倆。楊景竹當時很窘，溥儀連說：「別動！」只聽「喀嚓」一聲照了一張。後來溥儀還親自洗出送了毓嵣一張呢！

又玩了一會兒，溥儀對楊景竹和三嫂說：「你們去見貴人吧，到那兒請個蹲安就行了！」三嫂是見過譚玉齡的，她便領著她進西花園北邊的一處平房內。這棟房子原來是四格格和五格格的居室，她們結婚搬走後，這裏又成了「宮廷學生」讀書的地方，毓嵣就在這裏讀過書。「祥貴人」入宮後，這裏便改作她的客廳了。她在這裏接待過許多女客，有時就在這裏用膳。

三嫂先為引見，楊景竹向「貴人」請安，「貴人」還禮。這時她才得到機會仔細打量了眼前這位年輕女子。

「祥貴人」，體態苗條，在那五官端正的凸形臉上，只見長長的睫毛下，有雙不大不小的眼睛忽閃忽閃的。那天，「貴人」的打扮也十分惹人喜愛：頭髮是自己用「火剪子」燙的大捲，耳戴玉墜，穿一身蘋果綠的絲絨旗袍。這一切更顯出她裸露在外的臉以及手臂皮膚的白嫩與細膩。「貴人」讓女伴坐在跟前，說了幾句親近話。女伴感到她確是一位儀態不凡的聰明女子。早就聽說她深得溥儀寵愛，楊景竹想，如此嬌媚的人誰能不愛呢！

這時，有個不像男人的男人走過來告訴「貴人」說：「二格格來了！」

三嫂悄悄告訴我：「這就是太監李長安！」

李長安說完，滿屋的人都把眼睛轉向門口，不一會兒出現了一個人，看此人眉宇間似有些男人的氣質，她穿一件黑底帶紅花和黃花的旗袍，正是溥儀的二妹韞和。二格格與「貴人」請安、還禮之後，「貴人」命太監傳膳。

不到一刻鐘工夫，一桌豐富的西餐已經擺好。楊景竹記得有燒牛排、炸魚等二十幾樣菜，酒是紫紅色的，每人面前都放了高腳杯，而小碟裏擺了一塊特製的糕點，不大，但很稀奇，糕上有葡萄乾，還有奶油，她從來沒有見過。

那天二格格很高興，首先舉起酒杯來向在座的女客們祝酒。她見有道菜是用大雲豆做的，就向大家讓菜：「吃豆！吃豆！」滿座女客都笑了。

飯後，李太監又端上果盒來。裏面滿盛著蘋果、桔子和香水梨等。楊景竹看見「祥貴人」在果盒中挑了一個小些的香水梨，還用小刀削皮吃。她心想，這位「貴人」真嬌呢！直到下午兩三點鐘，女伴們才盡興出宮。

又過了幾天，楊景竹要和三嫂回吉林去了，行前又進宮叩見皇上話別。溥儀賞她們一些錢作路費，又讓她們去看「貴人」。她們來到「貴人」的臥室，「貴人」問這問那，一點兒架子也沒有。時當夏末，北國的天氣已有幾分秋涼之感。「貴人」關心地對楊景竹說：

「八奶奶要回去了，天涼啊，叫人到『三中井』（日本人的商店）買件毛坎肩吧！」

因爲毓嵣作爲「五爺府」，即道光皇帝第五子奕誴後裔，在同輩兄弟中行八，所以人稱楊景竹「八奶奶」。她沒讓「貴人」去買，但對「貴人」的關心總是不能忘記。在這位律師女兒的殘存記憶裏，還能夠搜索到許多細節，足以再現當年關閉在宮籠中那位性情溫柔、氣質高雅的麗人。

楊景竹憶述道：「盛夏之季，我常看見『貴人』打著傘站在暴烈的陽光之下，形態何其優美！不過我還是感到奇怪：既是日光浴又何必張傘？有一年『貴人』過生日，我因其他事沒有進宮。過了幾天，她派人來招呼我，我想『貴人』一定生氣了，我是預備著進宮受責的。進宮後，我一直進入譚玉齡的臥室，那屋中擺著一架風琴和縫紉機，可這都是象徵性的東西，因爲我從來就沒看見『貴人』動過它們。我向『貴人』請安，『貴人』還是那樣微露笑意，臉上毫無慍色。她說：『多日沒見了，怪想的，召你進宮玩玩。』說著，她自己進裏間去，一會兒便端出一個水果盤來，招呼我吃水果，那風姿真是優美極了！不久，又陸續來了幾位女客，我們便一起到同德殿用膳去了。」

八、嵯峨浩眼中的「貴人」

嵯峨浩與溥傑結婚在一九三七年四月三日，僅比溥儀與譚玉齡結婚早三天。溥儀與譚玉齡的第一次私房話，就是告訴她，嵯峨浩與溥傑結婚是日本人的陰謀，對嵯峨浩是不可不防的。所以，每逢嵯峨浩晉見「貴人」的場合，譚玉齡總是以禮相待，但謹言慎行。

一九三七年十月十六日，溥傑攜新婚妻子從日本回國到達長春。兩三天後，嵯峨浩身穿紅色金絲絨鑲金邊的旗袍，並向三格格韞穎學習了晉見的禮節，隨即進宮拜謁「康得皇帝」和婉容皇后。兩位「陛下」還以西餐「賜宴」，這已是三年多來家族之內的最高禮遇了。

當天晚上，溥儀讓「貴人」會見了弟媳婦，嵯峨浩記述當時的情形說：

「那天晚上我們也見到了貴人。貴人是清朝遺老某大臣的孫女，一位十七歲天真無邪的女性……他他拉貴人是潤麒的母親從北京給選來的。貴人的寢宮離陛下的宮殿很近，步行不到三分鐘。通常男子禁入，因爲事先已安排見面，才特許溥傑可以同席，由皇帝斡旋介紹……天真爛漫的貴人顯得格外豔麗動人。我和貴人的交往禮節是對等的。她進宮一年多，但還不具備皇后的氣派。經介紹之後，皇帝和貴人、我們，依次是三格格、四格格、五格格等姐妹，在貴人的餐廳裏共進了晚餐，吃的是中國飯菜。飯後，溥傑和皇帝到另一間屋子裏去了，就剩下我們女的在一起說起家常話，這使我意識到，任何國家的婦女都是以此爲話題的……」

打這以後，逢年過節或每隔一段時間，嵯峨浩都要進宮拜謁「貴人」，她們間或有嚴格的禮儀

和滴水不漏的客套，卻沒有一句知心的「私房話」。

那是一九四一年春暖花開的時候，楊景竹隨公婆去北京探親歸來，回到長春，第二天就進宮去看「貴人」。譚玉齡對她們分外親熱，細心打聽北京的氣候怎麼樣啊，那裏的親屬都好嗎，現在有新鮮菜上市嗎等。「貴人」又若有所思地說道：「由北京直達新京的火車，聽說再過幾個月就能通行了！」這位二十歲的女孩分明是想家，也許是因爲在長春待得氣悶，但她只能把話說到這兒，心中最想說的話卻總是不說出來。

因爲那天在場的除了楊景竹以及她的公婆，還有三格格韞穎和溥傑夫人嵯峨浩。她們聊了一會兒，就一起上二樓溥儀的房中去了。溥儀見楊景竹的公婆也穿一件宮內時髦的短袖旗袍，便開玩笑說：「喲！怎麼你也穿短袖旗袍了？」

「我喜歡啊！皇上就賞一件吧！」楊景竹的公婆看皇上高興，也這麼開起玩笑來。

這時，楊景竹和嵯峨浩一起到擺著乒乓球桌的大房間去玩。她們本想請「貴人」同往，卻被婉言謝絕。楊景竹終於明白了，「祥貴人」不願在嵯峨浩面前說的究竟是哪些話！

她想起三個月前會見「貴人」的情景。她隨公婆前往北京探親，路經長春時住了幾天，又曾進宮叩見皇上。毓嵣本是庶母所出，根據清朝祖制，側室是沒有資格進見皇上的。因此，毓嵣的庶母只好住在月香村旅店等候，由被稱爲「額娘」的毓嵣的正母攜兒媳入內。當時雖是寒冬臘月，但緝熙樓內卻溫暖如春，楊景竹和公婆進樓後就換了短袖旗袍。溥儀一見就關心地問：「穿大衣沒有？」又讓她們到貴人那邊去吃飯。

楊景竹和公婆來到譚玉齡獨處的臥室，頓生一種「金屋藏嬌」的感覺。她們一進宮，溥儀就讓去陪伴「貴人」，原來「貴人」真夠孤獨的了。寒暄了幾句，譚玉齡就「傳膳」了，前後也上了二十幾道菜。席間，「貴人」多次囑咐楊景竹和她公婆：「要回北京了，路上可要當心些！」「貴人」這樣講原是有所指的。她從北京來長春的路上曾看到日本人欺侮中國人。楊景竹和公婆這次又在山海關看到這種場面：日本兵用皮鞭抽打著向他們苦苦求情的一名帶孩子的婦女。當時楊景竹捂住眼睛不敢往下看，從那時起添了精神分裂症的病根。楊景竹等人逐漸瞭解到，「貴人」是個很內向的人，對於一些「事關重大」的話，她頂多只說到心照不宣的程度，卻絕不點透。對嵯峨浩，她顯然更要回避這一類話題了。

一九八一年，楊景竹接受筆者訪問時回憶道：「此後我常常被召進宮去陪伴譚玉齡，特別是『貴人』過生日的時候，都要去祝壽的。有時要在宮中待整整一天，陪『貴人』吃兩頓飯呢！和『貴人』談話的內容也局限於生活方面。後來我聽說，『貴人』常和溥儀談她對日本人的不滿，可以肯定是溥儀告誡過她，不准她向別人亂講政治，所以她和我們聊天是非常有分寸的，可以說守口如瓶。這恰好證明『貴人』是個胸有韜略的人。」

九、奶媽和女僕眼中的「貴人」

溥儀的乳母二嬷在長春僞宮中住了多年，因爲「皇上」總是忘不了兒時吮奶之恩，這位奶媽的地位也就特殊起來了。她跟譚玉齡的接觸很多，最佩服「貴人」斯文有禮。

乳母曾把譚玉齡作爲榜樣，介紹給後來進宮的李玉琴，說譚玉齡從小沒有母親，是跟著嬸娘長大的，她嬸娘住在宮裏的時候也得嚴守禮儀，在「貴人」面前站得規規矩矩，待發話才能落座，不能因養育之恩而隨心所欲。「貴人」呢？對嬸娘也必須保持身分，不苟言笑，不能隨便流露當侄女的熱情，用乳母的話說，這就叫「有主子派頭」。

說到譚玉齡看重禮節這一點，李玉琴在其回憶錄中也有一段記述。她見過譚玉齡冊封前的照片，認爲其髮型、神態以至服裝、繡花鞋等，帶有一種鮮明的舊式家庭小姐的風度。她寫道：「我沒見過譚玉齡，但在常常接觸的人中間，有一位可以說和譚玉齡是同類人物，那就是屬於葉赫那拉氏的溥儉之妻葉乃勤。她比譚玉齡大一歲，也在北京念過中學，舉止言談和普通中學生就大不一樣，這位『儉六奶奶』在宮中學生眷屬中最受尊敬，因爲她的禮教好，舉止端莊，會處理宮內外複雜的人際關係。許多宮中禮節我是向她學的，並多次聽她用讚美的口吻說到『譚貴人』。」

乳母還說譚玉齡「機靈」，「總是想方設法討萬歲爺的喜歡，小心翼翼地怕惹著格格們不高興」；「譚貴人」有心計，會辦事，不但對溥儀百依百順，對人稱「二格格」的溥儀的二妹韞和也總是笑臉相迎；「祥貴人」還善於察言觀色，說話呀、行事呀，專挑「萬歲爺」喜歡的做。

譚玉齡還有一大特點，就是內向。她能夠潛藏自己的好惡之情，不論心裏願意還是不願意，高興還是不高興，都不把情緒露在臉上。她能夠長期不暴露真實思想，也能夠忍受埋在心底的不快。不過，這一切最終加重了譚玉齡的心理負擔，使她用心過度而抑鬱成疾。

有位一直伺候譚玉齡的女傭周媽，後來曾向李玉琴講過當年的「貴人」待人處事的種種。按她的說法，譚玉齡能把天大的事情都裝在心裏，「連條小縫都不露」。談到譚玉齡的脾氣，她說脾氣雖好，只是愛生悶氣。一不高興就幾天不理人，真讓當奴才的吃不消。

十、「內廷學生」眼中的「貴人」

溥儀的族弟溥儉、溥佒，族侄毓嶦、毓嵒、毓𡼖、毓峍等，當時都在內廷讀書班內讀書，他們是大清皇族的後裔，溥儀想培養他們作爲復辟清朝的骨幹，稱他們爲「學生」，時常召喚他們陪餐，不拿他們當外人。

這些「內廷學生」整天活動於僞宮區區彈丸之地，雖然照例實行男女回避制度，可這裏畢竟難與紫禁城相比，抬頭不見低頭見的，有時候想回避也回避不了。

內廷學生們首先從毓嶦的改名上獲知「譚貴人」的訊息。毓嶦原名毓嶺，他回憶改名的經歷說：「正因爲我叫毓嶺，和譚玉齡的名字諧音，所以溥儀又給我改名，當時叫『賜名』，從此改爲毓嶦，同時還給起個號叫秀岩。」

溥儀給毓嶦改名，當時曾找了別樣藉口，並不是直接說出實話的。溥儀的另一位族侄毓嵒詳知其間衷曲，他回憶說：

「談到譚玉齡，我又想起我祖父的三弟載瀾的孫子毓嶦改名的情況。那是溥儀封譚玉齡爲『貴人』以後，忽然對我們宣布毓嶺（毓嶦原名）和清朝乾隆皇帝的陵寢（墳地）裕陵同音，故改毓嶺的名字爲毓嶦，而譚玉齡的名字沒有改。當時我內心產生疑問，認爲溥儀改毓嶺的名字，表面是因爲毓嶺與裕陵同音，實際是因爲毓嶺和『貴人』的名字同音。」

內廷學生們都是溥儀親近和信任的人，所以連他本人對執行回避制度也不嚴格了。有時溥儀帶

「貴人」到同德殿電影廳看電影，也允許內廷學生們入場觀看。所以他們都知道譚玉齡很受溥儀寵幸，「貴人」對溥儀也非常盡心。毓嵒回憶道：

「當時我們學生班在西花園前院北房（暢春軒）讀書，上下學有時遇到溥儀帶著譚玉齡從緝熙樓出來到西花園散步。溥儀對譚玉齡是非常好的。譚玉齡被封爲貴人之後，住在緝熙樓下西半部，也就是溥儀住室樓底下。有幾次晚間，溥儀帶著譚玉齡在同德殿餐廳大房間看電影，也叫我們學生同他們在一起看。在僞滿宮內府內廷，溥儀沿襲清朝內廷的習慣，外臣或王公子弟是不能和皇后、妃嬪、貴妃們相見的。我們那時在僞內廷院內行走，偶然遇到貴人帶著媽媽、太監過來，一聽到媽媽、太監們喊一聲『走』，我們立即跑開躲避，實在跑不開就要面牆而立。溥儀帶著譚玉齡和我們一起看電影，是他對我們的特殊『恩遇』。」

十一、隨侍眼中的「貴人」

雖然溥儀曾給譚玉齡舉行正式的冊封典禮，但內廷的男性隨侍中間，也只有處於「隨侍總管」地位的大隨侍嚴桐江、司房管財務的毛永惠以及伺候譚玉齡的太監李長安等幾人略知內情。嚴桐江是奉了溥儀之命，專程去北京接應譚玉齡及其嬸娘來長春的，知情較深，也最先獲知毓嵣改名的內幕。在他一九五〇年代的回憶文字中有一段寫道：

「毓嵣原名毓嶺，因譚玉齡入宮，其名字雖不同，但音同，所以改名爲毓嵣。」

按照內廷的嚴格規矩，既不許下人打聽與己無關的事情，對「皇上」的內眷又必須特殊回避。

所以，僅為少數人所知的情況並不能迅速傳開。不過，時間長了，也有在內廷伺候人的一般隨侍，漸漸能看出一些門道來。

有個叫王慶元的小隨侍，就常常有機會隔著窗戶看見譚玉齡，見她出入房門總由二格格韞和陪伴，並口口聲聲稱她為「貴人」，才知道「皇上」新納了「貴人」，但其姓字名誰卻無由得知。一九八〇年代末，王慶元先生還健在，他回憶當年獲悉譚玉齡真實身分的過程頗有情趣。他說：

「有一件事曾起了我的疑惑。原來讀書班的毓嶺，忽然改名叫了毓嶦，是怎麼回事呢？令人不解。直到同年夏天，因譚玉齡常到同德殿去彈鋼琴，經常在二樓最西邊的一個房間裏休息。有一天，我去那個房間打掃衛生，在茶几上發現有一封從北京寄來的信。出於好奇，室內又無他人，我便生出奇膽，竟冒著偷看宮中信件的大不韙罪名，抽出信紙匆忙地看了一下。信的正款寫著『玉齡胞妹』，信尾則以『兄譚志元』署名。至此，幾個月來的疑團才完全解開。原來『貴人』名叫譚玉齡，讀書班學生毓嶺之所以易名為毓嶦，是為了『避諱』。」

王慶元這位當年內廷的小隨侍，不但擦桌抹椅之餘，能從許多不為人們注意的玻璃窗後面觀察譚玉齡的動向，還能從一個特殊角度，即與譚玉齡出入緝熙樓的專用房門正相對面的御膳房紗門之內，一邊等候傳膳，一邊「垂簾窺倩」。他所見的「貴人」體態適中，在圓圓的臉龐上和兩道細長的眉毛下，一雙大大的杏核眼睛明亮有神，懸膽似的鼻子和菱角形的口搭配得十分勻稱，烏黑的頭髮，白嫩的皮膚，楚楚動人，而元寶形的耳朵上還戴著一副玲瓏剔透或紅或綠的玉墜，更顯出嬌媚喜人。

「貴人」是女子中的大高個，夏季常常穿淡雅的小花旗袍，而冬裝為青色或藍色旗袍，外套黑大衣，頸上圍一條白狐狸皮，裝束時髦而不妖豔，顯得高雅絕倫。總之，譚玉齡溫存聰敏的儀態芳

容和婀娜多姿的舉手投足，無不給人留下深深的印象。

作爲當年的內廷隨侍，王慶元且憶且評，譚玉齡入宮前僅一平凡少女，驟然間高貴起來，或許算不上一呼百諾，卻也飯來張口、衣來伸手，受到許多人尊敬。而溥儀的體貼溫存更令她志滿意得、心花怒放。看上去，譚玉齡春風滿面，喜形於色，並沒有寂寞無聊的模樣。

王慶元又說，譚玉齡雖然春風得意，卻看不出絲毫的高傲和驕橫，經常看到「貴人」與伺候她的太監和老媽子說話總是和顏悅色，絕無大聲呵斥或容顏冷峻的情況。這只是一個隨侍從表面上看到的，還有種種隨侍無法得見的內情。人們知道，溥儀在家門之內，是個典型的殘暴之君。爲了這事，譚玉齡常常勸說溥儀。楊景竹講過這樣一件事：有一次，溥儀由「貴人」陪伴著在西花園內散步。溥儀告訴「貴人」說：「今天我可抓住偷果子的賊了！」原來宮內花園中特意栽培了一株香蕉樹。宮內向來紀律嚴明，從不丟東西的。但這棵樹的果實卻被盜了，溥儀特別生氣，嚴命追查，最後發現是一個護軍幹的。溥儀懲罰了那個護軍還打算把他攆走。譚玉齡聽說後，便在溥儀面前替護軍說情：「我看還不至於攆走吧？」溥儀果然打消了攆走這名護軍的想法。

當年內廷還設立了一個勤務班，其成員都是從博濟孤兒院領出來的十多歲的孩子，其任務是清理庭院和各房間的衛生。當譚玉齡離開房間出外活動時，那些孩子常因回避不及，竟與「貴人」相對而立。這一類情況若被溥儀或某隨侍碰上，輕則給予嚴厲訓斥，重則挨頓臭打或罰款若干。譚玉齡可不這樣，她只淡淡一笑，便輕輕地走過去了。所以，連「勤務班」的僮僕們也都喜歡這位「貴人」。

十二、給未來的兒子先填賣身契

當年國民黨報刊上曾流傳過若干譚玉齡的小道消息，大抵是說譚玉齡到溥儀身邊「負有重要使命」，且從一開始就被日本關東軍司令部注意了。溥儀的「帝室御用掛」吉岡安直中將專門訓練了若干女特務，並把她們安排在譚玉齡的周圍，把「貴人」的一舉一動都監視、控制起來，禁絕她與婉容「皇后」見面，連溥儀與「貴人」相會也覺得不方便。有的文章就此發揮，編造故事：

「他他拉是一位堅定而沉默的人，帶著一副溫柔雅靜的東方女人性格，她並不直接去跟那些特務們摩擦，相反的，她以禮貌和感情來籠絡那些女妖精，她很能贏得她們的崇敬和同情，最後甚至使這些硬心的女特務們在吉岡的面前都儘量地維護她，還有幾個女特務因她而遭到了懲處。這就是他他拉成功的地方，一個十幾歲的少女，每天和敵人的間諜群生活在一起，而且還能用軟性的手段把她們擊敗，這不是一件簡單的事情，我們應為中國偉大的女性而驕傲。」

事實上，譚玉齡入宮後能夠常常與之接觸並可以在她身邊逗留的，主要是溥儀的幾個妹妹：二格格韞和、三格格韞穎、四格格韞嫻、五格格韞馨，以及弟媳嵯峨浩、她自己的嬸娘，還有內廷幾位「學生」的妻子葉乃勤、葉希賢、楊景竹和譚玉齡的老師陳曾矩的幾位侄女等，再就是乳母二嬤、僕婦周媽這些下人了，並沒有什麼吉岡安直派來的「女特務」之類。譚玉齡的這些女伴對「貴人」都有好評倒是真的，但這只能說明她的個人品質、性格和風度頗有優秀之處，而不能以所謂「軟性手段」作解釋。至於禁絕譚玉齡與婉容見面，那是溥儀的決策，這位偽皇帝擔心他的新「貴

人」會從「皇后」那裏尋風摸底，揭開他的後宮生活的真相，並進而打破他的虛假尊嚴。

日本人不曾派女特務糾纏譚玉齡，這並不等於說自從「貴人」入宮，他們就不打主意、放任不管了。完全不是這樣，他們實有更大的陰謀。

自一九三六年三月至一九三九年九月在任的日本關東軍司令官植田謙吉，批准譚玉齡跨入僞宮門檻後，仍通過吉岡安直密切關注她的一切活動。當時獲悉「皇上」真心喜歡「貴人」並經常在「貴人」的臥室裏過夜這一情報後，日本人立即制訂了一項關於「滿洲國皇太子」培養辦法的規定。

溥儀自述這一段史實說，日本關東軍把他未來兒子的問題當作念念不忘的一件重大事情，先制訂了《帝位繼承法》，那是以溥儀生不出兒子爲前提的，其內容是採取「李代桃僵」的方法，讓溥傑與嵯峨浩未來的混血兒子繼承帝位，以便使日本與僞滿的「混血」關係更加親密；繼而又以溥儀一旦生出兒子爲前提，制訂新辦法。溥儀說：

「如果我有了兒子的話，他們也可以從中得到『穩抓穩拿』的辦法。那就是在植田謙吉當關東軍司令官的時候，他曾派那個吉岡安直對我講，如果我將來有了兒子，那麼當他長到六七歲的時候，就必須送他到日本去留學，絕對不能讓他繼續留在我的身旁，受我的撫養與教育。並且還煞費苦心地編出美詞麗句打掩護說：日本天皇的太子也是從小便不在他的父母身邊教養，而是派定專人擔任他的教育，以及生活起居等一切工作。並說，唯其是這樣，所以才會得到特別的教養，而能成爲將來繼承天皇的適任者。因此，『滿洲國』也必須效法日本皇室的辦法才行。」

回想這件事時，溥儀極爲憤怒，因爲吉岡安直當年不僅用嘴說而已，還要立據爲憑，讓溥儀承認並簽名畫押，不許反悔。溥儀還說，日本關東軍的這一伎倆早在伊藤博文時代就施用過，那時把前朝鮮國王的兒子李垠從小就送到日本加以奴化教育，年齡既長，又把日本皇族梨本宮的女兒嫁給他，以便讓他們的混血兒繼承朝鮮國王的王位，從根本上深化朝鮮殖民地的程度。溥儀看透了這套把戲，在後來的改造年代裏憤怒指出，幸虧僞滿垮臺早，並且他也沒有兒子，否則他一個人當漢奸還不夠，又要搭上兒子，因爲植田謙吉在他剛冊封「貴人」的時候，就逼迫他給能否降生尚屬未知數的「兒子」先行塡好「賣身契」，真是豈有此理！

十三、無可排遣的苦悶

從人類生理和從溥儀的身體狀況及生育能力看，這是一般和具體的問題，它們有時會是完全不同的兩碼事。如果植田謙吉能從這後一碼事上及早掌握準確情報的話，他或許可以不那麼著急地制訂關於僞滿「皇太子」的「培養辦法」了。這是因爲溥儀沒有生育能力，他既生不出兒子，也生不出女兒，今天這已是盡人皆知的事實。

周君適的妻子和妻妹，亦即譚玉齡的老師陳曾矩的侄女們、婉容的老師陳曾壽的女兒們也都有機會接觸譚玉齡。周君適在回憶錄《僞滿宮廷雜記》中講過這樣一件事，反映了藏在譚玉齡內心的無可排遣的苦悶。「宮中上上下下都認爲溥儀和慶貴人（即祥貴人）感情最好，遠非婉容、文繡可比，但事實並不如此。有一次，大公主的兒媳和兩個親貴內眷陪慶貴人打麻將，大家交口奉承貴人的福氣大。譚玉齡卻板起面孔，半晌嘆了一口氣說：『我還不是守活寡。』原來溥儀的寢宮在緝熙樓內，白天在一起說說笑笑，晚間仍各自回房。」

雖然溥儀也經常從那處連通樓上和樓下的小型室內樓梯走下去，並在譚玉齡的寢宮中同床過夜，卻無法滿足作爲妻子的正當要求。據伺候過譚玉齡的女僕大周媽講，「貴人」苦悶極了，就躺在床上捶枕頭，捶著捶著還自言自語說開話啦，什麼花呀月呀的，大概在背誦那首詩——顯然是描寫閨中怨婦懷良人的唐詩一類。大周媽認爲，「貴人」太內向，不願暴露深層的思想感情，可這回於無意之中讓女僕們瞧著了，很以爲難堪，遂臨時在傭人中間立了一條規矩：誰要敢出去瞎說，就把誰轟走！這「規矩」擋得住人們的嘴，卻擋不住「貴人」那血肉之軀體內湧動的情潮。

一九八一年筆者訪談時，楊景竹還講了一件事，當時都以爲是笑談，現在看來完全反映了譚玉齡的苦悶心理。楊說：

我生下第一個孩子以後，進宮首先叩見皇上「謝恩」，然後又去給「祥貴人」請安。我見「貴人」臉上呈現一種異樣的神情。她似乎是帶點苦笑地向我表示祝賀，說出一句「大喜啊！」那天我整整在宮中待了一天，陪著貴人說話。記得她問我：

「生了孩子，身體還好嗎？」

「還好哇！沒落下什麼毛病！」我答。

「你胖了呢！」

「平時喝薑湯，吃補品！」

「奶夠吃嗎？要不要餵？」

「現在還夠吃。」

這時，貴人若有所思地自言自語道：「生小孩子這種事，我今生算是不能了……」

貴人這句話給我的印象很深。回家後，記得我曾和別人談起這件事，大家都笑了。我三嫂竟把那話完全看成是笑談，反駁似的說：「叫你來幹啥呢？還不是要讓你生個太子嗎？」

那幾年，溥儀每天晚上都讓毓嵒給他注射性刺激補品。據內廷司房留存的記錄，僅在一九四〇年七、八兩個月內，就從北京和天津購進制首烏八斤、強力男性荷爾蒙安達羅司鎮西藥五十打（六百支），且都是溥儀親下手諭置辦。可見這位「皇帝」是多麼盼望「貴人」能給他生下龍子！無奈卻是瞎子點燈——白費蠟。

十四、「皇后」和「貴人」

譚玉齡和婉容共居一座不過二十米長的緝熙樓東、西兩側，達五年之久，竟隔絕如天涯海角，也是天下一段奇聞了。

「譚玉齡是個典型的滿族姑娘，白淨的臉蛋，細膩的皮膚，說話聲音文靜而略顯低沉，溥儀很喜歡她，心情顯得十分愉悅。她在宮中也深居簡出，不輕見人。溥儀白天把她關在房裏，外面加鎖，要等他辦完公事後，回來才解鎖開門。」這段話見刊於一九四〇年七、八月間的報紙上。

外界流傳的說法，其實是並不知情的執筆者猜測的。就連早已恩斷義絕的婉容，溥儀也僅以軟禁囚之，並不曾在門外加鎖。而對於情之所鍾的「貴人」，又豈能鐵鎖相加？事實上，譚玉齡完全可以自由支配在內廷的活動，唯有一樣受到溥儀嚴格禁止，那就是與婉容見面。如果說文繡曾經是婉容在情場上你有來言、我有去語的對手，則譚玉齡僅僅是留在婉容心靈上和想像中一閃而過的黑影罷了。自譚玉齡進宮的一刻起，婉容再也不能從溥儀那裏分享一絲一毫的愛。據嵯峨浩記述，連溥儀一九三五年首次訪日期間，「御木本」獻給婉容「皇后」的珍珠項鍊，也戴在「貴人」的脖子上了，這當然不會是「皇后」的贈品。

譚玉齡對婉容的悲慘處境深表同情，終於有一回忍不住在溥儀面前提起了「皇后」。她以勸解的口吻說道：「皇后陪伴皇上多年，皇上應以德報怨，玉齡願爲皇后求情，請皇上開恩赦免她的過錯！」

「你年紀尙輕，知道什麼？休要在朕的面前多嘴！」溥儀顯然已經生氣了。

「皇上莫惱，原諒玉齡不懂事理。」

「快退下、退下！」

溥儀揮揮手，讓跪在地上流淚的「祥貴人」回房去了。「皇后的過錯」——譚玉齡這一用語的內涵是什麼？莫非她也聽說了後宮的傳聞？是誰嚼舌頭？也許是「貴人」自己瞎尋思？不過應防患於未然，遂命「總管太監」嚴桐江把能夠接觸「貴人」的太監、老媽子和侍女等都找來，親自加以訓誡，不准他們多嘴多舌。

一場風波過去了，而婉容對有人給她說情的事卻毫無所知。但「皇帝」又冊封了「貴人」，這事到底也沒有瞞過她。「皇后」雖然患了精神病，多數情況下還是清醒的。她覺得奇怪：不久前報上還大肆宣傳，說「皇上」是中國有史以來第一個打破一夫多妻制惡習的現代青年，怎麼數日之內又有新人進門？她一如既往地抱有排斥的態度。爲此，也曾詢問過繼母恒馨，她還根本不知道譚玉齡就是由這位繼母引到「宮」裏來的。繼母只有安慰她，溥儀的二妹、三妹來看她時，也異口同聲給予撫慰。很久以來，婉容還能記起三格格的聲音，她說就像養在窗邊的鸚鵡的叫聲，聽起來虛幻而朦朧：

「你到底還有什麼不滿足呢？作爲皇后，你受到國民的尊敬，過著榮華富貴的生活。雖然沒有孩子，但那是因爲你感情淡漠。皇上是慈悲善良的，你這個樣子，他也沒說什麼，而且爲你提供舒適的生活條件。」

有一天，二格格和三格格在「皇后」面前閒聊。話題時而放在譚玉齡身上，時而又轉到嵯峨浩身上。在她們看來，「皇后」是病人，也無須加以解釋。

「她好像懷孕了。」

「我看著也像，應該提醒她注意才好。」

婉容聽著，以爲是新冊封的「貴人」「懷孕」了，爲此受了很大刺激。從那以後，每當「皇帝」的寢宮深夜響起懲罰人的打手板或抽鞭的聲音，「皇后」便走出房間屏息傾聽，她想知道挨打的是不是「貴人」？由此又不能不聯想到自己不幸的遭遇……然而，幾天之後婉容就得知，二格格和三格格所說的懷孕是指嵯峨浩，而不是說「貴人」，她的心緒又獲得平衡。

一九四〇年六月，溥儀第二次訪日，要把日本天照大神迎到滿洲來供奉。對此，「康得皇帝」滿心不願意又不得不爲。風傳說溥儀也把想辦的一件事帶到日本，他曾向裕仁天皇談及家庭問題，仍希望正式與婉容離婚，以便讓譚玉齡坐到皇后寶座上，結果被婉拒。溥儀爲此，還在會見結束返回住處的車中痛哭一場。

「皇后」和「貴人」一面未識，也有無盡的恩恩怨怨……

溥儀說他用譚玉齡懲罰了婉容，也因爲譚玉齡給自己帶來的精神安慰平復了心靈的創傷。這位政治上屈辱的「皇帝」，終於從「貴人」身上獲得愛情，度過了幾年快樂時光，笑臉常開，發脾氣的次數也顯著地減少了。

十五、生離死別的淒慘一幕

不過，譚玉齡身體不佳，平時離不了宮中侍醫，一年四季藥不離口，但也沒鬧過大病。忽然災難臨頂，譚玉齡在一九四二年的夏秋之際病重了，先是口內乾渴，大量飲水，繼而臥床不起。老媽子和侍女們不斷報告溥儀說「貴人」尿血了。

溥儀派他的兩位中醫大夫佟闊泉和徐思允去給譚玉齡診脈，還讓他們開了藥方先行呈送。溥儀不放心，要親自過目，憑藉粗通中醫知識的本領，對藥方加以增減修改。據當時貼身伺候溥儀而詳知內情的毓嵒說，因爲佟闊泉是北方大夫，開的藥方劑量大，而徐思允是南方人，其藥方劑量又特小，所以溥儀要對兩方中若干味藥的劑量加以調整。溥儀這樣做的利弊未可知，但一顆愛心可見。

經中醫治療未見好轉，溥儀又指派西醫黃子正繼續診治。這位黃醫生一九一九年畢業於臺灣總督府立醫學專門學校特設科，曾在孫傳芳部任上尉軍醫，先後在福州、杭州、上海等地行醫，因治癒了謝介石的一個姘頭，而與僞滿發生聯繫，從一九三二年起，在長春市開設大同醫院，曾由謝介石介紹，治癒了溥儀的腳氣病，從此常常得到溥儀賞賜的金錢和物品。到了一九三六年因收入不佳，擬歇業返籍，正好這一年溥儀患皮膚病，在大腿內側起了一條紅線，又找來黃子正治好了。爲此，溥儀一次賞他七千元，讓他繼續在長春開醫院。三個月後，他乾脆停辦醫院，每天入宮候診，給溥儀及內廷各色人等看病，實為溥儀的專用西醫。偽滿垮臺，溥儀出逃也把他帶上了，結果又跟溥儀蹲了十多年的監獄，這是後話了。

譚玉齡經黃子正一番細心診治仍不見好，溥儀才慌了手腳，一面命針灸大夫林永泉實行針灸治療，一面再命黃子正聯繫高明的西醫大夫。

譚玉齡病重以後，神志還是清醒的。溥儀多疑，總以為她這病與看見了什麼人有關，或者故意瞞了他什麼事，遂不顧譚玉齡在病中，一遍遍地追問她「看見誰了」。譚玉齡流著淚告訴她的「皇上」說：「玉齡真不曾看見誰呢！」溥儀這才相信，而他的「貴人」病勢日漸沉重了。

據守候在譚玉齡臥室外的毓嵒講，「貴人」從昏迷中醒來，看見坐在床邊的溥儀，第一句話就問：「皇上進膳了沒有？吃的是什麼？」溥儀聞此，頓時淚如泉湧。

又據嵯峨浩說，譚玉齡病危之際，不但沒有忘記「皇上」，也沒有忘記並無一面之識的「皇后」，她的最後幾句話滲透了中國傳統的「婦德」：「非常遺憾，我一次也沒有見過皇后，還沒有侍候過皇后，謹請寬恕吧！」譚玉齡垂淚說完她想說的話，又昏迷過去。

這時，黃子正請來了偽滿新京市立醫院的日本西醫大夫，同來的還有一位女護士，經溥儀同意立即給譚玉齡注射並輸血，血液是護士從醫院中帶來的。與此同時，溥儉、溥倛、毓嵒和毓嶦等幾個內廷學生都聚在譚玉齡的臥室外，以應差遣，溥儀也一直守候在側，指揮救治。這是一九四二年八月十二日的晚上。

夜已深，搶救仍在緊張進行。吉岡安直出現了。他命令日本醫生立刻到「宮內府」候見室來。兩人用日語談了許久，才讓醫生繼續搶救，但在場的人都感到已經不那麼緊張了，未再注射，也未再輸血。過了約一個時辰，醫生提出需給病人導尿，因爲這樣做，勢必暴露肌膚，溥儀考慮「皇帝的尊嚴」，堅決不允許。日本醫生隨即帶著護士離去了。

瀕臨死亡的「貴人」，再也沒有說出一句話，再也未能從昏迷狀態中醒轉過來。眼看大勢已去，溥儀不願親見他心愛的人撇下自己的場面，懷著深深的悲痛回到自己的寢宮。當時，譚玉齡安詳地仰臥在床上，一條嶄新的綢製夾被覆蓋全身，只露出一頭烏黑的秀髮和一張蒼白的臉。

遵照溥儀的囑咐，溥儉、溥偀、毓嵒、毓嶦和針灸大夫林永泉等在場的幾個人，走近譚玉齡的床前，面向「貴人」，合掌默誦佛經，爲這位不幸的女人超度。

不久，譚玉齡呼出最後一口長氣，繼而從鼻孔流出兩條細細的鼻涕，「貴人」就此告別人間，閉上還在流淚的雙眼默默而去。

這是一九四二年三月十三日凌晨。

十六、譚玉齡是被害死的嗎？

譚玉齡之死，因溥儀的懷疑而被蒙上一層濃重的迷霧。

溥儀確信他的「貴人」是被吉岡安直害死的。他的理由是：

第一，譚玉齡的病經中醫診斷爲傷寒，並非險症，中醫對此完全有把握。繼而又經日本大夫診斷爲粟粒結核症，也不屬於致命的急症。然而，她連一個晚上都沒有過去就突然死了。

第二，日本醫生開始治療很熱心，注射、輸血，非常緊張地投入搶救。不早不晚，吉岡安直就在這時候出現了，他把日本醫生叫到候見室內，關上門談話達三個小時之久。這不能不令人生疑：爲什麼一定要在搶救病人的緊張時刻把醫生找出來談那麼長時間的話呢？在「帝室御用掛」和一位醫生中間，還能有什麼比搶救更重要的事情呢？而且，談話之後，日本醫生的治療熱情沒有了，不再注射和輸血，變成了消極和應付。

第三，當天夜裏，吉岡安直乾脆住在勤民樓內，不斷地讓日本憲兵打電話給日本醫生帶來的護士，密切關注譚玉齡的病勢發展，直到獲悉「貴人」的死訊才迅速離去。

第四，譚玉齡咽氣未久，遺體尚溫，吉岡安直已代表關東軍司令官來向溥儀弔唁了，表示「深切的悲痛」。不僅如此，還帶來了由關東軍司令官兼駐滿全權大使梅津美治郎大將親書輓聯的大花圈。溥儀越發感到奇怪：他們怎麼預備得這麼快呢？

眾所周知，之前曾發生過溥儀與德王議論日本人的私房話被吉岡安直獲悉的事件，溥儀由此懷疑日本人在宮中各個房間都安裝了竊聽器。譚玉齡之死或許也跟竊聽器有關吧！

溥儀愈尋思愈覺得有鬼，他回想起譚玉齡生前常常跟他談論日本人，談論她耳聞目睹的日本人欺壓中國人的情形，以及她從北京來長春沿途所見日本人橫行霸道的種種事例。即使這類談話未被偷聽去，吉岡安直也有理由對譚玉齡下毒手，因爲他顯然很需要譚玉齡佔據的這一塊空間。

溥儀回憶說，譚玉齡屍骨未寒，吉岡便拿來一堆日本姑娘的照片讓他挑選作妃。溥儀拒絕了，他說譚玉齡剛死，他很悲痛，無心談論這類事。吉岡卻說，正是爲了解除陛下的悲痛，才想到要早日辦好這件大事云云。不過，溥儀已經認準了一條：說什麼也不能替日本關東軍把耳目安到自己的床上來。他頂住了。

但過不多時，吉岡又拿來一張旅大某中學女學生的照片，溥儀起初想同意，但二妹韞和不贊成，認爲選這樣的女人跟選日本女人也沒有很大區別，遂再度拒絕。數日後，吉岡又領來一位女教師，是純粹的中國人，溥儀仍未看中。總之，只要是吉岡插了手的，溥儀寧疑不信，無論她是日本人還是中國人。

溥儀的懷疑是當時就有的，他曾跟四妹夫趙國圻談過這件事。四額駙在回憶中寫道：

「譚玉齡死後，溥儀一直悶悶不樂，大約送葬過後一個多星期，他的心情稍稍平息後我去看他。那天，他坐在客廳沙發上，見我進來就悄聲說：『我懷疑她是被日本人害死的。』『你看，她死在小野寺來的當天，而且是在吉岡與小野談話之後，你說這裏面難道沒有關係嗎？』溥儀的音調裏依然充滿著傷懷之情。我同意他的看法，種種跡象表明，譚玉齡死得確實有些蹊蹺。『唉……』溥儀一聲長嘆嚇了我一跳。我從他凄楚的眼神裏看得出，他壓抑的內心似乎有數不清的千言萬語。」

四額駙趙國圻的回憶中提及的「小野」，即當年滿鐵醫院院長小野寺，也就是搶救譚玉齡的那位醫生。有一說認爲，小野寺並不是黃子正請來的，而是吉岡安直帶進宮裏來的，如此說來，對於譚玉齡之死，日本關東軍就更不能脫離干係了。不但四額駙趙國圻相信溥儀的懷疑，連弟媳婦嵯峨浩也說：「皇上這樣想，也是有一定道理的。」

溥儀的族侄毓嶦也多次回憶譚玉齡死時的情形，據筆者一九八一年訪問毓嶦先生的筆錄，他與溥儀有同樣的懷疑，而說法略有差異。重要的是，他曾指出譚玉齡入宮之前，溥儀就得罪了吉岡。他說：

「溥儀的第三個老婆叫譚玉齡（初封『祥貴人』，死後封『明賢貴妃』），身患膀胱炎，引起臟症。經吉岡推薦滿鐵醫生小野寺院長前來治療。據說，小野寺來時，和吉岡在內廷候見室談了一小時的話，然後進入內廷緝熙樓樓下貴妃玉齡的寢室診治。不料經注射後，不到天明即行死去，人們都說玉齡之死是吉岡下的毒手。因爲早在婉容精神失常以後，吉岡就向溥儀提議選擇一個日本女人入宮。溥儀推脫說已在北京選好，不久即將接來，這就是譚玉齡。吉岡當時雖然不滿，但屬於溥儀私事，吉岡也不便過分干涉。恰好玉齡有病，遂下此毒手。玉齡既死，吉岡向溥儀又提議，他給溥儀找來不少日本女人相片，讓溥儀選擇。但溥儀推脫說，將來找一個日本女人，應當慎重一些，因爲這是兩國關係，現在暫時先在長春找一個。因此，吉岡將李玉琴選進宮內。」

跟隨溥儀多年的隨侍嚴桐江對譚玉齡的死也持懷疑態度。他的檔案資料中有這樣的記載：

「關於譚玉齡之死，這是使人很可以懷疑的事情。譚玉齡本來體質很好的，但是得了感冒以後，經過侍醫佟成海的診治，據說已有一些效果。不知什麼理由，吉岡又帶進去滿鐵大夫（**當時是經過溥儀許可的**），又爲什麼在夜間人們就寢後注射，注射後，大夫即匆匆離開內廷，幾小時後譚玉齡即死亡。由此我們推測：當時的『日滿結婚』首先在政府機關中出現，以後又在溥儀侄輩學生中勸告娶日本女人，也可能勸溥儀娶納日本女人（**沒聽溥儀說過**）。由此可以想到，這是日本人的大陰謀，溥儀如果納了日本女人，所生的子女無疑將來是要繼承滿洲皇帝的，中國的東北領土，不是就歸日本了嗎？」

當時什麼說法的都有，也有的認爲譚玉齡本來就是日本人派到溥儀身邊來當「眼睛」的，因爲她沒有照日本方面交給她的任務去執行，結果，就說她生理上有毛病，因此才不會生孩子，遂硬給她診病，活生生地治死了，事後又聽說是下藥毒死的。還有的說，譚玉齡是背負著反滿抗日的使命而來，因爲暗自庇護了一批愛國人士而被日本方面發覺了，遂下了毒手。更有人說，日本方面希望早立皇儲，這與其說是爲溥儀考慮，莫如說是要廢之害之而以幼君代長君，無奈「祥貴人」總不作繭，既不中用，倒不如犧牲她再換一個。奇怪的是，還有人想到瘋瘋癲癲的婉容身上，說是「皇后」假手日本人，想要拔除「寵愛集於一身的眼中釘」……

綜上所述，懷疑譚玉齡是被害死的人們也各有各的說法，卻大多認爲是政治陷害。對於溥儀來說，由於地位和政治環境的關係，他顯然是最敏感和最富有判斷力的，今人絕無理由一筆抹去溥儀當年指出的疑點。

十七、溥儀決定為「貴人」隆重舉喪

「貴人殯天了！」隨侍哭喪著臉，把這個意料之中的消息報告溥儀。

溥儀快步走進「貴人」的寢宮，在遺體旁默默地站立幾分鐘，然後一揮手，在場的人們便七手八腳地忙乎開了。溥儀指示幾名女傭給「貴人」更換壽衣，那幾位誦經的男性內廷學生們則暫時退出臥室。換衣畢，「貴人」遺體被抬出緝熙樓，停放在西花園暢春軒的堂屋內。

隨後，溥儉、溥俟、毓嵒、毓嶦等「內廷學生」被傳到緝熙樓二樓溥儀的寢宮，每人都是淚流滿面，一副悲戚之容。溥儀命他們幾個人從即時起，在暢春軒堂屋外面院子裏守靈。

對於譚玉齡的死，最痛苦的人莫過於溥儀，這是真的。李玉琴對此有過解釋，她說溥儀是因爲不能在譚玉齡活著的時候給予她真正的夫妻恩愛而感到內疚，願以悲痛贖回良心上的罪過。這裏主要指夫妻性生活不和諧方面，雖然這不能不說是原因之一，但精神和感情方面深層的愛，顯然是更加重要的方面。

據當時任僞滿國務院總理秘書官的高丕琨回憶，譚玉齡剛死，溥儀就召見僞滿國務院總理張景惠和總務廳長官武部六藏說，「貴人」年輕病故，實屬可憐，擬冊封並厚葬，以慰我心。張景惠和武部六藏二人誠惶誠恐恭乞「皇上」節哀，「貴人」後事一定遵旨辦理，以安聖心。他們研究了冊封和厚葬的具體問題，決定冊封譚玉齡爲「明賢貴妃」，由政府特撥十二萬元爲「明賢貴妃」治喪。

溥儀想來想去，唯將喪事託付七叔載濤才放心，紫禁城內的大婚、天津靜園與文繡的離婚都是由載濤貝勒主持，這回自然也非他莫屬。當下電諭載濤，命爲「承辦喪禮大臣」，火速從北京趕來主持喪事。

與載濤同時被委派爲「承辦喪禮大臣」的，還有僞宮內府大臣熙洽、僞參議府參議胡嗣瑗以及僞宮內府次長鹿兒島虎雄。除溥儉、溥僎、毓嵒和毓嶦等「內廷學生」已在靈前守候之外，溥儀又命家族人員載樞、毓憼、裕哲、恒潤、潤良、趙玉撫等爲靈前穿孝人員。

據《明賢貴妃喪禮關係文件》明載，整個喪禮過程可以分爲兩個祭禮程序和四個典禮程序，極爲隆重。如果說譚玉齡入宮，因爲溥儀不願意宣揚幾乎不爲外人所知，而譚玉齡出殯則鬧得當時整個長春市無人不曉。人們正因爲譚玉齡死了，才知道「皇上」還納過這樣一位妃子。

譚玉齡於八月十三日死後，先停靈於西花園的暢春軒，直到九月二日「奉移」。這個期間的祭禮稱爲「吉安所祭祀」，即第一個祭禮程序。

隆重而正式的祭奠典禮，即民間所謂的「大殮」，在八月十五日午刻舉行。這個時辰是經算命先生按照譚玉齡的生年「化命坤造二十三歲庚申（一九二〇年）」而批定「大殮用戊申月，庚子日，壬午時，利」。溥儀叫人給遺體更換了全套滿族婦女的服裝，裝殮入棺，請來和尚念經；又因譚玉齡未生育，遂命溥俟和毓嵒代後人身穿重孝，跪在譚玉齡靈旁，每日早、午、晚祭拜三次。溥儀的近親等皇族成員也要依次在靈前行三拜九叩大禮，繼而旁及內廷的女僕男傭。當然，這還是僅限於皇家舉喪的小規模活動。

同日舉行的「初奠祭禮」則表明爲一位二十二歲的「貴人」去世，已經塗抹了一層國殤的色彩。照規定，在這一儀式中，僞宮內府薦任官和同待遇以上者在暢春軒靈前行禮。另外，奉置神牌於「新京」市內般若寺，政府特任官待遇以上者趨前行禮，日本方面特任官以上者也在般若寺神牌前參拜，而靈前穿孝人員在暢春軒和般若寺分班輪值。

這些祭祀的開支是相當龐大的。據「用度系預算」，從大殮到「首七」的費用就達到三千零九十二點九四元。政府特撥十二萬元治喪，費用是足夠的。到喪禮結束時，還餘存小麥粉十袋、白酒約四十斤，經溥儀批准，分發給執事人員，連三十六套穿過的孝服也分發了。

「三七」首日，即八月廿七日午刻舉行冊封典禮。

譚玉齡死後，溥儀要行使特權，對「貴人」予以冊封，也是通過張景惠和武部六藏商定的。武部即命佐藤知恭查閱清朝皇制，提出冊封名號的初步意見，以供「皇帝」採擇。

佐藤知恭，一八七二年生，別號膽齋，日本新潟縣人。他是一位很有造詣的漢學家，對中國古典文學尤有研究。早年曾在清朝做官，據高丕琨說，「領過西太后發的年給薪餉紋銀幾千兩，還是賞穿黃馬褂、藍頂戴品級的京官。」僞滿成立，以既通漢學又通清朝帝王之學的日本人的資歷，出任國務院總務廳囑託之職，專事起草僞滿皇帝的詔書和敕語，且能以清秀的工筆小楷繕寫。據講，「其爲文以惟神之道爲綱，日滿一德一心爲體，以發揚王道樂土、八紘一宇的精神建設大東亞共榮圈」，故「無人敢改一字」。武部總務長官命他協助僞滿皇帝爲其亡故的「貴人」追加封號，當然再合適不過了。

溥儀參考佐藤的意見，決定追封譚玉齡爲「明賢貴妃」，並擇定「三七」首日爲「吉日」，舉行了「冊封」儀式。溥儀派定冊封正副使以後，又親自書寫了「封譚玉齡爲明賢貴妃」的諭旨，放入「貴人」棺內。此後，一切喪禮儀注均參照《大清會典》的記載，按貴妃喪禮之格進行。

至於這次隆重的冊封典禮，由喪儀「行事系」制訂的實行方案保存下來了，記載其過程甚詳。經過宣讀冊文、行禮奠酒，被冊封爲「貴妃」的譚玉齡，在地位上提高了好幾個層次，已經成爲後宮中僅次於皇后的人物了，然而對於已經去世的人來說，無非得個名義罷了。

冊封典禮後，當天又舉行大祭。大祭典禮，這是明賢貴妃喪禮中的主祭儀式，仍照「初奠」的規矩：僞宮內府薦任官以上者在靈前行禮，政府簡任官和軍職少將以上者，在般若寺神牌前行禮。內廷的大祭儀式由熙洽任主祭官。熙洽，字格民，生於一八八四年，係清朝顯祖的次子、努爾哈赤的二弟莫爾哈齊的後裔，畢業於日本陸軍士官學校，後在張作霖部下任職，懷著復辟清朝的妄想賣國投敵，加入僞滿，當時正擔任著僞宮內府大臣，所以有資格出任主祭官。

八月廿八日舉行繹祭。所謂繹，也是祭名的一種，主要指大祭第二天再祭之禮，此禮周代以來就用。溥儀給他的「貴妃」沿用此祭，真可謂厚重。

啓奠典禮，就是在起靈之前焚燒死者衣冠的儀式，由溥傑任承祭官，在九月一日舉行。

最後是奉移禮，就是當譚玉齡的遺體由僞宮暢春軒移往般若寺行前之際所舉行的儀式。九月二日午刻舉行。僞宮內府委任官以上人員，那天都加入了奉送的行列。「吉安所祭祀」至此告終。

九月二日「奉移」後，譚玉齡遺體厝於般若寺，而且一直安放到僞滿垮臺。在這個長時期中的祭祀被稱爲「暫安所祭祀」，即第二個祭禮程序。

從「初奠」，溥儀就在般若寺爲譚玉齡設神牌，如今又把金棺停在此處，這是因爲溥儀與般若寺的關係非同一般。

這座寺院於一九二三年始建於西三馬路，規模不大。僞滿初年因修路而廢棄了舊廟，遂由政府撥款十一萬元，在現址重建般若寺，並於一九三二年十月落成。釋澍培法師被推舉爲該寺第一任住持（方丈），並因此與溥儀的侍從武官長張海鵬等相識，這座寺院也與篤信佛教的「康得皇帝」有了愈來愈密切的聯繫。

一九三三年二月七日，即舊曆正月十三日溥儀過生日那天，般若寺僧眾在澍培法師的主持下，舉辦第一次「萬壽節」道場。山門外懸燈結彩，張貼對聯，大擺經壇，全天誦讀《金剛經》，敬祝「皇帝」萬壽無疆。澍培法師還撰寫奏摺，請溥儀按歷朝皇帝到寺廟降香的先例蒞寺拈香。溥儀收到張海鵬代遞的奏摺非常高興，即命僞宮內府內務官王大忠代行降香，寺僧乃全體出動，爲「皇上」祝壽念經。溥儀更受感動，此後每年一度，未嘗中輟。對於該寺的其他佛事活動，溥儀亦十分關注。

一九三四年，溥儀又以顏體楷書「正覺具足」金字匾額一方欽賜寺院，寫得韻味十足，懸於般若寺藏經樓，爲之增色不少。

一九三六年五、六月間，般若寺首次舉行規模空前的開光傳戒祈禱道場，「康得皇帝」親派僞宮內府內務處處長商衍瀛到寺院，捐贈一萬元，以助道場的舉行，使眾僧深感沐浴「皇恩」。這次道場成了東北佛教史上令人矚目的一件大事，般若寺也因此成爲名刹。寺院方丈對溥儀感恩不盡，還特意在《受戒須知》中規定這樣一條：「須知我皇上洪恩浩蕩佛心度世，凡我民眾均蒙厚德應常懷報恩之心。」

儘管有如此深厚的淵源，一連數年長期停靈般若寺，也並不符合溥儀固有的願望。嵯峨浩女士在其回憶錄中提供了這件史實的線索。她寫道：

「皇帝當時的悲痛，簡直令人目不忍睹。舉行了盛大的葬禮之後，皇帝賜她為他他拉皇貴妃。並決定在奉天的清朝祖廟旁邊修造他他拉譚玉齡皇貴妃的墓。然而由於關東軍的反對，這一計畫沒能實現，只好將遺骨安置在新京的一座廟裏，派禁衛隊守護。」

日本關東軍的立場是前後一致的，始終認為要區分「滿洲國」與清王朝，要區分「康得皇帝」與宣統皇帝。他們連溥儀前往奉天祖陵祭祀都深表不滿，而溥儀也只能在陵區深部才換穿清朝帝王龍袍於一時，著實可悲。現在，又豈能允許「滿洲國」皇帝的「貴妃」亡靈進入清代帝王的祖陵呢？不得已，溥儀把他的寵妃送進了「暫安所」。

譚玉齡出殯的宏大場面震動了整個城市，數以萬計的長春人圍觀了這「奉移」的盛況：明賢貴妃的棺很大，外面還套了一層楠木製成的槨，鏤刻一篇心經。棺槨置於大升輿中，由七十二槓抬靈。抬靈的人大部分是身材魁梧的河北滄州人，又穿上統一製作的孝服，越發顯得威風凜凜。一起步，便在前槓放一摞銀洋、兩碗白酒。其前有一人敲木魚領步，數十名抬靈者走一個步點，一板一眼，毫無錯亂。因此，前槓上的銀洋不散，白酒不灑，那氣派確為帝王之家所獨有。溥儀的親屬和其他宗室人員身穿孝袍隨靈送殯，一直送到般若寺停靈。

明賢貴妃在般若寺內停靈的地方，確實是溥儀「敕建」的。這並非為譚玉齡準備的靈堂，卻歸她享用了。它的設計者之一于勳治先生回憶說：

「在長春護國般若寺裏頭，還修建了一個停靈的地方，這是溥儀的第一個貴人譚玉齡死以前讓我們設計的。其形式如舊式殿房，共三間，很簡單，後來聽說拆除了。」

據毓嵒說，譚玉齡的靈柩，就停放在那三間舊式殿房中間的正房裏，一直到僞滿垮臺。因爲關東軍始終不允許在奉天的清朝祖陵旁邊爲「明賢貴妃」造墓，溥儀索性就長期停放「暫安所」而不考慮「奉安園寢」。這事表明，在日本人面前，溥儀或多或少也有那麼一點點「骨氣」。

譚玉齡靈柩在「暫安所」停放三年，祭祀活動未嘗斷絕。據保存下來的一份百日之內祭祀活動安排，就有周月致祭、五七日燒傘、七七日燒樓庫箱子、再周月（六十日）致祭、三周月致祭、百日讀文祭祀等繁多事項，均由僞宮內府官員行禮致祭。在「暫安所」期間，耗資也是相當可觀的，僅以一九四四年的年度預算爲例，全年用款三千九百六十六元。關東軍把譚玉齡的葬地視爲原則問題，絕不退讓，不在乎因長期停靈而枉花若干「國帑」，這也是容易理解的。

十八、真摯而深切的懷念

譚玉齡的死訊傳出後，溥儀的親屬們紛紛進宮參與喪事，親眼看到「皇上」萬分哀痛的情狀，都想給他一些撫慰。四妹夫趙國圻說，他曾看見溥儀跳著腳哭喊：「我不信她會死，我不信她會死呀！」毓嵣和楊景竹夫婦也看到「皇上」正在落淚，一邊哭一邊十分難過地說：「她淨勸我呀！」

溥儀此言是有深意的，然而他停音在此，有誰能知那話中話呢？是「勸」他莫對宮中的傭人發脾氣麼？還是「勸」他無須聽日本人「共存共榮」的謊言？溥儀不往下講，誰能知道呢！譚玉齡的「老媽子」見溥儀哭了，又過來勸慰：「萬歲爺，您可別太傷心了呀！」

這時，「老媽子」又把一個小紙包雙手捧呈「萬歲」，並說：「這是貴人殯天之前特意囑咐留給萬歲作紀念的。」

「什麼東西？」溥儀急切想知道。

「貴人的指甲，她親自剪下的。」

溥儀打開看了看，又落淚了。

譚玉齡喜歡把指甲留得很長，輕易不剪的。楊景竹與她交往幾年，只發現有一次她把指甲剪了。不知道是來了什麼情緒，她對楊說：「今天我動手做了一次飯，指甲也剪了。」說著還伸出手來讓楊景竹看，在那雙細皮白嫩的手上果然不見指甲了，不過以後又保留了起來。

爲了寄託哀思，溥儀命原樣保留「貴人」的寢宮，把幾塊指甲也放在寢宮內了。溥儀的貼身隨侍之一李國雄回憶說：

「對於譚玉齡的死，溥儀確實很悲痛，那些天和我們說話的腔調都變了，譚的居室始終保持原樣不准挪動。記得譚死四個月後，溥儀命我到譚的居室找一樣東西，這是譚入宮後我頭一次進這房間，她在世時，我們是根本不准靠近的。只見譚的床頭小茶几上扣放一隻杯子，挪開杯子，便露出四五塊一至二公分長的指甲，這就是譚臨死讓老媽子剪下留給溥儀作爲紀念的。溥儀逃跑前，還特意用紙包了隨身帶走，以表達對她的深深的懷念。」

據李國雄先生回憶，譚玉齡去世約半年，就有一位出身北京旗人家的女孩子被送進長春的「宮廷」，看樣子只有十三四歲。溥儀彈鋼琴的時候，她就老老實實地站在旁邊。原說是要收爲妃子的，十餘天之後卻被送走了。當時誰也不知道究竟是女孩不樂意呢，還是溥儀未相中。

事隔不久，溥傑和嵯峨浩「入宮會親」。溥儀正一個人坐在沙發上，流覽一本日本出版的婦女雜誌，遂以詼諧語氣說：「若娶個這樣的女人做妻子嘛……」

「您笑談。」嵯峨浩真以爲溥儀在開玩笑，但當她端詳溥儀面對的那幅畫面時吃了一驚，原是相貌酷似譚玉齡的日本女性，正作著插花姿勢，使「皇帝」感動。嵯峨浩說，那段時期，「皇帝日日夜夜思念他他拉，追憶懷戀他他拉。」

原來，溥儀一定要找一位面貌酷似譚玉齡的女子，以塡補因失去所愛而在內心深處造成的巨大感情真空。前擬收妃的女孩顯然沒有達到溥儀的這項標準，才被送回北京去了。

不久，溥儀從數以百計的女孩子照片中，挑選出一個李玉琴，就是因爲她出身貧賤的中國下層，又年幼無知，不用擔心她會有受訓於日本人的經歷。此外，還因爲在相貌上，她與譚玉齡有共同之處。李玉琴回憶說：

我入宮後，溥儀多次談到譚玉齡，總說我的模樣很像她。起初我還挺高興的，因為譚玉齡受到不少人的讚揚，皇上也喜歡。逐漸聽到的反映多了，覺得我和譚性格上完全不一樣，也就不願意再聽溥儀講那樣的話了。

有一次，溥儀讓我站著別動，他左看右看，還說：「怎麼這樣像玉齡啊。」我當時來了孩子脾氣，衝著皇上不住口地說起來：「皇上選玉琴就因為玉琴像貴妃麼?長相也許像，性格可不像。玉琴不會倒飾，不懂規矩禮節，又不會討二格格喜歡。」當時愈說愈有氣，幾乎忘記面前這人是誰了，還繼續說下去：「玉琴不是旗人，不是北京大戶人家，家裏又窮……」說著，眼淚也不斷線地流了出來，嘴裏還是叨叨咕咕地說著：「玉琴沒有哪個地方像貴妃，玉琴也不願意像貴妃，願意像自己。」回想起來也感到慶幸，溥儀當時竟沒有生氣，反而溫聲細語地勸慰我：「怎麼淨說些孩子話惹我生氣呀?可別再瞎說了!」「皇上總說玉琴像一張白紙純潔善良，還說玉琴有根基、有造化，那皇上倒是真喜歡玉琴呢，還是因玉琴長得像貴妃才喜歡？」我問得似乎沒深沒淺，卻說出了心裏話。

任何處在李玉琴那般地位的女性，對此肯定都不高興。她們都希望丈夫實心實意地愛自己，而不是因爲別人才愛自己。溥儀總算能夠理解，一邊給李玉琴擦眼淚，一邊解釋說：「我念叨玉齡，因爲覺得對不住她，她有病的時候我還發脾氣，她加重了病情。她跟我五年，一切都順從我，二十二歲就死了，我有責任哪！」接著，溥儀又安慰李玉琴說：「我喜歡你，這不完全因爲你長得像玉齡，你有自己的優點，你純潔、善良、天真、活潑，不會奉承，心口如一。我從第一天起就喜歡你說真話，愛你。千萬別胡思亂想，今後我們永遠不分離，永遠不變心，菩薩保佑，祖宗保佑，賞賜給我們一個皇子吧！」

在帝王身上，往往缺乏那種人間的感情。溥儀對婉容、文繡可以說是冷漠的、近於殘酷的，而他對譚玉齡卻很難忘情。譚玉齡死後，溥儀命將她的臥室原樣保存，直到僞滿垮臺始終不用。他用這種方式寄託了自己的哀思。

溥儀在逃亡中甚至被俘後，也沒有忘記停在般若寺內的譚玉齡的遺體。有位記者不知從那裏探得消息，在一九四六年八月相當準確地報導了下面一段話：

「譚玉齡死後，遺體厝於般若寺，派有專人看守。至光復，溥儀被迫走通化，對此死貴人仍眷戀不捨，囑看守人遇有必要，可以火葬之。之後，溥儀被俘去蘇，仍囑從蘇聯歸來之人帶信，命將貴人遺體火葬。看守人得信，據云已照溥儀之意辦理，骨灰或許仍爲溥儀保存云。」

事情是這樣的：溥儀被俘到赤塔後，有一天，收容所的蘇聯軍官告訴溥儀，可以再接幾個人來照顧他，希望溥儀寫封信，由蘇聯軍官帶到通化去。溥儀在這封信裏，提出溥儉等八個人的名字，讓他們立即到赤塔來。他在這封信中既不提婉容，也不提李玉琴，卻談到了譚玉齡，命溥儉和霍福泰（溥儀的隨侍）立即火化譚玉齡的遺體，並將骨灰送往北京由族人保存。溥儉等人雖然沒有來到「皇上」身邊，但對處理「明賢貴妃」的遺體還是「遵旨」而行了。他們從大栗子溝返回長春，立即火化了譚玉齡的屍骨，並輾轉帶回北京。其時，在天津替溥儀管理房產財物許多年的溥修已攜眷回到北京定居，當時溥儀唯一的妻子李玉琴也棲身於此，齔齒的兩個孩子也在這個家庭之中。於是，溥儉就把譚玉齡的骨灰盒存放在位於西城南官房的溥修家一間閒置的小東屋裏了。

溥儀自知身分已經變化，再也無力保護寵妃的遺體，遂決定火化，是不得已而為之，卻也是一種真情。

十九、「毒死貴妃」傳說的真相

一九四六年八月十九日，溥儀第二次在莊嚴的東京法庭上露面，為審判東條英機、板垣征四郎、土肥原賢二等罪大惡極的日本戰犯作證。

溥儀從上午講到下午，側重講述自己作為日本傀儡而在「滿洲國」的經歷，因此，他的這次作證演講被新聞界稱為「『猴戲』主角的自白」。溥儀說，他每次會見「滿洲帝國」軍司令官時，要有日本最高顧問和「軍政部大臣」監視，他的「訓示」則是照讀「他們做好了的空文」；他過生日，竟不許與來自北京的祝壽親友自由會面，連通信也受到偽宮內府日系官員的限制。溥儀憤怒了，他大聲說：「我想給祖宗掃墓也是被禁的，只能委派別人代理。」

當檢察長轉換話題，問起皇后和皇妃的生活時，溥儀的臉上頓現悲戚之色，緩緩地說：「我的愛妻被吉岡中將殺害了！」這裏的「愛妻」一詞，指的是譚玉齡。四年之後疑案重提，人們感到奇怪，整個大廳陷入一片沉寂。

溥儀的聲音回蕩在法庭上空，時而低沉，時而高昂，還有幾回，溥儀使勁兒地連續用手掌猛擊證人台，並大聲吼叫，像是要用聲音去撕裂毒害了「愛妻」的仇敵。他重提記憶猶新的種種疑點說：

我的妻子當年只有二十二歲，我倆非常和睦，她常常安慰我說，目前身不由己，不妨忍耐一時，等到機會來臨，當為中國收復此東北失地。然而，她竟被日本人毒死了……我知道這是誰幹的，就是吉岡中將！我的妻子患病後，先請了一位中國醫生來診。後來吉岡又找來日本醫生。她的病雖重，卻不至於死。在日本醫生診察治療期間，吉岡竟把醫生找去密談達三小時之久。那天夜裏就由這個日本醫生守護治療，本應每小時注射一次葡萄糖，可是醫生在整整一夜中僅給注射了兩三次。到次日清晨，我的妻子已經死去。奇怪的是，那天晚上吉岡一直在宮中留宿，並不斷向憲兵和侍女探問情況，當他聽說已經死了，才趕快溜出宮廷。

一個月之後，吉岡又來勸我娶日本女子為妻，並攜來多幀供候補的日本女子的照片讓我挑選。我當面無法拒絕，便回答說，婚姻以感情為基礎，所以不問是誰，只要是我所喜愛的，便與她結婚。我的妻子雖然不是皇后，但是她的地位僅次於皇后。不久，我就和一個年幼的中國女子結了婚。若問為啥選擇這一個女孩子？就是因為她沒有受過日本教育，可以由我自己來教育。

經溥儀重提的這樁疑案，通過無數通訊社的電訊，迅速傳遍世界，千奇百怪的大字標題登上各類報刊的顯要版面，引起軒然大波。這裏有當年刊於中國報紙上的幾篇報導，可見事態的發展：

日人圖設美人局毒斃溥儀妻

【聯合社東京十九日電】經日人一手扶登偽滿皇座之溥儀，今日在此間國際軍事法庭證人席中揮拳擊櫥，大呼日人暗殺其妻，稱：「伊被日人置毒害死，此事係吉岡將軍所為。匝月後，吉岡向余提議娶一日女，並出示照片多幀。」溥儀遭日軍關東軍監視，形同俘虜時，始終不獲吐露真情之機會，今日始得在法庭儘量陳述。廣大法庭中之群眾莫不傾耳靜聽。

【改造社東京十九日電】……季楠（檢察長）又問及溥儀之妻，溥儀面呈興奮答稱，伊常慰余曰：「目前實不獲已，且忍耐一時，一俟時機來臨，當為中國收復此東北失地也。」及伊患重症，先延中國醫師診治，吉岡即送來日本醫師。伊病雖重，實無礙於生命，然日本醫師時與吉岡密談，日本憲兵及看護，不絕向吉岡有所報告。翌晨，伊即亡去。伊實為吉岡所毒斃。一月後，吉岡勸余與日女結婚，攜來候補日女照多幀，然余卒與中國年輕女子結婚，蓋年輕則未受日人教育，可由余親自薰陶也。

溥儀口中的死妻，原為偽宮一貴人

偽帝溥儀除有髮妻慕鴻外，更有北平之「貴人」一名，溥儀前於國際法庭作證時，亦曾提到彼之愛妻被日本人吉岡毒死，實際毒死者並非溥儀之妻，即來滿作偽帝后由北平選來之貴人。據云，此偽帝貴人十七歲入「宮」，樣子相當標緻，因此與溥儀感情最為融洽。大前年（據可靠消息）此北平貴人忽然懷孕，日人知其懷孕，為免去未來麻煩，趁「貴人」患病之機，醫生錯用藥將「貴人」毒死……

莊嚴的法庭只相信證據。然而，當法官讓溥儀出示毒殺譚玉齡的證據時，他並沒有拿出確鑿的證據。

譚玉齡死而不了，因爲她帶走了一個永恆的謎。自溥儀疑案重提，引起眾說紛紜，其辭各異。首先是關於譚玉齡的病，有說「傷寒」者，有說「膀胱炎」者，還有說「感冒」者；其次是譚玉齡之死，有說是消極治療所致，有說是因爲在深夜扎了奇怪的一針，還有說是錯用藥毒死的；再次是關於謀殺者的動機，有說是吉岡偷聽了譚玉齡的愛國言論，有說是吉岡要給溥儀換日本老婆，並曾因此對譚玉齡積下前怨，還有說是因爲譚玉齡「懷孕」的。但是，既然當時並沒有對那位香銷玉殞的貴人進行生理解剖或是法醫驗證，上述種種說法就只能是猜測，而永遠不可能變成科學的定論了。

針對溥儀在法庭上的證言和由此引起的種種傳說，當時就有人表示懷疑。溥儀的忠實侍衛官工藤忠，就不認爲譚玉齡是被害。這裏要從工藤忠其人說起。

工藤忠，原名工藤鐵三郎，是日本國青森縣人，生於一八八二年（日本明治十五年），在日本專科大學畢業，原是日本浪人（無業遊民）。他早年與日本圖謀東北的地下組織「黑龍會」有來往，曾任日本陸軍省和外務省的囑託（非正式官員）。清末民初，他結識流亡於日本的前清「陝西都督」升允，與黑龍會搭上線，積極從事清朝復辟活動。升允回國後，潦倒於天津，接受溥儀授予的「顧問」之職，遂把工藤鐵三郎介紹給溥儀。「九一八」事變後，日本人把溥儀從天津弄到東北，工藤鐵三郎是接運溥儀上船、偷渡白河護送者的三個日本人（上角利一、大谷、工藤鐵三郎）之一。溥儀到了旅順，上角和工藤等人，被關東軍安排在溥儀身邊。工藤對溥儀非常恭順，頗得溥儀歡心。有一次，溥儀見茶水顏色不對，怕人下毒，叫人去化驗。工藤看了，端起杯子就把茶水喝了一大口。溥儀由此更加信任他。溥儀當了「執政」，便把工藤鐵三郎放在身邊做警衛官，一九三四年改「帝制」後，任工藤爲「宮內府侍衛官長兼警衛官」，一九三七年又任侍衛處長。在溥儀眼裏，這個日本人不但熱心復辟「大清皇帝」的事業，比遺老們還要忠心，遂把他當自己人看待，並給他改名爲「忠」，從此工藤鐵三郎便叫「工藤忠」了。

一九三三年，正當日軍攻取熱河、南下長城之際，溥儀認爲攻下北京指日可待，除大擺慶功宴慰問日軍將領外，還依「國務總理」鄭孝胥的建議，派工藤忠前往東京，打聽有關他能否正位當皇帝的問題。工藤忠見到陸相南次郎和黑龍會主要人物，消息是有利的，使溥儀心花怒放，相信當皇帝的時機快要到了。

僞滿垮臺後，工藤忠返回日本。一九四六年八月，溥儀出席東京法庭作證，工藤忠千方百計弄了一個某報的臨時記者證混入法庭，遠遠地見了溥儀一面，亦可謂盡最後之「忠」。當東京法庭的被告們群起指責溥儀「背叛」了日本人的時候，工藤忠卻仍以忠實侍衛官的身分出現在溥儀面前，大聲發言說：「背叛」者不是溥儀，正是在關鍵時刻拋棄溥儀的日本人。然而，就在他替溥儀辯解的同時，也反駁了溥儀關於譚玉齡「被害」的說法，他這時的反駁詞或許已經沒有政治背景了。

工藤忠後來在日本出版了一本書《皇帝溥儀在想什麼》，記述在溥儀身邊的生活，其中有一節專門談「毒死貴妃的傳說的真相」。他寫道：

如果說起關東軍的壓迫，那就應該提到以「御用掛」的身分，在皇帝身邊監視他一舉一動的吉岡安直中將。本來，「御用掛」是不能夠參加宮中各項典禮的，可是吉岡中將在「中國人」和外人晉謁

「皇帝」時，他都站在一旁。

那麼，吉岡和皇帝是有這樣親密的關係嗎？不是的。從前，只在天津時代陪同皇帝打過三次網球而已。但在軍部的宣傳中，則把他說成是皇帝最親信的將軍，從而把他送到宮廷裏去。然而，不但皇帝，就連宮中的其他人也都表現出討厭吉岡的樣子。他對於皇帝的意志和權利，在必要的時候，是一顧也不顧的。

在東京裁判所內，皇帝清楚地做出結論：「殺害貴妃的就是吉岡中將」！不過，這是不是由於誤解而來的呢？

這位貴妃是出身於好家庭的人，皇帝很寵愛她。她得病後，先受著漢醫的治療。於是，吉岡就說：「漢醫不中用！」並叫來軍醫使之診治，但已經過遲，第二天就死去了。這是由於得了急性腦膜炎。

尤其是貴妃不樂意的時候也不管，仍是強行注射，並令其吞藥。也許這就是皇帝堅決認為貴妃是被毒死的緣故吧！

更糟糕的是，在貴妃死後的幾個月內，軍部方面就把一名候補的貴妃帶來了。這件事竟連「滿洲國」的大臣，甚至「宮內府大臣」都不知道。於是，就有了一種風傳：那是個日本女子，就是毒死貴妃之後，用她來作為後繼者的。這就使「毒殺」的說法更有力起來。

工藤忠不同意「毒殺」一說，但也拿不出確鑿證據，種種說法全屬存疑。

二十、譚玉齡留給丈夫的紀念品

溥儀手中並沒有那種具有法律效力的證據，卻保存著幾件妻子的紀念品。一九五六年十二月，《末代皇帝傳奇》的作者潘際坰曾在撫順戰犯管理所見到其中的兩件：一件是溥儀相親時見到的那張少女譚玉齡站在月亮門前的照片，溥儀還在背面親自題寫了「我的最親愛的玉齡」幾個字；另一件即譚玉齡臨死前親手剪下留給溥儀的一包手指甲。

溥儀把這兩件紀念品藏在一個皮夾子當中貼身保存著，那個皮夾子的另一件紀念品則是溥儀的「福貴人」李玉琴的一張照片。當蘇聯紅軍進入我國東北以後，溥儀就帶著這個皮夾離開長春，先到通化大栗子溝，當又要離開那裏而乘機飛赴瀋陽，並擬換乘長程飛機逃亡日本時，一切東西均棄之不顧，唯譚玉齡的遺物仍貼身攜帶。以至後來在瀋陽當了俘虜，被押往蘇聯赤塔和伯力的收容所，五年之後又引渡回撫順戰犯管理所，溥儀始終不忍丟棄那個皮夾。所以有人評論他「也算是個多情的種子」。

潘際坰就此展開話題，向溥儀詢問那幾樣東西的來歷，並記述了當時的談話：

李玉琴的照片是被珍藏在一個大約三寸見方的紋皮皮夾子裏的，一共有兩張，一張是染上彩色的，也許因為穿棉衣的緣故，看起來不如現在複製放大的一張來得清秀。她的臉型相當美，也相當甜，髮端的兩個蝴蝶結沖淡了少婦的氣息，卻增加了成熟的少女風韻。安放在皮夾左上角的一張女性照片，只有一寸半大。

「這是誰？」我一面端詳著，一面問他。

「她就是譚玉齡。」

慶貴人譚玉齡的面貌和服飾，都是當年北京貴族婦女型的，會使人聯想到凝重、笨拙、枯燥、保守這一類字眼。不過，她可能癡心地愛過溥儀，因為當我發現這張照片旁邊一個薄薄的紙包的時候，問過他這裏面是什麼，他不太動感情地回答：「是譚玉齡臨死之前剪下來的指甲，說要留給我的。」

我不願意打開它，我覺得看了是件叫人不舒服的事。

我的目光毋寧是注視著那個皮夾：大約三寸見方，深棕色的，上好的皮質，很可能是進口貨，而且假如你細心多看幾眼的話，就可以斷定主人使用它已有多年的歷史。我漸漸懷疑它的出身：它是從哪裡來的？為什麼溥儀一直保存著它呢？

「這皮夾是你自己買的？進口貨？」我旁敲側擊地試探著。我想我也許會有些奇特的收穫，但也說不定完全是庸人自擾。

「噢，您問這個嗎？」溥儀輕描淡寫地說，「是那個英文老師莊士敦送我的。裏面原來放著他的相片，後來給我扔了。我現在就用它放起這幾張照片來啦！」他笑了起來。我想，那位蘇格蘭老頭兒如果有他的西方「在天之靈」，為此又該責備溥儀一番了。

莊士敦的那個皮夾子，還有譚玉齡的那張照片，至今猶存。

潘際坰離去才數日，李玉琴就來到撫順向溥儀提出離婚了。在會見室，李玉琴對著溥儀連珠炮似的說下去：「你在這裏關押著，有吃有穿的，可我受你牽累找不到工作。我不願再受牽連，受影響！再說你比我大二十多歲，而你與我脫離生活十幾年了，不也一樣過得挺好嗎？」溥儀無言以對，臉發燒，嘴唇顫動，眼圈也紅了，回到監房的木床上，就像洩了氣的皮球，咳聲不止。

就在溥儀特別苦惱、情緒低沉的時候，他向兼管在押戰犯物品的副看守長楊玉德提出了覆核衣物並取出庫房內個人皮箱中襯衣的要求。於是，溥儀被帶入兩所南頭的一間倉庫裏，他伸手拽下自己的黑皮箱，開蓋核對完畢，然後說：「東西完整無缺。」繼而翻動箱底，找出一件襯衣，裏面裹著一個小皮夾和一幀四寸以上的大照片，小皮夾還是莊士敦送給溥儀的那一隻，照片已不是貼在皮夾內的那一幀了。

溥儀見照片如同見到珍寶，用雙手捧著，瞪大了眼睛看，遠看、近看、迎著光亮看，看了很長時間，又擦擦相片上的灰塵，非常親近地拿在手中。

「你看什麼呢？」楊玉德見溥儀目不轉睛，便問道。

「是相片。」溥儀答。

「誰的照片？」

「我的前妻譚玉齡的。」

副看守長出於好奇，把那張因年久而褪色發黃的照片接過來細看，相片上的女人美貌出眾，圓圓臉、大眼睛、尖下頦、身材苗條，穿滿族旗袍，端端正正地坐在一把椅子上，身旁還擺著一盆鮮花。

「現在她在哪兒？」副看守長關心地問。

「已經死了。」溥儀的嗓音嘶啞了。

楊玉德終於明白了，溥儀如此動情，原來是因為李玉琴提出離婚，勾起他對已故前妻的思念。

這時，他又不自覺地把手伸進小皮夾，翻出一個黃紙卷，又小心翼翼地打開來，露出一綹女人的頭髮，烏黑的毛髮約有半尺長。

「這綹頭髮是誰的？」副看守長問。

「也是我前妻的。」溥儀答。

溥儀又伸手從小皮夾的內格裏拿出一個小紙包。楊玉德還以爲包著珍珠瑪瑙之類的貴重物品呢，打開卻是四個指甲蓋。溥儀告訴副看守長，這也是他前妻的。這些東西，他從僞滿至今一直貼身攜帶。楊玉德聽後頗爲感動，讓溥儀再把幾樣東西仔細包好放歸原處，什麼時候想看了，跟他說一聲就行。

說是這樣說，但楊玉德對溥儀保存譚玉齡的頭髮和指甲仍感到不可思議，忍不住問道：「你保存頭髮和指甲蓋有什麼用處？」

溥儀解釋說，他同譚玉齡的感情非同其他幾位夫人。譚玉齡心地善良，性格溫柔，不但能在生活上體貼關懷他，還能在他同日本人打交道的時候幫他出主意，想辦法。每當他處理完「國事」，從僞宮內府回來，譚玉齡總是問長問短，從精神上給予撫慰。所以，溥儀認爲譚玉齡最理解他，跟他的感情最深厚。譚玉齡不明不白地死去以後，溥儀吃不香睡不好，幾天合不上眼睛，至今懷疑她是被日本人害死的。溥儀繼續說，四個指甲蓋是譚玉齡自己剪下留給他的，而那綹頭髮是溥儀照滿族的習慣和個人願望，在前妻去世後特意剪留的。溥儀保存這些紀念品，亦常常拿出來看，能得到許多安慰，好像他最喜歡的亡妻永遠活在心中一樣。

「既然這些東西重要，你爲什麼不上賬呢？」楊玉德是從保管規則的角度提出問題的，不上賬的物品一旦丟失，無處查詢。

「這些都是我私人的心愛之物，體積小，本可隨身攜帶。再說，也不是貴重金銀，沒有什麼價值，只對我有用。還有一個原因：回國當時心有疑慮，認爲共產黨不講迷信，若上賬登記，當局強制我扔掉豈不無法補救？所以我時而隨身攜帶，時而藏於箱中衣內，使別人發現不了。不料這回因爲李玉琴提出離婚，讓我想起翻看照片，卻被楊先生發現，好在您同情我，令我感激莫名！」

於此，譚玉齡留給溥儀的各樣紀念品全部曝光。

廿一、歷史之謎有新解

因溥儀行蹤未定，譚玉齡的屍骨在長春護國般若寺「暫安」三年多，遺體火化後，又被送到北京南官房溥修家的小東屋「暫安」，直到一九五七年春節前，毓嵒從撫順戰犯管理所釋放回京，就住在那間小東屋裏。因爲他曾奉溥儀命而爲譚玉齡穿重孝，後來又在伯力過繼給溥儀爲子，故對譚玉齡的骨灰盒能以孝子之心而待之，乃存之於室內同房共居。

一九五九年十二月，溥儀獲赦回到北京，先在五妹家中稍住，繼而移居崇內旅館，一九六〇年二月開始在北京植物園勞動，轉年三月調入全國政協任職，又安排了單人宿舍，才算安定下來。這時，毓嵒以爲應該把譚玉齡的骨灰交給溥儀自己收存了，溥儀自然也很願意。他漂泊半世，連愛妻的遺體骨灰都無力顧及，現在應該接到身邊來了。溥儀取回譚玉齡骨灰以後，就放在自己兩間居室中的小屋裏了。

轉眼來到一九六二年的盛夏，其時溥儀與李淑賢結婚已數月。在天堂河農場勞動的毓嵒，利用休息日到全國政協機關看望溥儀。他沒有想到溥儀又把譚玉齡的骨灰盒交給了自己，溥儀說：「明賢貴妃的骨灰盒還是拿到你家存放吧，因爲你大嬸害怕。」

溥儀所說的「大嬸」，當然是指他的新婚妻子李淑賢了。他們婚後暫時住在溥儀的兩間宿舍裏，溥儀跟李淑賢說過譚玉齡的情況，並給她看過譚玉齡的照片，卻沒有告訴她還有骨灰的事。因此引出一段故事來。李淑賢回憶說：

「我和溥儀結婚以後，還住在政協大院的時候，有一次，我在溥儀存放雜亂物品的小屋裏看見一個木匣，我就問溥儀是什麼盒子？他這才告訴我這是譚玉齡的骨灰。我覺得有點害怕。一九六二年七月份的一天晚上，我忽然夢見從小屋裏走出一個女人，穿一身雪白的衣服，還披著輕紗。只見這女人一直向我們的床上摸過來，面目也越來越真切了，和我見過的那張譚玉齡的照片一模一樣，嚇得我大叫起來，一下子驚醒了身邊的溥儀。我也醒過來，才知是做夢，竟嚇出一身冷汗，連褥單也濕了。溥儀問我，我就把夢中的情景告訴了他。他這才決定把譚玉齡的骨灰盒送到侄兒小瑞（毓嵒）家存放。」

歲月流逝，溥儀經歷人生最後幾年的平民生活之後，在「文革」鬧劇的高潮中撒手人寰，儘管周恩來曾以總理身分爲其提供選擇棺槨和墓葬的機會，卻被他的眷屬和族人放棄了。當然，對譚玉齡的亡靈來說，也失去了殯骨合葬的機會。繼而毓嵒作爲「勞改釋放人員」，被押赴山西「監督勞動」，無端而再度失去人身自由。其間，毓嵒的兩個兒子動手把譚玉齡的骨灰盒埋入小東屋旁邊添建的簡易灰棚的地下了。這在當時無疑也是一種保護性措施，否則被「紅衛兵」發現了，其後果是不言而喻的。倘溥儀黃泉有知，得悉他的「明賢貴妃」已經「入土爲安」，也會感到寬慰吧！

當中國進入改革開放的新年代以後，又有一位女士在回憶錄中說到譚玉齡，這就是李玉琴。她們有過相同的身分和差不多的宮中生活經歷。李玉琴雖然是在譚玉齡死後八個月才入宮的，但與接觸過譚玉齡的許多女伴和女傭有密切的交往，加之對當年景物有種種切身感受，自然是有資格講話的。今天，她的回憶已不僅僅是原始資料的堆砌，而是用某種觀點對某段歷史的評判了。她這樣論及譚玉齡之死：

很久以來就有人把譚玉齡之死說成是歷史上的謎，溥儀還在東京法庭的證詞中，肯定說譚玉齡是日本人害死的，他當時那樣講，顯然是為了轉移視線，意謂他的一切行動都在日本人的管制中，連老婆也被日本人害死了。我對這種說法是懷疑的，在我國東北淪陷為殖民地的那段屈辱的歷史中，日本法西斯軍人幹了許多壞事，受到中國人民的無比痛恨。可想而知，像我那樣出身的人也絕不會喜歡他們，然而揭露侵略者要有根據，要叫敵人在事實面前低頭，而不可以望風捕影。譚玉齡活著的時候，不過是個年紀很輕的「貴人」，還談不到政治上的成熟，她既不能影響溥儀，更不能影響偽滿政局，日本人沒必要害死像她這樣無足輕重的後宮女子。有人說譚玉齡在溥儀面前散佈愛國抗日言論，我沒有聽說過。但我知道溥儀最反對女人干政，他認為大清帝國的垮臺罪在慈禧，所以在後宮絕口不談政治，譚玉齡豈敢違拗溥儀的大諱？可見傳說不足為憑。

李玉琴不贊成毒殺之說，而根據一位原宮中僕人的說法，認爲譚玉齡死於尿毒症。她說，日本大夫曾提出給譚玉齡導尿的治療方案，但溥儀不允許，最後把病人活活憋死了。溥儀不准導尿，主要怕暴露譚玉齡還是處女，那就把他生理上的毛病也宣洩出去了。李玉琴還說，即使不是爲了這個，溥儀也沒有那麼開明，會讓男性醫生給他的妻子導尿。

與此差不多同時，還有一位經歷了僞滿那段歷史的日本人說到當年的情形，她就是紅極一時的「滿映」影星和歌星李香蘭女士。

李香蘭本名山口淑子，日本佐賀人，祖父和父親都是漢學家，她本人於一九二〇年生於中國撫順。當她成爲「滿映」影星的時候，整天待在溥儀身邊的吉岡安直中將，當時由於年長望重，而被推舉爲李香蘭影迷俱樂部後援會會長，有了這層關係，吉岡和初子夫人都很疼愛她。當時又因爲父母住在北京，李香蘭孤身一人在長春工作，每次去日本和中國各地拍外景或演出後回到長春，不願住大和飯店，而經常住在吉岡家裏，就像他家裏的一個成員。

李香蘭與吉岡的長女悠紀子、次女和子年齡相近，彼此就像姊妹一樣相處。這一切，使她能夠深深地陶醉於吉岡家的家庭氣氛之中。在李香蘭看來，吉岡既是「典型的日本武人」，也是「性情溫和的老人」。作爲日本關東軍的參謀，他雖然不能不秉承日本軍部的旨意並操縱溥儀皇帝，但他對於溥儀以及他的弟弟和妹妹們，都懷有真誠的感情和由衷的關心。李香蘭在一九八七年出版的自傳《我的前半生——李香蘭傳》中，還專門就譚玉齡之死與吉岡的關係，做出了自己的說明：

在這件事上，應該說溥儀皇帝完全誤解了。四十五年前在中國大陸發生的怪死事件，今天要想像推理小說那樣把它說清楚，是不可能的。然而，皇帝卻在東京審判時親自出庭作證，爾後又在自傳中，一再懷疑譚玉齡是被吉岡中將謀殺的。

可是，根據當時一些有關人員提供的情況，事情並非如此。吉岡中將的遺屬並沒有多說什麼，只想說溥儀皇帝關於謀殺的懷疑「完全是誤解」。

吉岡的遺屬解釋說，皇帝雖然沒有跟他他拉貴人過夫妻生活，但非常寵愛她。一九四二年，新京醫科大學校長山口新平給貴人看病，發現她患的是肺結核，已到第三期。當時的宮廷醫學把她的病耽誤了。滿洲的宮中仍沿襲清朝的習慣，一旦患病，就搞中國式的念經、祈禱，然後完全依靠中醫中藥，毫不接受現代醫學的治療。

病情毫無好轉，皇帝急得團團轉。吉岡中將看到這種狀況，一而再、再而三地向皇帝進言，建議請新京第一醫院院長小野寺直助博士看病。皇帝身邊的人雖然不大同意，但因皇帝對小野寺博士寄於期望，吉岡中將便將博士領進宮內。但是，病情已惡化，已經來不及救治了。小野寺博士是九州大學的名譽教授，堪稱滿洲第一名醫。據小野寺博士診斷，他他拉貴人的病並非宮廷中醫所診斷的傷寒，而是粟狀結核和腦膜炎併發症，已無計可施，迫不得已，只打了一劑搶救針就退下去了。

皇帝還指責吉岡中將在他他拉貴人死後選新貴人的問題上獨斷專行。對此，吉岡中將的遺屬也強烈否定。吉岡中將起初同皇帝身邊的人商量，是否從滿洲良家子女上的師範大學的在校生或畢業生中挑選。但據說皇帝表示，「那麼大的女性，我不要」，提出「沒有學問也行，門第如何也沒有關係，只要年齡小的姑娘，我要在宮內府親自施教」。於是，從整個滿洲的滿系小學中搜集來一千多張照片，溥儀皇帝親自從中挑選了十四歲的李玉琴。爾後，由皇妹二格格將其接進自己府中，準備停當後作爲「福貴人」把她領進宮內府。

在譚玉齡之死這個神秘的問題上，持有與李玉琴、李香蘭相同觀點的還大有人在。一九八六年五月，趁著原僞滿國務總理張景惠的日籍秘書官松本益雄重訪長春的機會，作爲舊同事的高丕琨先生曾詢問譚玉齡死亡的原因。松本回答說：

「貴妃患病先是由宮內府中醫診治，嗣後請滿鐵醫院小野寺博士診治，確診爲『急性腦膜炎』，爲時已晚，搶救無效而死。當時未聽說是毒死的。」

他的記憶似亦可給李玉琴、李香蘭等人的推測作一注腳。

儘管人們對譚玉齡之死抱有各種各樣的看法，對她的愛憐和同情卻是一致的。李玉琴就在自己的回憶錄中表達了作爲後死者的「一樁未了的心願」。她說，婉容的屍骨至今仍遺棄在吉林省內一處荒塚間，譚玉齡的骨灰也隨便埋在北京我曾住過的一間廂房的地下，真希望有一天能親手把她們安置在妥善的地方。作爲同命相憐的女人，我理解她們，同情她們，願她們的在天之靈能夠得到應有的慰藉。

如今，李玉琴女士曾經住過的那間廂房，即毓嵒家也曾居住的那間小東屋依然存在，只有七、八平方米的面積，擺一張雙人床、一張桌子、一把留給客人坐坐的椅子已經毫無空隙了。電視機也只好隨便擺在桌角上，毓嵒有時伏在桌前練練書法，他手題的「何陋之有」四字條幅是四壁之上唯有的裝飾。

若干年後，世人們還能否知道這間小屋曾是溥儀寵妃譚玉齡的骨灰存放處，以及溥儀過繼子毓嵒全家人居住過的地方呢？到了一九九〇年代，古稀老人毓嵒受到政府的照顧，得到一處分配的房舍。考慮到還在已開放的「恭王府」擔任顧問，爲了工作方便，老人仍自願住在南官房小東屋裏，並繼續守護著譚玉齡的亡靈。

廿二、溥儀、李淑賢與譚玉齡將並骨

隨著李淑賢年事漸高，她開始考慮溥儀骨灰的最後去處。因溥儀沒有子女，擔心以後無人來看管溥儀的骨灰盒，就想爲丈夫溥儀買一塊永久性墓地，待自己百年之後與之合葬。而且，李淑賢還打算把譚玉齡的骨灰也葬進去，因爲譚玉齡是溥儀前半生中最喜歡的女人，所以李淑賢要了卻溥儀的這一心願，讓譚玉齡也與溥儀合葬在一起。

一九九一年，李淑賢曾打算在萬安公墓給溥儀買一塊墓地，後來也有一些人找過她，表示願意贈送墓地，但最後都沒有談成。

一九九四年四、五月間，郭布羅・潤麒帶來一條消息，說有位香港富翁願出鉅資爲清朝皇族後人在河北遵化馬蘭峪，即清東陵建一塊墓地，溥儀當然被列入進墓地的第一號人選，但在皇族內部徵求意見時卻發生了矛盾。皇族之間歷來複雜，而且李淑賢對專爲皇族建墓的辦法也有疑慮，這件事最後也就不了了之。

同年初冬，又有朋友找上門，這次給李淑賢帶來的消息說，香港實業家張世義在河北易縣清西陵崇陵（光緒帝墓）附近開發一處墓地，即華龍皇家陵園，希望把溥儀先生的骨灰迎入安葬，並表示願爲溥儀及合葬者修建規模適合的陵墓。

清西陵位於易縣梁各莊西，是一片丘陵地，周圍群巒疊嶂，樹茂林密，風景極佳。陵區內樹木茂盛，景色宜人。春夏之時，綠茵茵的松濤鳥語，流水潺潺，風景如畫，是旅遊避暑的勝地。張世義先生是山東泰安人，在香港開設了香港鴻華國際有限公司，一九九二年又返回內地投資，與河北省易縣民政局合作興辦了華龍皇家陵園。總面積約三百畝，整山挖河，修築了沙石和水泥結構的墓台，並進行了陵區綠化。

張世義告訴李淑賢，有意將陵園名稱叫做華龍皇家陵園，以便突出他似乎是專爲溥儀這位末代皇帝建陵的心意。溥儀少年時代在紫禁城當皇帝時曾經選過陵址，即所謂「萬年吉地」。李淑賢也希望能給溥儀的歷史畫上一個圓滿的句號。她想，華龍皇家陵園就坐落在清朝光緒皇帝的崇陵北側，溥儀既然已過繼給光緒爲子，現在又回到了父親身邊，這又有什麼不好呢？當然，溥儀並不是作爲皇帝歸葬於此的，而是作爲一個普通平民在這裏選擇了自己的陵址。華龍皇家陵園雖然地處清朝皇陵中間，卻是一般人的陵園，任何人都可以在這裏選擇陵址，從這個意義上說，是把普通人也帶進他的祖陵來了，這恰恰代表了一個新的時代。

這次見面以後，張世義先生與太太和公子又先後幾次登門看望李淑賢，希望瞭解李淑賢對爲溥儀建陵的具體想法。他不無興奮地說，既然歷史已經給了他這樣的機會，讓他爲中國末代皇帝安排這最後的一件大事，他無論如何也要把這件事做好，既要對得起歷史，更要對得起未來，這就首先要向李淑賢徵求意見，李淑賢滿意了，也就代表溥儀本人滿意了，所以一定要讓李淑賢把具體意見提出來。

李淑賢對張世義說，溥儀過去有一個妻子叫譚玉齡，是溥儀前半生四個妻子中他最喜歡的人，希望能把譚玉齡和溥儀葬在一起。張世義當即表示：「李阿姨，我保證做到這一點。」李淑賢又說，我也有百年的時候，溥儀活著時我們相依爲命，他走了，我一天也不能忘記他，他地下有知，也一定會想念我，所以今天我把溥儀的骨灰交給你，同時，我百年之後，也要交給你，我願與溥儀

和譚玉齡三人合葬。張世義又表示：「李阿姨，您所說的合情合理，我保證百分之百做到。」

張世義又讓李淑賢提建墓的具體要求。李淑賢說：「我的要求也不高。你的標準墓地是一點五平方米，溥儀的墓地要大一點，不能低於六平方米；我和譚玉齡的不能低於三平方米，還要給點綠地，再建個碑也就行了。」李淑賢認爲，當然不必把溥儀的陵墓修建得像帝王陵墓那樣豪華，但也要修得大些、好些，要和他的經歷和身分相稱。張世義毫不猶豫地說：「李阿姨，請您放心，我也可以告訴您，我做的一定會比您要求的好得多！」

張世義也向李淑賢說明了他給溥儀建墓的初步考慮。他說，他想把溥儀、譚玉齡和李淑賢的合葬墓建在自選區的正中，占地爲九十九點五平方米，這個數字是借鑒故宮房屋間數而來的，還將在世界範圍內徵集陵墓的建築方案。這樣周到的考慮，李淑賢當然是很贊成的。

一九九五年一月廿六日，是溥儀骨灰遷葬的日子，易縣清西陵華龍皇家陵園的靈堂已經佈置就緒，正前方懸掛著「全國政協委員愛新覺羅・溥儀」橫額，以及一幀放大的溥儀晚年的照片，四周擺滿了花圈，當李淑賢把木質雕花的溥儀骨灰盒捧放在鋪著黃緞的靈臺上的時候，遷葬安靈儀式就正式開始了。

這時，一位陵園工作人員跳下一人多深的墓穴，鄭重地從李淑賢手裏接過骨灰盒，輕輕放入鋪著黃綢的水泥槨內，又特意解開包裹骨灰盒的黃緞布，確認方向爲面南背北，再重新繫好，蓋上槨蓋，窩好鋼筋，再澆築混凝土封死。中國封建社會末代皇帝的骨灰就這樣安葬了。一九一五年清皇室選定的「萬年吉地」終於畫上了句號。看著溥儀的骨灰盒被工作人員小心的安放好，李淑賢心情十分激動。

溥儀的骨灰盒入葬後，張世義又問李淑賢，怎樣安排譚玉齡的骨灰，是放左邊還是右邊？李淑賢還沒想好，因爲譚玉齡的骨灰還存放在溥儀的侄子毓嵒處，李淑賢想可以從長計議，商量定了再辦也不遲。

溥儀的墓在經過一番波折之後，終於在一九九六年清明節前夕建好，建成了水泥墳頭圓頂和護欄，還立了一塊墓碑，墓碑上寫著「愛新覺羅・溥儀 一九〇六至一九六七」。張世義還按協議書要求，在溥儀墓的邊上給李淑賢和譚玉齡蓋了兩個空墳頭。

一九九六年四月五日，李淑賢再一次來到溥儀新墓前，她看著爲丈夫選擇的墓地，看著修好的新墳，心裏感到一些安慰，親手爲丈夫獻上了一束鮮花。李淑賢本來打算把譚玉齡的骨灰儘快移到華龍皇家陵園先與溥儀合葬，但是這並不是很簡單的事，所以一直沒能實現，李淑賢爲此感到遺憾。

一九九七年初，李淑賢的身體每況愈下，常常住院。四月中旬，李淑賢住進了朝陽區醫院，被確診爲肺癌，並已擴散，六月四日轉住中日友好醫院。但李淑賢並沒有意識到自己的病情已經很重，想到丈夫溥儀的墓地還沒有修建完善，不久前，她曾委託幾位友人前往華龍皇家陵園，希望身後能有一座堅固的永久性合葬墓，讓她與溥儀和譚玉齡永遠在一起。李淑賢雖然已經知道身患不治之症，但她萬萬沒有料到竟會走得這麼快！

一九九七年六月九日下午三時十分，李淑賢在北京中日友好醫院去世，終年七十三歲。身邊沒有子女，也沒有直系親屬，臨終之際，只有一位遠親、一位當醫生的友人和雇用的保姆在側，她還來不及對身後事做出深思熟慮的安排就匆匆去了。

李淑賢的遺體火化後，暫存八寶山革命公墓骨灰堂，葬地尚未確定。本來按照李淑賢的遺願，是應該葬入華龍皇家陵園，合入現有的溥儀墓，與溥儀和譚玉齡的骨灰永遠合葬在一起。但是李淑賢已經逝去，是否把她的骨灰與溥儀合葬在一起，她已經無能爲力，她自己已經無法決定自己的後事了。

李淑賢在世時，一直擔心去世後溥儀的骨灰無人管，但是當李淑賢按照溥儀遺願把他的骨灰葬入清西陵華龍皇家陵園、爲溥儀的骨灰做了永久性的安排後，卻受到某些人反對和非議，錯綜複雜的矛盾再一次顯現出來。更有甚者，由於李淑賢的骨灰還沒有被葬在華龍皇家陵園，於是就出現了所謂的李淑賢「遺言」：「溥儀生前給人當了半輩子傀儡，死後我不能再讓他當招牌了，我的骨灰堅決不和溥儀葬在一起，我要去八寶山。」

值得一提的是，近來溥儀的墓地發生了一些不和諧的事情，以郭布羅・潤麒的名義，把婉容的「衣冠塚」入葬清西陵華龍皇家陵園溥儀墓的旁邊，爲了讓自己的行爲「合法」，甚至說溥儀生前有「與婉容合葬」的「遺願」。

無論是溥儀還是李淑賢，生前都從來沒有「與婉容合葬」的願望，而且由於婉容在僞滿時期被打入冷宮十年，溥儀曾一度打算與婉容離婚，只是由於日本關東軍的阻撓才沒有實現。在溥儀和李淑賢去世多年之後的今天，把婉容的「衣冠塚」與溥儀合葬，豈不違背了這位末代皇帝的本意，也完全違背了溥儀遺孀李淑賢當初與張世義簽署的關於爲溥儀建陵的委託書和協議書。

李淑賢把溥儀安葬在清西陵入土爲安，應該說是做了一件好事。溥儀少年時代就曾在這附近選定陵址，他的名分上的父親光緒皇帝墓也在其側，把溥儀安葬於此更能照應歷史關係。李淑賢要與丈夫合葬，也讓溥儀前半生最喜歡的妻子譚玉齡和溥儀合葬，是滿足了溥儀的願望，但是這一切都還沒有實現，留下這最後的遺憾，只能等待以後的人來完成了。

卷四

末代皇帝溥儀和
偽滿「福貴人」李玉琴

我對不起她！她原是一個窮苦人家的孩子，品行挺好的，十五歲嫁了我，住進長春的宮裏，因為和我在一起的關係，她也沾上了不少壞習氣：任性啊，驕橫啊……不過，現在又變好了，真的變好了。

——愛新覺羅・溥儀

一九四三年春天，溥儀的寵妃譚玉齡死後近半年，可以說是「遺體未寒」，當時溥儀心中悲痛異常，無心再作「新郎」，吉岡卻拿來許多日本女子的照片，讓溥儀從中選擇。娶日本女子無異於在自己的床頭替關東軍司令官安耳目。溥儀遂決定找一個年幼的中國女孩子作為結婚對象。吉岡又拿來六十多張中、小學校的女學生照片，供其挑選，結果選中了南關國民優級學校的李玉琴。當時她才十五歲，既不懂人情世故，也沒有社會經驗，溥儀僅僅是把她當作任意擺佈的家庭玩物而納入「宮闈」的。

溥儀的這種選擇絕不是從正常的心理狀態出發的。如果說一九三七年溥傑的婚姻是「政略婚姻」，那麼五年後的溥儀的婚姻，則是另一種意義上的「政略婚姻」。在前一次婚姻中，日本軍部的人想撈到點什麼；而後一次婚姻則是溥儀存心防備撈取，他只想找一個年歲小、聽擺佈的女孩子，以擺脫吉岡的逼迫，李玉琴便是這種「政略」漩渦中的犧牲品。

一、窮人家的女兒

李玉琴原籍山東，曾祖本是山東萊州府，即墨縣李家莊農民，光緒年間逃荒「闖關東」，在寬城子東十里堡韓家溝子屯落腳，直到她爺爺那輩，仍是租種土地的佃戶。

李玉琴的父親李萬財從小給地主放豬，十三四歲進城在一家私人飯館當學徒，圖個吃飽飯，當了一輩子跑堂的。李玉琴的母親是位勤勞的婦女，乾淨俐落。他們一共生育五男五女，只有二男五女活了下來。

李玉琴上有兩位兄長和三個姐姐，下有妹妹，她是父母的第六個孩子。她小的時候因母乳不足，長得瘦弱，卻天生膽子大，敢闖，又愛說愛笑，快樂活潑。七歲時，全家遷居城裏，住在二道河子（今長春市二道河子區）紅磚小平房裏，那真是名副其實的貧民窟。八九歲時，她就必須為家庭的柴米油鹽分擔責任了。

到了上學的年齡，家窮，湊不出學費，李玉琴琢磨來琢磨去，想出一個辦法：向天主教堂裏的佈道者學唱歌，這竟成了李玉琴入學讀書的前奏。後來，她在東盛路南邊找到一所不收學費的私立道德會小學校，馬上領妹妹去報名。

李玉琴念書很用功，起初她和小妹同班，姐妹倆一放學就把飯桌放在炕上，面對面復習功課，寫墨筆字，學畫畫。大哥在家時就教她倆查字典、做算術，她寫完一篇作文，必定念給媽媽聽，看有沒有不通順的地方。升入初小四年級，她下決心轉入公立的東盛路小學校。她這時也長大些，課餘或寒暑假還能搞點兒副業添補學雜費，父母也就同意了。寒假期間，她要帶著妹妹去襪廠打零工——縫襪子，雖說掙不了幾枚銅錢，也夠買本子、鉛筆、小刀、橡皮什麼的，用自己一雙小手，減輕父母的重擔。到了暑假，她又帶妹妹進捲煙廠當貼印花的女工，靠半工半讀讀完小學。她也有藝術細胞。據她本人講，父母說話的聲音都清晰好聽，似乎子女們也都接受了音樂方面的遺傳基因，她從小愛唱愛跳。

二、幸運入選，抑或不幸的開始？

李玉琴在公立東盛路小學念完初小，考入南關國民優級學校，上了高小。這是一所教學品質較高的名牌學校。然而，誰都沒料到，正是這次入學，徹底改變了她的命運。

舊曆二月初九（一九四三年三月十四日）是「滿洲國」各地舉行「春季祭孔」活動的日子，南關國民優級學校也按慣例召開了祭孔大會。肅穆的儀式剛結束，嚴厲的小林一三校長便登臺宣布說：「各班學生一律返回教室，等待辦一件重要事項！」同學們忐忑不安，都不知道發生了什麼事。原來，日本校長小林一三正由日本老師藤井正惠陪著，在各個班級的每張課桌前「相面」，對全校一千多名學生嚴格篩選，條件是年齡在十四歲到十六歲中間、學習好、長相好的，共挑出四十名左右，李玉琴入選。繼而，小林和藤井又把入選者帶到日本人開的照相館，給每人照了一張四寸單人相片。據說整個「新京」市被選上又照了相的女孩子有兩百多人，誰都不知道這一切是爲了什麼。

半月後的一個星期天，春寒刺骨，李玉琴老早就上街頭排隊，成千上萬的人正等著領配給品。她正在排隊，小林校長和藤井老師卻成了她家的不速之客，是房東領過來的。他們衝母親點點頭，說了幾句「協和話」，又遞上名片。老太太頭一回遇上這麼客氣的日本人，趕快讓身邊的老閨女去找來國高學生吳某當翻譯。

「你家姑娘的皇帝陛下的大大的喜歡，宮內府念書的讓她的去！」藤井先用生硬的中國話說了一陣，又覺得難受，遂又說起日語來，經吳某翻譯，大意如下：奉皇帝陛下命令，從很多女學生照片中挑選李玉琴，她是頂美麗的，要召進宮內府念書，找最好的老師教，一直念到大學畢業，畢業後能掙很多錢給家裏。譯完，藤井又用「協和話」補充：「皇宮的念書，學費的不要，命令必須通通的服從……」藤井讓李玉坤快去找姐姐回來，她只好去了。

在發配給品黑壓壓的行列中，李玉琴正等得心焦，老遠就聽到妹妹召喚。妹妹擠到跟前，臉色脹紅，說家裏來了兩個日本人，讓她回去。李玉琴剛進屋就被藤井拉住手：「你的頂好，大大的美麗。皇帝陛下命令，宮內府念書，不要學費地上大學。」小林也大咧咧地笑著說：「選頂好的學生，皇帝陛下選的，到皇宮念書的。」此人平時對學生總是冷若冰霜，動輒罰站，稍有差池就可能挨他的教鞭。

「讓不讓回家呀？」李玉琴天真地問。

「讓、讓！可以回家的。」小林接住話隨意應付。他這回的態度雖然好，但話裏話外仍強調「必須服從皇帝陛下命令」，並要立即帶走李玉琴。

母親懷疑這裏邊有把戲，怕招惹是非，一個既沒錢又沒勢的家庭豈能擔待得起？遂說：「孩子小，不懂事，禮節也差，還是讓別人去吧！」

「不行！不行！她的不去，對家裏父母大大的不好……想想吧，嗯？」小林和藤井當然做不了這個主，根本不可能允諾母親的請求。母親遂又另找個藉口推辭說：「等孩子她爹回來再商量商量吧！」

「她的父親在哪兒？」小林人很賊，知道得父親發話，便乘機追問。

「在南關田家館子。」母親本來不願意告訴他們。

「她父親也不能不聽皇帝陛下的命令！」小林氣勢洶洶而又滿有把握地說：「走！告訴她的父親一聲！」順勢把李玉琴帶走了。

年僅十五歲的李玉琴雖然捨不得離開父母兄妹，卻有自己的想法：上「宮內府」念書不花學費，可以減輕父母負擔，大學畢業後當個老師或大夫，掙錢貼補父母，家裏也就不受窮了。何況，違抗了「皇帝」的命令，豈不給父母找麻煩？還不如自己跟他們走。於是，在母親和妹妹的擔憂之中，李玉琴離開了生她養她的貧窮之家，留下一片愁容和無奈。

三、入「宮」前的最後一站

當天晚上，李玉琴就住在七馬路藤井老師家裏。藤井四十歲出頭，丈夫在幾年前戰死，唯一的兒子又應徵入伍了，剩下她孤身女人漂泊異鄉，還要爲皇軍效力，也是苦命人。藤井先讓李玉琴洗澡，給她做一頓香噴噴的日本飯菜，吃完又說了會兒話，讓她先睡。她睡不著了……

第二天梳洗完畢，得到藤井允許，李玉琴看望了住在附近的同學張海珍。她倆回憶起去年讓算卦盲人測算「生辰八字」的情形，李玉琴竟得到「鳳冠霞帔」的吉兆，這豈不是應驗了麼？然而，當她倆抬頭看天時心又涼了：天是晴朗的，旭日從東方冉冉升起，而那太陽兩邊各長出一個小耳朵，這種「日暈」現象在老百姓看來卻是災難。那麼，李玉琴進宮到底是福還是災呢？

李玉琴的母親也發現「日暈」，嚇壞了。她讓三個大閨女去把李玉琴找回來。她們東問西尋，終於打聽到四妹正在檢查身體，遂趕往滿鐵醫院，不料，妹妹已在若干分鐘以前離去，據說只因營

養不良、體質較差，但心肺等器官很正常，沒有傳染病，經檢查已蓋了「合格」的戳子。

藤井把李玉琴帶到吉岡家，吉岡之妻初子夫人正等待著。她打扮得很時髦，粉擦得很厚，眉描得很細，唇也點得通紅。「到皇宮去念書頂好，我願意當你的老師，你的喜歡？」吉岡初子朝李玉琴神秘地一笑。

「喜歡！希望藤井老師也去。」李玉琴應酬道。

初子夫人是很認真的，她想用老師名義跟李玉琴進宮，以便擺佈「皇帝」枕邊的人物，這中間或有吉岡乃至關東軍司令部的神機妙算。她特意換上一件華麗的日本和服，帶李玉琴和藤井一行三人來到溥儀的二妹韞和家，這個古色古香的豪華家庭是李玉琴入宮必經的最後一站了。

四、初見溥儀，印象不壞

說話之間，汽車已停在中和門前，這是宮廷的一道界門，北邊叫外廷，是溥儀辦公的地方，南邊叫內廷，是溥儀居住遊息之所。這時，從中和門左側司房走出幾個男人，滿面堆笑地招呼著：「格格來了！」韞和並不理會，只說：「快上去言語一聲！」有人「嘖嘖」地答應著去了。這時，又從司房走出一個手拿噴霧器的男人，二格格主動伸胳膊抬腿，還前後左右轉個圈兒，十分順從地讓那人把自己全身上下噴了個遍，接著，又把李玉琴徹底地噴了一圈兒。一股濃烈的消毒藥水味撲鼻而來，她幾乎不能忍受。原來這是溥儀的「潔癖」所致，是他親自規定的例行公事，以免把傳染病帶入宮中，任何人進宮都要消毒，連外邊遞進的書報，也要經過消毒才能呈送溥儀閱覽。

消毒完畢，李玉琴遂由二格格前引，越過中和門，進入緝熙樓。這座二層帶帽的灰色樓房是「皇上」和「皇后」的起居樓，溥儀在二樓西側，婉容住在東側，還有個「貴人」譚玉齡生前住在一樓西側。兩人踩著柔軟的地毯，登上二樓，輕輕走進西側的一個房間，室內鋪著深紅色地毯，擺設咖啡色大寫字臺和立式大玻璃櫃書櫥，裏邊全是裝潢精美的書籍。室內還有文房四寶，許多字畫及各種瓶瓶罐罐裝飾品。原來這是皇上的書齋，二格格把李玉琴帶到這裏來候見，或許是要給新人打一個入宮讀書的烙印吧。

二格格面對溥儀，按滿族婦女禮節請安，隨後引薦李玉琴，讓她跪在地上磕了三個頭。溥儀並沒有擺架子，很溫和地過來拉她，連連說：「快起來，快起來！」

「哎喲，手這麼熱，是否不舒服？」溥儀握住了十五歲少女的手。

「有點兒頭疼。」李玉琴的臉羞得通紅。

「發燒呢！快拿體溫計來！」溥儀摸摸李玉琴的前額，果然有點熱。

「傳侍醫！送口服退燒藥。」溥儀親眼看著這位新入宮的少女吃了藥，打了針，又溫情地柔聲對她說：「早點休息吧，出出汗就會好的。」

「回頭再打一針就退熱了。」二格格看出大哥對李玉琴頗關心，也就放下了傲慢的態度而變得親熱起來。

溥儀給李玉琴留下的最初印象很不錯，和藹可親，又關心人，消除了她的恐懼感。

五、同德殿內的第一個夜晚

三人說了會兒話，話題轉到掛在東牆上的溥儀畫像。

「畫得像不像？」溥儀微笑著問李玉琴。

「不像。」李玉琴看看畫兒，又看看溥儀，毫無顧忌地端詳他的面貌。她覺得畫像過於莊嚴、呆板，不如本人自然，表情豐富。

溥儀哈哈大笑，笑得李玉琴發怔，便小聲嘟囔：「本來畫得不像嘛！」溥儀和二格格交換一下目光，又笑了一陣，才對李玉琴說：「你說得對，畫得不怎麼像。」這件事引起了李玉琴的疑惑，過了許多天還追問溥儀爲什麼笑話她？溥儀說：「你真是個無憂無慮的小孩，說話一點也不怕人，更不像別人那樣只知道虛僞奉承，我喜歡你直爽啊！」

他們笑了一會兒，遂與李玉琴交談起來。溥儀問她年齡，家裏還有什麼人，生活如何，念書的學校在哪兒等，李玉琴一一回答。

「皇上不是叫玉琴進宮讀書嗎？」李玉琴提出了憋在心裏的問題。

「是得叫你念書，等給你請個好先生。」溥儀順口答。

「怎麼就只有玉琴一個人？」

「我不喜歡多，人多了感情不專一，處不好。前兩天還來過一個，我沒看中就打發回去了。」

李玉琴一聽老師還沒有，心裏涼了半截。溥儀也不知吉岡做了手腳，還以爲這姑娘曉得進宮是要當「貴人」的，遂衍生出所答非所問的一段話來。

到了午後四五點鐘，二格格早已離去，溥儀親自為李玉琴傳膳，不一會兒，四菜一湯擺了上來，主食有米飯、饅頭、花捲、點心等。溥儀的生活規律很反常，每天都睡到上午十點多鐘，下午一兩點鐘傳早膳，午餐開在上半夜，晚飯則在下半夜。這會兒他不上桌，只在旁邊瞅著，一會兒指指甜點，說「這樣好吃」，一會兒又點著一樣菜，勸李玉琴多吃。

飯後溥儀拿出一串念珠，讓李玉琴跟他「做功課」。溥儀每天晚上都很虔誠地念佛、誦經，祈求早日返回北京清宮，重登祖宗寶座。不過，他這時對李玉琴還未敢完全信任，怕她與日本人有瓜葛，對她只說是祈禱皇軍打勝仗等等。溥儀又督促李玉琴吃了幾片退熱的藥片，本來想讓她住在自己的寢宮，但見她面有不悅之色，也不勉強，就親自把她送到同德殿去，原來那裏早已為她準備了全套的起居房間。她太累了，很快便進入夢鄉。

六、一切都是新鮮的

第二天睜開眼睛，看見眼前的一切，好像又重回夢境之中，李玉琴居然睡在鑲著鍍金鋼花的木製雙人大床上，鋪的是雪花般白床單，蓋的是嶄新絲綢被，舉手投足必有傭人趨前伺候。

吃完早飯，李玉琴由女傭周媽和張媽領著，在劃歸自己使用的幾個屋子裏轉了一回。從臥室進入右邊第一間屋便是化妝間，最顯眼的地方擺放著一面大梳粧檯，檯子上嵌有二尺多高的梳妝鏡，還有各式各樣小抽屜，裏邊裝的都是進口化妝品。其中一套修理指甲的工具就有十二件之多，方便實用。室內還有一面大穿衣鏡，小套間裏設有粉紅色大浴盆和洗臉盆等衛浴設備。因爲是女性密室，門窗均以深色花玻璃裝配，從外面絕對看不見室內活動。

走出化妝間，越過一道寬寬的過道走廊，就進了餐廳，又入客廳，還有一處四圍均爲玻璃結構的「紫外線照射室」，坐在裏面的竹籐椅上，冬天可以曬太陽，夏天可以乘涼。

李玉琴感到新鮮，想把這樓內樓外看個明白，卻被女傭攔住了。周媽提醒說：「小姐，這裏不能隨便亂走！」周媽寸步不離地跟著李玉琴，原來是奉了溥儀之命，既伺候她，也監視她。

中午時分，溥儀來到李玉琴臥室。他這時心情不錯，左手插腰，右手夾著紙煙，還有節奏地晃動著左腿，顯得很神氣。溥儀習慣性地扶了扶眼鏡說：「過幾天讓二格格教你規矩禮節，以後再選個好日子給你行冊封禮。」李玉琴這時還不懂得「冊封」的含義，卻看出溥儀對「進宮讀書」這件事閃爍其詞，似乎有了受騙的感覺。

溥儀拉著李玉琴的手，就像大人領著孩子，出臥室，沿著過道斜對面的旋轉式樓梯下到一樓，走進一條東西走向的「前廊子」，南邊全是通天大門，名叫「九龍門」。走廊北邊則是一間挨一間的小屋子，又全都沒有門，李玉琴心中暗暗奇怪。

溥儀領著李玉琴進入最東頭的所謂「八張席子」的「日本間」，接著是「彈子房」，其實就是撞球室。「彈子房」西側是「鋼琴間」，溥儀坐在一架黑色鋼琴前，熟練地彈奏一曲「陽春白雪」的外國名曲。「鋼琴間」北牆前面還有一扇挺大的水墨畫屏風，溥儀向李玉琴介紹說，這就是送她進宮的那個日本人吉岡安直畫的。李玉琴頗爲驚訝，她想不到那麼粗野的漢子居然還有這麼好的手筆。

溥儀又帶她走進隔壁的「中國間」，就是中國風格的屋子，擺設古香古色的楠木傢俱、太師椅，還供奉一尊老壽星、刻有乾隆皇帝御筆的石碑和一塊未加雕琢的翡翠。坐在太師椅上的溥儀對李玉琴說：「你就是這塊翡翠，還要精雕細刻呢！」接著是「便見室」、叩拜廳和「廣間」。把同德殿一層的各個房間都轉到了，李玉琴卻沒玩夠，指指同德殿前面的花園說：「皇上，看陽光多好，上院子裏玩玩吧！」溥儀笑著，讓女傭開道，出了同德門。

七、偽宮禮儀

宮中生活，一時一刻都離不開「禮」字。上自皇上，下至僮僕，各有各的身分和禮節，相互之間行禮、受禮、還禮，都必須依制而行。所以，李玉琴進宮後面臨的迫切任務，並非念書而是習禮。

入宮之初，李玉琴名分未定，與溥儀特地邀來陪伴的幾位女眷見面，要互相請安，這「請安」就有好多樣，有蹲安、有跪安、梳兩把頭的用手摸一下頭髮也算作一種禮節，夠複雜的，她一時搞不明白。溥儀想來想去找到一個法子，讓她照著《四郎探母》那齣戲裏公主行禮的姿勢做。可她長這麼大也沒看過幾齣戲，更無法想像《四郎探母》中的人物、情節、動作。溥儀便親自示範，不過他從小就受別人的禮，並不還禮，連最簡單的請蹲安也做不像，只好用嘴說：「你就把兩隻手放在膝蓋上，直腰往下蹲吧，以後再慢慢向格格們學。」儘管不甚稱職，溥儀卻是李玉琴學習宮中禮節的啓蒙老師。

一兩天後，溥儀真把二格格傳來了，讓她教李玉琴請蹲安。二格格講解要領說，腰要挺直，腿要半蹲，左腿蹲下後保持平衡，右腿則要向後移動半步，而比左腿還要蹲得矮些，蹲下後膝蓋朝下，兩手放在左膝蓋上。到底出身王府家庭，其示範動作適度而優雅，李玉琴一遍遍練到學會。

在宮中不但隨時會碰上禮節問題，更常常遇著生活方式問題，因為李玉琴是從民間生活一步跨進皇族生活之中，必須習慣這新的生存方式，稍有疏忽準出笑話。那些皇親國戚以至出入內廷的男傭女僕，暗中替李玉琴積攢笑料的大有其人。最早流傳這樣一個「故事」：李玉琴進宮之前，先被送到吉岡家裏，由吉岡夫人給她洗了澡，次日才被送到同德殿，伺候她的老媽子為她梳頭，發現很多蝨子，還得用殺虱藥水給她洗頭。

宮裏在著裝方面本來非常嚴格，到了「滿洲國」晚期已隨便多了，禮服不必穿，「兩把頭」也可以不梳，平時著旗袍或西裝就行。然而，李玉琴只喜歡旗袍等民間那種明快活潑的服飾，雖然有人笑話她不莊重，但溥儀挺喜歡，不願意看到一個天真活潑的孩子被宮裏的陳規陋習給束縛住，她也就乘勢我行我素起來。

八、《二十一條》規矩

轉眼進宮半個多月了，李玉琴已經明白：吉岡安直並非為了念書才找她來，而是要把她嫁給這深宮大院裏的「皇上」。不過，這時她已沒有恐懼感了，愈來愈感到「皇上」不錯，關心她，不笑話她，誠心誠意幫助她，教她在宮中待人處事之方。

李玉琴本是走遍大街小巷的活潑女孩，難耐後宮的寂寞，可是皇上「日理萬機」，忙著「國家大事」，沒有更多時間陪伴她，便派人買了一大堆兒童玩具送來，其中有個高約兩尺、扣在玻璃罩內的洋娃娃，還有磁雞、磁獅子等幾隻可愛的小動物。當自己惆悵和煩悶的時候，她真想摸摸或親親它們啊！

五月中旬的一天，溥儀到同德殿來跟李玉琴話別，原來他將「巡幸」安東（今遼寧省丹東市），就要離宮了。李玉琴跟溥儀已經難捨難分了，她怕剩下自己更孤獨，怕受人欺侮。可是，傀儡皇帝的行蹤卻不是自己說了算數的。溥儀此行總共六七天時間，卻接二連三發回好幾封電報，大意是今天到了哪裡，住在哪裡，一切都好，不用惦念等，最後一封電報是通知歸期。那天李玉琴登上假山的最高處，端著望遠鏡，目不轉睛地盯住了直通宮內的興運門和興運橋。

望遠鏡也是溥儀賞的，溥儀對李玉琴說過，如果想念父母，就登上假山用望遠鏡往娘家方向瞭望。她真這樣做過，也確實能把目光送出高高的宮牆，但覓不到父母的蹤影。這一天卻真切地看到了正開過來的一串汽車，她知道是盼望的人回來了，當即返回同德殿臥室等候。溥儀同樣急不可耐，命司機破例不從興運門進西院，而是直入同德門，把汽車停在同德殿前，三步並作兩步上樓來了。見面之下，李玉琴依禮請了蹲安，溥儀忽然把她抱起說：「這回咱們也來個外國禮吧！」她很難為情，臉紅到耳朵根。

溥儀喜歡上李玉琴了，遂親自為她選定行「冊封」禮的良辰吉日，又給她確定了「貴人」，即皇上第五等妻子的身分。冊封譚玉齡時，在「貴人」二字前加了「祥」字，希望譚貴人帶來吉祥；如今又要冊封李玉琴了，應在「貴人」二字前面冠上什麼字呢？溥儀看了胖乎乎的玉琴一眼說：「你是很有福氣的，就叫福貴人吧，以後遇到什麼不吉利的事情，用你的福就可以鎮住了。」

然而，溥儀的老規矩還是要實行。他在一九五六年接受潘際坰先生採訪時，談過這樣一件事：

「……我過去是很封建的，凡是嫁給我的，都得寫一張筆據，有幾條規定，譬如假使不聽我的話就怎樣，不什麼什麼就怎麼怎麼……她本人還得簽名蓋章。所以，遇到我抓住把柄的時候，就把那張筆據拿出來，往她面前一扔，說：『你看去！』然後就是打人。」

在溥儀前半生所娶的四個妻子中，「筆據」是都立過的。而對李玉琴的要求最苛，這顯然是因爲她「出身貧賤」。

那是行冊封禮的前三四天，溥儀傳話讓李玉琴到緝熙樓他的書齋中。當周嬀把她領到時，溥儀正伏案運筆，寫完把筆插回筆架，遞過幾頁紙來，上面赫然開列二十一條，就像約束犯了法的人。溥儀讓李玉琴把這《二十一條》從頭到尾抄一遍。她仔細看過，不寒而慄，照這樣管制起來，哪還有半點兒人身自由？她內心矛盾重重，雖有一肚子委屈，也只好拿起筆來逐條抄下。溥儀匆匆看過，說：「爲了表示你的真誠，就在神佛之前焚燒了吧，讓菩薩給你作證。」

李玉琴一言不發地跟著溥儀走進緝熙樓二樓書齋對面的佛堂，跪在觀音銅佛和各種番佛佛像前點火焚燒了那捆綁自己的《二十一條》。從此，「無處不在、無時不有」的神佛也成了她的監管人，對她來說，肉體和精神的自由全沒有了。

九、獲日本人批准，才能戴上戒指

冊封前一天上午，溥儀破例早早來到同德殿，告訴李玉琴說，日本關東軍司令官梅津美治郎和關東軍參謀兼帝室御用掛吉岡安直將要晉見，讓她稍事準備。梳洗打扮一番，戴上戒指、項鍊等首飾，挑件紫紅色金絲絨旗袍，找出一雙半高跟黑皮鞋，都穿上了，看神氣像學生，看妝扮，李玉琴儼然是小姐了。

上午十時整，奏事官報告說梅津已到，溥儀傳旨在前廊子便見室接見，隨後帶李玉琴下了樓。會見的時間很短，梅津只隨便問了問，李玉琴也就三言五語回答了事，隨後由張媽陪著上樓回房。半小時後，溥儀結束與梅津的談話，又來到李玉琴的房間，說梅津也認爲「這個女孩子很不錯」。李玉琴終於越過了這當「貴人」的最後關口！原來這次簡單的會見並不簡單，梅津要替他的「皇上」對這次婚姻拍板！若干年後回憶此事時，溥儀氣憤地寫道：

「儘管李玉琴是由吉岡直接介紹的，還是要先在所謂『正式手續』上，經過梅津美治郎的點頭，並和梅津見了一面之後，我才和她結了婚。」

梅津批准了，溥儀才把定情之物賞給李玉琴。那是一隻高不足三寸、寬也不足三寸的黑漆首飾盒，是質地很好的日本漆器。它的蓋兒比底兒略小，呈淡黃色，繡一對彩色鴛鴦。盒內由紅色撒金紙裱糊，還鋪著十塊花邊絲手絹，上置六件首飾，溥儀講究吉祥如意，取六六大順之意。這六件首飾分別爲一隻鑽石戒指、一隻祖母綠戒指、兩副耳環、一串珍珠項鍊和一隻手鐲。

溥儀把首飾盒交給李玉琴時，表情鄭重，略帶微笑。他說，這盒子爲什麼要繡鴛鴦呢？因爲鴛鴦是忠於愛情的飛禽，牠們總是比翼齊飛、形影不離、交頸而眠，雌鳥死了，雄鳥也會不吃不喝地殉情而死……他拉過李玉琴的手講得很動感情：「願我們的愛情能像鴛鴦一樣永遠相伴，永不分離！」這一番動人的鴛鴦談話深深打動了少女純真的心靈。溥儀還學著在天主教堂舉行婚禮的歐洲人的方式，在李玉琴手指上戴了一隻鑽石戒指。

十、當上了「福貴人」

「冊封」典禮在五月下旬舉行。天高氣爽，風和日麗，同德殿前和緝熙樓西兩處花園裏群芳爭豔、滿園飄香，宮內一時間呈現出喜氣洋洋的歡樂景象。按祖制，皇帝冊封妃嬪要有專門的司儀贊禮官主持典禮，溥儀就指定二格格擔任。「吉日」一大早，二格格就過來幫助李玉琴梳妝打扮。前些天溥儀派人來量身，給李玉琴裁製許多新衣，其中有一件金黃色的絲絨旗袍最好看，是溥儀特賞的，二格格讓她就穿這件。溥儀又給她挑了一塊「祖母綠」翡翠和一隻白色鑽戒戴在手上，妝扮這個不久前還是窮孩子的少女。

「冊封」儀式在緝熙樓二樓南側最西邊的書齋中進行。坐在黃褐色大絨靠背「寶座」上準備受禮的溥儀情緒特別好，抿住嘴笑。典禮開始，李玉琴跪下受封，雙手呈給溥儀一柄玉如意，溥儀又回賞一柄。按清朝制度，本應賞金印或金牌一類「冊寶」，但那時已經沒有這類東西了，據說是榮源當「小朝廷」內務府大臣時經手賣了，只好以如意代替。接著，李玉琴向溥儀行禮，本來應行「六肅禮」，磕三個頭請一回安，共磕九個頭請三回安，統稱「六肅」。這時也化繁為簡，只由二格格依禮說吉祥話，李玉琴行三跪九叩禮，遂告禮成。

隨後，溥儀帶著李玉琴給列祖列宗磕頭。以「貴人」身分，是不能和皇上一起向祖宗磕頭的，這次破格恩典，許可李玉琴站在「皇上」的身旁錯開半步磕頭。此例一開，她的行動便增添了許多「特殊」，連譚玉齡也沒享受到這樣的待遇！接著，拜佛菩薩和關公大老爺，一個身穿戎裝的皇上領著穿絲絨旗袍的小女孩到處磕頭，也是歷史上一幕喜劇了，就中國封建社會兩百多個皇上來說，這是開先例的事。最後輪到李玉琴受禮，給她磕頭的也只有溥儀的幾個侄媳及女傭。二格格說，「貴人」年歲小，應謙虛，平輩免禮。有這句話，溥儀的妹妹、妹夫都不磕了。

冊封那天，溥儀還在外廷大擺筵宴，接受群臣祝賀，規定：特任官和簡任官與宴，舉杯暢飲，三呼萬歲；薦任以下較低級官員雖無參加宴會的資格，也要來到興運門內登記簽到，領回以皇帝名義賞賜的一大塊洋點心回家去吃。李玉琴當然不出席外廷宴會，在內廷單擺一桌，山珍海味應有盡有，十幾個人陪著「進膳」，吃完了這當上「貴人」以後的第一頓飯。當外廷宴會上的樂隊奏過結束曲，溥儀樂呵呵地回到李玉琴身邊，摸摸她戴的首飾又擺弄她的衣襟，還讓李玉琴站在同德殿廣間內大朵大朵的盆栽後面，親自給她拍了一張照片，留下了李玉琴當時的形象：齊肩短髮又厚又密，白胖胖的臉微笑著，五官端正、憨厚，像個純樸的農村姑娘。溥儀說，這張照片要寄給日本皇太后看。

當天晚上，溥儀讓李玉琴住在自己寢宮中，她已經不再是「宮中小姐」，卻偏偏趕上女人比較麻煩的時候，當然是不解衣的，溥儀也不讓她爲難，就這樣算是同床共枕了。照迷信說法，結婚當天就碰上女子例假不吉利，可溥儀不以爲然。唯獨沒有娘家人出席婚禮，令李玉琴有羞辱之感。

十一、僞宮裏的「男女大防」

冊封之後，名分已定，李玉琴在宮中有了「福貴人」的地位和隨之而來的《二十一條》、《六條》禁令，誰知這地位和禁令真像是用金絲編織的籠子，把一隻活潑好動的小鳥牢牢地關在裏面。她進宮兩年半，除溥儀外，因政治緣由見過吉岡安直和梅津美治郎，因患病見過男性侍醫，再沒見過別的男人，溥儀身邊那麼多侍從僮僕，她也從來沒有碰上過。

宮裏常演電影，有「滿映」的故事片、卓別林的喜劇片和反映「大東亞聖戰」的新聞紀錄片等。放映前，溥儀攜李玉琴先進入電影廳就座，然後關燈，才准許溥儀族親中間有資格的男性摸黑入場，並遠遠地坐在後排座位上。終場時，也要等別人摸黑退出後才開燈，溥儀再攜李玉琴出場，藉以回避。夏天的晚上，溥儀想聽音樂時，就命宮內府樂隊在同德殿前列隊演奏，他卻攜「貴人」坐在平臺上聽，兩邊誰都看不著誰，「但聞其聲，不見其人」。

李玉琴必須事事遵從《二十一條》，從肉體到靈魂無條件地服從溥儀，完全爲他個人服務。溥儀常對他的「貴人」說：

「我一天到晚都是煩惱的事，沒有快樂，只有到你這裏來我才能高興，所以你應當想辦法，使我一見就高興的事情要多做，我不高興的事你別做，也不應和我談不高興的事情，你的任務就是這個。」

他往往一到「貴人」的臥室就喊倦了，往床上一躺，讓她唱歌、講故事，或者談點趣聞，他的口頭禪是「快用你那天真活潑，讓我高興高興吧！」「筆據」上確有一條規定：「不許貴人愁眉苦臉」，可這一條實行起來有時太難！她也有不高興的時候，就沒情緒唱歌，也難以扮出笑臉。

「滿洲國」年代，溥儀在皇族中挑了幾個同輩或晚輩的年輕人，作爲親信留在身邊，給他們聘了老師，讓他們一邊讀書，一邊伺候自己，稱作「宮廷學生」。這些「學生」的妻子便是溥儀親自劃定而允許李玉琴接觸的幾個女伴，其中有溥儉之妻葉乃勤、官稱「儉六奶奶」，溥俟之妻葉希賢、官稱俠二奶奶，毓嵒之妻馬靜蘭、官稱嵒二奶奶，毓嵒的胞姐菊英、人稱「小格格」，毓嶦的母親、人稱「四太太」等。她們每天午後都來，是帶著任務來伴「貴人」的。由於出身、地位不同，互相都很謹慎，怕失禮違犯宮中規矩要受處分，李玉琴也擔心舉止失措丟面子，見面時說些應酬話以及無聊的恭維話。

寒暄過後，她們便到李玉琴的書房中讀書，起初只念點兒「小書」，如《六言雜字》、《三字經》、《女兒經》等，每天還練練毛筆字，繼而挑幾篇古文、唐詩來讀，《論語》和《孟子》中的許多段落也是那時讀熟的。她們奉命當伴讀，與「貴人」之間也有一道無形的隔閡，既不能盡興地說笑、暢快地玩耍，也不能交流思想。每天要在書房中度過三個小時，然後是活動時間，或是玩「麻雀牌」，或是做做「女活兒」，如刺繡、挑花、織毛衣等。

李玉琴七八歲時就跟姐姐學會了刺繡，而織毛衣則是在宮中向儉六奶奶學的。有時互相講講故事，聽聽收音機。在樓上待膩了，她們便到同德殿前的花園裏玩玩，遇上天氣不好，就在前廊子小房間中打乒乓球、彈鋼琴或唱歌。雖然也有說有笑，到底不是一家人，彼此只能以「任務」的方式開始和結束。

一九四三年的端午節那天，溥儀命在同德殿廣間擺大餐桌，他要與「貴人」一起用膳，把格格們以及「貴人」的幾位女伴也都找來陪席。她們個個都打扮得豔麗多姿。溥儀也給「貴人」親自選了一件翠綠色的鏤花紗旗袍穿上，還給她挑了一朵從北京買來的小花插在頭上，配以項鍊、手鐲、耳環、戒指，同樣也是珠光寶氣，美豔動人。

在眾人側目下，溥儀毫不掩飾對「貴人」的寵愛，讓她吃這樣，又替她挾那樣。僅粽子就有許多種，李玉琴大開眼界。席間，二格格嚷著要吃「澄沙餡粽子」，「貴人」聽著奇怪，就想問問

「澄沙餡」是什麼樣?話沒出口，溥儀趕緊用胳膊肘碰碰她，裝著說悄悄話的樣子給岔過去。平時溥儀就告訴過她，吃飯時若有別人在場，不要打聽菜名，以免讓人笑話。今天一高興她又忘了，倘不是溥儀提醒，替她解圍，只怕失禮丟人。

李玉琴在屋裏待得太悶，唯一可以不經批准就去的地方是溥儀乳母二嬷處，向那位善良的老太太學著玩骨牌。她還常給李玉琴講些宮中故事，講她的親聞親歷，總是稱讚溥儀如何好、怎樣疼人，而李玉琴被選入宮又是福氣大、造化深……「萬歲爺事兒多，累著哪，難著哪，應當讓老爺子多歇歇，讓他高興……」這更是老太太掛在嘴邊的話。

十二、三次辛酸而甜蜜的「會親」

溥儀的心畢竟不是鐵打的，對一個十四五歲的小姑娘思念父母的心情還能理解。他雖曾親自爲李玉琴娘家制訂《六條》禁令，卻並未嚴格執行。每當「貴人」愁鎖雙眉，他會加以撫慰：「你的父母就是我的父母，你惦念，我也惦念。」

李玉琴與父母的第一次「會親」，是在同德殿樓下進行的。老實厚道的父親和母親作夢也想不到他們會走進富麗堂皇的宮殿。「會親」後，李玉琴反而有了負疚感，自己在宮中飲食起居都很講究，家裏人卻仍在受苦，爲此心裏難過。不久，她就收到小妹來信，說「吉岡來過了，送來皇上賞的金米玉麵」，指的便是溥儀給送去的一袋白麵和一包「文化高粱米」。

據李玉坤回憶，那時候老百姓家吃大米是犯法的，所以才送這種「文化高粱米」，它是一種優質高粱米，粒是圓的，但顏色就像大米那麼白。李玉琴終於可以幫父母做一點事情了，特別高興，還當面向溥儀謝了恩。

不久，吉岡安直的大馬靴再次邁進二道河子李萬財家的門檻，剛進屋，便把一個方形小紙包遞給李老太太，粗聲粗氣地說：「皇帝陛下恩賜，壹萬元錢的賞給你家！」他環顧室內，一眼看見李玉琴的大哥，便讓他執筆寫了收條，又口氣強硬地說：「你的父親的還在田家館子嗎？告訴他，跑堂的幹活，今後的不許了，命令的必須服從！」說完蹬車而去。原來，有了第一次「會親」，溥儀忽然想到，不可再讓「貴人」的生身父親繼續當飯館跑堂的，一旦傳開豈不丟人！遂讓吉岡去頒賞錢，說到底是給「皇上」買「面子」。

一九四四年春天，溥儀又開恩，特准李玉琴的父母再度會親。那天，「貴人」起早梳妝打扮，穿上最喜歡的衣服，戴上最喜歡的首飾，急不可耐地等著父母進宮，千萬不能哭，因爲「皇上」說過，再哭就不准許會親了。

這次會親過程中，母親告訴女兒，說父親已經失業，李玉琴這才知道那壹萬元「賞錢」是有條件的。母親繼續說，家裏人口多，大哥掙的錢將就著養活自己，二哥學徒不掙錢，父親一失業也就斷了收入，坐吃山空，那幾個錢除掉還債，又給大哥結婚用去不少，所剩無幾，今後生活怎麼辦呢？好心的朋友出主意說：

「閨女當了娘娘，再去伺候人著實不合適。不如請皇上開恩給起個營業執照，自己開飯館，本錢不夠，幾個人合股也行。」

「滿洲國」期間經濟管制很厲害，申請營業執照太難，父母一核計，這事只有懇求皇帝陛下了。這是關係全家生計的大事，不到萬不得已，母親絕不開口求人，李玉琴深知於此，決心求求

「皇上」。當天晚上給溥儀唱完一支歌，看他挺高興，就把父母的難處以及想求他起營業執照的事說了一遍。她滿以爲還從未求過什麼，「皇上」總能開恩吧？不料，溥儀很不耐煩地反問道：「你還記得在佛前焚燒的《二十一條》嗎？」問完，拂袖而去。她難過極了，從此再不爲父母向溥儀求任何事。

一九四四年初秋，溥儀特准李萬財攜妻第三次入宮「會親」，這是李玉琴向溥儀爭取來的，是她宮廷生活中最快樂的時刻。那天上午，二道河子老李家門前照例讓鄰居們羨慕地停了一輛帶有皇宮標記的黑色轎車，李萬財身穿新做的深藍色禮服呢長大衫，內襯白汗衫，黑鞋白襪，他的妻子也穿得整整齊齊，兩人上了車，司機摁一下喇叭就開走了。在同德殿樓下迎候父母的李玉琴，不等兩位老人施「國禮」而搶先給他們鞠躬，「貴人」爲了能使用這份爭得的權利而高興。母親還沒覺得怎樣，父親知道這不符合宮中規矩，連說「使不得」趕快躲開，女兒很難過。然而，經歷和經驗無數次地教訓了李萬財，逼迫他屈從命運安排的社會位置，屈從等級社會的強暴和兇殘。

李玉琴雖然孝順，卻無法解決娘家的實際問題。營業執照辦不下來，李萬財只好跑到二道溝一家新飯館重操跑堂舊業。爲了溥儀的面子，遇到熟人就說臨時來幫忙。當然，溥儀也不會完全絕了丈人家的一段情義，當大舅哥李鳳結婚時，「康得皇帝」還賞了一套衣服呢。

十三、由窮人女兒到真正的「福貴人」

「讀書」二字是李玉琴進宮的金幌子，所以她一踏入宮門就嚷嚷找老師。溥儀總是安慰她說：

「別著急，我要給你找一個老實可靠又學識淵博的師傅。」當時，譚玉齡的師傅因年老多病已不堪授課之累，不久便去世了，而溥儀希望找到的德高望重的人才卻始終沒出現。於是，他索性自任師職，親自給「貴人」上課，當然，她的學習也就難以正常了，溥儀高興就來上一課，不高興就啥都忘了。

溥儀向李玉琴灌輸的知識主要是列祖列宗的「聖訓」和「三從四德」的女兒經、歷代格言之類，有時選講《四書》《五經》某一章節、《古文觀止》某篇或某首唐詩，並隨意教教作詩、對仗要領以及臨帖等書法基本功。溥儀不像普通宮廷師傅「進講」那樣正經，李玉琴畢竟不是他的學生，而是他的情侶，或者說是天真活潑的孩子。所以，上課便要溜題兒，老師愛出怪樣，學生笑個沒完。一直未安排正式授課，《四書》更沒從頭念到底，詩詞連格律也沒有系統教過。

當溥儀講《聖訓》或《佛經》時，表情立刻嚴肅起來，要求李玉琴也「洗耳恭聽」。溥儀對「三毒」、「五毒」和「十苦」等佛經信條倒背如流，給她講過一遍，不管有多少內容，必須立即回講，這實在是很難的。佛經上有許多生字，她也不敢說不會，仗著歲數小，學得快，記得也快，勉強能回講上來。溥儀要求嚴苛，回講中略有差錯就心煩，命她重講，再不然就把燈一關，入定打坐一兩個鐘頭，傭人們還以爲「皇上」和「貴人」安歇了。

溥儀的手指細長，寫毛筆字時握筆的姿勢也很特別。一般人握筆是從筆桿中部往下，指間距離不大，溥儀則把食指抬得特高，指間距離又稍大，顯得一支筆桿從上到下全是手指頭了。李玉琴開玩笑說：「龍爪握筆倒是和凡人不同啊！」稱呼「龍爪」，「皇上」不會生氣。

溥儀信佛，其目的固然是利用封建迷信維持統治地位，不過，這一點李玉琴當時不理解，以爲他很虔誠，也願意跟他學佛。溥儀每天與別人討論佛學，或講解經書，常說自己是困龍受災，等災難一滿就要上天了。他還向李玉琴灌輸了許多迷信的說法，比如佛經說人生有十苦，不論窮人、富人都免不了，所以應當修好行善，到西方極樂世界去，那裏什麼苦都沒有了；還說塵世間到一定時期要有兵災、火災、瘟災和大荒年等等，眼下世界就處在兵災的年頭上，因此應當多念佛，求菩薩保佑他和全國老百姓免災。他每天跪在佛前念「大悲咒」、「六字大明咒」、「心經」、「金剛經」，誦「釋迦牟尼佛」、「觀世音菩薩」等佛號。李玉琴也規規矩矩地禮佛誦經「做功課」。爲了表示心誠，溥儀吃「觀音齋」，每月有三五天素餐。

隨著時局愈來愈緊張，吉岡對溥儀的控制也愈來愈嚴格，他更覺得空虛、心寒，便無可奈何地把一切希望都寄託在佛的身上了，不但「功課」愈做愈多，還乾脆由「觀音齋」變成吃長素，從此膳房所用雞、鴨、魚等肉類，只買宰好的，不買活的。因爲佛教五大戒律中「殺」是第一條，買活物宰殺即是犯殺戒！然而，從此宮中再也吃不著鮮肉了，李玉琴也吃起長素來。

爲了不犯殺戒，溥儀不但拒食鮮肉，連蚊子、蒼蠅都不許打死，即使蚊子叮在身上，也得忍耐著刺癢任憑牠吸吮血液，這在佛教裏叫作「施捨」，只有這樣修行才能順利進入「西方極樂世界」。李玉琴也學會了不惜血本的「施捨」，但叮得實在難忍時，便不管牠是蚊是蠅一律攆開。既然溥儀還瘋狂地幻想著恢復「祖業」，他就不可能放棄塵世，修行到「西方極樂世界」去，然而「貴人」卻深信不疑。如果說溥儀是佛的假信徒，她就是溥儀的真信徒。溥儀讓她多念佛，她便每天跪在佛前念兩三次；溥儀說心誠則靈，她似乎在夢裏真看見佛菩薩出現了。

溥儀不但把李玉琴教育成一個自覺的佛門弟子，還給了她其他許多教育，把這樣一個小姑娘找到宮裏來，爲的就是好教育，在一張白紙上好畫畫。所謂君臣大義就是溥儀教的，他經常告訴「貴人」，自己是「天子」，就是天的兒子，生到凡間來替天行道，管理老百姓，天下人都必須服從他。他又說，他眼下雖是一條「困龍」，災難一過還是聖明天子，到那時，要讓全國老百姓都過上「夜不閉戶」、「路不拾遺」的好生活。他還特別爲李玉琴講「三從四德」，講《烈女傳》上的故事。

溥儀讓她把爲皇上犧牲的歷代后妃作爲學習榜樣，細細體會孝、悌、忠、信、禮、義、廉、恥的所謂「八德故事」的細節用一句話來概括這些故事，也就是時時、事事絕對服從他。李玉琴想不通，曾天真地問：「皇上說什麼，玉琴都得聽、都得照辦。比如說二加二等於四，皇上偏要說等於三、等於五，玉琴也得跟著說對，可是心裏明明知道不對，那怎麼辦呢？」這問題溥儀回答不上來了，就拿出威嚴來說：「對！對！我管得你的嘴，管不了你的心！」李玉琴連忙賠禮認錯。

溥儀還若有其事地對李玉琴說：「人生在世，享福受罪，都是前世修來的。你所以能當貴人，也是前世修的福！是造化，是命運的安排！」這話她真信了，開始認爲自己命大尊貴，應當坐享其成，逐漸對擺架子、拿身分、由奴才們伺候習以爲常，她變得連條小手絹也不願自己動手洗，變得脾氣大了，會在奴僕們身上挑毛病了。

是溥儀，把一個窮人的女兒教育成名副其實的「貴人」。

十四、金絲籠中金絲鳥

同德殿原是爲溥儀和他的「皇后」修建的起居之所，臥室、書房、客廳和浴室等都是雙套的，靠裏邊一套女人用，靠外邊一套男人用。溥儀懷疑日本人蓋房時做手腳安裝竊聽器，就一直沒有搬過來。後來，李玉琴住進了皇后那套房子，溥儀也就近佈置了一間供他使用的客廳。原來這二樓的許多房間都是門對門地通連著，這時有人進言，說這種相通的格局不好，跑風水，應該擋上。溥儀便命人抬來一架六扇屏風放在「貴人」的臥室中，用以遮擋通往書房的門。它能否留得住好風水，李玉琴並不關心，但那黑亮黑亮的漆架，鑲貼在架上的漂亮的粉緞，特別是繡在緞面上的一雙飛舞的彩鳳，卻引起了她的興趣。

爲了陪溥儀，李玉琴每天要等到半夜，但那時陪溥儀玩的人很多，常常把她忘了，也許幾天不來，即使來了待上一兩個鐘頭就回去。「貴人」周圍連個親人都沒有，非常盼望「皇上」能到身邊來。溥儀賞她一台收音、錄音、電唱三用無線電，溥儀過來了，常讓「貴人」唱歌並錄音。溥儀誇她唱歌聲音好聽，但「皇上」自己並不老老實實地好好錄，一會兒開句玩笑，一會兒出點怪聲，或是喊兩口京劇，念幾句抒情詩，亂七八糟全都錄進去，然後反覆播放。

溥儀在緝熙樓的寢宮並不是李玉琴隨便能去的。他覺得有某種需要，或感到身體不舒服，才傳話讓「貴人」去陪他、照顧他，有時也留宿，讓她睡在「龍床」上。然而，她到緝熙樓來就像作客，不敢放聲說笑，因爲寢宮門外的走廊或旁邊的書房裏總有隨侍和「宮廷學生」值班，他們也只好如同君與臣那樣嚴肅了。溥儀愛逗，免不了悄聲說句笑話，出點怪聲，但動作、說話都很輕，不能像在同德殿那樣，「皇上」變成了大孩子，領著她變法兒淘氣。

窮人的女兒逐漸適應了宮廷生活，也學會了怎樣討「皇上」的喜歡。楊景竹回憶說：「李玉琴進宮第二年比頭一年情緒好多了，也會伺候皇上了。我和她聊天，她總是最先向我『報告』新聞：『昨天晚上我給皇上唱歌了，皇上很滿意。』或者說：『昨天晚上我給皇上作體操了，皇上非常高興。』」

李玉琴在宮裏的相片也不少，專門給溥儀照生活相的日本人夏禮，也常常奉了溥儀的命令來給「貴人」照相，溥儀還親自給李玉琴照過一些，可惜只有在同德殿廣間菊花旁照的那一張保存至今。

十五、「福貴人」難以排解的苦惱

李玉琴每天最盼望的事情，就是溥儀能過來陪她一會兒。可是，溥儀畢竟是「皇上」，政務纏身，罕有閒暇，在大部分時間裏，只能把「貴人」單獨扔在同德殿，讓她好孤寂！有幾回，「貴人」看到院內鮮花盛開，就寫封信叫女僕送呈「皇上」，請他也來玩玩，頭兩次尚未遭拒，以後就不再來了。有時溥儀帶著弟弟溥傑以及宮廷學生等人，又說又笑在花園裏出現，李玉琴滿心想湊個熱鬧，卻有一道無形的「天塹」限制著，不許她走到男人中間去。

「貴人」太苦悶了。溥儀不來的晚上，她就一個人坐在窗前賞月。人家只在月圓之際賞一兩回，她卻創造了連賞半個月的紀錄，每回都呆呆地看上一兩個小時。浮雲遮住了月亮，她就耐心等待著慢慢散去，這時，她會自然而然地反覆誦讀那些著名的吟月詩，「舉杯邀明月，對影成三人；月既不解飲，影徒隨我身」，陶醉在惆悵的詩情之中。

那些年，溥儀每天按時打針。有一回，他在同德殿玩得正高興，毓嵒傳話提醒他打針的時刻又到了。溥儀無奈地嘆了口氣，對「貴人」說：「等我的病好了，不打針了，再和你盡興地玩玩！」說話時眼中掛淚。李玉琴並不知道「皇上」有什麼病，每天打什麼針，一問就說是「保養身體」，

晚上喝點酒也說是「保養身體」，原來是補藥補酒。

李玉琴剛入宮時，溥儀賞她十幾支針劑，說她體質不好，讓黃子正每天給她注射一支。有一天，她問溥儀是什麼藥針，溥儀還說是「保養身體」的，接著又很神秘地告訴她，這藥如果用錯了、能讓女人長出鬍子來，嚇得她直嚷，怕用錯，長出又黑又硬的鬍子多難看！

幾十年後改嫁生子的李玉琴，細想當年事，總算能明白。她回憶說：

「譚玉齡怎麼死的？還不是死在溥儀身上！溥儀很會表演，對譚玉齡、對我，都那麼纏纏綿綿的，真像是情侶戀人，可實際上就像對婉容和文繡已經做過的一樣，正無情地吞噬著我們的青春。他有病，是一種十分苦惱又難以啓齒的病，這病剝奪了他在全部含義上行使夫權的能力。但他不肯面對現實，爲了所謂『聖朝大統』而極力掩蓋，也不管對症不對症，便自作主張地亂投藥用藥，每天打一針男性荷爾蒙**（大概給我使用的便是女性荷爾蒙吧！）**，然而根本不解決實際問題。這樣，我和同命相憐的其他三位女性，便都成了溥儀的夫權點綴品和感情犧牲品。」

溥儀靠「欺騙」二字維繫著他的後宮。李玉琴年紀輕輕，天真幼稚，剛進宮時還敢頂撞溥儀幾句，後來不同了，溥儀說什麼她就信什麼。溥儀告訴她，皇上、貴人都不是凡人，不能像人間夫妻那樣，她也信以爲真。

隨著年齡增長、身體發育，愈來愈受到苦悶和煩惱的襲擾，「貴人」再也活潑不起來，脾氣也有點怪，連唱歌也不像以前感情充沛了。

十六、「福貴人」的生活稀里糊塗結束了

李玉琴入宮時，「滿洲國」已經進入末期。李玉琴在宮中生活時間雖短，卻看到了末日中的「康得皇帝」的形象。日軍戰敗之際，溥儀也有許多政治表演。那時日軍在人力物力上消耗殆盡，溥儀便帶頭捐獻鋼鐵，把同德殿一樓大廳的四個合金大吊燈拆下獻出。聽說製造飛機需要白金，他便「獻納」了自己的白金錶和錶鏈。不久，把書齋等房間的地毯也都獻給了「浴血奮戰」的「皇軍」，他指著其中的一塊對吉岡說：「那是貴人獻的！」其實，他根本就不叫別人動李玉琴房中的地毯，怕她著涼，溥儀在危難中還惦記「貴人」。

一九四五年八月八日，蘇聯紅軍正式對日宣戰，當天晚上就在長春投下了兩枚炸彈，有一顆竟落到僞宮前的監獄附近，嚇得「康得皇帝」一臉驚恐，完全失去了平常的溫文爾雅。

八月九日上午，吉岡跑來告訴溥儀說，要把政府和皇宮全都遷到通化去，因爲那裏離日本近，又在山裏修好了防禦工事，再支持一年半載沒問題。溥儀很爲難，他已經不相信吉岡的鬼話了，可又不好違拗；更重要的是，他的皇后、貴人、弟妹、族親、珍寶、書畫，以至獨特的生活習慣，面對這一切一切，怎麼能說走就走！他急得東轉西轉，就像熱鍋上的螞蟻。平常他總保持優美的髮型，用髮蠟把厚實的一頭黑髮黏在一起，再灑上香水，梳得整整齊齊，可那天就不是這種儀態了，眉頭緊皺，頭髮也亂蓬蓬的，還有一大綹掉在額前。「貴人」不大知道害怕，還是那樣天真活潑。

當天晚上，吉岡又來說，八月十一日是最後期限，屆時必須動身。溥儀讓「貴人」收拾自己的

東西，她只有一盒值錢的首飾，再就是被褥、衣服、衣料、繡花枕頭、玩具和學習用具等，每天伴她的大洋娃娃固然忘不了帶走，因爲它是唯一可以任意述說煩惱，伴她睡眠、伴她望月、伴她唱歌的「好朋友」；還有幾本好書和名貴字帖，都是「皇上賜的」，也要帶走。

按關東軍規定必須離開的日子——八月十一日，終於到了。宮裏大部分男人剛把遣散費拿到手，便自顧自地去逃命。被溥儀留下隨行的人也陸續押運行裝上車站去了。婉容有病，由宮裏最後幾個太監服侍著早早上了火車，李玉琴的貼身女僕也押送女主人的幾隻箱籠先走了。宮中只剩下溥儀和他身邊的「宮廷學生」溥儉、毓嵣以及隨侍李國雄，再就是李玉琴和她身邊的溥儉之妻葉乃勤、毓嶦之母四太太和乳母二嬤，一共八個人。這是「滿洲國」皇宮傀儡戲的最後一幕。

溥儀一會兒到李玉琴這來一趟，轉一圈又走，曾十分焦急地對她說：「真要有意外，咱們一點兒抵抗力也沒有，只好束手就擒。」正在這時，忽然闖進幾個日本憲兵，並一直走近緝熙樓。

按常例，憲兵帶武器進入內廷是絕對不允許的。溥儀驚恐萬分，趕緊問怎麼回事。日本兵用生硬的漢語講，因爲看見有人跑進來了，怕是壞人，所以要搜查。溥儀很生氣，等日本兵一走，就對「貴人」說：「什麼進來人呀，全是藉口，他們是奉命監視我的，看我是不是已經跑了。」說著，溥儀又抓起電話打往吉岡的家，不通；又往皇宮禁衛隊掛，也沒人接。

溥儀以爲他那架電話出了毛病，便跑到李玉琴臥房來掛。這架電話平時上鎖，此刻又來不及找鑰匙，李玉琴和葉乃勤見「皇上」急於用電話，好不容易才把鎖頭砸開了。溥儀掛來掛去還是不通，擔心自己被撇下，登時變得臉色蒼白，晃晃悠悠站也站不穩，突然向李玉琴衝過來，一把拽住她的手說：「玉琴！跟我上緝熙樓吧！要死就死在一塊兒！」

晚九時，門外一陣汽車響動，吉岡在溥儀的盼望中上樓來了。溥儀聞報，命在書齋接見。吉岡的口氣帶有命令口吻：「今天午夜十二點動身，前往通化省臨江縣大栗子溝。」溥儀這才感到心中有底了，原來關東軍還沒有想把他扔掉。李國雄又找來餅乾和乾淨食用水，請「皇上」「用膳」，李玉琴和葉乃勤則爲「皇上」備好出行穿用的軍禮服、馬靴、軍刀、帽子和手錶等。

午夜十二點左右，宮裏最後一批潰逃者在中和門外登上汽車。溥儀等四個男人上一輛車，那輛車前後跟著四輛摩托車，李玉琴等四個女人則上了另一輛車。那時候也講不得淨街站崗了，臨時拉響防空警報器，市內閒雜人員紛紛躲避，「皇帝陛下」一行便乘機溜了。

汽車很快便越過興運門和保康門。李玉琴回想進宮那天是在午後五點鐘左右入這兩道門的，又是日短之際，天已擦黑，沒看清宮內府佈局，兩年多來被軟禁在宮中一隅之地，這兩道門都不曾接近過，今天離宮又是半夜十二點多鐘，四周一片漆黑，更沒有心情欣賞宮廷建築。總之，「福貴人」的生活就這樣稀里糊塗結束了。爲何入宮，又爲何出宮，都不甚了了，摸黑來，又摸黑走了。

次日上午，二道河子李萬財家來了一位不速之客，是一名中年男子，奉了「皇帝」命令而來。李玉坤回憶說：「他送來一個小小的紙盒，也不說什麼轉身就走。打開盒子一看，裏面有些錢和一張紙條，紙條上的筆跡並不是姐姐的，『貴人已隨皇上離開宮內府、離開新京了。』見到這幾個字，我們更爲四姐的命運擔憂。雖然溥儀在潰亡之際也沒忘記給我家幾張紙票子，可那離亂年月，人都見不著了，要錢還有何用？當時二道河子正發大水，更增添了父母的愁緒。我和哥姐都避免提到四姐，怕觸到父母的痛處。我已經十四歲了，對時局的變幻還不甚明白，但思念姐姐的心情和大人是一樣的。」

十七、大栗子溝裏的祈禱

當載著溥儀等四男和李玉琴等四女的兩輛汽車開抵長春東站時，一趟專列正焦急地等待著吉岡的命令。那些日子，溥儀對戰爭的前途也看得很清楚，但吉岡的槍口能讓他在幾秒鐘之內斃命，所以他還是老老實實的，背地裏對「貴人」說些哄小孩子的話：「報上的戰果都是假的，日本人的仗打得不利。打完仗是要處理戰犯的，到那時就好了，沒有咱們的事，咱們可以回北京去。」李玉琴相信這些話，希望有一天能跟「皇上」回北京，起碼甩開吉岡，不必再忍氣吞聲了。

這趟專列就是溥儀赴各地「巡幸」乘坐的「展望車」，車內設備固然很好，但衛生很差，也顧不上收拾了。「皇上」也忘了擺譜，「皇后」和「貴人」卻仍然被隔開，不在同一車廂，也不許見面。溥傑、韞和、韞穎、韞馨、毓嵣、溥儉等連同他們的家人都在同一節車廂裏。

「展望車」走走停停，開得很慢，鐵路調度已接近癱瘓。八月十二日經過吉林市和梅河口，十三日到達通化臨江縣大栗子溝。兩天行程中，只在車上吃了兩頓飯，沒有筷子就用吃完冰糕剩下的那根小棍子代替。吉岡甩動大馬靴從「貴人」所在的車廂經過，「貴人」似乎恨他，不理睬他；吉岡朝「貴人」瞪瞪眼，也不言語。

大栗子溝有座日本人經營的鐵礦公司，其職工宿舍已經騰了出來，給潰逃至此的人們臨時居住，而溥儀、婉容和李玉琴這特殊的「一家人」以及溥傑、嵯峨浩和嫮生，被安置在原礦長的日式住宅內，一共七八間房。溥儀和婉容分別住在後邊，李玉琴住在進門靠左側的一間，對面是溥儀的會客室，來到這裏得按日本人習慣，進屋後便席地而坐。

溥儀仍然記掛他的「貴人」，摸摸她的頭和肩膀，似有歉意地安慰她說：「玉琴，讓你受委屈了！你說得對，神佛和祖宗保佑我們，一切都會好起來。」

在大栗子溝的第一宿過去了，楊景竹回憶道：

「次日清晨，我照例去向『皇帝陛下』請安，並進見『貴人』。李玉琴問候我和家人一路平安，我向她致了謝。李玉琴又說：皇上昨天在屋裏洗澡後就休息了，睡得很好。皇上預備到日本去，我也隨行，現正盤算帶幾個人，帶什麼東西……」

又度過一個夜晚，就到了中國歷史上的偉大時刻——「八一五光復」。傍晚，溥儀憂心忡忡地告訴「貴人」說，日本無條件投降了。李玉琴一聽高興起來：「那皇上就帶玉琴回北京吧，老百姓也能得好啦！」溥儀苦笑一聲嘆著氣走了。

當天晚上八點多鐘，溥儀那棟住宅門前突然集合起好幾十人。不一會兒，稍事裝扮的溥儀出現在門口，他的臉在門燈照耀下呈現灰白色，有氣無力地發表了《退位詔書》，在同德殿前為「敢死隊」訓話的那種瀟灑派頭絲毫也看不見了，但仍能裝出一副激動的樣子，一邊說話一邊比劃，還流著眼淚打自己嘴巴，反反覆覆地念叨：對不起日本天皇和皇太后，忠誠日本的信念不變，還用日語喊出一句「天皇陛下萬歲」。那些聽溥儀講話的日本士兵淚流滿面。李玉琴這時已關了房間的燈，從又低又大的日式窗戶望出去，把溥儀的醜態看得一清二楚。

退位儀式一結束，溥儀也顧不得再上「貴人」房間看看，便匆匆回到自己的居室收拾行裝。此時他已得到消息，不久將乘飛機再度逃離，他必須考慮帶走誰、留下誰，留下的人員和財物應怎樣處理等等。這一宿，溥儀肯定睡不安穩。

第二天，溥儀告訴李玉琴說，吉岡讓他到日本去。她弄不明白日本已經投降了還去幹什麼？溥儀顯然也說不清楚，就搪塞道：「到日本再說吧！」她這時還是相信這位「天子」的，見他愁容滿面，也不便多問，只是又要剩下一人孤苦伶仃，顧念前程不寒而慄。

當天深夜十一時左右，她心中有事睡不安穩，忽然聽見一陣腳步聲，好多人通過房門前那段走廊。她知道是溥儀等人到飛機場去了。那時候男女有別，她不可能起身送行，真希望溥儀能進屋道別。在他們共同生活的日子裏，曾一而再地海誓山盟，說什麼禍福與共、永不分離等等，難道今天就這樣把剛滿十七歲的女孩子扔在僻遠的山溝裏，也不覺得心中有愧嗎？然而，溥儀到底沒有進屋。

溥儀挑選了溥傑、潤麒、萬嘉熙、毓嵒、毓嶦、毓嵣、李國雄、黃子正等八九人隨行，其中有弟弟、妹夫、侄兒、隨侍和侍醫，這些人是他須臾不能離開的，而老婆倒並不那麼需要。運載溥儀的三架小飛機，說是開往日本，其實飛向另外的地方，最後在瀋陽機場當了蘇聯紅軍的俘虜。據李玉琴說，溥儀等人被俘絕不是偶然的，她曾親眼看見有人拿著小旗在對面大山上晃來晃去地打旗語，原來自從溥儀等人到達大栗子溝，其一舉一動已在抗日部隊地工人員的掌握之中了。

溥儀走了，把他的家屬、族人、僕侍、臣僚等百餘人扔在山溝裏。其中，按地位，自然是婉容和李玉琴最高，但她們二人，有一個精神不正常，另一個又年齡太小，溥儀不放心，便把主事的權力交給族弟溥儉。

溥儀走後才三天，婉容和李玉琴住的那幾間房子以及其餘百八十人所住的「丁字樓」（即原鐵礦職工宿舍）都撤掉了門崗，只有沒跟溥儀走的幾個隨侍還帶著手槍，暫時履行「保衛」職責，他們並未經過正式訓練。人們心裏都像揣了小兔子，整天突突地擔驚受怕。

李玉琴則念念不忘溥儀臨走說的幾句話，盼「皇上」派車來接她，盼了許久毫無消息，遂轉而求助神佛，焚香叩首吃長素，很虔誠。據李玉琴回憶，當時她有三宗心願：第一宗，求皇上平安無事，早日與玉琴團圓；第二宗，保佑父母二老大人身體健康，平安無事；第三宗，保佑早息兵災，讓人民享太平。她做完「功課」，還要長跪一小時，跪得兩腿都麻木了。她當時思想單純，認爲百姓有災，皇上也有災，只有禁欲吃苦、誦經念佛才有希望脫災。可憐一個女孩子整天在香煙繚繞的世界裏夢幻神遊，久久不醒。

十八、深山溝裏與皇后相見

大栗子溝是個大山圈兒，與朝鮮一江之隔。伴著秋天的來到，蘇聯紅軍進入了大栗子溝，當時關於蘇軍士兵「禍害女人」的傳言滿天飛，溥儉便讓皇家女士們趕快躲進山裏去，但未及行動，幾名蘇聯軍官已經到達。他們找來溥儉，對他說「蘇軍是來解放東北的，大家無需驚慌」，又說「要見見皇后和貴人」。溥儉也不敢不應。這幾名軍官看了一眼神經不正常的婉容，又跟李玉琴握握手就離開了，溥儉這才放下高高懸起來的一顆心。

溥儀臨走向溥儉囑咐兩件事情：一是保護好「皇后」和「貴人」，特別是「貴人」年輕，絕對不許出事；二是帶到大栗子的幾十箱珍寶字畫，都是祖宗留下來的，不可棄之於途。這回雖然未出大事，卻著實讓溥儉心驚肉跳了一回，生怕有辱君命，將來無法交代。

正當溥儉焦頭爛額的時候，又發生當地山民搜查並沒收準備返國之日本人傢俱、物品和行李的事件。山民們認爲，這些東西都是在中國掠奪的，不能讓他們帶回日本。溥儀擔心這股風潮擴大，如果那樣的話，「皇上」的金銀財寶還保得住嗎？經反覆商量研究，決定把「皇后」和「貴人」搬到大家聚居的「丁字樓」內，也顧不得皇家身分、等級之類體面上的事情了。

繼而，溥儀又花一大筆錢，雇傭當地國民黨雜牌武裝站崗。所謂「雜牌」，因爲不是正宗國民黨軍隊，可能有幾個「接收大員」，也有見風使舵而「歸順」的「滿洲國」員警及地方私人武裝等。一班四個人，每天輪班換崗，負責飯食，一日三餐好酒好菜，還特意找了有烹調技藝的毓嵣母親專門伺候這幾個「保鏢」。

遷入丁字樓以後，連獨自在院內散步也不允許了，李玉琴最大的自由就是坐在屋子裏念經念佛，盼望皇上快把她接走。她的房間，西邊一牆之隔與三格格韞穎爲鄰，東邊隔著拉門也住人，起初並不知道是誰，宮裏規矩大，不能隨便打聽。日式拉門薄得就像一層紙，那邊的聲音都在這邊的耳朵裏。

有一次，李玉琴聽到摔筷子摔碗的聲音，覺得奇怪，不一會兒又聽見一個太監說話：「主子又不愛吃這飯，都摔了！」接著，有中年女人的聲音傳出：「快拿煙來！」一兩分鐘以後，又有不男不女的怪聲怪調：「老爺子抽口煙吧！」於是，又傳出抽水煙袋那種咂嘴的響動，一種異樣的香味隨即飄散過來。

這是鴉片的香味，李玉琴知道宮裏只有「皇后」和二嬤抽這個，而二嬤的聲音她熟悉，猜想抽煙的人一定是婉容了。敬喜悄聲告訴她：「東屋住的正是皇后主子，你聽，皇后自言自語又不知說什麼呢！」於是，她和敬喜摒住呼吸靜聽。「皇后」叨叨咕咕，聽不出個數來，有時又哭又罵，罵的對象就是自己的父親榮源，好像罵都不能解恨，哭起來也特別傷心，就像失掉了什麼非常寶貴的東西，時而又笑，笑聲也不響亮。

李玉琴聽說婉容長得十分俊秀，又是大家閨秀，如今落到這步田地，太可憐！她於是決定利用房中小灶給她包點餃子。有一次，婉容聽見西屋李玉琴說話，就問太監「是誰」？顯然她這時神志清醒。太監告訴她：「就是給主子做煮餑餑的福貴人啊！」婉容一聽，非要看看「貴人」不可。

說來稀奇，從入宮到今天，兩人還都不識對方「廬山真面目」。婉容早已厭倦人生，用鴉片無情地糟蹋自己，身體衰弱得已不能站立。由兩個太監攙扶著走到拉門前，「嘩」地一聲拽開了。呈現在李玉琴眼前的「皇后」，已失去如花似玉的容貌，只有一張不人不鬼的臉。李玉琴為「皇后」難過，也為自己難過，「皇上」一旦不喜歡自己的時候，自己不也會是這樣的下場嗎？

李玉琴和婉容都在盼望中打發時光，盼「皇上」來接，卻每天都失望。有些傭人看看沒有指望，就各自收拾東西回家了，僅剩下溥儀的親眷和沒處投奔的人。在一個晴朗的日子裏，她們盼望著的飛機真來了，幾名蘇聯軍官走下舷梯，還帶來一封溥儀親筆信。可是，這千盼萬念的親人家書卻並不是寫給「貴人」或「皇后」的。溥儀說正在蘇聯，點名要溥儉等八個人去伺候他，幾乎把身強力壯的全調走了，剩下的人們又回到盼望中。

冬天到了，流水開始結冰，丁字樓的室內溫度迅速降下來，吃穿也都將發生問題。接替溥儉主事的嚴桐江遂與大家議定：遷往較近的臨江縣城「貓冬」，以待時機返回長春。當即花錢買通本地的國民黨雜牌軍，用汽車護送到火車站，還特意為婉容和李玉琴找來一輛破舊的小轎車以示身分區別，然後包租一列小火車直抵臨江。一路上，李玉琴儘量照顧婉容。在臨江轉乘大卡車，婉容更把虛弱的身體躺靠在同在車內的李玉琴身上，兩人相依為命摟在一起。正是十二月初，距來到大栗子溝已過百天，遂有人用「百日出災」這個詞兒，希望從此好起來。

十九、財物在臨江被沒收

在臨江縣城安頓下來，起初很平靜，婉容和李玉琴仍受特殊照顧。嚴桐江總想讓她們住得好些，吃得好些，讓她們不必使用室外廁所。李玉琴也常到婉容屋裏看看，婉容有時會伸出骨瘦如柴的手臂晃一晃，招呼她坐在床邊。據太監說，不管誰來，「皇后主子」也沒讓過坐，這是對「貴人」的特殊恩典。

然而時局動盪難以預料，才過去十幾天，忽聽槍炮齊鳴，愈來愈密集、迫近。兩天後，炮聲停了，槍聲也止了，由何長工率領的東北民主聯軍四十軍一二〇師解放了臨江縣城。部隊很快就派了李政委和謝政委到旅館來，告訴大家不用害怕，不抓任何人，但必須交出槍支及收發報機一類「軍用品」。嚴桐江不敢違拗，立刻把從宮中攜出的十二支短槍上繳了。李玉琴也主動交出一件東西，並詢問兩位政委：「我不知道這算不算軍用品？」謝政委接過去一看頗爲驚奇，原來是一架德國造大型望遠鏡。她挺高興，交出一件軍用品，有了貢獻，而內心又捨不得，這望遠鏡早已成爲她生活中排解孤獨的良伴了。

李玉琴的「貴人」身分很快就傳開了。參軍不久的新戰士好奇，三個一夥、五個一串來看稀奇。「貴人」那間屋子的拉門一天到晚也關不上，氣得她緊靠窗戶坐。戰士們聽說她是窮人家的孩子，還挺客氣，看幾眼就走。也有人把她當成「皇上」的幫兇，說她是「寄生蟲」。

又過些日子，部隊派人來通知，讓大家做好返回長春的準備。李玉琴與徐媽、敬喜一起，把從宮裏帶出的幾隻箱子和手頭僅有的寶物——冊封前溥儀賞的鴛鴦首飾盒以及幾件首飾，很快就整理好了。

次日清晨，旅館裏忽然來了許多軍人，讓男女分別集中開會。女的集中在二嬸屋裏，聽一位三十歲左右的女幹部講話。她先問大家知不知道共產黨、八路軍是幹什麼的？屋裏鴉雀無聲，誰也回答不上來。二格格挺勇敢，疑惑地最先開口道：「聽說共產黨共產共妻……」女幹部笑了：「那是造謠！共產黨、八路軍是爲受壓迫的勞動人民打天下的，是要解放勞動人民的。」她接著講：「溥儀是什麼人呢？他是漢奸、賣國賊、喝人民血汗的大剝削者！」李玉琴覺得這話很刺耳，張口大罵「皇上」還了得？「皇上」也是替天行道，爲百姓辦事呀！參加開會的女人，包括二格格在內，誰都不言語了，既不反駁也不贊同，都因爲害怕而把頭低了下去。嵯峨浩嚇得直往人多的地方鑽，李玉琴自然也很不安。

「溥儀的財產都是剝削來的，都是人民的血汗，應該沒收；你們的東西，包括文物、珠寶、首飾都是溥儀給的，實際都是溥儀的，所以也得沒收。」女幹部話鋒一轉，說到實際問題上，原來是要沒收這幫人的財物。

李玉琴知道，那件鴛鴦首飾盒以及其中的首飾都保不住了。她不甘心，這些都是「皇上」賞的，其中還有定情信物，「皇上」回來怎麼交代？再說，她也不認爲溥儀的財產都是剝削來的，「皇上」是天子，命運好，福氣高，所以才有千千萬萬的臣民自動送來金銀珠寶供他享受，這也是命中該得，勞動固然能掙來財富，命運同樣能帶來財富！

不管李玉琴怎麼想，沒收財物的行動很嚴肅地開始了。形式是自動上繳與搜查相結合，先由嚴桐江上繳統一保管的貴重財物，然後一隻箱籠、一個行李也檢查，同時逐一搜身，人人過關。搜身非常仔細：打開髮髻、敞開上衣，還要脫鞋、脫襪，連褲子也得一層層解開。輪到李玉琴時，她就痛痛快快地交出了手錶、耳環、戒指、鐲子和項鍊等六件首飾，然後主動解開衣褲任人搜查。負責搜身的兩位女幹部，滿意地朝她笑了笑，並沒有東摸西摸，就放她過關了。

人們擔心的「貴人」失身並不曾發生，但「失財」的事情卻未能避免。李玉琴交出了一切，連幾冊善本線裝書和兩本字帖也通通交了出去。交字帖的時候想起許多往事，溥儀高興了，親自到書房中教她練書法，還派人送來這兩本字帖，一本是王羲之的，一本是歐陽洵的，李玉琴喜歡歐體字，溥儀教她練基本功，有時就在她屋裏寫吉祥條幅送人。李玉琴想起溥儀那特殊的握筆方式，想起他那細長細長的手指……

沒收的財物都裝車載走了，剩下空蕩蕩的房子和一群木呆呆的人。李玉琴想著，索性把腿盤起來坐在炕沿上，她的手就在這時，意外地碰在大腿內側一塊硬梆梆的東西上，這使她想起一個月前在大栗子溝的情形。

等待溥儀來接的人們因久等不到而失望，對「皇后」和「貴人」負有責任的主事嚴桐江，深恐發生突然情況而難以照顧她們，乃派人給李玉琴送來兩捆錢，每捆一萬元。李玉琴遂讓徐媽縫在一條有夾層的毛料呢褲內側，這條呢褲就穿在身上。李玉琴回憶說，當時嚴桐江也懵了，一會兒把財物散開，一會兒又集中起來，簡直手足無措。送錢同時，他還交給她一個比雞蛋稍小的橢圓形透明晶體，裏邊有花紋，能隨著二十四節氣變幻；寶物兩端各有一根四五寸長的墜子，每根都由一條大米粒粗的金鏈子連接著幾種寶石和數枚珍珠，真是五彩斑爛。過了七八天，嚴桐江又讓人把這件寶物收回，連李玉琴從宮中帶出的一個四層高珠寶首飾盒也要去了，那裏邊裝著冊封後溥儀陸續賞給「貴人」的二十餘件珠寶首飾。唯獨沒有收回現款，李玉琴一時把這件事忘在腦後，居然躲過了搜身。

面對長吁短嘆可憐的同路人，平日吃齋念佛、篤信積德行善的「貴人」，能忍心不顧別人嗎？她當即決定把褲腿裏的錢分配給大家共渡難關！婉容是皇后，又有病，又要用鴉片煙頂著，就分給她五千元；嚴桐江是主事人，經管爲大夥買米買煤的事，李玉琴便交給他一捆，整整一萬元；其餘給幾個困難多的女眷每人多少分點，剩下二三千元自己留下，以備返回長春前作路費、買食品用，分完這筆錢也覺得心安了。

二十、何長工勸「福貴人」參軍

部隊並沒有拋棄已被沒收了財物的人們，經與嚴桐江等商定，因長春尚未解放，而臨江又處在國共兩軍拉鋸的戰火之中，先分批送往通化，那裏是這支部隊的司令部所在地，相對安全一些。

第一批出發的就是李玉琴，嚴桐江讓當時唯一的「宮廷學生」，也是皇族成員的毓岷隨行保護、女僕敬喜跟著伺候。此外，還有一個人奉派隨行照料，那就是僞宮內府內務處營繕科科長吳少香，他是溥儀打網球的球伴，頗受信用。部隊特派一班戰士護送，出發那天是一九四六年一月十七日，即舊曆乙酉年臘月十五日。

晚八時許，壓道車停在沿途小站上。當晚，李玉琴和敬喜就睡在一間小倉庫裏。第二天早飯後，壓道車又載著原班人馬出發，上午十點多鐘進入通化市區。住進東北民主聯軍四十軍一二〇師司令部。兩天後，婉容和她的太監、嵯峨浩母女、二嬤及其養子、徐侍醫夫婦，還有嚴桐江等都來了。他們被安排住在司令部對面的公安局樓內，毓嵣和吳少香也遷到那邊去，只有李玉琴和敬喜仍留住司令部。

一九四六年春節，李玉琴是在部隊度過的。何長工個子不算太高，長得很結實，南方口音，看樣子有三十多歲，眼光特別銳利，有一股精明強幹的勁頭。他旁邊還坐著一位不到三十歲的女同志，經介紹才知道，原來就是何長工的妻子，室內還有其他幾位首長。李玉琴先被領進房間，不一會兒嵯峨浩也來了。一一介紹後，何長工的妻子拉她們坐在一起，說一塊兒聊聊天。桌子上除了煙茶還有花生、水果和糖，不吃就硬往手裏塞。

那天何長工談鋒很健，給李玉琴講了許多發生在革命隊伍中的生動故事，還談到一些她從來不曾聽說過的名字，如毛澤東、劉少奇、朱德、周恩來、賀龍等。接著，何長工又把話題從革命轉到李玉琴身上，對她說：「你是勞動人家的窮孩子，被騙入宮不是你的過錯。但傀儡皇帝溥儀跟著日本人幹壞事，你當上『貴人』，和他一起過寄生蟲生活是可恥的……」儘管何長工在努力把她和溥儀區別開來，她還是不高興。她不願別人說溥儀是罪人。

何長工的妻子勸李玉琴和溥儀劃清界線，擺脫溥儀的束縛，她說，你這麼年輕，應當參軍，和其他青年人一塊革命。他們邊吃邊談，又說又笑，在三個多小時裏，這種和諧氣氛更增加了李玉琴的勇氣，竟爲了溥儀而爭辯起來。臨走時，何長工的妻子硬是往她衣兜裏裝了幾把糖果，讓帶給「老大姐」敬喜吃，同時也往浩子衣兜裏也裝了許多。

李玉琴被送回房間，敬喜那顆懸著的心才落了地，因爲這是「貴人」第一次離開女僕單獨活動啊！她大把大把地從衣袋裏掏出糖果，高興地對敬喜說：「這是何司令的妻子讓給你帶來的，快吃吧！」這一夜兩人都很興奮，加之鞭炮聲音不絕，到後半夜才睡了一小會兒。

何長工親自動員李玉琴參軍，這當然不是偶然的。說實在的，李玉琴已經有些喜歡部隊生活了，可一想到參軍就談虎色變。因爲她還不想離開溥儀，這位「皇上」畢竟是她在少女時代傾注了感情的男人。再說，她也害怕「皇上」早晚會回來跟她算賬，那份在佛前親手焚燒的《二十一條》也總像鬼魂似的糾纏著她，所以何長工夫婦親自勸她參軍也沒有應承。

正月初二凌晨，樓外忽然打起仗來，槍聲一陣比一陣緊，還不時有手榴彈爆炸聲。李玉琴把臉貼在窗戶玻璃上往外看，猛然「轟」的一聲，對面公安局樓上右角被炮彈擊中，坍下來了。李玉琴不禁驚呼起來：「皇后和二嬤不就住在那棟樓上嗎？」就在這時，李玉琴貼臉的那扇玻璃碎了，她只覺得右臉好像被什麼扎了一下，用手一摸都是血。敬喜趕忙扯過一條毛巾捂在她臉上，而血很快就透過了毛巾。敬喜看看止不住血，嚇得衝出門外大喊：「快來人哪，貴人受傷了！」很快就有人跑來把她攙到後屋，做了包紮。她自己也不知道傷勢如何，只覺得疼，血流不止。這時，戰鬥正在緊張進行中，她住的那個樓內，凡拿槍的都投入了戰鬥。何長工聽說李玉琴受傷了，立即派來軍醫，使她又感動又難過。

原來在李玉琴的右臉深處留下了彈片的這一仗，正是由何長工親自指揮的。叛亂平息後，消息傳了過來，住在公安局樓內的婉容安然無恙，二嬤卻因受傷又失血過多而死去了，李玉琴難過得哭了一場。部隊考慮到安全和便於管理，騰出一棟二層小樓的樓上，再隔離成爲若干小房間，讓李玉琴和從公安局樓內遷過來的婉容、嚴桐江等人全部住了進去。過了幾天，溥儀來信叫走的溥儉、毓崞等人因爲未去成蘇聯，又從半路上折回，經部隊收留，也住入這棟二層小樓。首長還派有經驗的老兵站崗，保護他們的安全。

廿一、違心的「離婚聲明」

一九四六年四月十四日，中國人民解放軍佔領長春，部隊領導迅即通知嚴桐江、溥儉等收拾行裝準備出發，還把來到通化時替李玉琴保管的最後一筆款子——兩千多元，分毫不差地退還給她。李玉琴由敬喜照料，與部隊戰士們一起登上從通化開出的「悶罐列車」，向長春進發。這是拉貨的車，連坐椅和車窗也沒有，大小便使用擺在車廂角落裏的馬桶，或等停車時趕快跑到外面去。列車邊走邊停，慢慢騰騰開了一天一宿，終於呼嘯著噴雲吐霧地進了長春。李玉琴以爲馬上就可以見到近在咫尺的父母雙親了，其實哪有這麼簡單！他們全被安置在離火車站不遠的一棟二層樓內，仍與部隊官兵同住，伙食還不錯，清一色大米、白麵，有肉吃，數量充足。

又過了幾天，部隊領導找李玉琴談話，讓她跟溥儀離婚，而且態度強硬，這一下把她弄懵了。「歷史已經前進了，溥儀是人民的罪人！你不離婚，難道還想等他再當皇上，你又當娘娘嗎？你才十八歲，出身挺苦的，理應回到勞動人民中間。今後靠自己一雙手吃飯，這才是一條光明的道路！」部隊領導這席話雖然很對，卻刺傷了李玉琴的心。她不願離婚，並不是還想當「娘娘」，還要享受宮廷的榮華富貴，是難忘溥儀作爲丈夫給予她的溫存。

嗣後，部隊領導又找她談了兩三次，她始終想不通。一天，李玉琴又被叫到辦公室，原來父母都給找來了。她萬萬沒有想到，離亂之後與父母的重逢竟是在這樣的環境之中，而且是面對如此尷尬的問題，心情很不好受。

「只要寫個離婚聲明，就可以回家！」話雖簡單，卻含要脅成分。

父親顯得心慌意亂，一字一板說：「我們本不願讓她進宮，康得硬要去的。已經是他的人了，叫我怎麼說？」母親更不願女兒出一家進一家。

不一會兒，大姐夫來了，他當過「滿洲國」中尉，國民黨時期又當中校，老丈人家遇事，往往找他拿主意。他與部隊領導交談後，知道人家態度堅決，就用商量的口吻對李玉琴說：「那就離婚回家吧！」並使眼色，意謂寫個聲明先回家，以後再說，僵持沒有好處。

李玉琴回憶當時的心情說：「我很難過，當著父親和親屬的面嗚嗚啕啕地失聲痛哭。回想八個月來，溥儀給我的珍貴首飾和物品丟的丟了、沒收的沒收了，我也沒像今天這樣傷心，沒掉過一滴眼淚。但眼前這場面讓我受不了，我認爲對一個女人來說，離婚是很不光彩的。嫁給誰本來就是命中注定，我當初在那麼多女學生中入選進宮，也是和皇上有緣分哪！現在皇上有災，正在困難之中，我怎麼能提出離婚呢？說也奇怪，這個時候，溥儀對我不好的那些地方全都忘了，對我好的地方又一宗宗、一件件地在腦海中浮現出來。『皇上』常說，他不能沒有我。我也不該離開他呀，我都哭昏了。」

廿二、長春：一件皮大衣的刺激

「貴人」的哭聲絲毫未能感動身穿軍裝的幹部，他們很嚴肅地讓李玉琴寫下「離婚聲明」，說是「動員」，實爲命令，沒有商量餘地。李玉琴不哭了，拿過筆來就寫了兩行字，聲明與溥儀「離婚」，沒寫「僞皇帝」，也沒寫「漢奸」、「壞蛋」，她不認爲溥儀是那樣的人。幾位軍官無奈地點點頭，似乎已經完成任務，就讓她收拾行裝回家了。

李玉琴雖然寫了離婚聲明，實際不買賬，一張紙，幾行字，代表不了她的心。她的心仍然屬於「皇上」，絕不再婚嫁人，眼下只想回到父母身邊，稍盡孝心，然後就出家當尼姑，在青煙繚繞的寺廟度過今生。

李玉琴就要回家了，她知道溥儉從大栗子領那八個人走時，隨身帶了溥儀的一些東西，其中有兩件皮大衣，於是硬著頭皮請求道：「溥儉，把皇上的皮大衣給我一件做個紀念吧！」她無非是想留下紀念物，不料卻招來一些人敵視的眼光，有人還諷刺說：「都離婚了，還要衣服！」這話深深刺痛了她的心，她還以爲溥儉能夠理解她，同遭離亂的人們更能夠理解她，卻不料現實如此冷酷！溥儉勉勉強強地交出了溥儀的皮大衣，卻不肯再給李玉琴任何珍貴物品。這件皮大衣後來一直由李玉琴的母親保存，「困長春」那年也不肯拿它換吃的，結果李玉琴的父親活活餓死。若干年後，這件大衣的皮筒子以及那只空了的鴛鴦首飾盒，被一起送進了歷史博物館。

溥儀的錢財珍寶已經沒有，溥儀的「皇后」卻要在這時交給李玉琴。有位軍官跟她商量說，現在時局還不穩定，長春一帶處在拉鋸戰狀態，部隊天天行軍打仗，無法照顧有病的婉容。眼下她父親被抓到蘇聯去了，她哥哥又不肯收留，希望李玉琴把婉容接回家去。李玉琴同情婉容，但這事必須跟母親商量。母親說，全家十來口人就住兩間房子，一天三頓粗糧，缺油缺菜，還要弄錢供她吸鴉片，萬一侍候不好，有個一差二錯，就更擔當不起了，實在是心有餘而力不足。

分手時，李玉琴流著淚慢慢走到婉容床前，向她請安辭行。這裏已經沒有女僕，也沒有太監了，只有一位受盡人世淒涼折磨而瀕臨死境的女性。李玉琴爲她理一理用剪刀隨便剪短的亂草般的頭髮，握一握她慢慢伸過來的那雙骨瘦如柴毫無力氣的手，又幫助她扯平衣服，蓋好被子。從婉容那一臉痛苦的表情中似乎看得出，她已經知道「貴人」就要離她而去了，不過這時她對任何人、對整個世界都不再抱有幻想，她早就麻木了。在無聲的眼淚中，兩個苦命女人靜靜地相對，默默地分手。

李玉琴從此得了神經官能症，總是昏昏欲睡。有時一天睡二十個小時。母親怕她睡出病來，就借一本《紅樓夢》給她看，當她看到林黛玉的悲慘結局，又聯想自己哭了起來，直到睡了過去。母親又招呼幾個姐姐過來陪她玩紙牌，還是打不起精神，過了半月才漸有起色。

「經過反覆考慮，我決定出家當尼姑去。」當李玉琴稍微清醒以後，便做出了這樣的決定。母親先是一驚，但看她一天到晚失魂落魄的樣子也就同意了。於是父親到處給她找尼姑庵，找了幾處人家都不收。當時解放軍正提倡破除迷信、解放婦女，尼姑庵不敢收。沒辦法，她只好待在家中，一天除了睡覺就念佛，繼續等待落髮的時機。

廿三、撲奔北平，卻落腳天津

嚴桐江先後找過李玉琴幾次，他沒有忘記「皇上」臨行前的囑託，頭兩次是單獨來的，談話內容總離不了「上邊對貴人特殊寵愛」。李玉琴反駁說，一個窮人家的姑娘不值得一提，在宮裏還不是讓人看不起！嚴桐江卻說「貴人」有福氣，讓「上邊」看中了。他還告訴李玉琴一件宮中秘事：說她進宮前幾天，還有一個姑娘候選，但溥儀見了一面就打發走了，那人在嚴桐江看來就是「沒有福氣」。嚴桐江對李玉琴大加恭維後，便拐彎抹角地轉入正題，說她的「福氣」來自根基，有根基的人絕不因一時災難而變節，希望她莫辜負「上邊」的大恩大德，蒙難之際，要靜下心來誦經念佛，等待「上邊」回來。

不久，嚴桐江又領著溥儀的另一名隨侍霍福泰以及溥儉的妻子葉乃勤，一起來見李玉琴，專門商量她的去處。霍福泰是在大栗子時溥儀來信點名指要的八個人中的一個，前往蘇聯的途中被圍困在瀋陽，他們惦記著大栗子的「皇后」、「貴人」，惦記那裏數十箱的財物，於是開始商量逃跑的辦法，領頭人溥儉膽小怕事，霍福泰就鼓動溥佚拿主意，終於找到機會逃了出來。溥儉、霍福泰等先返回大栗子，又追到臨江。這時，李玉琴和婉容等已被部隊分批送往通化，幾位格格及眷屬也自己想辦法陸續遷往通化了。唯有幾撥「宮廷學生」的眷屬還困在臨江。經研究商定：溥儉前往通化照顧「皇后」和「貴人」，霍福泰護送「宮廷學生」眷屬回北京。安頓停當，霍福泰和葉乃勤又想到「皇后」和「貴人」，乃相約重返東北，透過嚴桐江找到李玉琴家。他們對「皇上」的一片耿耿忠心深深感動了「貴人」，李玉琴當著眾人的面，割破手指寫下血書，表示永遠忠於「皇上」。隨後，他們便研究了把「貴人」送往北京醇王府的計畫。

一九四六年六月廿六日，李玉琴永遠忘不了這一天：她又一次離家出走，奔向沒有宮廷的皇家。次日正是舊曆五月二十八日——李玉琴的生日，只好在路上過了。母親按東北地區老風俗習慣，給她煮了一大堆生日雞蛋，幾個姐姐也給她買些點心、水果，足夠同行的人吃一路了。

那時路上不太平，火車走走停停，速度很慢，從長春發車後第二天才到瀋陽，換車等了兩天兩宿，到天津又下車，暫住溥修家裏。溥修是溥儀的族兄，出自道光皇帝第五子和碩惇勤親王奕誴，清末頭品頂戴，「滿洲國」年間，奉溥儀命出任「清室駐津辦事處」處長，管理溥儀留在天津的房屋和財產，同時按時祭祀皇家列祖列宗的牌位。

李玉琴在天津暫時安頓下來以後，溥修多次前往北平，為「貴人」尋找長期落腳的地方。當時，溥儀的生父載灃還健在，溥儀的胞叔載洵和載濤也都在，溥儀的二妹韞和這時也已回到北平，溥修挨門求告，卻無人肯收留投奔婆家的「貴人」。「溥修去過北京（即北平）了，北府（即什剎後海醇王府）及濤貝勒都沒說請貴人去住，貴人就暫時住溥修這裏吧，溥修一定盡力使貴人生活得好。」溥修說著長嘆而止。李玉琴萬萬不曾想到，自願離開慈愛的父母而來投奔沒有丈夫的婆家，不但得不到應有的安慰，還落得如此可憐的下場，她那顆心又涼了，又酸了。葉乃勤勸道：「溥修也是靠皇上的賞賜生活的，房屋財產無一不是皇上的，他當然不能叫貴人在外面流浪，先住著吧！」

溥儀在天津有大量財產和十五座三層樓房，光復後，大部分被查抄充公，只有溥修繼續佔用部分財產和排列了序號的三座樓房。一號樓住著溥修之妻「修二奶奶」費雲章，樓下住著溥修的姨太太劉展如和溥修的女兒毓靈筠；二號樓下住著溥修，樓上住著終生未嫁的溥修的姐姐及其女僕一家；三號樓，部分房間由溥修的胞侄毓岱和妻子居住，餘為祠堂和倉庫。

一九四六年入夏後，隨溥儀潰逃通化的皇族人員，有幾個先後來到天津落腳。最先投奔溥修的是毓岱的兄弟毓喦之妻馬靜蘭。毓喦伺候「皇上」遠走高飛，妻子便帶了緣緣和荔荔來找叔叔，溥修安排他們住在一號樓樓下後屋。

不久，李玉琴來了。起初溥修一家都恭敬她，把她看做「皇上」的人，修二奶奶特意把自己居住的一號樓樓上前面的房間騰出來讓她住，後面是佛堂。繼而，毓嵣在深秋之際抵津，他是恭親王溥偉第八子，出自「六爺府」（即道光皇帝第六子），並非溥修的親侄。溥修看他忠厚老實，就留

下他。是年冬底，溥修的長子毓岷也回來了，李玉琴又把一號樓的樓上讓出，自己搬到樓下與劉展如同住。溥修這個封建貴族大家庭，至此已有二十餘口人，相互關係十分複雜。

廿四、流離之際難得的學習生活

靠了「皇上」的面子和天津的「皇產」，李玉琴得以帶著女僕敬喜走進這個家庭。最初，溥修和費雲章對「貴人」都很尊重。依例，清朝皇帝的后妃只能做一件事情，就是讀書。溥修乃自任進講師傅，每天上午準時到李玉琴的房間授課，從而使她受到正規的家塾教育。

溥修授課，費雲章則擔當起輔導任務。她父親費地山在清末曾任兩廣境內某知府，是位「老飽學」，後應溥儀之聘，擔任「宮廷學生」的「掌故」課師傅。耳濡目染，女兒從小接受四書五經、詩詞歌賦的教育，也粗通詩書了。她每天下午都到李玉琴房裏來一趟，耐心解答「貴人」提出的問題，有時還要複講課文。費雲章房裏有大書櫃，陳放許多線裝善本古籍，開課以後，這裏也成了李玉琴最喜歡的去處。她自述當年的讀書生活說，有一部《山海經》，是地理知識書，穿插許多古老的神話傳說，她不全懂，但對那些稀奇古怪的故事很感興趣；還有《佩文韻府》、《詞律》、《太平御覽》以及一批唐詩宋詞書，她當時挺喜歡讀詩，但只能挑幾首容易懂的，請修二奶奶給講講；還有八開本《康熙字典》一部，有藍色書套共四函，她抄寫字塊便是仿照這部字典。

李玉琴至今留戀當年的學習生活，在苦悶的日子裏，每天都盼望溥修來上課，增長許多知識，費雲章的輔導也令她受益匪淺。遺憾的是，她搬到樓下以後學習環境差了，加之生活漸窘，家務勞動增多，溥修來授課的次數也愈來愈少了。

一九四六年夏秋之際，溥修家依賴豐厚家底還可以擺一擺架勢，給「貴人」開飯，以費雲章為首的女眷都來陪席，以示尊崇。據李玉琴回憶，伙食雖然不錯，可飯桌上太受罪，邊吃邊談，半天吃不上幾口，一頓飯要吃兩個饅頭，難受極了。修二奶奶吃飯很講究，就像數米粒似的，不斷用筷子在碗裏翻來翻去往外挑，把每一粒小穀子都挑出來；挾菜也少，嘴張得很小，裝出「櫻桃小口一點點」的樣子來。所幸家裏有廚師，菜涼了再熱。費雲章還常到一號樓樓上，教李玉琴下圍棋。

當年能跟李玉琴情投意合的只有馬靜蘭，她倆在宮裏就熟悉，後來患難與共，現在又湊在一起，互相體貼，互相照顧，還能談點真心話。馬靜蘭是書迷，常跑到二樓存書的地方找些「禁書」偷偷拿回來，與李玉琴輪著看。如線裝的《西廂記》、《紅樓夢》以及《結婚十年》、《釵頭鳳》和梁祝愛情故事等，本來想排憂解悶，可一聯繫身世、處境，馬靜蘭看著看著就哭起來，迷進書裏就什麼也不顧了，連孩子嚷著拉屎撒尿也聽不見。

命運相連的兩位女士也經常讀唐詩，讀到「商人重利輕別離」時，李玉琴又感到「皇上」總是為皇家奔走不息，並沒把她放在心上。

學會作詩後，李玉琴有時也與馬靜蘭唱和幾首，抒發情懷，雖不高明，卻是字字血淚，句句真情：「夢裏常相思，醒時影伴身；盟誓何曾忘，神佛佑夫君。」類似這種半文半白、平仄未通的詩不少，也分不清是馬靜蘭還是李玉琴寫的了，反正當時她們懷有共同的思想感情。馬靜蘭早幾年就學寫詩了，詩韻更熟悉些，寫得也多些，曾把平日積攢的詩作，用墨筆工楷抄錄在一個本子上，這便是題名為《雙清堂》的詩集了。多半是思念「瑞郎」的。她丈夫毓嵒字嚴瑞，溥儀在《我的前半生》一書中稱之為「小瑞」，可惜這一片真情早已隨著《雙清堂》的失去而緘默無聞了。

廿五、他人屋簷下的五年苦難生活

溥修之家作爲八旗貴族和近支皇族，一直享有很高的特權，在清朝享用朝廷規定的錢糧供給制，辛亥以後追隨溥儀，從「小朝廷」的「內務府」、天津「行在」的庶務處和長春「宮內府」的司房，支取「皇上」的恩賞和俸銀，過著養尊處優的生活。

光復後，進項沒有了，但這個家庭的開銷依然很大，一個個習性不改，遊手好閒，任意揮霍，以致靠變賣家產，賣一次吃一頓。好在傢俱大部是從靜園搬來的，都用貴重木料製成，頗值幾兩銀子。再到後來沒什麼可賣，便東挪西借，甚至拿著李玉琴的「貴人」名義，用溥儀的面子去化緣，也確有幾位境內遺老和海外僑胞捐了款。

然而，靠變賣也好，靠借貸化緣也好，都解決不了大問題。一是因爲貴族家庭的人在困難的年頭不能齊心團結過日子，每人都打自己的小算盤，至於偷摸摟錢的事，誰有機會誰就幹，父子、夫妻之間全是虛僞的；缺米斷頓時，誰也不肯往外掏「體己錢」。二是因爲溥修爲首的老爺、少爺、奶奶、小姐，有錢就擺譜，上半月支了俸銀，便用兩個指頭提著高級點心；下半月空空如也，便用兩隻手掌捧著窩窩頭，吃出一副窮酸相。

李玉琴回憶說，她剛到天津時，大師傅做菜，一天用一斤香油，不久便無米下鍋了。今天剛賣掉一張桌子，馬上就算計烙餅、擀麵條，還是包餃子？如果燜大米飯，又得炒幾樣菜？他們一家人沒事幹，準得研究一個鐘頭，商定了飯菜品項，還要議論數量，買幾斗米、幾斤肉、幾條魚……議論得很細，按人口報數，最後由溥修拍板。他「拍板」時，總要往下壓三兩或半斤，就是說，一定有人吃不飽，這當然只能是不參加議論的李玉琴和馬靜蘭以及她的兩個孩子了。

平時開飯，李玉琴也與馬靜蘭娘三個同桌，其他人都到溥修那邊去吃。晚飯又常常要等那邊吃完才開這邊，兩個孩子餓得直哭，李玉琴便和馬靜蘭一人抱一個哄著。撤下來的飯菜除了湯就是骨頭，也早涼了。一想到廚師累了一天，沒法再添麻煩，就涼著吃。

病癒後，李玉琴再也不願讓敬喜陪著自己受罪了。她這次來天津，是專門跟著「貴人」患難的，不但工資分文不取，還常常吃不飽飯。李玉琴教敬喜識字，她很聰明，一教就會。兩人一塊兒說話，一塊兒做針線活，成了好朋友。經過無數次勸說，最後才把敬喜說服了，她決定到侄女家暫住。臨走時，淚流雙行地叮囑「貴人」：「在這個家庭裏凡事多加小心，別太實心眼。溥修收留貴人，是想等皇上回來報功討賞，也是拿您當擋箭牌，現在他們吃的、住的、穿的、玩的，都是皇上的財產。可時間一長就不好辦了，貴人千萬要多長心眼兒！」分手時，李玉琴也止不住哭出聲音來。

到了一九四七年，溥修家的公共伙食更糟了，李玉琴和馬靜蘭娘幾個，連最低層次的生活都不能保障，吃半飽或乾脆挨餓的情形是經常的。溥修一家人則可以動用「私房錢」，買了東西在自己屋裏吃，把房門關得嚴嚴的，別人連聞味兒都別想。

毓嵂的到來，給李玉琴、馬靜蘭及緣緣、荔荔帶來一絲光亮。他是「宮廷學生」中年齡最小的一個，逃亡中也受了不少苦，他心眼好，脾氣也好，老實厚道，在溥修家那樣的環境下，從不多說一句話，但對李玉琴和馬靜蘭娘三個非常同情，不忍心看著她們挨餓，便帶著馬靜蘭跑黑市，做買賣。「黑市」也稱「鬼市」，是靠投機賺錢的地方，每天凌晨天不亮就得出去活動。溥修當然不許

「貴人」身分的李玉琴抛頭露面，她便替馬靜蘭照看兩個孩子，把他們摟在被窩裏，似乎體會到做母親的幸福。

溥儀潛離天津之際，留下了大量傢俱、衣物、書籍、字畫及文物等。十四年後，靜園的大件傢俱被賣掉，所得款項一部分公用，一部分入了修二奶奶等人的腰包。李玉琴親眼看見國民黨接收大員查封溥儀在天津的財產，共裝滿一百四十八隻箱子，貼上封條，堆放在毓岱住的三號樓上倉庫內。其後，溥修的妻妾、姐姐及女僕一家人，還有毓岱夫婦，都用眼睛盯著這些箱子。他們終於想出好辦法，把已被查封的箱子從後面打開，挑珍貴物品一樣一樣偷出去，再安裝好，而箱子前面的封條完好無損。老小姐的女僕也弄到不少珍貴物品，無需再當傭人，另找地方享清福去了。

有個龐某是專門到各富戶家收購古玩或各種物品，然後轉手漁利的，他在兩年多時間裏，幾乎每天都到溥修家來，這個家裏的人又都能拿出東西賣。深悉內情的龐某可憐李玉琴和馬靜蘭娘三個連最低溫飽也得不到，就鼓動李玉琴：「您爲什麼不拿東西賣？有他們賣的，難道就沒有您賣的？反正都是皇上的東西，我給您大價錢，賣了錢，買點兒吃的，何苦大人、孩子挨餓！」李玉琴這才明白，當自己爲了「皇上」的名節而挨餓的時候，一百四十八箱衣物都叫別人明拿暗偷地賣光了。

李玉琴終於在溥修家的垃圾堆裏撿到三樣東西：有一塊描金珠墨，即金龍墨；還有一隻紅漆描金的舊茶食盒子，這兩件都是溥儀在靜園用過的東西，作爲紀念品保留至今。最後一樣是溥儀給文繡的一首詩的手稿，確爲真跡，可惜後來弄丟了，只記住一句：「其聲哀哀似鸝啼」。

在溥修家度過七個冬春，只由姨奶奶劉展如張羅給李玉琴做過一身棉裝。那是一九四七年初春，溥修的大女兒毓靈筠出嫁，怕「貴人」衣服太破舊有失體面。婚禮那天，姨奶奶讓李玉琴看管兩個孩子，叫馬靜蘭去幹活，不料「貴人」這身新衣服掉色，竟把孩子的衣服和小手小臉都染花了。姨奶奶便不許他們在客人前露面，等溥修一家人吃喝享用完畢，才能撿點剩的拿回自己屋裏吃。

一九四八年的一天，馬靜蘭突然接到丈夫毓嵒寄自蘇聯的明信片，只有三五行字，說他們都很好，不用掛念。繼而跟溥儀走的人陸續寄來了類似的明信片，就是沒有溥儀半點消息，李玉琴含辛茹苦，挨餓受凍，一心一意爲溥儀守節，到頭來，連張明信片都見不著，讓人怎能不寒心！

馬靜蘭雖然接到了丈夫的明信片，還是看不到希望，只看出丈夫在蘇聯的處境不好，沒有人身自由，歸鄉無期，從此更加憂鬱，她一急，舊病復發，臥床不起，病勢日漸沉重。

李玉琴更倒楣了，既要頂缺做飯，又要照顧兩個孩子，還要伺候病人，每天給她洗頭洗澡，幫她換洗衣服，這才發現她的肛門上長了半個雞蛋那麼大的包，疼得很。據大夫說是「結核串的」，其實就是癌。這時毓岷也因肺病（時稱癆病）臥床了，雖說封建家庭冷酷，連親生父母也不怎麼關心，但還有姨奶奶劉展如體貼，在身邊伺候，給他做雞湯或牛肉湯吃，爲他請大夫，買貴重的藥品。

當住在前屋的毓岷對親生母親費雲章最後的探視不屑一顧，隨即便永遠閉上了眼睛的時候，馬靜蘭卻從瀕死的昏迷中掙扎著進入迴光返照的清醒境界，她伸出兩隻瘦弱無力的手，用一隻抓住李玉琴，另一隻指指兩個孩子，叫小哥倆跪下。她已說不出話，使勁擠出幾個音來就又昏了過去。李玉琴明白她是要把兩個孩子託付給自己，就摟住緣緣、荔荔痛哭起來，孩子也一起跟著哭。不料哭聲驚動了姨奶奶和老小姐，也許她們還在爲毓岷的死而悲痛，遂氣哼哼地走過來指著孩子說：「都叫你們哭喪氣了，還哭呢！」後來看見病人真要死了，這才張羅往醫院送，因爲死在家裏他們討厭。馬靜蘭前腳進了醫院，姨奶奶和老小姐後腳就進屋來翻她的東西，說是賣錢治病。李玉琴無權過問，只覺得心裏堵得慌。沒過兩天馬靜蘭就死了，可憐才二十八歲。

馬靜蘭的死給李玉琴很大刺激，使她對皇族家庭有了深刻認識，表面上仁義道德，實際上殘酷無情，人與人的關係是虛僞的、淡漠的和冷酷的，生活在如此家庭中的女性就更加悲慘了。

憑藉馬靜蘭的臨終囑託，李玉琴壯著膽子把緣緣和荔荔領到自己屋裏同吃同睡，承擔起撫育之責。可憐荔荔當時才三歲，常常在睡覺醒來時說：「我看見媽媽抱著我，怎麼早晨又沒有了？」李玉琴知道是孩子夢見媽媽了，乃強忍眼淚緊緊把孩子抱在懷裏說：「媽媽上醫院看病去了。」

荔荔的小手凍得紅腫，總是伸向「爺爺」的懷裏取暖；緣緣不讓弟弟纏人，怕碰疼了「爺爺」的腳。然而，屋子像冰窖似的，燙傷很快又變成凍瘡，爛得流濃淌血，快露骨頭了，嚇得連自己都不敢看。儘管這樣，李玉琴還必須咬緊牙關，一瘸一拐地到樓下提水做飯。樓下租房戶給些獾子油塗在瘡面上，卻被溥修知道了，又來教訓人，說她不懂規矩，失掉「貴人」身分，腳上生瘡不應對外人講。封建禮教對她來說，就是艱難困苦、天災人禍，一切都得忍著，開春以後，腳傷逐漸好轉，可留下的疤痕永遠長不平。

爲了減少苦難，李玉琴也想掙點兒錢，遂撿起在宮中向儉六奶奶學會的手藝，給人家織毛線手工。樓下住戶老白家同情她，主動幫忙攬活兒。緣緣能幫著放放線，荔荔也在旁邊瞪著小眼睛看，不哭不鬧。她除了給七八人做飯並照顧兩個孩子外，十來天就能織出一件大毛衣。

兩個孩子也越長越招人喜愛了，他們的笑臉就是李玉琴的精神寄託。緣緣聰明，她每天教認五個字，還教學兩位數的加減法運算。荔荔也很乖，這孩子生下後，母乳不足缺乏營養，得了佝僂病，四歲多還不會走路，她就用織毛衣的錢買了一瓶鈣片和一瓶魚肝油，還把雞蛋皮焙了擀成碎麵，但沒有錢買糖往裏摻，可愛的小荔荔聽說吃了能走路，就乖乖地吃了。「爺爺」又抱他上平臺曬太陽，扶著他站起來一步一步地練習，大約有半年工夫，孩子就能走路了。李玉琴還常常教兩個孩子學唱歌，給他們講故事，在痛苦的環境中，他們因此也得到了瞬間的歡樂。

廿六、在北京的苦苦等待

李玉琴等來等去，溥儀仍是無影無蹤，卻等來了新中國的誕生。

天津解放之初，溥修家還是經常沒有下鍋的米。派出所王同志來過幾次，對這個封建大家庭深感奇怪：一個個老爺、太太派頭十足，還經常斷頓，廚房一點兒火也沒有，兩個孩子餓得直哭，又只見李玉琴忙個不停地幹活兒，便主動與之接觸。

繼而，家族的訊息紛至遝來。載灃去世後，子女們把醇王府的房子和財產都賣了，每人分得一份，連當時在押的溥傑的一份兒也給留了出來。有人提到李玉琴在天津生活很困難，遂決定每月給她二十元作伙食費，但只給兩個月就停了。據溥儀的五妹說，張羅不起來，沒人能想起她，也不願拿這筆錢。

不久，溥儀的七叔載濤以及溥儀的弟妹們都在北京登報了，聲明與溥儀脫離關係。溥修很氣憤，他認爲醇王府的王爺、貝勒、福晉、格格都是靠「皇上」生活過來的，應該忠誠於溥儀。溥修沒有「背叛」溥儀，卻在這時發了一筆溥儀的財：按當時政策，只沒收敵偽財產，溥儀是偽皇帝當然要沒收，溥修等人的財產仍能得到保護。於是，經溥修出謀策劃，在毓岷還活著的時候，由這個能寫會畫的晚輩僞造溥儀筆跡，證明溥儀把天津的房產賞給了溥修，並因此向政府申請，政府遂把

溥儀的房產發還兩所。

這時，溥修與姨太太劉展如辦了離婚手續，並讓霍福泰把她送回瀋陽娘家。劉展如走後，溥修就張羅搬家，打算先遷往北京大女兒毓靈筠家中暫度。

李玉琴倒不費事，把屬於自己的衣服鞋襪打個小包，又把炊事用具等公用的東西收拾起來，準備離開住了五年卻不知市內什麼模樣的天津了。

一九五一年春天，正是朝鮮戰爭激烈之際，李玉琴隨溥修全家登上開往北京的列車。列車逐漸減速，終於停在北京前門車站上。李玉琴很激動，與其說是因爲抵達新中國的首都，莫如說聯想起這是丈夫當宣統皇帝時登極的地方。

毓靈筠家並不寬敞，兩明一暗的房子，裏間住著老小姐和毓嵂的母親，即溥偉四姨太，她早就在毓靈筠家幫助照看孩子。毓嵂還有個弟弟老十，年二十歲，當時沒工作，也住裏間。毓嵂有時在家，就臨時搭塊板對付一宿。外間靠西邊住著毓靈筠夫婦和他們的兩個孩子，晚上用布簾隔開。中間這屋子可就熱鬧了，一到晚上，這裏一塊布，那裏一個簾，隔成幾個睡覺的地方：溥修夫婦和幼子毓岐睡一張大床；李玉琴緊靠裏邊東北角搭塊小木板，也算一張床；緣緣和荔荔只能鋪個草墊子睡在地下了。

李玉琴同樣受到尖酸刻薄的對待，有一次她讓老小姐傳話，要求買點女人用的草紙，修二奶奶卻哼哼唧唧地說「今天的錢花完了」，結果月經來了，順褲筒往下淌，正當盛夏，弄得她又羞又氣，哭著跑進屋裏，連老小姐也不忍心，直說「快找點破布吧」。可平時攢點破布都陸續給孩子補衣服了，恰好毓嵂的媽在場，趕緊給找了幾塊舊布。誰能相信一個「貴人」竟會窮困到這種地步？

若干年後，李玉琴回憶這段歷史時，深有感觸地說：

「當時我不明白他們爲什麼這樣對待我？現在回想起來也不難理解，我既不是旗人，又不是貴族或北京大戶人家的後代，就是再守規矩、守貞節，情願受苦等待溥儀，也必定要受歧視，因爲本來不是一個階層上的人。何況我又不會耍心眼、弄權術，倘若像劉展如那樣，不答應要求就告他們狀，我的生活條件或許會有改善。當初溥修收留我是忠君，然而，形勢愈來愈明朗，人們逐漸看出溥儀當皇帝的世道不會回來了，我的死活和困苦就再也無人過問。溥儀的『天子威儀』早就不靈了！」

畢竟時代變了，門窗關得再嚴，陽光也會透進來的。街委幹部和派出所同志來瞭解溥修這家人的情況，獲悉李玉琴的身分及其受苦的現狀，非常關心這位已經二十三歲卻比同齡人瘦弱很多的年輕女性，經常找她談話。溥修怕她被「赤化」，不敢明目張膽地反對，她這顆被包圍在黑暗中的心終於見到了亮光。

入夏以後，李玉琴還沒換下棉裝，四太太和毓嶦都替她鳴不平，要溥修給添兩件衣服，但他不肯拿錢。李玉琴鼓足勇氣向他說：「你賣皇上的房子得款兩萬多塊，卻叫我穿得破破爛爛，就不怕別人說話嗎？」李玉琴第一次敢爲自己爭理，溥修掏出二十元錢來。

李玉琴帶著這二十元錢，由毓嶦的母親陪同邁出了溥修家的門檻。自從入宮，她再不曾上街逛商店，當她穿越羊腸般的胡同踏上繁華的大街，好像久病初癒，腿也發軟，看上去平坦的道路，走起路來老往一邊斜，若不是有人陪著，怕連胡同也走不出去。總算到了煙袋斜街地安門附近的百貨商店，買幾尺布做了兩件衣服，又買內衣、襯褲、一雙鞋、一雙襪子，在她身上，終於有了一抹光彩。

廿七、毅然返回家鄉長春

李玉琴決心依靠自己的雙手解決吃飯穿衣問題。正巧婦聯組織婦女學習「挑花」，她知道挑花是出口產品，能給國家換外匯，遂報名參加了。但她還是要在溥修家裏當廚子，抽出時間才能做點「挑花」活兒，不久又當上了街道掃盲教員。晚上九時以後才能下課回家，卻又引起溥修和費雲章的反感，不給開門，也不給留火，讓她在大門外凍著，吃冰涼的窩窩頭，快把她逼瘋了。

正當李玉琴走投無路的時候，無意中獲悉一個訊息：溥儀的七叔載濤又當上了新社會的「大官」。這是溥修和毓嵂兩人談起的，他們想借助載濤的好運，打聽到「皇上」的下落，但隨後就碰了釘子，載濤說，他已經登報聲明與溥儀脫離關係了。當時正大張旗鼓鎮壓反革命，誰肯冒這種政治風險呢？然而這事卻提醒了李玉琴，她顧不得「鎮反」不「鎮反」，要去尋覓丈夫，找回屬於自己的生活，載濤不肯問，就自己去打聽。她先來到全國婦聯，無人知道溥儀的下落，又給宋慶齡、周恩來和毛澤東寫信，也都沒有回音。

李玉琴再度陷入迷惘之中。在一個沒有月亮的漆黑夜晚，她背著溥修家的人，失魂落魄地向什剎海方向走去，忽然動了死的念頭。她想，只要從湖邊一跳就一切了結，或許能見到溥儀，也不必再忍受溥修、費雲章和老小姐的欺侮了，想著想著，又嗚嗚咽咽地走下去，卻在這時，被一支夜間巡邏隊毫不猶豫地截住了。原來他們見一年輕女子深更半夜在街上行走，便一直跟蹤而來，問她上哪兒去？李玉琴支支吾吾答不上，遂問她的住址，並送她回家，向溥修做了交代。

這事兒一出，溥修也有所收斂，李玉琴又一心撲到掃盲夜校工作中去了。她的夜校同事中有位東北老鄉，到過溥修家，同情她的遭遇，知道她留在溥修家裏，主要是放不下馬靜蘭托孤的緣緣和荔荔，就給她出主意：「你即使留在那個封建家庭裏，也保護不了兩個可憐的孩子，至於夜校，現在全國都在推行掃盲運動，回到長春，一樣可以教掃盲班嘛！」李玉琴動心了。

不久，霍福泰又來了，從他帶來的消息中，李玉琴才知道老實厚道的父親早在四年前長春被圍困時就活活餓死了，這位在飯館裏當了一輩子跑堂的窮人，竟因爲沒有飯吃而離開了不公正的世界！李玉琴懷念可憐的父親，更惦記生死不明的母親以及哥哥、姐姐和妹妹，恨不能插上翅膀飛回親人的身邊。

就在這時，居民委員會給了李玉琴一份救濟金，因爲已經入冬，她還沒有棉衣穿，但她不想接受。居民委員會的領導勸她用這筆錢登報尋找親人，一句話又一次提醒了她。不久，由那位好心的張律師免費代擬的《尋人啓事》，在兩千里以外的《長春日報》上連登三天。親人的回聲傳來了，接到大哥李鳳的信如獲至寶，李玉琴流著眼淚看了一遍又一遍，決定立即返回長春。經與溥修談判，毓嵂娘倆也幫著說話，總算要出一百五十元路費，還分兩次給，終於在春節前三天買了回長春的火車票。

溥修打發毓嵂護送「貴人」，算是對「皇上」盡了最後的責任。緣緣和荔荔哭得很傷心，馬靜蘭臨終托孤的淒慘一幕又在李玉琴眼前浮現出來，她只恨自己無能，救不了兩個可憐孩子，僅留下十元錢交給毓嵂媽收著，等孩子餓得難受時買點小吃，又對緣緣和荔荔說：「以後別惹爺爺生氣，免得挨打。緣緣要照看弟弟，等著爸爸回來，有事找四太太和八叔。」

北上的列車在依稀可聞的辭舊鞭炮聲中啓行，向風雪家鄉前進，隨著車輪的轉動，李玉琴的思

緒也飛旋起來。從進宮到離開溥修家正好十年，也是李玉琴從十五歲到二十五歲這一段人生中最美好的年華。這十年趕上三個時代：「滿洲國」、國民黨、新中國，她則從不懂事到中了封建禮教的毒害，又開始覺悟，最後毅然離開那個發黴的封建家庭，新的曙光終於照耀到她的身心。

廿八、十年渴望的人來信了

回到長春，李玉琴只能與母親及兄嫂全家擠住在兩間半房子裏，經濟狀況拮据。從一九五三年到一九五六年，李玉琴的工作問題卻一直解決不了。更讓李玉琴難以接受的是，親友中也開始有人「避嫌」。他們擔心受到「皇娘」的牽連。「漢奸老婆」、「反革命家屬」，「到今天不結婚，還等第二個『滿洲國』再當娘娘呢！」回到長春仍不能擺脫煩惱，不如乾脆還找溥儀去！她又向中央寫過兩封信，打聽丈夫的下落，依然是泥牛入海。

轉眼到了一九五四年夏天，李玉琴用當臨時工攢下的路費錢，又上北京尋找溥儀。李玉琴空等幾日，錢也花光了，仍是不見政府的回信，只好踏上返程。

關心李玉琴的人見面常常詢問她有沒有對象？她總是回答「沒有」。倒不是故意騙誰，只是不敢露出溥儀的名字，怕人家會像躲避瘟疫一樣躲避她。

希望往往在最失望的時候突然出現。一九五五年夏天，當大姐夫把剛剛收到的一封很普通的信專程送交暫居堂兄家中的李玉琴，並輕聲告訴她「康得來信了」的時候，她愣住了，露出一副呆呆的傻樣子，繼而手也哆嗦了，心跳也加快了，她怎麼也不相信這會是真的。十年來，她無數次夢中尋找溥儀，那真是可望而不可即！這封信的下款明明寫著「遼寧省撫順城管理所溥儀緘」，那十分熟悉的鋼筆字跡啊！這信來得實在太慢也太晚了！

李玉琴接到「康得」的信，迫不及待地撕開信封，從裏面拽出兩頁信紙，第一眼便看見抬頭處的稱呼「親愛的玉琴」，片刻之間，眼淚就像斷了線的珠子劈哩啪啦掉落在信紙上，她立刻向堂兄告辭回家，馬上給丈夫回信。滿腹都是想講給他聽的知心話，真不知該從那裏寫起。這封信剛搭頭，又收到五妹韞馨從北京寄來的信，也告知大哥的消息。李玉琴很高興，把給丈夫的回信繼續寫下去：

「親愛的溥儀：

十年渴望的人來信了。我真高興得不知如何是好。我害怕這又是做夢，北京五妹他們也來信告訴我這個難得的好消息。這可真是朝思暮盼的人來信了……」

然而，溥儀從來不曾忘記李玉琴，這也是鐵一般的事實。早在伯力第四十五收容所當戰俘的溥儀，曾聽到關於李玉琴「改嫁」的消息，那是在嵯峨浩給溥傑的來信中談及的。溥儀很失望，卻沒有完全相信，就帶著問號回國了。李玉琴爲了自己的幸福改嫁他人，又何嘗沒有可能呢！如果真的改嫁，又會改嫁給誰呢？溥儀一九五〇年秋天到撫順之後，就焦急地尋求答案。

然而，當時尋求答案還是有困難的，因爲根據監規，不許犯人與家屬聯繫。

一九五五年，首先允許日本戰犯與親屬通信，過了四個月，又允許國內戰犯與親屬通信。但管教員李福生遍查溥儀塡寫的登記表也找不到李玉琴的地址，又親往長春各處查找，終於在當地公安部門協助下大海撈針撈到了。李福生迅速返回，給溥儀帶來了妻子的最新消息：李玉琴沒有改嫁，並且參加了社會的臨時工作，目前住在娘家，生活不錯。

溥儀非常高興，當天就給妻子寫了一封信。信封上的落款地址是按戰犯管理所的統一規定寫下的。信發出以後，他就日日夜夜地盼望回信，據看守員反映，溥儀夜間總是翻來覆去睡不著覺。為此，李福生還專門找溥儀談了話，勸他放心，應相信自己的妻子一定會回信的。

當溥儀終於盼來妻子厚厚的回信，並一口氣讀完，又反覆讀過以後感慨萬千。他在後來寫的一篇文章中真實記錄了當時的感想：

「這封寫了六七頁的信的開頭，立刻在我心頭引起一種說不出的滋味，好像我這是有生以來第一次有妻子似的。從前，我有的不是妻子，只不過是『娘娘』、『貴人』，就像戲臺上的那樣……」

廿九、三次探監，從期盼到失望

李玉琴的信充滿了真摯而深切的感情，寫到最後，她還表明了自己的心願：經過十年的歲月，真想立刻能見到丈夫的面，希望能允許她前往撫順探親。溥儀在回信中告訴妻子，已請示過管理所所長，同意她去撫順會面，並示以管理所的具體方位。

李玉琴立即準備動身，母親提議說，給「康得」做雙布鞋帶著吧，穿布鞋舒服些，娘倆遂動手趕製。大姐夫也來了，掏出一摞人民幣說：「玉琴別著急，難為你等了十年，快去看看吧，我給你拿路費。」行前，大姐夫千叮嚀、萬囑咐地對李玉琴說，到了溥儀那裏要特別加小心，不要東打聽、西打聽，談話不要涉及政治。原來他一見到溥儀的信便明白了幾分，斷言這位前皇帝處在關押之中，但他不願意說破，而李玉琴還糊塗著，並不理解大姐夫一席話的用意。大概她還沒有細想過，所謂「管理所」會是怎樣的所在。

坐上開往瀋陽的火車，李玉琴總嫌慢，每過一會兒就要問問身邊戴手表的旅客：「幾點了？」到了瀋陽，在一家小飯館買碗最便宜的麵條，以充轆轆饑腸。飯後又找了一家最便宜的旅館，湊合著住下。睡覺時，李玉琴把隨身攜帶的小布兜緊緊摟在懷裏，其中裝著給溥儀帶的幾件東西，雖說不值錢，卻是一片心意。

次日一早，李玉琴吃完兩個燒餅，便乘上了開往撫順的列車。此時此刻，她的胸腔之內就好像被漲潮的海浪強勁地拍打著、衝撞著，恨不得立刻見到日夜思念的丈夫。一幕幕往事又在眼前浮現，溥儀留給她的印象，英俊、瀟灑、威武、神氣，還有那些深情動人的話語，以及毫無顧忌的哈哈笑聲。現在，又會是怎樣的呢？李玉琴的思緒伴隨飛旋的車輪和火車的鳴叫，進入「煤都」撫順。

按照溥儀在信中所示的地址，李玉琴邊打聽邊走，穿越市區，來到北郊，路人愈來愈少，房子也愈來愈小了。她終於找到了當時稱作撫順縣舊城西關的地方，遠遠看見一圈兒高高的圍牆和一座更高的瞭望崗樓。這裏北依高爾山，南臨渾河，山下岸邊是開闊的田園風光，環境幽靜，空氣清新。根據路人的指點，她知道那圍牆之內便是要尋找的去處了。

大門兩側未掛任何標識，卻有持槍站崗的哨兵，聽李玉琴說明來意，並驗看了她交出的溥儀來信後，傳達室立刻通知管教科，一位身著軍裝的幹部模樣的人快步走來，這人三十歲左右，也是東北人，跟她握手後自我介紹說，叫李福生，是這裏的管教員。隨即領她進門，走入一座大樓內一樓的接見室。

李玉琴眼巴巴盯住門口，心急火燎地等待著。丈夫終於出現了，穿一身棉布制服，頭髮中間已經夾雜了許多白絲，胖瘦雖說還是從前的樣子，卻已略顯佝僂之態，像個小老頭了。難道他就是日夜思念的丈夫溥儀嗎？就是「皇帝陛下」時代、人還沒上樓就提高嗓門喊「玉琴」的那個人嗎？就是在眾星捧月式的服侍中作威作福、一呼百諾的「真龍天子」嗎？當她看見溥儀出現在門口的一剎那，記憶之中的種種形象又一個個閃現出來，眼前的溥儀和歷史的溥儀不斷地對照、互相碰撞，一時之間弄得眼花撩亂。溥儀的眼神裏也流露出驚喜之情。據目睹這次會面過程的管教員李福生回憶，當兩人緊緊地握手時都非常激動，相互注視許久，半晌誰也未說出話來。

兩個小時的會見結束了，李玉琴連夜返回長春，一路上心情並不愉快，兩條腿相當沉重，鼻子發酸，總想流淚。千里迢迢來看丈夫，並沒有想過再當什麼「貴人」，只盼有一天能夠團圓，過上「男耕女織、生兒育女」的人間生活。不料費挺大勁兒來一趟，待不一會兒又得分開，這到底爲了啥呀？一些好心人早就勸她離婚，劃清界限，可她卻忘不了過去的感情，現在溥儀被關押著，更不能在這困難時刻離開他。內心矛盾重重，在長春下火車後跌跌撞撞往家走，差點兒摔在一位騎自行車人的身上，真像喝醉了酒。回到家裏就想大哭一場，可她強忍著。分別時，溥儀囑咐到家後別忘了寫信，於是她寄出了一封報告旅途平安的信。

溥儀收到此信的高興心情是可以想見的，「稱呼」還是使他陶醉的稱呼，語氣仍然那麼親切！溥儀當即握管作覆。李玉琴在八月初接到溥儀的信後，很快又於八月十一日發出回信。在溥儀當時看來，這封信「竟表達了一種類似初戀的心情」。溥儀當時太激動了，他可能完全沒有看出，這封信所透露的潛在的危機。在這位年輕的前「貴人」的心靈深處，神佛的偶像垮臺了，接踵而至的是對舊觀念、舊傳統……一個一個地發生動搖！她在信中表示了對歷史的怨恨之情，她所嚮往的是「重新建立新社會的幸福家庭」。

李玉琴當時的處境很尷尬，一個出嫁了的女人，丈夫被關押著，自己長期住娘家，還沒有正式工作，只靠臨時找點兒活幹，那會是什麼心情可想而知，快點找個正式工作，經常到撫順看看溥儀，這就是她當時的兩樁最大的心願。那時兩人通信頻繁，溥儀是當天收到來信，第二天就回信，李玉琴每天要幹活兒，必須忙裏偷閒，不過，三五日、七八天總要寄出回信的，有時還寄筆記本、寄鋼筆，她還是惦記著丈夫，期待著與溥儀重建家庭的一天。

據李福生回憶，溥儀對妻子寄來的那些東西非常喜歡，精心加以保存，捨不得輕易拿出來使用，就像年輕小夥子收到心愛女子的定情物一樣，時而偷偷拿出來看看，又輕輕放回原處。

一九五五年秋天，李玉琴再赴撫順探親。路費是掛牌行醫的針灸大夫林永泉資助的，他早年曾給溥儀當侍醫，頗受寵信，常常得到賞賜。後來，就在李玉琴家附近開設私人診所，聽說「上邊」關押在撫順，很支持她前去探視。

這次見面談得很多，當時李玉琴才二十六七歲，是女人一生中最美好的時候。溥儀總是盯著她看，露出很喜歡的樣子，有時也會冒出幾句情意纏綿的話來。可是他對妻子的個人境遇並不怎麼關心。既不瞭解失業給她造成的痛苦，更不瞭解「皇娘」二字帶來的壓力。當妻子講述這些時，溥儀只是奇怪地反問：「是嗎？」好像一點兒也不懂得外邊的事情，但說起北京的親屬卻津津樂道。他總說誰誰給他寫信來了，誰誰挺好。這回也不直呼名字了，也叫某某叔叔、某某弟弟、某某妹妹了，怪親切的。李玉琴心想：人家究竟是皇族一家子，自己算什麼呢？一個漢族窮孩子和他們到底不是一回事！這些自然在她心靈深處蒙上一層陰影。

回到長春以後，又陷入失業的痛苦之中，李玉琴不願閒在家裏吃白飯，便托人上毛織廠找點活兒幹，卻終究不是長久之計。思之再三，她決定回北京去，上一個女人天經地義應該奔的婆家去。

一九五三年，她從北京出來，是因爲溥儀沒有消息，她必須跳出溥修那個封建專制的家庭。現在，溥儀有下落了，其親屬都在北京，總會有她的落腳之處吧？只要能住下，再找找工作看。到了北京先上五妹韞馨家，那時，她也與多年失掉聯繫的丈夫萬嘉熙恢復了通信，所以非常高興，四個孩子全都長大了，一家人歡歡樂樂。五妹以禮待人，把李玉琴留在家裏住下，使她感到溫暖。但她並未能找到可以安身立命的工作，還是一起患過難的毓嵣給她想辦法，湊足返程路費。

回到長春，仍是經常給溥儀寫信，鼓勵丈夫好好做事，早日出獄。雖然很少談到自己的困難，但已經逐漸產生了對丈夫的怨憤之情，因爲他既不能幫助她解決失業問題，又不願寫信讓北京的親屬向困境中的妻子伸出援手，似乎他還不大懂得關心妻子。

一九五六年春天，李玉琴第三次去撫順看望溥儀，路費還得向林永泉去借。悶悶不樂的李玉琴來到撫順戰犯管理所，突然向負責接待的管教員李福生提出一連串問題，主要是：溥儀何時能得到釋放？釋放後，政府準備怎樣安排他的工作？自己有對不起溥儀的地方，能否得到他的原諒？若干年後，李福生回憶那次不愉快的談話仍歷歷在目：

「我聽了這一連串的問話後，耐心地對她說：『你這樣提出問題是違背管理所規定的，我不能回答。』她聽了很不滿意，要見管理所領導，我答應轉達。所長孫明齋是位老革命，說話向來直爽。他接待了李玉琴，聽她問了那些問題後，嚴厲地說：『你提出這些問題是違背接見規定的。如何處理溥儀的問題由國家安排，我無權回答！』孫所長走後，李玉琴很生氣地問我：『這個人是做什麼的，說話怎麼這樣生硬？』我說：『他是所長，他說話強硬是由於你提出了不應該提出的問題。』」

李玉琴剛碰了一鼻子灰，卻看見已得到通知的溥儀很瀟灑地滿面帶笑進屋了，嘴裏好像含著什麼東西。「玉琴，你來了！太好了！」溥儀一邊嚼著，一邊跟妻子說話。她明白了，丈夫嘴裏含著糖。

「又有幾個月沒見著你了！」李玉琴說。

溥儀從上衣口袋裏掏出一把糖來，放在妻子面前說：「每逢年節，所裏除改善伙食外，還發給水果和糖果，這糖就是春節時分的，我特意給你留了一些。」

看到丈夫像孩子似的滿臉歡喜，李玉琴頗不痛快，她想，住在監獄裏的人倒不愁吃不愁穿，還有糖吃，自己卻成了「漢奸老婆」、「僞滿皇娘」，至今失業，到處流浪，連生活也沒有著落。她想著，便把面前的糖推向溥儀一邊說：「留著自己吃吧，我還給你買了些，也許你愛吃！」遂把帶來的糖果、點心包打開，溥儀高興地拿過去了。

返回長春以後，她無法排抑從心底升起的一股奇特的感情，乃利用十多個晚上，給溥儀寫了封三千字的長信，從歷史到現實，從身世到理想，諸多感觸通過筆端注入到信中。

李玉琴寫了這麼長的信，當然不能只看作是信筆寫來。可以說，溥儀當時還並不瞭解這長信的真諦。信中不但仍有親切的稱呼，也有許多表示關心的詞句，這已經夠溥儀陶醉和玩味的了。但李玉琴在信中透露出的去撫順探親的畏難情緒、「特別著急」的心情，讓溥儀自己「體會」的「變化」等，這些至關重要的東西，顯然都被收信人忽略了。

溥儀後來回憶這封信的內容時，才明白從彼時起，兩個人中間的感情的裂痕不但已經發生，而

且「越來越不能調和」了。他寫道：

「如果我當時能把這信仔細研究一下就可以明白，是不是真如所說的『不能有時間多寫信』了。顯然，那個曾受過鬼子、官太太、洋狗和採買傭人欺負過的孩子，已經懂得了更多的事情。顯然，她也想起了長春『帝宮』中那些孤兒的遭遇。顯然，今天兒童的生活使她想起了自己的童年和長春同德殿內外的惡夢。這些回憶所激起的感情，是和信開頭的稱呼不調和的。她說這封信是分作多次才寫成的，究竟是沒有時間，還是由於那越來越不能調和的感情？這也是明顯的。但我當時對這些都沒懂得，特別是沒有懂得：既然我們已經沒有了值得回憶的共同的過去，那又有什麼值得嚮往的共同未來？」

三十、監房一夜夫妻情

李玉琴的工作問題恰恰是在這個時候解決的。起初，是區勞動科郭科長建議她找區長談一談，但區長太忙，找了許多次都沒有碰上機會，她決心在區政府坐等，終於見到區長，好像遇上了青天大老爺，一股腦兒地把坎坷歷史、失業以及尋找工作的苦惱全倒了出來。

區長是位四十多歲的中年男子，處事很果斷，他邊聽邊記，然後點點頭說：「你的情況太特殊了！我要向上級彙報。別著急，回去等一等，工作問題肯定是可以解決的。」區長的話給了李玉琴很大的安慰。那天，也成了她個人歷史上最高興的一天。不久，好消息真來了。

市文化局局長親自對她說：「你的情況已經知道了，現在商量你的工作安排問題，一是博物館，一是圖書館。這兩個去處對你來說都合適，今天想聽聽你本人的意見。」

「我願意到圖書館工作！」李玉琴當即作出果斷的答覆。因爲她對書本有濃厚興趣，每次經過書店門口總要進去流覽一圈，只是口袋裏沒有錢，不能買。能在圖書館工作就好了，看書多方便！博物館她不想去，因爲它的一部分就設在同德殿內，到了那裏會勾起許多痛苦的回憶，直到現在還有人揪那段歷史的辮子，她又何必去討麻煩？她的願望實現了。

應該提及的是，李玉琴成爲長春市圖書館幹部是一九五六年八月間的事。此前僅半個月，在瀋陽和太原同時開庭，審判侵華日本戰犯，溥儀出席瀋陽軍事法庭作證，提供了有力的證詞，令原「滿洲國」國務院總務廳長官武部六藏和總務廳次長古海忠之低頭認罪了。

李玉琴被帶到位於寬城區的市圖書館，隨即被分配到參考部，參與整理「滿洲國」留下的大批日文參考資料。那些大部頭精裝書籍，在書庫裏堆放了多年，蒙上一層厚厚的塵土，現在將準備編目上架，以備研究人員和廣大讀者查閱。雖然工作量很大，而且有一半屬於體力勞動，但這位「皇娘」還是非常高興，她終於能爲社會做點事情了。

李玉琴的心情很好，繼續和丈夫通信。溥儀有時還開列書單讓妻子買。然而，李玉琴的內心也正經歷著激烈的鬥爭。一些關心她的同事，勸她與溥儀劃清界限、脫離關係，有人說：「你這麼年輕，爲什麼不走自己的路？還想等皇帝老頭回來受封嗎？還貪圖享樂嗎？」還有的說：「康得是頭號戰犯，絕不會輕易放出來，如不跟他劃清界限，還有失業的危險，這叫立場問題！」也有當面不說，卻專在背後講的人，說什麼「她呀，還鐵等康得呢！在宮裏待了兩年半，把自己的苦出身全忘乾淨了」，「留戀娘娘生活，政治覺悟太低……」既然溥儀是要受到審判的戰犯，怎樣對待他就不僅是丈夫問題，確實還有政治立場問題。

李玉琴決定正式向丈夫提出這個回避不了的離婚問題，便在一九五六年十二月廿五日動身，第四次前往撫順。

李玉琴並不情願走進那高大的院牆，也不情願上戰犯堆裏去找丈夫，卻也只好如此。她照例坐在那間由訊問室改設的家屬會見室，照例從那個熟悉的長條沙發上站起來迎接溥儀，而且臉上還浮著照例的微笑。

「今天，咱們鄭重其事地研究一下生活上的事吧！」李玉琴說。

溥儀怔住了，眼神裏流露出奇怪的目光，稍後才恍然大悟地「嗯」了一聲。

「我想，還是敞開胸懷談一談好，反正早晚要說。」李玉琴不忍心直接說出「咱們分手吧」這句話。

「有什麼話你就說吧！」溥儀又做出一個怪樣，那是原在宮裏常比劃而只有兩人明白的樣子，這一讓人難忘舊情的動作，再度攪碎了妻子的心！丈夫啊，你希望妻子一次一次地到撫順來，你卻不知道妻子在外邊的日子有多難。她也不可能把一切都告訴你，這憋在心裏的滋味不好受哇！

「到底判了多少年？你什麼時候能出獄？」李玉琴又提出了這個明知丈夫回答不了的問題。

「沒宣判，沒日期，一切都不知道！」溥儀確實對出獄問題毫無信心，因爲是頭號戰犯，即使能放出來，恐怕也是全所的最後一名。

「那怎麼辦呀，我在外邊被人家看不起，更不敢說你是我的丈夫。」

「我有罪，對不起你！」

這句話李玉琴聽夠了，已經厭煩了，等待丈夫這麼多年，千辛萬苦來一趟，難道就爲聽這樣一句話？

「我來一趟不容易，待一會兒就得回去了，你在這裏也挺好的，不愁吃、不愁穿、不愁工作，有沒有我都一樣，我看還不如解除這種有名無實的夫妻關係，也免得別人說我『捨不得康得』、『還想當娘娘』。再說，咱倆年齡相差懸殊，興趣很難一致，我喜歡的你不一定喜歡，你喜歡的我也不一定喜歡，勉強在一起對誰都沒有好處……」

「不！不！我們感情不是很好嗎？你說的那些，我並不那樣想，為什麼興趣不能一致呢？」

「你對我現在雖然很不錯，但總是待在監獄裏……」

兩人心平氣和地談著，誰也沒逼迫誰怎樣，李玉琴難過得流淚，溥儀也低下了頭。

「我想來想去，還是離了的好……」說這話時，李玉琴的眼淚早已止不住了，他們畢竟夫妻一回，此時時刻的難堪可以想見。在這個意外發生的僵局中，管教員李福生當機立斷，讓溥儀先回到獄室去，他想再與李玉琴談談。

李福生回憶說：「我勸她最好不要離婚。我說：『現在溥儀已有很大進步，如果你提出離婚，對他的改造是不利的。』但李玉琴認為，她與溥儀『沒有真止的夫妻感情』，她是在不得已的情況下被迫與溥儀結婚的。她說：『我要過正常人的生活，與溥儀必須離婚。』她態度堅決，怎麼勸說也聽不進去。」

按李玉琴的看法，溥儀三五年不會釋放，因為他是「頭號」，回國關押僅五六年，連很普通的反革命犯也要判十年、二十年，哪會臨到末代皇帝頭上還有「特赦」一說？而且，即使妻子肯為丈夫犧牲一輩子，又能換回什麼？還不是歧視、失業、憂愁、痛苦！

「告訴你們，我已經有朋友了！溥儀出來再當大官，我也不稀罕。因為我本來就是窮人，不願意高攀！」李玉琴竟放肆地胡說起來。

「你怎麼這樣難說話？簡直比溥儀還難說話！」他們也生氣了。

「難說話就難說話，反正我要離婚！」李玉琴與管理所的幹部沒有談攏。接著，溥儀便找到李玉琴，向她表示了態度：「既然如此，這勉強不了你，我也不能把自己的幸福建築在你的痛苦上。我希望離婚之後，我們還是朋友，像兄妹一樣……」

「那一定的，我們還是朋友，以後感情也不壞。」這是李玉琴流著眼淚的答覆。

「玉琴，難道只能如此？你是我的寄託和希望啊！你就看不出來我是怎樣不願意離開你嗎？」溥儀的神情是痛苦的。

「你現在對我好，誰知以後會怎樣？你是皇帝脾氣，和一般男人不同啊！」李玉琴故意說話氣人，因爲她不願意看到溥儀苦苦戀情於自己。沒想到溥儀真改脾氣了，對特赦後結婚的妻子事事順從，成爲模範丈夫。

儘管會見時間一再延長，還是不見轉機，李玉琴咬牙說些狠心的話，可內心卻不容易恨起來，也很難與溥儀一刀兩斷，事情就是這麼矛盾著。

按照革命人道主義精神和對戰犯改造的原則，撫順戰犯管理所的領導爲挽回溥儀的婚姻巨變，繼續做了大量的努力。孫明齋所長聽完李福生的彙報非常著急，把溥儀叫到辦公室問道：「是不是就不可挽救？」

「她很堅決。」溥儀回答說，「我想我比她也是太老了，她不幸福……」

「你的態度很好，且看她是不是還有信來吧！」所長仍然抱著希望。

關於這以後的情況，溥儀回憶說：「過了幾天，竟真的又收到她的來信。因爲這次離婚始終是兩人和藹協商的結果，並未發生彼此感情的破裂。因此，她回家以後又給我寄信、寄東西，安慰我。來信說還惦念我，又說她母親、姐姐和她連新年也沒有過好，都難過得流了淚。又說，如果我能夠早日出去的話，她還可以等待一個時期等等，我的這顆心又被弄得動盪不安起來了。所長又找我談話，給我出主意說：『讓她來，再談談，好不好？』於是我又給她發了一封信，她接到信很快就來了。當時正在春節放假期間，按規定是不能接見的，可組織上特別許可在假日內會見，爲了照顧我們，還告訴說有話可以儘量談，談幾天都可以。並破格允許她和我住在一起。儘管政府這樣爲我們的終身幸福著想，但商談結果還是不得不尊重她的意志，我們雙方決定離婚。」

溥儀和李玉琴在撫順戰犯管理所內同居了一宿，這是新中國監獄史上的一件大事。據當時擔任管教科科長的金源回憶，管教科的同志再度與李玉琴深談，仍無結果。經所內幾位領導研究，都認爲這不單是私生活問題，還關係到溥儀的繼續改造，因爲溥儀特別想念她，只有這唯一的妻子了。於是，他們破例讓溥儀同李玉琴在所內同房，恢復他們之間的感情。

管教科幾位幹部馬上動作，在管理所主樓後面管教人員辦公室一側的平房內清理出一個房間，打掃乾淨，安設了雙人床和全套被褥。與此同時，又派人在廚房爲他們準備了一頓不錯的晚餐。

三十一、痛苦的分手

自大栗子溝分別十一年了，溥儀和李玉琴終於又有了同桌共餐的機會，繼而是同床共眠。當留宿房間內只剩下兩人時，除了心平氣和繼續白天的討論外，自然也有夫妻的溫存。因爲並未出現感情驟然破裂的情況，他們能夠友好相處到最後。

「保留這種有名無實的夫妻關係，對你有什麼好處？對我卻有種種危害，那又何必呢！再說你有病，我們在一起也不過像兄妹或朋友那樣，將來還不是孤苦伶仃剩下我一人，叫我怎麼過？」李玉琴坦誠而言。

「實際上，你就是我的一個妹妹，我是對不起你的，讓你等了這麼多年，受了那麼多苦。」溥儀深深自責，又滿懷依戀地問道：「離婚後你還能來看我嗎？」

「存在關係我們是朋友相處，不存在關係我們還可以是朋友。我會繼續關心你，你好，我也高興。」溥儀不住流淚，李玉琴也哭，兩人深深感到那種非感情原因離婚的痛苦。

李玉琴最後一次去撫順，本來是爲了辦理離婚手續，內心是痛苦的。不料，又突然冒出一個在監獄內與正商談離婚的丈夫同居的機會，她毫無準備，一顆心全被攪碎了。她回憶說，那天晚上她哭得淚人一般，幾乎暈了過去，雖然不乏纏綿，過後卻只記得丈夫爲自己脫衣、繫鞋帶等笨拙的愛撫動作，別的都不記得了。她又說，溥儀過去信奉「神仙眷屬」的生活，不能不說是一種病態，然而，如果他生在普通人家，有正常的夫妻生活，是一定會留下兒女的。

第二天，李玉琴又氣又羞，有一種難以名狀的沉重感。她認爲自己提出離婚並不僅僅是爲了夫妻生活的滿足。她說過，一個長年吃素的人也就討厭肉了，一個多年不接觸男人的女人也能習慣，如果沒有政治壓力就不可能離婚。剛度過這個永遠忘不了的早晨，她便決定離開這裏，這天是一九五七年二月四日，舊曆正月初五。

「還有什麼困難、要求，提吧。」分別時，溥儀主動說。

「不！你的東西我一樣也不要。只是到撫順來，欠了點債，以後你有條件時就幫我還上吧。」李玉琴說完，頭也不回地走了。

李玉琴剛走，管教科科長金源便過來問溥儀昨晚談得怎樣。溥儀哭喪著臉說，談了一宿，李玉琴也哭了一宿，不管怎麼說還是要離婚。

離開管理所，李玉琴沒有向往常那樣直奔火車站，而是穿越街區，來到撫順市河北區人民法院門口，並邁動沉重的雙腿走了進去。在第一合議庭辦公室內，她受到院長李國章的接待。

「你的姓名？」

「李玉琴。」

「還有字、號或別名嗎？」

「有個別名溥維清，是一九四六年在天津居住時使用的。」

「年齡？」

「二十八歲。」

「職業？」

「長春市圖書館館員。」

「談談案由吧！」

「我要與溥儀離婚。」

「溥儀？……」李國章聽到這個熟悉的名字，不禁睜大了驚異的眼睛，並抬頭細看眼前這位容貌清秀、穿著樸素、舉止大方的年輕婦女。

「是的，愛新覺羅・溥儀！」李玉琴語氣肯定。

「談談被告的身分！」李國章神態莊重地提出了要求。

「他五十一歲，滿族，皇族出身，曾任『滿洲國』皇帝，教育程度私塾十年，語文程度大學。

現在戰犯管理所改造。」原告回答。

「你們何時結婚？」

「一九四三年四月。」

「談談結婚經過。」

李玉琴回憶說，接待她的審判員嚴肅而有禮貌，莊重不減熱情，使她油然而生出信任之感，遂把身世、遭遇、委曲一吐爲快地全都說了。

「你爲什麼在過去很長時期裏沒有提出離婚呢？」審判員又問。

「過去我被封建禮教捆綁得喘不過氣來，思想不解放。我與溥儀不能生活在一起，年齡相差很大，結合又不出於我的自願，爲了參加祖國建設和個人幸福，我要離婚！」她又說，「我因有這樣一個丈夫而受到許多不公正的對待，然而，溥儀以及他們家族內有錢有地位的人卻不關心我，連戰犯管理所也認爲我不該離婚，難道我就該爲他犧牲一輩子？」

李玉琴說完就哭了，哭得很傷心。審判員李國章顯然也有點激動，他感到案情不同尋常，同時對這位敢於掙脫封建婚姻枷鎖、向「皇帝」提出離婚的女性十分欽佩。聽說李玉琴還要趕火車，他也不挽留，只讓她儘快寫出正式訴狀寄來。她不願這起「皇帝」的離婚案引動社會上的軒然大波，臨走還向審判員建議說：「我最後有個要求，這個案子最好不要公開審理。」李國章隨即向法院審判委員會詳細彙報了案情。

一九五七年三月十六日，撫順市河北區人民法院收到了李玉琴寄自長春的正式訴狀，談到離婚理由時她寫道：

回想過去，瞻望將來，我再也不能與溥儀維持那種所謂的「夫婦」關係了。第一，當時和溥儀「結婚」不是出於我自願，在敵偽統治下，別說我是窮人家的孩子，任何人都很難抗拒。第二，我和溥儀分離了十一年之多，過去相互間也無真正的感情，再說既是夫妻又總分離著。第三，溥儀比我大二十二歲，年齡相差太大，生活習慣不一樣，也就不容易好。我堅決與溥儀脫離夫婦關係，請求人民法院依法審處。

一九五七年四月五日，撫順市河北區人民法院經請示撫順市中級人民法院後，依法按照普通婚姻案件進行審理。

四月廿九日，審判員王殿貴一行三人來到撫順戰犯管理所。說明案情後，該所白科長和李福生等同志介紹了溥儀接受改造、思想轉變的情況。王殿貴聽後，心中激動萬分，他又擔心地問：「離婚對溥儀改造有無影響？」

「影響肯定是有的……」李福生滔滔不絕地講述了自兩人通信以來，溥儀對李玉琴的依戀之情，以及他在唯一的妻子身上所寄託的希望，也講述了妻子提出離婚後，溥儀的沮喪心境和公安部領導的有關指示。

經與撫順戰犯管理所研究該案審理問題後，由於溥儀當時是未決犯，法院不能對他實體傳訊。於是，王殿貴將案件受理通知書和起訴狀副本透過該所送達溥儀。溥儀收到起訴狀副本，立即寫出「答辯」，這份文件由撫順戰犯管理所於五月四日交到法院合議庭，現已成為珍貴的歷史檔案了。溥儀寫道：

一九四二年，我的愛人譚玉齡故去以後，日本帝國主義分子吉岡安直（日本關東軍參謀），多次給我拿來很多女人的相片（起初是日本婦女的相片，後來又拿女子中學的中國女人的相片），又帶一個小學教員見過我，我沒有答應。我表示希望和一個年紀小的（小學生也可以）女人結婚。後來吉岡安直便拿來很多很多的中國人（在小學念書的）的相片，我挑選了李玉琴。隨後，吉岡安直便把她帶來見我。吉岡走後，我曾表示願意和她同居，問她的意見，當時李玉琴便答應了。當然，在日偽暴力統治下，才十五歲的李玉琴是不敢否認和違抗的，於是就決定了我和她的結婚（當時我還有原妻郭布羅•婉容）。這說明我們結婚的基礎是根本不鞏固的……

我返回祖國以後，經過黨和政府的改造教育，已根本認識了過去的罪惡和反動階級的本質。在家庭方面也認識到，過去我對她哪一個方面都對不起，我過去那專制和腐敗透頂的思想作風，對天真爛漫的她是有百害而無一利的。從我過去自私自利的封建統治階級奴役人統治人的思想來說，完全談不到對人的同情，對家屬也毫不例外。現在我深深地認識了這點，同時，我也開始認識到什麼是人情——人對人的關係，也才體會到夫妻感情的可貴。認識到男女應當平等，夫妻更應當互助互愛，從而也就愈使我衷心感到過去對她種種的對不起。既然她已提出離婚的理由和要求，我絕不能把自己的幸福建立在別人的痛苦的基礎上，當我想到她將來的美滿家庭生活並從而使她更安心和愉快，努力為祖國工作，我是十分滿意的。因此，我肯定地說：完全同意李玉琴提出離婚的要求。

對於這起既涉及婦女合法權益又關係到溥儀思想改造的有重大影響的案件，法院合議庭極爲慎重。一九五七年五月二十日，經合議和法院審判委員會討論，依據一九五〇年頒佈的《婚姻法》第十七條裁定，准許原告李玉琴與被告溥儀離婚。自一九四三年五月「冊封」以來，兩人的婚姻關係整整存在了十四年。

合議庭還接受李玉琴的建議，自始至終採取不公開審理方式，使之鮮爲人知，弱化了對溥儀的心理影響。撫順戰犯管理所的所長曾語重心長地對溥儀說：「一切都在變，你也在變，不把自己的幸福建築在別人的犧牲上，這是對的！」

五月底，李玉琴接到長春市寬城區法院轉送的離婚判決書。她回憶當時的心情說：「不知怎麼，我一下子又想起了一九四三年那件『冊封』文書，也想到一九四六年那個逼出來的『離婚聲明』。這些圍繞我和溥儀婚姻糾葛的文書真讓人揪心！我背著人流淚，感嘆命苦！我還是惦念溥儀，高牆裏的他再沒有一個真正的親人！媽媽最瞭解我，知道我仍留戀溥儀，老人家從舊思想出發，願意看見我和溥儀團圓。但她也知道對我來說太難，只好安慰我，而心裏可能比我還難過……」

卷五

末代皇帝溥儀和妻子李淑賢

如今我有了朋友，有了真正的伴侶。一九六二年，我和李淑賢建立了我們溫暖的家。這是我生平第一次有了真正的家。

——愛新覺羅・溥儀

溥儀在他的前半生中，先後娶了四位妻子，而在愛情的舞台上卻始終扮演悲劇角色。作為「真龍天子」，溥儀也曾有過與皇后、皇妃談情說愛的時候。即使經歷了漫長的歲月，在溥儀的腦海裏，也還留有「伊莉莎白」、「淑妃」、「祥貴人」和「福貴人」的溫馨回憶。可是，她們是自己的妻子嗎？而自己又稱得上是她們的丈夫嗎？肯定的回答只有在溥儀遇見了李淑賢，對「夫妻」、「愛情」、婚姻和家庭有了新的理解之後，才能做出。

一、「灰姑娘」的經歷

溥儀和李淑賢結婚後，有人煞有介事地到處傳播「內部新聞」：「嘿！你可知道李淑賢者何許人也？她是將門之女，與宣統門當戶對。」其實，說這話的人完全不瞭解情況。李淑賢並非將門之女，而是出生在西子湖畔的一個窮丫頭，從小遍嘗人間辛酸苦辣，遭遇十分不幸。

一九二四年九月四日，李淑賢呱呱墜地，其後一個多月，便是溥儀被馮玉祥趕出紫禁城的時候。人們知道，溥儀從此帶著一后一妃在天津的租界花園裏，度過了七年闊佬的寓公生活；而這時的李淑賢，正在風光秀麗的杭州經歷著自己的童年時代。作為銀行職員的女兒，她雖然難以想像榮華富貴的生活，卻也能跟著父母在小康中安然度日。

好景不長，李淑賢剛滿八歲時，母親病故。她哭天不應，喊地不靈，無情的現實重創了一顆幼小的心靈，深深地打上了悲戚的烙印。這正是溥儀就任偽滿執政的年代，他似乎又一次登上了「國

家元首」的寶座，實際是掉進了歷史深淵。

母親去世後，父親攜她來到當年任職的中國銀行所在地——上海。在這「冒險家的樂園」、黃浦江畔的大城市裏，李淑賢度過了自己的少年時代。

家裏添了一位繼母，同時帶來後娘的雞毛撣子。「吃閒飯」的李淑賢整天惴惴然熬日子，就像安徒生童話裏的灰姑娘一樣，扮演受氣包的角色。吃冷飯、幹重活，還要看臉色。十四歲那年，她唯一的親人——作為普通銀行職員的父親病故，兇狠、刁詐的後娘更加放肆地欺侮她、虐待她、役使她，根本不把她當人。

勉強度過三個年頭，李淑賢好歹進入成年，後娘不肯供她讀書，但她的長相很討人喜歡，水靈的眼睛，秀媚的面龐，修長的身材，江南的氣質……竟出落得令人羨慕。繼母把眼珠一轉，想出一條毒計來。她想把她嫁給上海灘的闊佬作妾，這樣既省下了飯費，又能獲得一大筆款子，真是一舉兩得。李淑賢是位倔強的姑娘，誓不屈從無恥的安排。正當繼母把新陰謀付諸實踐的時候，她斷然宣布與家庭決裂，隻身北上，到北平投奔一位寡居的遠房表姐。

作為剛剛成年的弱女子，在兵荒馬亂的年月，因無家可歸而寄人籬下，那滋味是可想而知的。表姐生活清貧，僅靠給人家洗衣服度命，不久也過不下去了，遂帶著孩子返回南方的婆家。李淑賢孤身一人留下了，留在喧囂而混亂的北平市，艱難地熬過一個又一個年頭。這是偽滿走向垮臺的歲月，「康得皇帝」變成囚徒的歲月……一直熬到全國解放。

丈夫就是舊社會成年女子的出路，厄運中的李淑賢也不可能避開這一選擇。不幸的是，她沒有找到出路，她的第一次婚姻充滿了痛苦。李淑賢十九歲那年，嫁給一位外科醫生的公子，婆家不但開著診所，還有房產。然而，在富貴人家當小媳婦不是好玩的。丈夫是個紈袴子弟，遊手好閒，不務正業。偏偏婆婆又是個刁人，不許媳婦說兒子一句。李淑賢只能把苦水往肚裏咽，忍氣吞聲過日子。不久，公公去世，整天在外胡鬧的丈夫更加肆無忌憚，金屋藏嬌，花天酒地，把元配妻子扔在冷屋子裏，看也不看一眼。儘管毫無夫妻情分，由於經濟不獨立，李淑賢也只好「賴」在夫家混一口飯吃。

從結婚到全國解放，五六載寒來暑往、花開花落，可是據李淑賢自己說，與丈夫同床共枕還不足半年時光，更沒有幾個花好月圓之夜。她懷過一次孕，不久就流產了。她暗下決心，一定要脫離這個沒有愛情和溫暖的家庭。在充滿陽光的古城北京，李淑賢終於得到了實現願望的機會，先在毓文學校補習，繼而約了幾位同學考入速成護士訓練班，結業後被分配在朝陽區關廂醫院當護士。取得獨立生活能力後，李淑賢便毫不猶豫地和丈夫辦理了離婚手續，時在一九五六年。此刻，正在撫順戰犯管理所接受改造的溥儀，也努力地跨越了從抗拒到認罪、從認罪到悔罪的階段，而走上了爭取特赦、成爲公民的希望之路。

二、「末代皇帝」戀愛頭一遭

談到結婚，溥儀在前半生中經過幾次了，戀愛卻沒有過。年過半百的「末代皇帝」，竟在二十世紀六十年代初，頭一遭享受到戀愛的快樂。

一九六二年新春，人民文學出版社編輯沙曾熙在正月初八那天到李淑賢家拜「晚年」。老朋友見面，道一聲「過年好」，他就開門見山了：

「給你介紹個朋友。」

「誰呀？」李淑賢問道。

「他呀，條件很不錯，忠厚、老實，孤身一人。」

「問你姓甚名誰！」

「宣──統。」

「您可真逗，還有姓宣叫『桶』的？別拿我開心啦！」

「看你想到哪兒去了！宣統，就是清朝末代皇帝！」

這邊老沙剛揭破謎底，那邊已把李淑賢嚇了一跳，她清瘦的面龐也因驚奇而變得蒼白了。

「不行，不行，我不願意。」

「難道你瞭解他？不願意總得有個理由嘛，年齡、性格、職業、愛好……哪一點不滿意？」

「我害怕。」

「他又不咬人，怕什麼？」

「真皇帝沒見過，戲劇裏的皇帝我見過很多，都夠壞的，誰敢和他們在一起呀！」李淑賢此刻的感受倒是真實的，她在舞臺上見到的「皇帝」，個個龍袍加身、威風凜凜、前呼後擁、神氣十足，更有的殘暴成性，令人生畏。

「溥儀這位皇帝是經過改造的，又當別論嘛！」

「當過皇帝的人脾氣小不了，肯定處不來，就拜託您替我回了吧！」

「使不得！人家是名人，有社會地位。據我所知，他選擇對象的標準還很高呢！你不要錯過機會呀。」

「那我更不去了。」

沙曾熙原以爲是老朋友，不見外，就大包大攬地做主答應了約會。現在眼看要開天窗，急了，話裏充滿連哄帶求的腔調：

「我已經代你和人家約定了，也是爲你好，只求你別掃我的面子。再說，溥儀是通過周振強和我聯繫的，我至今還沒有見到過這位末代皇帝呢。說實在的，這回真想沾你點兒光，開開眼界，看看『真龍天子』的模樣，難道你也不肯幫幫這個忙？」

這裏提到的周振強，原爲國民黨浙西師管區中將司令兼金華城防指揮，還當過蔣介石的衛隊長，特赦後，也被分配在全國政協文史資料研究委員會當專員，與溥儀同事，又和沙曾熙是同鄉。周、沙兩位的熱心撮合，使李淑賢難以啓齒回絕。

「要是這樣，看看皇帝長得什麼模樣也好，成與不成，見面後再說。什麼時候？」

「明天下午三點。」

農曆正月初七，沙曾熙陪同李淑賢準時來到全國政協文化俱樂部。直到邁進大門，李淑賢心裏還在猶豫：此舉未免失之輕率，考慮欠周，僅僅爲了要看「皇帝」的模樣就貿然赴約，的確不像一個三十七歲的中年婦女所爲，倒像不成熟又好奇的中學生幹的事情。

「已跟人家約好的，當然得來看看，哪能讓人家白等！」李淑賢遲疑的腳步令沙曾熙很不安，於是他在一旁不住地給她打氣。

俱樂部的院子裏站著兩名男子：靠左邊的稍胖，中等身材，一見沙曾熙就招呼著快步走過來，他就是周振強；靠右邊的是大高個兒，顯得清瘦，對李淑賢來說完全是陌生人。如果她早生十幾年，則必將成爲宣統皇帝的臣民；如果她曾經生活在二十世紀三十年代或四十年代的東北，也許對這位清瘦的男子倒也能有些印象，因爲家家戶戶都必須「恭奉」僞滿洲國康得皇帝的「御影」，人人都要對著他的照片鞠躬，再說，那時的電影、畫報或報紙上也經常出現傀儡皇帝的年輕形象。然而，李淑賢的幼年時代在杭州，少年時代在上海，成年以後又來到北平，她既不瞭解宣統，也不瞭解「康得」。面對眼前的大高個陌生男人，李淑賢有些緊張，完全聽得清楚心臟跳動撲通撲通的聲音。她當然能夠猜測出眼前這人就是大名鼎鼎的愛新覺羅・溥儀。

老沙先把周振強介紹給李淑賢。諳於世故的周振強，又順勢將溥儀推到前面。溥儀非常熱情地握住李淑賢的手，笑起來一副憨厚的傻樣子，天真、坦率，沒有什麼特殊。李淑賢的心境平靜下來了，這才壯著膽子，帶著如同欣賞一件古董似的眼光，仔細打量了「降臨」在眼前的「天子」：塗抹過髮蠟的分頭梳理得十分講究，筆挺的藏青色中山裝，晶亮的優質牛皮皮鞋，舉止瀟灑，風度翩翩，總之，外觀印象挺好。

將客人們讓進會客室以後，溥儀從裏間端出糖果和咖啡。他端盤子的姿勢顯然有點兒笨，但人們喝著咖啡的時候都感到煮得恰到好處。周振強在旁邊特意強調說咖啡是「老溥親手煮的」，或許他幫著溥儀吹牛，或許真是「宣統皇帝」爲了招待女友，而臨陣磨槍學了這手本事。

溥儀是最後一個在沙發上落座的。他咧開厚厚的嘴唇，憨厚地笑著，並在一片喜氣洋洋的神情中打開了話匣子。他會使用一種讓人感到溫暖的語調，向剛見面的女朋友問長問短，家住何方啊，年齡若干啊，興趣怎樣啊……無不詳細「盤查」。

當時李淑賢正在業餘衛生學校學習，手裏還拿著醫學教科書，這給溥儀添了新話題，問她在醫院的工作情況和業餘學醫的情況。他們談醫論藥，似有說不完的共同語言。

「我對中西醫都有興趣，早年在宮中讀過一些醫書，在撫順改造時還參加了中醫組。管理所內有個醫務室，我在那裏做過臨床護理工作，會看化驗單、量血壓、注射、試體溫……我曾想，真學會了看病，出獄那天或許可以當個大夫呢！」溥儀滔滔不絕地講述著，口氣是真誠的，絕然沒有故意取悅女方的意思。

明眼人看得出來，溥儀和李淑賢這第一次會面已經大抵決定了他們共同的命運。溥儀屬意要找一位氣質、愛好相投的人，更願意和白衣女士聯姻，當他瞭解到李淑賢孤苦伶仃的身世後，又產生深摯的同情。從李淑賢來說，對男方也留有良好的印象。她不曾想到「宣統皇帝」竟如此熱情和氣，說話還實實在在。她更沒有想到這位歷史大人物見面就問寒問暖，挺有人情味兒。如果說兩人是一見鍾情，也許有點誇張，但雙方一見就產生了好感，那是事實。

年過半百的溥儀還挺靦腆，他不好意思直接與女方約會，也沒敢向李淑賢問聯絡電話和住址，卻把介紹人沙曾熙的電話號碼記在自己的小本子上了。

三、第二次見面在舞廳

第二次見面是在政協三樓的舞廳裏，樂隊一遍又一遍演奏著《友誼圓舞曲》，一對對舞伴翩翩起舞，仍舊陪伴李淑賢而來的沙曾熙也邀伴下了舞池。

「我們也跳一次吧！」李淑賢向坐在旁邊喝水的溥儀發出了真誠的邀請。在此之前，她已經想過，倘自己不先開口，就溥儀的表情來看，絕對沒有先開口的意思。

「我，怕跳不好……」溥儀躊躇著。

「沒關係！我也不大會，試著來吧。」

「就怕踩髒了你的鞋。」

「我今天穿的黑鞋。」

「那，我就勉爲其難了！」

「看來得謝謝你。」

溥儀已被眼前這位南國女兒的爽快所感動，硬著頭皮下了場。跳過幾步，李淑賢就覺出剛才對方不是謙虛，實實在在不大會跳。笨手笨腳，缺乏協調與節奏感，他的步子總是合不上樂曲的拍節，因此那雙晶亮的皮鞋不時落在女舞伴纖細的腳上。溥儀很覺得難爲情，或是輕輕說一句「對不起」，或是示以略含歉意的無可奈何的一笑。慢三步，他還能湊合跟著轉，一到快三步就亂套了。

「您這位皇帝怎麼也沒學會跳舞？」

「我當皇帝的年代，被看作是與凡人不同的天子，大臣奏事得跪著說話，平民百姓連抬頭望我一眼也不准許，父母弟妹都要給我行禮、請安，你想想，誰還敢跟皇上搭著肩膀跳舞？『君前失儀』，在封建社會就是死罪呀！」

李淑賢提出問題是有意緩和溥儀的緊張心理，卻打開了這位男舞伴的話匣子，腳下更無章法了，但他還是滔滔地講開來，語調透露出深深的遺憾。他說，在天津當寓公的時候，曾去過租界地內舞場，還是給他在看臺上設一個特殊座位，舞池裏旋轉著的先生小姐們頗讓他羨慕，但身分不允許他離開看臺。今天，他終於能帶著女友走進舞池。

跳過幾場已經大汗淋漓了，李淑賢勸溥儀歇一場。他還不肯，學舞步很用心，一晚上跳下來，完全可以跟上步伐了。終場前，溥儀沒有忘記把幾句很關鍵的悄悄話輕輕送進舞伴的耳朵。

「今後不要總麻煩介紹人了，讓我直接給你打電話吧。」

「也好。」

「一會兒別忘了把醫院的電話號碼告訴我，我要記在小本子上。」

「我會記著的。」

「如果你每天都接到我的電話，會不會覺得討厭呢？」

「談不到討厭。可是，你的名氣那樣大，讓人家都知道了，我多不好意思呀！」

「那就別提溥儀這兩個字嘛。如果醫院接電話的人問我姓什麼，就說姓『周』。」

李淑賢會心地笑了。她不喜歡太招搖的戀愛方式，希望能悄悄地相約、相愛，在她看來，實在沒有大吹大擂、嚷得全世界都知道的必要。

第二天上班不久，溥儀就把關廂醫院的電話鈴聲撥得震天響。

「喂，哪裡？」

「麻煩您找一下李淑賢同志。」

「您是哪一位？」

「我是她的朋友，姓周！」

原來，「姓周的」想邀請李淑賢到政協禮堂看電影《一江春水向東流》。

隨著電影情節發展，溥儀不斷發表感想，倒不是向女朋友賣弄，實在是真情實感的流露。他痛恨影片中的男主角，說那個姓張的真不是東西，喜新厭舊、忘恩負義，自顧自己享樂，連親生母親、妻子兒女都不管，不講道德、沒良心。他說最恨這種人，講得很真誠。

看完電影，溥儀打算把女朋友送回位於東城的醫院，但李淑賢不同意。那天特冷，她怕男朋友

走路太遠會凍著，只允許溥儀送她到白塔寺汽車站。這天，跟溥儀一起看電影，又聽他評頭品足，李淑賢以女性的細膩感到溥儀這人心眼不壞，他既然痛恨喜新厭舊的人，也一定能忠實於自己的妻子……於是乎，李淑賢的愛情在無形之中升級了。她很不情願離開溥儀，卻又捨不得讓他在大冷天裏陪她走那麼遙遠的路。

仍是週末，「姓周的」電話又把李淑賢從東城叫到西城。那天乘車人太多，李淑賢等過幾輛才勉強擠上去，車又開得慢，真急死人！當她來到政協禮堂門前時，早已超過了約定的鐘點，溥儀也不知跑到哪裡去了。其實，溥儀正在政協禮堂和白塔寺汽車站之間來回折騰呢！這一次可把溥儀急得不輕，這邊看看沒有，跑到那邊看看還沒有，最後才在禮堂門前碰上了。

李淑賢回憶當時的場面說：溥儀看見我高興極了，就像鐵屑碰上磁石，一下子把我抱住。禮堂門前人來人往，見此情景都抿嘴笑，弄得我怪不好意思。他這才忽然明白了，哈哈大笑起來。認識他的人過來打趣說：「你這老頭兒這麼高興啊！」溥儀解釋說：「她讓我找得好苦，兩次接站都沒碰上，這回可抓住了。」我埋怨他「不管不顧」，不分時間、場合，他毫不示弱地回答說：「你不遵守約定的時間還不該罰！」真拿他沒辦法。

那天，禮堂演出京劇《貴妃醉酒》。看京劇，溥儀是內行，邊看邊給女友解釋，十分殷勤。演出間歇時，溥儀說他累了，讓李淑賢陪他到宿舍稍坐。這顯然是預先安排的，是溥儀策劃、要突破兩人關係的一個設計。

在溥儀那兩間收拾得十分整潔的宿舍裏，主人端出一大盤糖果、糕點、桔子，誠懇地讓女朋友吃這樣、吃那樣。李淑賢是聰明人，她雖然不曉得眼前這一切都是溥儀在白天找過乳母的兩個孫女來特意為她「設計」的，卻能看出這位「皇帝」要搞名堂。她心中有數，表面裝得若無其事。

「經過這幾回接觸，你給我留下了良好的印象，我覺得已經離不開你，所以就更擔心，怕你不願和我交朋友。」溥儀說話坦誠、感情真摯。

「真說對了，我正要告訴你這句話呢！」李淑賢似乎也一本正經。

「那爲什麼？爲什麼……」

「因爲你沒跟我說實話。」

「我並不曾隱瞞什麼呀。在東北當僞皇帝，不光彩、有罪，那可是歷史上的事情……」

「誰問你這個來著！」

「我娶過皇后、妃子、貴人……」

「又何必說這些！」

溥儀大惑不解，他真想掏出心來給女朋友看，只要能證明自己誠實就行。

「求你啦！別再和我捉迷藏。」

「那就打開天窗說亮話，你這兩年交過幾個女朋友啦？」

「噢，原來如此！其實，除了你，我和誰都不曾真正相處過。」

我們完全理解李淑賢的敏感，可是溥儀說得也實實在在呀。

四、溥儀找對象的新標準

溥儀特赦後，很多人關心他的婚姻問題，或云「保媒」、「提親」的，或用新名詞「介紹對

象」的，三天兩頭準有一幫說客上來。

最早闖入溥儀生活的女士是位五十歲的老姑娘，論起來，還是婉容的姨表妹呢。因為生長在貴族家庭，從小嬌生慣養，大小姐派頭，積習難改。處理婚姻問題總擺脫不了門第觀念，不肯「隨行就市」，以至高不成、低不就，貽誤了青春。聽說溥儀特赦，她馬上托了一位親屬傳話，以身相許，不料被溥儀一口回絕了。

李淑賢笑問溥儀：「我看你這位小姨子很不錯嘛！祖上幾代都是清朝大官，娘家也是滿族名門，又有豐厚的遺產，與你正是門當戶對啊。」

溥儀露出一絲苦笑：「賢！你想錯了。她中意的人，絕不是坐在你身邊的溥儀，而是她理想中的皇帝溥儀。作為一介平民，我怕是配不上那麼高貴的女子。」原來，溥儀早已不把自己的出身劃在帝王門庭之列了，僅以普通勞動者的身分尋覓知音。

不久，溥儀又遇見一位穿著華麗、打扮入時、年輕漂亮的女人。她說話纖聲細氣，舉止百態千姿。如此動人的女性，追求溥儀又十分主動，卻仍遭拒絕，這可讓李淑賢大惑不解了。原來她的追求裏，也藏著歷史因由。據說早在光緒年間，她爺爺才十二三歲，因家鄉受災，混跡流民中逃難來到京城。一天，忽見馬路上有鳴鑼開道的，行人紛紛退避，農村孩子沒見過世面，竟在慌亂中落在道上，手足無措，就在這當兒，一座豪華大轎已到眼前。差人正欲鞭笞可憐的孩子，轎簾被掀開了，坐在裏邊的大官探出頭來，見這孩子相貌英俊，就吩咐帶進王府，盤查一番，孩子果然聰明伶俐，討人喜歡，遂留下伺候王爺。後來又令他給王爺的兒子當伴讀，學業甚好，逐步提拔以至當了高官，買了煤礦，發了大財。這便是她爺爺的發家經歷，而被視為恩人的王爺，正是溥儀的祖父醇賢親王奕譞。

拒絕這位女士又爲什麼呢？李淑賢提出的問題得到了溥儀的回答。他說：「一位念念不忘『浩蕩皇恩』的人絕不會真心愛我，因爲我不再是皇帝了，我需要樸樸實實的伴侶，共同度過普普通通的後半生歲月。」

在選擇妻子的問題上，溥儀有自己的標準。他心目中既沒有古代的名門望第，也沒有今天的資歷身分，他只愛人品，而且講道德。

還有一個實例，就發生在溥儀與李淑賢相識之前約三個月。那是一九六一年初秋，溥儀正在北京植物園的試驗區內勞動。傳達室的同志跑來告訴說，有位從長春來的女同志正等他。溥儀很敏感，細問來者樣貌，當他聽說是位三十多歲的中年婦女時恍然大悟，已能確知來人就是從前的「福貴人」李玉琴了。

當時溥儀已被安排在全國政協，任文史資料專員，可他對服務過的北京植物園感情頗深，特別申請每周回來勞動一天並獲准。李玉琴到全國政協找溥儀那天，正趕上溥儀在植物園，遂找到文史辦公室主任吳群敢，說明了來意並請求開具一張介紹信，便匆匆趕到植物園來了。

見不見呢？溥儀很猶豫。說句老實話，他很想看看這位分別了五載的故人。自一九五六年底，兩人在撫順客客氣氣地分手以後，溥儀對她始終還有一種懷念之情，況且當年亦有約言：離婚並非感情破裂，今後兩人仍以朋友看待，兄妹相處。後來聽說李玉琴已經再婚，考慮到她的家庭和睦問題，溥儀決定不再來往。然而今天，她真照約言來看望老朋友了。

溥儀思前想後，認爲不見爲好，遂對傳達室的同志說：「請轉告來人，就說我不在。我……我不想見她。」來傳達的人頗覺詫異，溥儀已經看見有位女士匆匆走來，穿著一件紅裙子，走在綠色植物中間，就像襯在藍天上的一朵紅雲，遠遠地飄過來了。

當溥儀約略能夠分辨出她那張熟悉的面孔時，急中生智，一溜小跑，躥入路邊的男廁所內。他以爲對方認不出自己，他想避開。

廁所雖然清潔，無事而入也不會是一件愉快之事。五分鐘後，他待不住了，不料剛出來沒走幾步，就聽見有人喊他的名字，是女人的嗓音。他回頭一看，正是那張熟悉的面孔，她似乎剛從與男廁所一牆之隔的女廁所走出來，真是無巧不成書。

「你好！什麼時候到京的？」溥儀握住李玉琴的手，表情由尷尬轉爲歡欣。

「已經來了幾天，爲了撰寫文史資料，找幾位知情人核實一下。今天，以朋友的身分特意來看看你。」李玉琴注視著溥儀，似乎要從他臉上找出變化的痕跡。

實際上，關於李玉琴到京的消息，早有人打小報告告訴溥儀了。

李玉琴撰寫宮中生活回憶錄，這次來京，就是要看過去的景物，見原宮中的當事人。她到京第二天上午就懷著畏怯不安的心情，往西城前井胡同看望溥儀的五妹韞馨。五妹夫婦待她很客氣，拿出當年六月周恩來接見溥儀以及溥傑夫婦等愛新覺羅家族成員的合影來讓李玉琴看，她全神貫注地盯在溥儀身上細看，當她發現溥儀身旁有位陌生女性時，便很緊張地連聲問道：「這是誰？這是誰？」

「翻譯。」韞馨的丈夫萬嘉熙解釋說，總理這次接見的主要對象，是溥傑夫人嵯峨浩和護送她來華團聚的嵯峨家親屬，所以有位日文女翻譯在場。

談話中，李玉琴對溥儀特別關心，說自己常常想起過去同溥儀在一起的生活，埋怨溥儀這麼長時間不給她寫信……。萬嘉熙對李玉琴勸慰了一番，並說，她同溥儀離婚，恰在溥儀特赦前不久，這很不幸。嵯峨浩等待溥傑十幾年，今天終於團圓了。李玉琴當時頗動情，連眼圈兒都紅了。

「想見大哥嗎？」萬嘉熙快言快語單刀直入。

「以我現在的身分怎好先去找他？我住在前門附近吉林省駐京辦事處，不知他肯不肯來敘敘舊。」李玉琴就這樣傳遞出自己的信號。

給溥儀打小報告的便是萬嘉熙。李玉琴離開前井胡同不久，老萬已在政協院內的溥儀宿舍裏了。據一份記述此事的檔案資料載：

「溥儀聞此訊後，很是激動不安，晚上獨自徘徊沉思，狀甚苦惱。」

溥儀承認自己對李玉琴舊情未泯，很想看看她現在的模樣，可是又認爲這樣做不好，對李目前的家庭關係會有影響。想來想去，沒有好主意。即使自己可以不去找她，如果有一天她終於找上門來，又怎麼辦呢？到那時還見不見她？溥儀覺得處理這個問題實在有些棘手。

現在，李玉琴終於站在溥儀面前了，一張年輕而熟悉的面孔，映襯著綠色的植物世界，映襯著隨風飄擺的紅裙子。

植物園主任田裕民以東道主的身分，熱情接待了突然造訪的李玉琴，與溥儀一起陪她參觀了幾個溫室，拿出名貴品種的葡萄及其他水果招待她，接著，又一起遊覽了香山公園和臥佛寺。田主任還在公園餐廳請他們吃了一頓豐盛的午餐。

當晚，李玉琴要回城裏去，希望溥儀也能送她。溥儀遂改變計畫，陪她一路返回政協宿舍。不久，政協宴請從地方來京寫文史資料的人，李玉琴又與穿一身灰色毛料中山裝、面帶微笑、樣子很精神的前夫溥儀同席，頗多感觸。其後，溥儀又單獨請李玉琴和家族的其他兩人吃飯。飯後到溥儀宿舍稍坐，李玉琴見溥儀宿舍弄得亂七八糟又動情，第二天特意給他買了一套新茶具送來。數日後，群眾出版社的李文達在全聚德烤鴨店宴請溥儀和李玉琴等人。飯後，溥儀單獨陪送李玉琴回住地。

據李玉琴講，那天溥儀跟她說了很多話，「使用了許多關心的、溫情的辭彙，但沒有越禮言語」。還有一個晚上，兩人吃完夜宵，坐在北海的長椅上聊天。據李玉琴說，由於歷史的關係，她還關心溥儀、惦念溥儀，希望他早日結束可憐的獨身生活，獲得幸福。而溥儀呢？似乎很想跟歷史上那位「貴人」講幾句心裏話，卻「幾次欲言又止」。兩個人的感情都是真摯的、純潔的，完全可以理解的。

國慶日前夕，李玉琴前往政協宿舍向溥儀辭行。默對良久，兩顆心都很激動。不知誰碰著了電燈開關，房間裏頓時一片黑暗，兩人仍在長沙發上挨坐著，聽得見怦怦地心跳聲，卻辨不清它們發自誰的胸腔。

「你喜歡怎樣都可以……」

「現在需要理智。」

溥儀站起來，打開了燈，光明又重返房間。人生道路是曲折的，有些情形也許不正常卻可以理解。對於眼前發生的事情，溥儀已有深沉凝重的思考，結論是：永遠不提「重婚」二字爲宜。

「早知你能特赦，我也可以等待。」

「你已經建立了新的家庭，不也很幸福嗎？我曾想過重婚，這當然是不應該的。十年改造使我懂得了應該尊重別人，特別應該尊重你，因爲你是身受我害的人。還應尊重你的和睦家庭呀，你說對嗎？」

「很對。親眼看到你的進步，我滿意了。」

「你回去以後，咱們通信，還像朋友那樣相處。」

兩人都十分珍視這惜別前的時刻。第二天，李玉琴登上了返回長春的火車。在這以後的一段時間裏，鴻雁傳書，他們在兩地相互關心著。溥儀給李玉琴寄過食品、茶葉、鋼筆和綢布等物品。李玉琴的筆勤，個把月總有一封問寒問暖的信付郵；生了孩子後，更常把孩子的近照寄給溥儀，因爲她知道溥儀是很喜歡小孩子的。他們實踐著離婚時的約定，也實踐著不久前惜別時的約言：像朋友和兄妹那樣真誠相處。

五、「三個回合」的考驗

自從這一番深談，溥儀有「底」了，也開始「放肆」了。今天攜李淑賢出席招待會，明天又帶她會見同事，至於並肩挽臂在大街小巷拋頭露面，他以爲更屬理所當然。即使有人向全世界宣告溥儀戀愛的消息，他也絕不至於生氣，喜歡「悄悄愛」的李淑賢拿他毫無辦法。

每個星期天都不放過，溥儀總是拉著李淑賢滿城逛，他很得意，跟一位溫柔、美麗、可愛的女朋友在一起，藍天之下，大地之上，可以隨便走，再不需什麼「太妃」看護，更不要「御用掛」跟隨。那些車馬儀仗、太監隨侍也都不來囉嗦了，他在自由中談戀愛。

也是一個星期天的中午，溥儀領著女朋友走出一家商店，拐進西四路西的小飯館。他們挑一張緊靠牆邊的桌子坐下，買了米飯、一盤炒肉絲、一碗羊肉丸子湯。兩人剛開始吃飯，突然聽見一聲驚叫，李淑賢連忙把伸向炒肉絲的筷子縮了回來，轉頭向發出叫聲的地方望去。只見鄰座放下筷子，一口飯填進嘴裏停止了咀嚼，睜大眼睛看著溥儀，半晌，像發現新大陸似的喊起來：

去。

「喲，這不是小皇上嗎？」

「小皇上！小皇上！」

「小皇上上這兒吃飯來了！」

「真是宣統皇帝呢！」

小飯鋪裏亂了，人們紛紛扔下碗筷圍攏過來，毫不掩飾地把目光在溥儀和李淑賢身上掃來掃去。

「快看啊，還帶著娘娘呢！」

李淑賢慌了，恨不得立時奪門而逃，但身後全是圍觀者，一層又一層。如果她的男朋友是位戰鬥英雄或電影明星，她或許會自豪地抬起頭來，用微笑來承接人們的目光。可是……她紅著臉，緊咬著嘴唇，只看著腳下的地面，耳畔一片嗡嗡聲，腦袋直發木。溥儀卻滿不在乎，向著互相咬耳朵的觀眾打招呼，點頭，哈哈笑著，「依然故我」。

圍觀者越聚越多，他們原來只是聽說皇帝「傳膳」，水陸紛陳，珍饈必具，食前方丈云云，今天才親眼見著這場面：仍是那雙端過玉盞、使過牙箸的手，卻捧起小飯鋪裏的粗瓷大碗，把羊肉丸子一個接一個地添到嘴裏去。

人群裏站出個長者，白鬍子飄灑在胸前，他對眾人說：「大家在小飯鋪裏見著溥儀先生都很高興，還是坐下來邊吃邊談。」說完，很尊敬地走過來與溥儀握手，於是攀談起來，談天說地，那個隨和勁兒就甭提了。

起初，李淑賢很拘謹，甚至有點兒倒胃口，像怪物一樣地被人看，被人議論，這是怎麼檔子事呢？將來還要不要上街？要不要看電影、逛故宮、下飯館？逐漸也就習慣了，當她終於敢抬起臉環視周圍的時候，看到的是一雙雙關切的、善意的眼睛，他們都真誠地歡迎溥儀新生。有人提出各式各樣的問題，有人告訴溥儀自家的地址，請他去做客，他們都是心地善良的人啊！

當時，李淑賢住在朝陽門吉市口，由於多年獨身生活，最害怕往家裏帶男人，被人說長道短地讓人擔待不起。有一次，溥儀主動提出要上李淑賢家看看，在場的萬嘉熙也幫著說話。李淑賢很為難，卻拗不過他們的情面，破例把家庭地址留給溥儀，並約會了見面時間。

也是禮拜天，老萬領著溥儀按門牌找到李淑賢家。房間很小，傢俱沒有幾件，但收拾得乾淨清爽。老萬專為送人才來，稍坐即去。屋裏只剩下兩個人了，溥儀一支接一支地吸煙，噴著煙圈兒，「會談」也就一個回合又一個回合地展開了。

頭一個回合，要旨在於統一對歷史的看法。

第二個回合，是圍繞經濟問題展開的。

第三個回合，觸及婚姻生活中的實際問題，也是溥儀特別擔心的。

那天，他們談得很開心。然而，就在他們進入兩情依依、恩恩愛愛火炭般的戀侶生活階段後，溥儀身上的缺點愈來愈暴露了。

六、也有海誓山盟

溥儀是位糊塗先生，總是丟三落四的。他當了半輩子「皇帝」，水來洗手、飯來張口，穿衣戴帽都有人伺候，頭腦裏那根管獨立生活的神經逐漸退化了。

比如，他自己去買煙，要麼拿了煙就走，忘記付款；要麼交了款，不等人家找零頭又走了。又比如，他拎著手提包出門，不知在哪兒放下，就再也想不起來去拎它了，也不知一年要扔掉幾個手提包。再比如見客，進門時，他脫下狐皮大衣掛在衣架上，出門時如無人提醒，他準保不記得取下大衣，或者隨便穿件別人的大衣就走了。跟李淑賢戀愛時，每次赴約前，都有人提醒他注意這樣，別忘了那樣，希望他別在女朋友面前出醜。可是，這類「醜事」還是不斷地出現。

最令李淑賢生氣的一件事，發生在一九六二年三月間。一天，政協領導在新僑飯店宴請列席會議的文史資料專員，並允許攜帶夫人，還專門告訴溥儀說，他雖然尚無夫人可帶，但已經有了一位要好的女朋友，可以攜其赴宴。溥儀高高興興地找到李淑賢，便一起往新僑飯店奔來。車到南小街時，溥儀突然發現兜裏的工作證和會議列席證全沒有了，而列席證就是進門的憑證啊，剛才同事們還囑咐他要帶好證件呢！兩人都很焦急，順原路往回找，一直找到朝陽門吉市口李淑賢家裏，果然在房間內地上扔著呢！是溥儀掏手絹時抖落掉的。他倆折騰了一陣又匆匆趕到新僑飯店，可把宴會主持人急壞了。

溥儀當皇帝時疑心就大，左手信不著右手，特赦以後，也有疑神疑鬼的時候，即使對自己喜歡的女朋友，也不免要劃幾個問號。

自從到李淑賢家去過以後，溥儀就常常登門了。那時醫院會議多，溥儀常常碰門鎖，遂利用等人的工夫到街坊家閒聊，有好幾次則是溥儀特意早來「串門」的。這位前皇帝也不講究客套了，到人家家裏，只要能坐的地方，就一屁股坐下，也不管髒不髒，給他倒茶，他就喝。不過，他也是個很有心眼兒的人，常常借著閒聊的工夫，向李大媽等街坊瞭解女朋友的情況，如都跟些什麼人來往啦？有沒有別的男人來找啦？經過街坊們的證實，溥儀相信了，也放心了。

可是，溥儀的多疑症並不曾就此消除，在李淑賢家裏發生過這麼一件事。

「李同志！」婚前，溥儀一直這樣稱呼李淑賢，「你是杭州人，一定會做南方風味的菜肴嘍？」

「下禮拜天來吧，我給你炒幾盤。」

星期日那天，溥儀興沖沖地來到李淑賢家裏，還順路拐進菜市場買了兩條魚和一小塊瘦肉帶了來。李淑賢也早有準備，精心烹調，給他燒了幾樣拿手的南方菜。但李淑賢萬萬沒有想到，當小飯桌上擺滿了菜肴，五味飄逸、香氣撲鼻的時候，溥儀卻坐在那裏發起愣來，不伸筷，不張嘴，一口不動，怎麼勸也不吃。

李淑賢十分掃興，自斟獨酌，胡亂往嘴裏塡了幾口菜就放筷了。後來，她才瞭解一些內情，溥儀這人吃東西很謹慎，總怕有人往食物裏摻進有毒的東西來害他。僞滿時他防備日本人，日本皇太后送來的食品他不吃，二弟溥傑的日籍妻子嵯峨浩送來食品他也不吃。特赦後在溥傑家做客，嵯峨浩親手爲其烹調，他還是不敢吃。據溥儀自己說，他在北京獨身生活期間，除公共場合宴會、至親密友的宴請以外，僅在七叔載濤和幾位弟弟妹妹家裏吃過飯，別人家的飯碗從來不端。這一回，連女友李淑賢炒的幾盤南方菜也成了他的懷疑目標……

溥儀見女朋友不高興，便講故事給她聽，想哄好她。他滔滔不絕地講皇后婉容，講淑妃文繡，講「祥貴人」譚玉齡，講「福貴人」李玉琴，講她們的入宮和悲慘結局。聽了這樣可怕的故事，李淑賢真擔心：像這樣娶過四位妻子卻完全不懂夫妻感情的人，值得我以身心相許嗎？在愛情方面，她是個受過創傷的女性，過往的經驗不允許她輕易地相信別人。然而，相處這幾個月來，溥儀對她不錯，完全不像殘暴君王。

帶著矛盾的心情，李淑賢順口問了一句：「以後對我，也會像對待宮中那幾個可憐人一樣嗎？」誰知這句話深深刺痛了溥儀的心。原來，溥儀不希望人們用老眼光看他，聽李淑賢一說就生氣了，穿上外衣說一句「如果我們不能成爲伴侶，就作個朋友吧！」出門就走。李淑賢也不送，她還爲著溥儀的多疑症而生著氣哪！況且，她早料到溥儀還要回來的。隔天，溥儀果然跑來道歉，老老實實地向她表示說：「我是改造過來的人，以後對自己的妻子當然不會像在宮中對待皇后和妃子那樣。」

誤會解除了，溥儀又帶著李淑賢滿城轉，今天上群眾出版社，細看那一堆堆歷史照片，明天又在政協機關食堂聚餐，碰上溥儀的同事則說說笑笑，大家都惦記著要吃他們的喜糖啦！

這一對並不年輕的戀侶，也十分真誠地海誓山盟了一回。那是在溥儀病休的一日，李淑賢帶著慰問品前來探望，正發燒的溥儀一激動又流下眼淚來。溥儀的忠厚、坦誠和理解，深深打動了李淑賢的心。至此，她已經決定：把自己的一切都和溥儀連接起來，永遠不再分開。

「有一句人們常說的俗語，我還願意借用來表達心情：海可枯，石可爛，我這顆心不會變！」溥儀擺出嚴肅的面孔，那是「皇帝」，可撒起歡來，和孩子一般無二。李淑賢這句動聽之言，引得溥儀高興得幾乎要從床上跳起來，向著心愛的人說：「我給你對一句吧：山有頂，河有源，愛情之花不凋殘。」

七、新式婚禮

溥儀和李淑賢的結婚典禮確定在一九六二年四月三十日晚七時舉行。結婚，對溥儀來說真不算新鮮事。他是中國歷史上享受過皇帝大婚待遇的最後一人，四十年前那一幕極盡人間豪華的場景他全記得，可又怎能與今天的婚禮相比？

舉行婚禮的前幾天，政協開了兩張介紹信，請工友趙大爺陪同溥儀和李淑賢到百貨大樓、友誼商店購置結婚用品。當時處於經濟困難時期，帶介紹信可以得到關照。政協領導還告訴溥儀：「這次安家，喜歡什麼都可以買，一切開支由國家報銷。」

三十七歲當新娘的李淑賢當然希望打扮得漂亮些，聽說還有許多上層人物和名流出席婚禮，特別是中國新聞社及港澳攝影記者也要求湊熱鬧，在眾人面前，怎麼也不能弄得太寒酸呀！可是，當她把徵詢的目光一次次投向溥儀，希望獲得理解和支持，以便買下選中的衣料或服裝時，溥儀總是搖頭。趙大爺看不過去了，他站在櫃檯前焦急地說：「你該買就買，也別白跑一趟啊！」

「我還有兩套衣服，湊合夠用，不買了！」

「你不買，也要給人家買嘛！結婚是一輩子的大事……」

聽趙大爺這麼說，溥儀轉向李淑賢，用溫和的口氣商量道：「賢，這次買衣物用品由國家開支，咱們要節約辦事，主要買鍋碗瓢盆日用必需品。衣服你買一件就算了，以後再陸續添置。」

溥儀體諒國家的困難，李淑賢也表示理解，只選了一條凡爾丁西服裙。這是一件小事，卻在李淑賢的心靈上打下深深的印記。作爲結婚禮品，溥儀只給李淑賢買了一條西服裙，她卻獲得了真摯的愛情，感到無限幸福。

在北京南河沿政協文化俱樂部禮堂舉行的婚禮頗爲簡單，卻是一條世界性的大新聞。

參加婚禮的人，總有二三百人，場面蔚爲壯觀。典禮開始後，溥儀在新郎致辭中，表達了真誠的感激之情。新娘也在掌聲中即席講話，訴說新生活開始的無比喜悅。新郎穿一套淺色中山裝，咧開大嘴憨憨地笑著；新娘上身穿一件小巧可愛的鏤空花短袖衫，下身著西服裙，露著嫩藕似的胳臂，從明亮的眸子裏閃著嬌羞的光，不露牙齒甜甜地笑著。

婚禮的氣氛熱鬧非凡。中國新聞社的攝影記者要給到場的愛新覺羅家族成員拍合影，以紀念從這一天起，有位漢族血統的南方人進入家族。於是，婚禮就在拍攝大團圓的紀念照中結束了。

八、新婚「洞房」就在政協宿舍

按中國傳統，新婚第一夜還有「鬧洞房」的節目，溥儀和李淑賢的「洞房」，就設在政協大院內原溥儀宿舍。

由自由戀愛而建立起幸福家庭，對一般人說來是正常現象不足爲奇，但是，溥儀新婚，其意義就大不相同了。從「真龍天子」的「三宮六院七十二嬪妃」，到自願結合的一夫一妻小家庭，這是多麼巨大的歷史性飛躍啊！又怎能不引起海內外的關注呢？

一位六十多歲的英國記者得知溥儀新婚，立即前來北京採訪，並在政協禮堂會客室見到了新郎和新娘。李淑賢是頭一次與洋人談話，又必須回答當場提出的問題，不免心情緊張。溥儀安慰她說：「你不用擔心，有我在呢！」

當記者聽說李淑賢的父親是位銀行普通職員時十分驚奇，他問：「前皇帝居然娶了職員的女兒，這在英國是不可想像的。閣下或許應找一位王公貴族小姐作終身伴侶……」

溥儀回答說：「今天在先生面前的人並非皇帝，而是經過改造並且獲得新生的普通平民，他與職員的女兒因自由戀愛而結合，這是順理成章的事。」

這位經歷四十年帝王生活和十年改造生活的中國「末代皇帝」，終於理解了究竟什麼是幸福家庭的真正基礎。

九、難以啟齒的難題

能夠理解的事情都理解了，唯有一件事無法讓李淑賢理解，偏偏又是難以啓齒的，是這對新夫婦婚後碰上的真正的難題。

還得從四月三十日那個晚上說起。民間雖有「洞房花燭夜」的習俗，然而新婚情侶哪個肯點燈熬油地度過漫漫長夜呢！溥儀的洞房卻一宿到天亮地點著一百瓦燈泡。送走客人，兩人不免溫存一番，已經履行了婚姻手續的情侶，總不能還像戀愛時那樣。

「老溥！這幾天我覺得累，早點兒休息好嗎？」

「哦，你先睡，我再看會兒書。」

溥儀在明亮的燈光下正襟危坐，看書似乎很認真。李淑賢上床後轉頭向裏，面壁背光，緊閉雙目，可哪會睡得著呢?許久許久，溥儀才放了書來挨近妻子，她或許真睡了，呈現出俊美的睡態容貌。溥儀端詳著、打量著，還動用嗅覺器官上上下下聞了一遍。李淑賢沒有睜開眼睛，溥儀也不肯去打攪，遂脫衣熄燈，斯斯文文地睡下了。

新婚第一夜，李淑賢完全能夠理解；第二夜，仍可理解；第三夜，已經不大好理解……直到新婚蜜月的最後一個夜晚，當妻子的怎麼也不能理解了。一個男子漢怎麼這樣老實?兩口子晚上在一起還斯斯文文的，就會用鼻子聞妻的前額呀、臉蛋呀、頭髮啊，難道這能算作一位盛年女性企望的夫妻生活的全部內容嗎?追問之下，溥儀哭了。

溥儀哭訴他的痛恨，早年的宮廷生活，是變態的太監坑害了他。當溥儀還只有十二三歲的時候，身邊太監們不願熬夜「坐更」，又怕「萬歲爺」驚夢夜遊、東跑西顛惹出麻煩，遂引誘宮女夜夜撩撥「小皇上」，又弄來歷代相沿皇帝專用的春藥給溥儀助威，結果害了他，當他身體還在發育的時候，就被推入性欲失控的陷阱，以致功能失調，婚後也不能履行丈夫的責任了。

生理病態不是先天的，所以溥儀總抱著治癒的希望，從大婚那天開始就打針、吃藥，卻始終未見起色。他苦惱、惆悵，幾十年也沒能解脫。婉容走上了婚外情的道路，文繡鬧起「妃革命」來，譚玉齡在寂寞的日子裏鬱鬱而終，李玉琴苦等十年後還是宣告離婚。這些當然不是偶然的，溥儀心裏最明白不過了。

特赦後，溥儀繼續延醫診治。他沒有放棄希望，但也很清楚：病，還是病!在這種條件下，本不該結婚，然而，年過半百的前皇帝確實需要伴侶，他無論如何難以應付獨身生活中天天碰上的麻煩。況且，他是位重感情的人，他也需要愛。他總是當妻子睡沉以後才去聞聞她的面孔，其間深有苦衷啊！他何嘗不想熱烈地擁抱妻子、親吻妻子？但他知道這會帶來怎樣的後果，他實在是沒有更進一步的能力了。與其讓妻子忍受痛苦的折磨，寧可自己控制住熱烈的情感……

「這些話，應該在婚前告訴我。」妻子的要求一點兒都不過分。

「請原諒我，沒跟你說，因爲有點兒難以啓齒，再說總有僥倖心理，曾想：經過十多年的獨身，又參加過體力勞動，能吃能喝，生理問題或許已經不治自癒……」丈夫的解釋顯然夾雜自辯成份，「當然嘍，歸根結底還是因爲喜歡你，不願意失去你，如果預先讓你知道了，你也許不肯跟我結婚，讓我上哪兒再找像你這樣理想的妻子呢？」

「你欺騙我！你這是自私行爲！」李淑賢已是快四十歲的人啦，只盼找位稱心丈夫，有個溫暖的歸宿，再生下一男半女，養老有望。誰知嫁給溥儀，或許永遠不可能有孩子了，對她來說，這是多大的打擊呀！

「賢，我不是有意的……你可以懲罰我，重重地罰我，我認……」溥儀有點兒發懵，囁嚅地說。

「真讓我懲罰，那就離婚吧！」

「不！不能離婚！只求你在這一點上諒解我。只要不離婚，別的都依你，我會加倍地疼愛你，絕不讓你受委屈……」溥儀情意真摯地講了許多話，說著說著，突然跪在妻的面前，「如果還有關心你的男人，也……可以領到家裏來……我說的是真心話。」

「怎麼胡說起來了？老溥，你把我看成什麼人啦？」李淑賢禁不住眼淚撲簌簌地往下掉，上前一步把丈夫扶起。

「賢，還離婚嗎？如果你一定要離開，我這輩子再不找人啦……」溥儀也抽泣起來。

「事已至此，還離什麼婚！今後就作你的小妹吧，你就是哥哥。」李淑賢強忍淚水，帶著痛苦而矛盾的心情安慰了丈夫幾句。

「小妹，你的一片真情，我一輩子報答不盡，我還要治病，相信能治好……」

「治得好更好，治不好我們也是夫妻。」

當然，問題是不會在這一次談話中全部解決的，李淑賢的苦楚自己知道，理虧的丈夫總是獨自擁衾而臥，無可奈何地保持著與愛妻身體間的一定距離。

十、伉儷情深

對平民妻子，溥儀有負疚感，更有真摯的愛。這愛絕不是人人皆有的感情，因爲它不僅是情人激發的，也包含著對宮廷生活的痛恨，從恨中昇華出來的愛是一種特殊感情，發生在經過改造的溥儀身上，那是完全可以理解的。

婚後頭一年，溥儀就住在原獨身宿舍內。那是政協大院裏的一間平房，裏間爲臥室，約二十平方米，擺著寫字檯、一對單人沙發和一張大沙發床，還有一個圓桌和幾把椅子。裏間另有小門通衛浴間。外間作爲客廳，看上去比臥室還要大，有書櫥、辦公桌和半圓形沙發、茶几。

作爲一名普通的國家幹部，溥儀特赦後只有一份「按勞分配」的工資收入。婚後第一回開支，溥儀存心想讓妻子高興高興，從西城轉到東城，專買新鮮而有名氣的各類食品、商品，什麼月盛齋的醬牛肉，信遠齋的酸梅糕，六必居的小醬蘿蔔，東安市場的茯苓夾餅，以及北京蜜棗、雪花膏、香水、頭油、花手絹、小剪刀……大包小裹地拎了回來。

妻子見這情形，不但沒有高興的表示，反而生起氣來。溥儀起初還悶在葫蘆裏，隨後也就明白了：居家過日子不能光靠這些，要買糧食，要買青菜，要交房租，要納電費……一天就花光一個月的工資，這怎麼成？獨身生活時，溥儀還能想著先在工資中留出當月的飯錢，成家後吃現成飯，不必再買飯票，倒把他給「解放」了，可妻子自己的四十多元工資如何承受得起這個家庭呢？

李淑賢一訴苦，溥儀馬上認錯檢討：以後工資如數交賬，自己再不胡亂花錢。他說到做到，第二個月就把錢「上繳」了，讓妻子安排。李淑賢笑咪咪地抽出一張十元票子給丈夫：「這是買煙的錢，建議你要少抽，抽好煙。」溥儀從此改掉了大手大腳花錢的習慣，配合妻子儉樸地安排家庭生活。溥儀從不張羅添置新衣。他留下的日記手稿中，只在一九六三年內有幾處記了添衣的事。溥儀也不跑到餐館裏去搞排場。

結婚一年後，政協給溥儀調房，搬到西城東觀音寺胡同，條件更好了：兩間臥室，兩間客廳，一間飯廳，還有衛浴設備、廚房和庫房。幽靜的庭院裏，長著青松、翠柏、梨樹、海棠和茂密的蓉花樹，生活在這裏的前皇帝以及他的妻子非常節儉，使水用電、燒煤取暖，一分一角地算計著過日子。

靠有限的工資支配生活，扳著手指頭計算著花錢，對溥儀來說，這顯然是特赦後才碰上的新鮮事。溥儀曾經擁有無法計算的財富，卻不是勞動所得，因此生活依然無聊。今天，只靠兩人工資維持的家庭，雖然有時會因拮据而讓人啼笑皆非，卻充滿了可愛而又令人羨慕的生活。

十一、熱鬧的家庭生活

溥儀和李淑賢組建的家庭確實是豐富多彩的。

讀書。溥儀晚年仍喜歡廣泛涉獵各類圖書。李淑賢也喜歡看書，每天都溫習護理方面的書籍，還要讀雜誌、看小說。晚飯之後收拾停當，小家庭遂變爲兩人讀書的世界。

寫字。雖然早已無人再稱溥儀的字爲「御筆」了，索字者仍是源源不絕，親戚、朋友、同事，還有一批批的國際友人、慕名而來自遠方的不相識的人士……只要本著切磋書法的目的，溥儀都以禮相待。研墨運筆之際，溥儀也曾熱心訓練妻子習字。練過一段時間，李淑賢的結論是：握筆到底不如燒菜、烙餅得心應手。

早晨，溥儀在院子裏打太極拳，晚飯後散步，老北京管這叫「遛彎兒」。如果說打太極拳的時候妻子還配合不上，「遛彎兒」卻需要「搭檔」。兩人總是肩並肩、臂挽臂地走向幽靜的公園，或是漫步於新街口市區。能抓著騎車的機會，溥儀更不放過。

有一回，來看他的親戚把自行車停在門外，溥儀就把招待客人的任務交給妻子，自己在胡同裏騎車玩起來，不料撞倒了過路的老太太，嚇得溥儀連忙賠禮道歉，送她回家，又買糕點慰問。其實，老太太只是被剎車後的慣力衝了一下，沒有大問題，得到「宣統皇帝」的「賞賜」，真感到無上榮幸。溥儀卻因此落下「一朝經蛇咬，十年怕井繩」的「後遺症」。後來，李淑賢跟他商量買輛自行車，上班也無須去擠公共汽車了。溥儀連連搖頭，堅決不允，並說：「你買了車，我就得精神病了！」溥儀恐怕妻子騎車發生事故。

溥儀和李淑賢的家庭樂趣，有些是任何家庭都能有的，有些則只能在溥儀的家庭發生。有一回，溥儀來了興致，又挽袖子又洗手，自告奮勇要給妻子烙餅吃。原來，他曾留心觀察過妻子烙餅，想親自動手，於是請求妻子在客廳等待，「千萬別進廚房」，以便讓他能一顯身手。妻子決定滿足丈夫的要求，遂先準備了捲餅必用的小菜，又清理好灶火，再囑咐一遍擀餅、用油等要領，這才放心、放手退出廚房。

等啊，等啊，足有二十分鐘，正想上廚房看看丈夫搞什麼名堂，溥儀卻從廚房走出來了，手端盤子，托了一張噴香、焦黃的薄餅，趕緊呈在妻子面前：「瞧瞧，手藝怎麼樣？」

「別說——還真不壞呢！」

「你就大口吃吧！」溥儀一臉得意之色，又親自把薄餅攤開，抹上甜麵醬，又夾上各樣佐菜，捲成白胖胖的圓筒，然後遞給妻子，「嘿，又軟又脆，又辣又甜，快『吹喇叭』吧！」

「你自己也捲一張。」李淑賢對丈夫說。

「我吃飽了。」

「在哪兒吃的？」

「廚房裏。」

在妻子追問下，溥儀才坦白：烙頭一張，因爲沒有擀開，餅太厚，外糊內生，他怕妻子發現，也顧不得燙嘴黏牙，三咬兩咬吞進肚裏消滅了；烙第二張，也有糊黑的地方，不理想，乾脆又吃了；現在端來的是第三張，總算不錯，這才喜滋滋地「呈進」妻子。

「你呀！別撐壞了！」李淑賢嗔怪地說。

「學會做飯、燒菜，我才能成爲合格的公民嘛，你說是不是？」

溥儀這個人，別看五十多歲了，性格卻很開朗，說話十分幽默。李淑賢講過一件很有趣的事情，她說：溥儀總跟我開玩笑，有一回我也和他開個玩笑。趁他洗臉時，我藏起他的近視眼鏡，自己則躲在房門後觀察。溥儀洗完臉，沒有眼鏡戴，又找不到我，便伸出雙手在半空中摸呀摸，乾著急不敢邁步，後來向我討饒。我才把眼鏡還他，並故意逗他一句：「你這人真廢物，離開眼鏡就摸瞎，我要和你離婚！」他一聽就急了，臉色陡然變白，聲辯幾句就往廚房跑。我緊跟其後，見他操起菜刀來，似乎要往脖子上抹，嚇得我一把拉住他，解釋說：「跟你開玩笑嘛，怎麼當真事呢！」不料他也「撲哧」一聲笑了，對我說：「也跟你開玩笑嘛，何必當真！」說完又哈哈大笑起來。

如此家庭喜劇，沒有溥儀那樣的特定角色，怎能活靈活現地表演出來？

溥儀對妻子也關心體貼，無微不至。妻子上班，他送到車站；妻子上街，他陪伴著；妻子値夜班，他送衣服、送吃的……一九六三年盛夏，一天，北京大雨滂沱，積水漫越馬路路面，交通亦爲之受阻。溥儀下班後，帶把傘，就頂著傾盆大雨淌水去接妻子，沒接著。往回走時，發現一處未加蓋的下水道口，因積水太深，不細看就分辨不出洞口的確切位置。溥儀很焦急，因爲這裏是妻子上下班必經之地，生怕她不慎跌進去，於是便像警衛站崗 那樣，張開傘，直挺挺地站在那裏警戒了一個多小時。這事在溥儀日記中留下八個字的「起居注」式的簡略記載：「晚，雨。接賢，賢已到家。」

還有一回，因醫院班後會議臨時改期，李淑賢決定去王府井理髮。溥儀往醫院打電話發現妻子並未開會，也沒有回家，急得團團轉。他放下電話就跟傻子似的在大街小巷亂躥起來，東一頭、西一頭，大海撈針，只能是白費精神，遂又往各派出所、交通隊打電話詢問，亦無結果。繼而，他又顛顛地跑到五妹夫老萬家，讓他幫著找。老萬勸他說，一個大活人哪能就丟了？再等等吧。溥儀無奈，回家又等了一個多鐘頭，仍不見妻子的人影，末班車也快過去了，溥儀正埋在沙發裏哭。李淑賢推開房門，因爲新燙了髮，格外漂亮地出現在溥儀面前。溥儀高興得一下子從沙發上彈起來，把妻子攬在懷裏，緊緊地摟著、親著，又哭又笑地說：「你上哪兒去了？也不告訴我一聲，把我急壞了！」說話的神態就像丟掉無價之寶而又重新獲得一樣。

溥儀曾經深情地告訴李淑賢說：「我這個人從來不知道愛情爲何物，只是遇到了你，才曉得人世間還有這樣甜蜜的東西。」這話若出自別人之口，人們或許感到可笑，對溥儀來說卻是肺腑之言，因爲它道出了「末代皇帝」心中的喜悅和隱痛。

是啊，當他「貴爲天子、富有四海」的時候，怎能以「至尊」之身、「至聖」之情去愛「奴才」？須知皇后、皇妃、貴人都是他的奴才，萬歲爺愛奴才豈非荒唐滑稽？反過來也一樣，人們只能拜神似的向他三跪九叩，又怎敢奉獻人間的愛情？當末代皇帝一變而爲平民後，事情就大爲不同了。溥儀贏得了人格，既能接受妻子的摯愛，又能表達自己的深情。

十二、「舊地重遊」回故宮

溥儀好玩，喜歡上這裏走走、到那裏看看。在北京的最後幾年裏，能去的地方他都去了，故宮也參觀多次。「舊地重遊」對溥儀來說，真是別有情趣。

李淑賢印象最深的場面，是與丈夫一起參觀後宮。坤寧宮是溥儀大婚時的洞房，在這兒參觀

時，他給妻子介紹說：「我十七歲大婚那天晚上，並沒住在這屋，出於好奇，曾掀開新娘的紅蓋頭，見婉容長得真不錯。隨後我就跑回養心殿寫字、畫畫去了，直到天亮再沒進這個洞房。」說完，溥儀神色木然。他想起了昔日的東、西六宮，實際是幽禁少女的場所，「三千宮女胭脂面，幾個春來不淚痕」，今天他才理解這詩句的含義。

在養心殿，溥儀特意領妻子來到他小時候睡覺的地方——後殿東間寢宮。他把那雕木龍床上的被褥細看一番，然後對妻子說：「這被子正是我當年蓋過的原物！」

在畫棟雕梁的瓊樓玉閣中間，溥儀夫婦挽臂並行。丈夫如數家珍般給妻子介紹那一座座殿堂、一件件珍寶的來歷、使用狀況及價值，這位特別稱職的「解說員」，常常引起周圍遊客的注意。李淑賢回憶當時的場面說：

「爲了回避遊客，講解時，溥儀儘量壓低聲音，可還是被一些遊客察覺了，立刻圍上去追問：『您怎麼知道這麼多的內情？』『您怎麼能講得這樣仔細？』圍觀者愈來愈多，溥儀連說『不清楚』，趕快脫身出來。」

故宮一草一木都能引起溥儀的種種回憶。經過御膳房和御茶房時，他對妻子說，宮中每天都要給他做出許多花樣點心，由太監端來跪著呈進，其實，「小宣統」又能吃幾塊進肚呢！在端康太妃住過的永和宮前，溥儀講述一段跟太妃們鬧彆扭的往事。他不服從端康的約束，使性子，發脾氣，跟她大吵大鬧，結果親生母親爲此自殺了。

來到沒有門檻的宮門前，溥儀一邊指給妻子看，一邊笑著說：「這是我的『成績』呢！爲了騎自行車，敢於鋸掉列祖列宗絕不敢動的門檻！」

後三宮之北，是石山水泉、峰迴路轉、曲徑通幽的御花園，景色繽紛，恬靜幽邃。明清兩代帝王喜歡由眾妃群嬪簇擁著來此遊憩，「小宣統」也曾攜其一后一妃在這兒盡情玩耍，今天溥儀又與妻子挽臂而來。園內居中，坐落著供奉玄武神的欽安殿，它把溥儀的思緒帶回一九一六年的冬天。因為那一冬無雪，年僅十一歲的「天子」也懂得以「聖賢」的面目出現於欽安殿，並在天穹寶殿內焚香祈雪，兩天後，居然能大雪紛飛，溥儀還寫了一首「御製喜雪詩」。欽安殿兩側，是左右對稱的十餘座富麗堂皇的亭臺樓閣，「小宣統」常在這裏接待各國駐京公使館的「洋大人」們。一九二四年春天，也是在這裏，溥儀會見並設宴款待了印度大詩人泰戈爾……

御花園內到處生長著數百年的參天古樹，蒼勁挺拔，鬱鬱蔥蔥，神態各異，蔚為奇觀。還有東側疊石而起的堆秀山，山中有洞，山頂有亭，俊秀巍峨。每逢秋高氣爽的重陽時節，皇帝駕臨，鑽洞登亭，憑欄遠眺，吟詩抒懷。不過，到了「小宣統」的時代，這裏只是遊戲玩耍之地。小太監用布蒙了眼睛跟小皇上捉迷藏，溥儀給妻子講當年的趣事說：

「太監追上我，就罰他站半個鐘頭；我若追上太監，就賞他點心吃。所以，太監總能讓我追上……」

一九六三年的一個夏日，溥儀見妻子心情不錯，就建議說：「淑賢，我聽說頤和園內有個賣活魚的地方，很有些名氣咧。今天就上那兒去吃午飯好不好？」如此富有情趣的提議，自然得到妻子的贊同，於是雙雙踏上遊程。

溥儀在紫禁城當「關門皇帝」的最後兩年內，多次來到頤和園，有時還帶皇后婉容同來。在昆明湖上划過船，在長廊盡頭處的石舫傳過膳，在櫻桃溝別墅看望過奉派掌管頤和園的英文師傅莊士敦，還參觀過西山八大處寺廟群，也曾經到過仁壽殿後面的玉瀾堂。是莊士敦最早告訴他說，為了囚禁光緒，慈禧下令在玉瀾堂兩邊配殿內各修一堵牢不可破的磚牆，令可憐的皇帝想從殿窗望一眼

昆明湖碧波蕩漾的湖水都不可能。當時溥儀又偕妻直奔這裏，是特意來憑弔二伯父光緒的。這位光緒皇帝的繼任者，凝視著聳立在配殿內的青磚厚牆，緬懷因改制變法而遭不測的先帝，感慨頗深地告訴妻子說：

「慈禧太殘忍，修起這麼高的牆，把光緒整整關了十年，可以想見他何等痛苦！」

十三、延聘各路名醫終無果

溥儀與李淑賢的婚姻生活中缺少了很要緊的東西，那當然就是夫妻間的衿枕之情。對於很多人來說，這種缺欠都將合乎情理的導致婚姻崩潰。溥儀與李淑賢組建的家庭卻維繫過來了，而且兩人感情日密，以至於難捨難分，這似乎不可理解，難道有什麼秘密嗎？

李淑賢面對一個生理無能的丈夫，她的苦悶、煩躁，是可以理解的。她需要能談私房話的朋友，董益三的妻子宋伯蘭就是這樣的一個朋友。在董益三日記中可以找到零零星星的記錄，透露了李淑賢與宋伯蘭談話的若干內容，那當然都是李淑賢走後，由妻子轉告丈夫後才被錄下的。從這些保留下來的文字記載看，一九六五年八月是一道自然的斷限。在這之前的談話，李淑賢常常談到丈夫的缺欠，話語裏帶著明顯的埋怨的情緒。在這之後不一樣了，內容似有轉移，埋怨也漸被一種積極的情緒取代了。那麼，一九六五年八月是個什麼時間轉折呢？說來簡單，無非是李淑賢因子宮腫瘤做了一次切除手術，連帶卵巢一併拿出。術後，李淑賢第一次見到宋伯蘭時說：「現在好了，真希望老頭保養身體多活幾年。」

從夫妻生活的角度講，從此兩人已經平等了。

十四、「我們廝守著相依為命」

溥儀和李淑賢是一對不幸的夫妻，他們沒有衿枕之樂，更不能生兒育女；同時，他們又是一對幸福的戀侶，相伴爲生，相依爲命，誰都離不開誰。

「少年夫妻老來伴」，對於夫妻多年的人們來說，對於晚年又有婚戀的人們來說，如果「相伴爲生」四字可以作爲一般常情的話，「相依爲命」四個字則更能反映溥儀夫婦的獨具特徵。他們體弱多病，在共同生活的幾年中，面對病痛的折磨，互相關照，互相慰藉，互相依賴，從而奠定了夫妻生活的感情基礎。他們確實是一對特殊的夫妻，但也不是不可理解的。對此，李淑賢深有體會地回顧說：

「溥儀和我都有病，而且得過幾場大病，病魔曾幾度將要剝奪他的生命，我也有好幾回面臨死亡。在長時間的患病和住院生活中，在與病魔抗爭、爲生命拚搏的歲月裏，我們廝守著相依爲命，深深感受到愛情的溫暖。愛情給了我們生活的勇氣、希望和樂趣，愛情也在這裏經受了嚴峻的考驗。」

在溥儀的日記裏，有很多「賢感冒」之類的記載。據李淑賢說，她每次感冒，丈夫都當作一件大事寫入日記，並逐日記載病情變化。溥儀是大半輩子都在眾多僕從服侍下生活的人，晚年卻學會了護理別人。有一回妻子夜間發燒，他一宿起來五六次，摸摸妻子的前額，爲她準備退燒藥和開水等。

一九六三年一月，李淑賢因婦科慢性病發作而住院治療。當時，溥儀出席全國文史工作會議非常緊張，但他仍抽暇或請假前往醫院探望病人。幾天之內就在醫院和政協機關之間傳開一條新聞：前皇帝很會關心、照顧妻子，堪稱「模範丈夫」。在四日、六日、八日、十三日的溥儀日記中，都有「請假看賢疾」一類記載。

一月十六日那天，李淑賢竟自作主張辦理了出院手續，其實尚未痊癒，只因爲她住過的那間病房內一連死了幾個重病號，害怕了，然而，這是說不出口的理由啊。大夫們來勸她：「溥儀那樣關心你，不會同意你出院的，一定來找醫院要人，讓我們如何交代！」李淑賢主意已定，乾脆不等丈夫來接，拎起小包出門就走。

說來也巧，途中碰上了正趕往出版社辦事的丈夫。不論溥儀怎麼勸，也沒有拗過妻子，遂在當天日記中留下「同歸政協」的記載。

十五、「換腎」情深動天地

「投我以木桃，報之以瓊瑤」，夫妻之間必須談「還報」，然而，你恩我愛畢竟也是某種意義上的「還報」。溥儀與李淑賢婚後直到溥儀去世的五年半生活，如果可以從中間劃一條線的話，應該說在前半段時間裏，李淑賢患病較多，主要是丈夫照顧妻子；在後半段時間裏，溥儀的身體愈來愈不能支持了。漫長的宮廷生活早已把他糟蹋了，特赦後頭幾年還好，最後三四年則一直在病痛中。他先後九次住院，動過大手術。正是這位婦人，陪伴中國末代皇帝走完了人生的最後途程。

溥儀因尿血而在一九六四年十一月間第一次住院治療，半年後，即在一九六五年六月七日動大手術切除了左腎。切片化驗結果，係「移行上皮細胞癌」，且已有了擴散的跡象。李淑賢得知這一讓人悲痛的消息，決心自己承擔一切，她請求醫護人員說話小心，千萬別讓丈夫知道，並且更加精心地照料丈夫。可是，溥儀不是傻子，早有感覺。手術後，溥儀還在一個偶然的機會裏偷看了化驗單。儘管填單者全使用醫學術語或代號，但稍通醫路的溥儀已經明白了。然而他作為丈夫，也想由自己承擔災難，也要瞞過妻子。

一天，因李淑賢翻看丈夫日記而洩露天機，她再也忍耐不住、嗚嗚啕啕地哭了起來，溥儀溫言熱語地安慰妻子說：「賢，別哭！我這不是好好的嗎？要相信祖國的醫學，會有辦法……」

左腎切除後，右腎又生長出惡性腫瘤，這真是太不幸了！據溥儀日記載，醫院有位倪大夫建議說，仍可切除右腎，但需另換一個人工腎。李淑賢當即表示可將自己的一個腎摘下供丈夫使用，為此曾與溥儀婉商，不料遭到堅決反對。溥儀寫道：

「我堅決反對這個建議，雖然只剩一腎又病，我服中藥治療也可控制並見好，豈能割之換腎？倪大夫這個建議真毒辣，欲害兩人，噫！乃癡人說夢，根本做不到的！」

李淑賢為了延長丈夫的生命，寧可縮短自己的生命；而溥儀絕不願為保命而牽連妻子，損害她的健康。這固然是一曲夫妻情的頌歌，然而，溥儀卻冤枉了倪醫生，說些雖可理解卻是魯莽的話。

溥儀人生旅程的最後半年是這樣度過的：由於整個中國正處在「文化大革命」的浩劫之中，一切應有的條件全都失去了，李淑賢就在最惡劣的環境下，服侍病入膏肓的丈夫。白天她攙扶丈夫步行去醫院就診，晚上她要燒幾壺開水替丈夫擦身洗腳。那些日子，溥儀常常流著眼淚對妻子說：

「沒有你給予愛情的溫暖，我怕是活不到今天了。」

毒瘤在僅存的右腎上擴散著，中國「末代皇帝」的最後時刻迫近了。

十六、沒有遺產有遺囑

一九六七年十月一日前夕，東觀音寺廿二號長形院落內，被秋風捲落的樹葉輕輕飄下，竟不發出一些聲響。一長排正房都是暗的，唯從主人臥室透出微弱的光。難忘的寂靜令人生奇，讓人害怕。一年多來，溥儀與李淑賢一直在喧鬧中度日，今晚突然靜下來了。是福？是禍？誰知是什麼兆頭！

溥儀蓋條毛毯，半依在緞被前邊，又拉過妻子來坐在身旁，並用兩隻眼睛盯住了她。這位前皇帝清楚地知道自己不可能久留人世，想多看妻子幾眼。李淑賢見他眼眶內滾動著淚珠，心疼地掏出手絹為丈夫輕輕擦拭，此時，誰人能知她內心竟有幾多酸楚？這小小臥室又勾起她的回憶，一幕幕「夫妻情」喜劇又浮現在眼前……

溥儀性格開朗、出語幽默，常跟妻子開玩笑，也喜歡海闊天空地高談闊論。溥儀常常偕妻參加各種活動，在正規的場合，他言談莊重，舉止文雅，對妻子也正經八百地稱呼為「淑賢」，有時乾脆只稱一個「賢」字，表示親暱。可是，一回到這間臥室，在兩個人中間，那情形就完全不同了。對妻子，溥儀時而稱「淑賢」，時而喚「小妹」，這當然無所謂。逗人的是，他居然又一聲聲管妻子叫起「小貓」來了。李淑賢索性也把比她年長十九歲的丈夫喚作「老貓」。

今天，同樣是這間小小臥室，變得這樣肅靜，掉地一根針也聽得見回音。

「小妹呀，老貓歿了以後怎麼辦呢？還有誰能關心你，疼你？」溥儀艱難地轉動了一下已經浮腫的肢體，把頭側向坐在身邊的妻子，喃喃地打破了寂靜。

「快別說傻話，老貓不會歿的。老貓生命力那麼強，大災大難都過來了，不久就會好起來。等你好了，咱們一塊兒再去逛北海，逛動物園，你不是還想上植物園去嗎？看看田老、胡老……」李淑賢強壓住悲痛、故作歡顏地安慰丈夫道。

「能夠那樣敢情是好，誰不願意多活幾年！我真想再活二十年呢！不可能了……」溥儀說的都是實話，身為醫護人員的李淑賢不會不懂。那天晚上溥儀說了又說，據李淑賢講，他最後一次說了這麼多的話，其中最要緊的幾句，實際就是溥儀早有腹稿的遺囑：

咱倆今天好好說說吧，我快要離開人世了。長時間裏，我不願提這事兒，因為怕你傷心。我的病是不能治癒的絕症，我曾對你講，科學發達了，能治好我的病，那也是為了安慰你才說的。我這一世，當過皇帝，也當了平民，歸宿還好，現已走到盡頭。有所懸念的是：第一條對不起黨和國家，改造我這樣一個人不容易，把封建統治者變成平民，世界上沒有先例，卻在中國辦到了。可是，我還沒有什麼貢獻，我做的工作太少了；第二條對不起你，我們結婚五年多，又把你一個人扔下了。我年歲大，體弱多病，既沒能讓你生下一男半女，又沒留下長物，今後怎麼辦？又處在文化革命中，誰能管你？我最不放心的就是你呀！

最後的話終於說完了，接著又是可怕的寂靜。妻子再找不出什麼話來安慰丈夫了，時至今日，似乎安慰已不再需要。

一九六七年十月四日清晨五時，溥儀突然病重，一天之內分別被送到人民醫院和協和醫院進行檢查。不料醫院執行極「左」路線的人，堅決反對收治「封建皇帝」。在刻不容緩的情況下，李淑賢當機立斷向政協彙報了，政協又迅即向中南海內總理辦公室反映了情況。總理聽了很生氣，提筆親自批了「特殊照顧」四字。批示雖被立即傳達到醫院，但人民醫院泌尿科病房竟找不出一張閒床，只好暫住內科病房。在這裏，溥儀度過了生命的最後幾天。

據內科病房實習醫生、北京醫學院學生張崇信說，儘管溥儀的臉已經浮腫，他還總下地活動，從病房這頭走到那頭。同房病友是位西藏活佛，成天坐在床上，不哼不哈也不動彈。溥儀常常主動跟他搭話，可是那位活佛似乎不問世事，對政治形勢懵然無知，回答溥儀的問話總是「牛頭不對馬嘴」。

溥儀這人確有很旺盛的生命力，明知已是生命的最後時刻，還要掙扎地活動、努力地思考。從溥儀遺稿中也可以看到，這位病弱不堪的老人，以顫抖之手費力握住三寸筆管，還在記呀寫呀，字跡已經模糊不清，其精神和毅力也可見一斑。在一個小筆記本上，還留下幾個筆法剛勁、清晰可辨的字，那是溥儀在一九六七年十月六日，即逝世前十一天寫給妻子的一張便條：「小妹，我感氣虛。你來時，千萬把『紫河車』（胎盤粉）帶來。今天晚上服用。耀之。」溥儀字耀之，但他輕易不用「耀之」落款。

當年的實習醫生張崇信回憶說：「溥儀住院期間，沒有親朋好友來探望，只有李淑賢經常來照料他。溥儀的視力很差，戴著厚鏡片眼鏡看東西還很吃力，經常可見李淑賢讀一些可能是書信一類的東西給他聽。」這裏談到李淑賢照料溥儀的情況真實可信，至於說到親朋好友，在當時政治氣氛下確實受到很多限制，來探望的人少了，而且有時不得不隱蔽些。

十月八日，宋希濂和楊伯濤到醫院看望溥儀，他已是依靠氧氣和注射點滴維持生命。其後的幾天裏，五妹夫婦等親屬，杜聿明、王耀武、鄭庭笈等同事都先後來過。沈醉則是「偷偷摸摸」溜進溥儀病房的，他後來談到最末一次見到溥儀的情景，實在令人傷感：

「……他已經不能講話了，鼻孔裏插著氧氣管，眼球不停向上翻動，看情況隨時有死去的可能，我禁不住熱淚奪眶而出。我走出來時，遇到一個老護士，她告訴我，溥儀的致命的問題，還是排不出尿來，已造成了尿中毒。我說，爲什麼不經常給他導尿？她一聲不吭，只把頭搖搖，表現出很難過的樣子，便趕快走開了。」

沈醉所述完全屬實，與實習醫生張崇信回憶的情況不謀而合。張不但印證了溥儀去世前排不出尿來的痛苦狀態，還客觀描述了病床之前的一段夫妻情緣：

「……後來，溥儀的病情惡化，小便也發生困難。有一次，溥儀躺在床上痛苦地呻吟，李淑賢在一旁抽泣，活佛則照舊坐在床上無動於衷。在這種氣氛中，我給溥儀導了尿。排空尿液後，溥儀輕鬆一些了，頻頻向我點頭致意，李淑賢也連聲道謝。我心中很不是滋味，知道溥儀在世的日子不長了，而護士出身的李淑賢也不會不清楚這一點。」

十月十二日，這是溥儀的絕筆之日。他一生寫日記，最後一篇就寫在這一天，從此再沒有力量握住筆管了。絕筆日記十分模糊，難以辨認。十月中旬的天空是黃色的，漫天飛捲的狂風夾著西北高原的黃沙，一直在北京上空盤旋。某些瞭解溥儀病情的市民，居然附會出這樣一條「馬路新聞」：天發黃，「小皇上」快死了。

十月十五日，中醫研究院的蒲老匆匆趕往人民醫院，最後一次給溥儀診脈、處方。走出病房，蒲老面現悲戚之色，直告李淑賢說：「人是不行了！也許還能拖幾天……」妻子完全明白，卻不願相信必將到來的事實。朝夕與共的丈夫，難道就這樣撒手去了嗎？她拿著蒲老的藥方又抓回三付藥來，當天熬出一付給丈夫吃了；次日又熬一付，丈夫也服用了；她滿心希望第三天再吃下最後一付，或許會顯得神奇的效果……

事實殘酷無情，溥儀一分鐘一分鐘地接近了生命的終點。

最後的晚上，即十月十六日夜終於來到了。范漢傑和李以劻前來探望溥儀，溥儀昏昏然已經睡了許久，親友們都盼他能睜一睜眼睛。晚十時許，溥儀的兩隻眼睛忽然亮了起來，又開口說話了，頭腦很清醒。

「老溥！還認得我嗎？」范漢傑盯住溥儀問。

「范漢老！」溥儀吐字清楚。

「我們來看你，已經待了很長時間。」李以劻湊在溥儀跟前插嘴道。這位平日與溥儀關係密切的專員又繼續說，「你好好養病吧，別有思想負擔。我們得趕末班車去了……」

「老李，你先別走！等傑二弟來。」溥儀急忙擺手，示意不讓李以劻走。停了一會兒，似乎又想起了什麼，對李以劻喊道：「快！快找孟大夫。孟大夫不來，你千萬別走！」溥儀臉上呈現出令人同情的痛苦表情，他以微弱而清晰的聲音繼續說，「我還不應該死，我還要給國家做事呀！快救救我，找孟大夫……」

專門負責溥儀治療事宜的主治醫生孟大夫被找來後，溥儀一把攥住他的手，不住口地說：「救救我！我要給國家做事，我要給國家做事呀！」

「別怕，你的病慢慢就會好了，你還有機會給國家做事的。」孟大夫這麼一說，溥儀立刻高興起來，臉上掠過一絲笑容。當他又靜靜地睡去後，孟大夫把實情告訴了老范和老李，他說：「溥老先生過不去今天晚上了，方才他很清醒，這是迴光返照現象。」

末班車通過的時間逼近了，兩位專員同事最後替溥儀掖了掖被角，依依不捨地離開了垂危的好友。這時，溥儀病床前還守候著四個人：悲戚如癡的李淑賢，緊挨丈夫身體坐在床邊；兩位曾在溥儀家工作過的保姆，眼圈都紅了；溥儀的一個外甥也在旁邊低泣……

那些天，爲了幫助溥儀減輕痛苦，每天晚上，護士要給他注射三種藥針，大概都是鎭痛的。這天晚上，照舊打了藥針，所以溥儀才能安靜地睡一會兒。

到了下半夜，李淑賢上廁所回來，發現丈夫的臉色不對。這時溥儀突然醒來，繼而大口大口地喘粗氣，他努力睜開眼睛，直直地盯住妻子，說出了最後一句話：「小妹，我心裏憋得慌……」說完就聲息全無了，只見他的胸脯還起起伏伏，漸趨微弱。溥傑恰在此時趕到，這對兒「難兄難弟」已經不能交談，卻最後互相看了一眼。等値班醫生和護士們聞訊趕來，溥儀的瞳孔已經擴散，只是喉嚨裏還咕嚕咕嚕地響，不咽下這最後一口氣。溥儀還在與死神拚搏，他多想活下去啊！儘管醫生們輪番搶救，也未能阻止死神的降臨，全身浮腫的愛新覺羅•溥儀終於呼出一口長氣，安詳地與世長辭了。至此，李淑賢再也按捺不住心頭的巨大悲痛，伏在丈夫遺體上放聲大哭起來。時爲一九六七年十月十七日凌晨二時十五分，中國末代皇帝，也是普通平民，溥儀走完了他的人生途程。

溥儀走了，他與李淑賢組建的家庭還在：在東觀音寺廿二號那棟大房子裏，溥儀穿過的衣服還在衣架上掛著，溥儀用過的碗筷還在櫃櫥裏擱著，溥儀睡過的枕頭還保留著壓痕，溥儀用過的煙具還隱約飄散著煙草的芳香……處處無不勾起李淑賢的懷戀！她無論如何不能相信：那個生氣勃勃、

笑聲朗朗的「大孩子」、她的「老貓」，難道就這樣走了？走得無影無蹤？

愛新覺羅・溥儀確實已經走了，但他留下一個普通而溫暖的家庭、充滿人情味的家庭，從而在世界皇家史冊上增添了嶄新的一頁。

十七、「文革」年代的「皇帝後事」

李淑賢心亂如麻，想到天亮以後就要辦理火化手續，還想給溥儀買雙鞋、買雙襪子，還得買骨灰盒。她硬撐著，向朋友借一百元給溥儀辦後事。

當天上午，她到醫院「太平間」給溥儀穿衣服。親人去了，她卻總覺得溥儀還活著，端詳他的遺容，只見臉還腫脹著，但面貌依舊，好像睡著了。給他穿上新拆洗的黑棉襖，又穿上棉褲，換上新襪和新買的布鞋，把新買回的褥子給他鋪好，把枕頭給他墊好，還特意把他平時喜歡戴的一頂深藍色呢帽戴在頭上。

溥儀好像還放心不下，一隻眼睛睜著，嘴也張開著。溥儀平時愛梳頭，一高興就把頭髮弄得很亮，李淑賢遂又給他梳一梳，讓他高高興興地去吧！

愛新覺羅家族的親人陸續來到醫院，勸李淑賢離開「太平間」。也不知說了多少遍了，她才肯站起來最後看一眼，雙手拉著那塊可怕的白布蒙過丈夫的頭頂。李淑賢又不可抑制地失聲痛哭了……

第二天，周恩來派人來了，向李淑賢轉達了他的慰問之意，並詳細詢問了溥儀的病情以及逝世前後病態發展的具體情況。對溥儀後事的處理，也做出了明確而具體的指示：溥儀遺體可以火化也可以土葬。然而，在當時的歷史環境裏，家屬不可能考慮土葬，遂由溥傑辦好手續，就用靈車把遺體拉到火葬場去了，僅有李淑賢和溥傑、李以劻等少數幾人隨行，也沒有舉行遺體告別儀式，連骨灰盒也只能買到五元一隻的小盒子。

十月廿一日，愛新覺羅家族主要成員聚會討論了溥儀骨灰的寄存問題。年邁的七叔首先提出，應把溥儀骨灰寄存在八寶山人民骨灰堂。溥傑表示贊成。李淑賢對此也無異議。這樣，經家族一致商定了。第二天，李淑賢、溥傑，還有一位街坊的女兒，一起到八寶山人民骨灰堂辦理了寄存手續，存期十五年。

溥儀去世，給李淑賢帶來的悲痛是不可言喻的，半年多裏，她連收音機也沒打開過，感到孤苦伶仃，不知今後應該怎樣生活？她吃飯不香，睡覺不實，身體更壞了，瘦得可憐。因爲懷念溥儀，她總想到八寶山公墓去看溥儀的骨灰，摸一摸，擦一擦，坐一會兒。幾乎天天要去，李淑賢索性買了一張汽車月票，來來去去，彷彿到那裏就能見到丈夫似的。李淑賢甚至帶著午餐到骨灰堂去，上午八九點鐘把骨灰抱出來，到下午三四點鐘再放回去，中午就守著丈夫的骨灰盒吃點東西。回到冷清清的家中，她總是哭，晚上睡覺以後還常常夢見溥儀。

對李淑賢來說，不僅有精神上的巨大創傷，還有更實際的問題，正像溥儀遺言中不幸而言中的那樣，在文革期間，誰能管她？生活的出路又在哪裡？

李淑賢是一個弱者，五種慢性病集於一身，因此不得不常常休病假，醫院就要她從一九六四年七月十四日起暫不上班，「停薪留職」，以待恢復健康。

爲了獲得生活保障，李淑賢在一九六八年初申請上班，沒想到醫院以「必須有健康檢查證明」

爲由，拒絕了她的申請。李淑賢要活下去，於是鼓起勇氣給周恩來寫了一封信，沒想到周恩來沒收到，而被退交醫院處理，還是沒能解決。在十分艱難的情況下，李淑賢度過了好幾年備受煎熬的日子。

溥儀去世後，李淑賢在東觀音寺又住了一年多，雖然沒有人攆她，還是住不下去了，因爲當時沒有分文收入，坐吃溥儀留下的幾千元稿費，住不起那麼多的房子，也燒不起那麼多的爐子，僅房租、水電一項就欠下數百元。於是，她主動交出了東觀音寺一套有客廳、有臥室，還有其他生活設備的寬敞住宅，而寧願搬到東城箭廠胡同的院子裏。那間房子原來是衛浴間，拆掉馬桶等設施後改爲住房，房間很小，又暗又潮濕，沒有廚房，到了夏天，悶熱得像蒸籠，還有味道，臭烘烘的，住得很難受。

更讓李淑賢受不了的是自費看病。她是三五天中總要進醫院的人。作爲國家職工，有公費醫療，她卻打針吃藥一概得自掏腰包。爲此，李淑賢又一遍一遍地去找原單位，找衛生局，跑了幾年也沒有能夠恢復一個護士的工作。

李淑賢走投無路了，再一次鼓起勇氣，於一九七一年六月下旬寄出給周恩來的第二封信，彙報了自己的生活情況，並說明了實際存在的困難。

發信不到十天，周恩來委派侯春懷來訪問李淑賢，向李淑賢仔細地詢問了有關情況和要求。李淑賢當時提出兩條要求：一是復職，安排力所能及的工作，以解決生活出路問題；二是現居房屋條件太壞，希望調一調。

很快，房產處幹部就通知李淑賢看房，擬在宣武門烤鴨店附近一座宿舍樓內，分配一間十四五平方米的房間，有廚房和室內廁所，但沒有陽臺。李淑賢沒有同意。隔了一段時間，政協房產處又讓她搬到東四八條二十號政協宿舍。這裏也是平房，有三重人院，街坊很多，共住十一戶，多數是國務院各部門的幹部。李淑賢住在東院北房內。五間北房三家住，她住一間半。

第二天一早，李淑賢就跑到八寶山人民骨灰堂，撫摸著愛人的骨灰盒，告慰溥儀在天之靈說：「安息吧！你離世前耿耿於心、懸念不已的事情，已由周總理親自過問解決了，你可以放心長眠了。」李淑賢的眼淚噗噗地落在骨灰盒上。

十八、追悼會在十三年後舉行

李淑賢的生活問題也還沒有完全解決，治病還是自己掏腰包。如果只是吃飯問題也無所謂，有錢可以吃得好些，沒錢就把水準降一降，餓不著就算了，可是李淑賢有多種慢性病，有病不治可不行。

一九七五年，李淑賢的慢性腎炎犯了，很嚴重，採取中西醫結合治療的方針，每天打兩針，還要熬一劑中藥。多虧在八條居住時的街坊唐仁萍和奶媽照顧、幫了大忙。

然而，在八條卻有一位高鄰總是無理糾纏，造謠生事，說她家每天晚上都有男人來住，又說她晚上不睡覺，鬼鬼祟祟搞活動……她實在受不了這種精神折磨，遂要求政協房管部門調房，寧可住到條件差些的地方去。政協房管處就讓她和住在北小街草原胡同廿三號的一位電工換了房子。這是一間廂房，又黑又暗，但可免除騷擾，李淑賢便同意了。

當時李淑賢沒有工作，除了每月六十元生活補助外，沒有任何收入，還要治病，有時連買菜的

錢也沒有，常常只買半斤麵條，拌入鹽和醬油就是一頓飯，床單破了，就一塊一塊打補丁，這樣的日子過了好幾年。

一九八〇年，李淑賢再一次來到八寶山人民骨灰堂看望親人，擦拭那個熟悉的木匣子，又不能不觸動她的一份沉重的心事。規定的骨灰寄存期限爲十五年，從一九六七年到現在，就要期滿了，以後怎麼辦呢？拿回家裏去吧，李淑賢獨身單居，心裏害怕，早些年溥儀還在世的時候，譚玉齡的骨灰在家中存放一段時間，就嚇得她晚上直做夢，後來溥儀讓毓嵒拿走了。

骨灰堂的管理人員也認識李淑賢，瞭解她的心思，很真誠地勸她：「人死如燈滅，寄託哀思也不一定要保存骨灰，到了期限就深葬吧！」李淑賢不能接受，覺得這樣做對不起溥儀，丈夫疼她一回、愛她一回，怎麼可以丟下他不管呢？

正著急的時候，上級通知她，不久就要給溥儀開追悼會，溥儀將被重新安放在革命公墓中，李淑賢簡直不敢相信這事實，一塊心病立刻化解了。

一九八〇年五月廿九日下午，在政協禮堂舉行了溥儀的追悼會。已經辭世十三年多的溥儀，倘若神靈有知，可以安眠於九泉之下了。李淑賢彷彿又看見丈夫就站在不遠的地方，面帶微笑，用十分滿意的眼光看著她，看著參加追悼會的每位來賓……

追悼會結束以後，溥傑捧著長兄的遺像，李淑賢端著丈夫的骨灰盒，在八寶山革命公墓第一室，重新安放了溥儀的骨灰。

開完追悼會還不到兩個星期，即一九八〇年六月十二日，李淑賢的家從草原胡同搬到團結湖政協宿舍，面積雖不大，但有廚房、暖氣、煤氣和室內廁所等設施，生活還方便，溥儀在世的時候，她就曾提出把家搬到和平里樓房宿舍，那時沒有辦到，現在第一次從平房遷入樓房。

十九、晚年十七載

十七載晚年生活從此開始了。關於李淑賢這些年的經歷，她的回憶錄《我的丈夫溥儀》記載甚詳。

一九七九年夏天開始，李淑賢與筆者建立起以弘揚溥儀的後半生生活爲主題的合作關係，整理丈夫溥儀的日記、文章、發言稿和照片等遺稿、遺物，同時詳細地回憶與溥儀共同生活的經歷，撰寫回憶錄。

一九八四年二月，《長春文史資料》第六輯首先刊出李淑賢的回憶錄《溥儀與我》，主要記述了溥儀與李淑賢在一起那段歲月的日常生活，有甜蜜的戀愛生活，幸福的婚姻生活，和在病痛中互相照顧的溫暖而體貼的生活。李淑賢特別在該書前言中加寫了一段話：

「由於長春人民非常熟悉歷史上的『康得皇帝』——那個曾建立了一座中西合璧、不倫不類的『帝宮』，並在那裏與日本帝國主義簽訂了出賣祖國河山和財富的《日滿議定書》的溥儀，因而也非常希望瞭解溥儀的轉變及其晚年生活。我就曾接待過許多登門來訪的長春朋友，親耳聽到他們訴說自己的願望。有鑒於此，我由衷地感到高興，願意借此機會，把溥儀的思想和生活風貌介紹給北國春城的人民。倘我的愛人九泉有知，也一定十分樂意用自己晚年的生命之泉，去沖刷那歷史上血染的舊痕。當長春人民爲此而感到歡欣的時候，我相信溥儀也會寬心多了。」

一九八四年三月，義大利想像影業公司與中國電影合作製片公司合作拍攝電影《末代皇帝》，因爲該片以溥儀所著《我的前半生》爲原著，所以首先碰到的問題便是與著作權人簽約，取得電影改編權，而溥儀已經去世，當然就要得到該書版權繼承人李淑賢的同意，而以她在協議上的簽字爲準。

問題就在這時發生了，從《我的前半生》一書初次面世的一九六四年，到一九八四年，整整二十年間從未提出過作者身分要求的李文達先生，這時突然站出來，並以「作者之一」的身分，在轉讓《我的前半生》電影改編權協議上簽了自己的名字，起初李淑賢對此並不知情。然而，一場後來被稱作「中國第一號著作權糾紛案」的版權官司實已就此拉開序幕。

一九八四年四月，香港著名導演李翰祥由文化部部長周巍峙之子周七月陪同，前往團結湖拜訪李淑賢。原來李翰祥看到李淑賢的回憶錄《溥儀與我》後，希望轉讓電影改編權，要拍攝一部反映溥儀後半生生活的電影。

一九八四年六月五日，在北京西苑飯店內李翰祥的工作專用車上，李淑賢和筆者一起與李翰祥商談，當天草簽了拍攝電影《火龍》的合約，幾天之後，又在建國飯店舉行正式簽約儀式。

李翰祥胸有成竹地談到他這次拍攝溥儀生平的想法說，溥儀並沒有像中國歷代帝王那樣修建宏大的陵寢，而是在「文革」的特殊年代裏被火化了，從而成爲中國歷史上唯一的一條「火化了的龍」，是真正的「火龍」。他又說，溥儀的一生可以用「生於憂患，死於憂患」來概括，充滿了人情味和趣味性，他希望能以輕鬆的格調，從溥儀後半生的生活中，從這位皇帝與一位普通女護士結合後的民間婚姻生活中，摘取一串串歡樂的浪花，選擇一組組真實的場景，讓人們看到生活在六十年代裏的溥儀，原來是一個活生生的人。

李阿姨和我都表示能夠理解他的意圖，相信他能把溥儀的後半生生活真實地再現於銀幕。「溥儀熱」迅速升溫，又從印刷品轉向銀幕和螢光幕。

一九八四年十二月，李淑賢出席了《火龍》開機之前由香港新崑崙影業公司與中國電視劇製作中心在北京鴻賓樓舉行的招待會，會後即在西城區東觀音寺卍二號李淑賢與溥儀共同居住的地方開鏡拍攝。當年二十六歲堪稱「影帝」的香港演員梁家輝扮演溥儀，而李淑賢則由內地當紅明星潘虹扮演。李淑賢與筆者多次去拍片現場，常常流淚不止，丈夫去世已經十八年了，他的音容笑貌又栩栩如生呈現在眼前，勾起李淑賢無盡的回憶。

一九八五年二月，李淑賢要維護丈夫的合法權益，遂拒絕在協議書上與李文達並列簽名，希望確認溥儀爲《我的前半生》唯一作者。群眾出版社在其所寫《關於〈我的前半生〉一書版權爭議問題的意見》中作了道歉，還在北京飯店聚餐會上，當著李淑賢的面宣布說，《我的前半生》一書唯一作者是溥儀，版權歸溥儀所有，李淑賢作爲溥儀的妻子，是該書版權的合法繼承人。他們向李淑賢表示道歉，並向她補付了多次再版的印數稿酬。然而，這「版權爭議」並未就此了結，很快又出現反覆，演成一波三折之勢。

一九八五年十一月初，版權局發出題爲《關於〈我的前半生〉一書版權歸屬的處理意見》的新文件，聲稱《我的前半生》「是溥儀和李文達合作創作的，他們之間不是作者與編輯的關係，而是合作作者的關係，版權應歸溥儀和李文達共有。」這一帶有權威性行政機關的結論，既然並沒有說服李淑賢，也就迫使她不得不考慮訴諸法律的問題了。她開始聘請律師，寫訴狀，向法院起訴，但在很長一段時間裏都不能立案。值得人們深思的是，就在這前後兩三年的時間裏，義大利國家總理及文化部長都曾對電影《末代皇帝》能否拍攝表示關注，就在這種「關注」中，義大利著名導演貝托盧奇終於完成了他的傑作，並奇蹟般地一舉奪得九項奧斯卡大獎，震動了國際影壇。

一九八六年三月廿二日，李淑賢飛赴深圳出席在新園賓館舉行的《火龍》首映式，李玉琴同機前往。李淑賢接受新聞記者採訪說：

「我身體不好，怕經不起旅途勞累本不想來，實在因爲《火龍》這部影片與我的關係至深，不願拂卻萬千觀眾的一片期待之情才決定來了。這是我第一次坐飛機，接著又乘了八個多小時的汽車，很不適應，到深圳時，已感到頭昏眼花疲憊不堪了，我服用了許多藥物才強打精神，堅持著參加了第二天在深圳新園賓館舉行的《火龍》首映式。」

香港《文匯報》第二天便以《溥儀的遺孀和末代皇妃李淑賢李玉琴深圳會客》爲題刊出消息。

一九八六年的夏秋之際，由中、義、英三國合拍，貝托盧奇執導的電影《末代皇帝》也在改編劇本，挑選演員，完成各種前期準備工作後開機。據製片人佛朗哥・焦瓦萊說：

「這將是一部非常壯麗的電影。我們將在中國皇帝的住所——北京的紫禁城裏拍片五個星期，拍片的地方，包括這座宮殿以前從未開放過的許多部分。」

一九八八年十一月，《溥儀的後半生》這本書，風風雨雨歷經十年波折，終於由天津人民出版社正式出版。當把嶄新的樣書拿在手上時，李淑賢很激動，因爲終於可以告慰她親愛的丈夫，使之安心於九泉了。重讀這本書，記憶又把李淑賢帶回難忘的歲月。李淑賢想起二十三年前「文革」初期，造反派們把《通令》貼到她家院子裏，嚇得當過皇帝的丈夫連與毛澤東的合影都趕快上交給政協機關，又把一本本日記撕開，丟進籮筐，抬到小院裏去焚燒。

是李淑賢想辦法把溥儀調開，才從火堆裏搶救出一些日記和手稿，李淑賢把那批資料稱作「末代皇帝的最後遺產」，以此爲題，撰文交給《文匯報》發表，文中說：

「越過十年浩劫中令人難忍的日日夜夜，我終於把那批溥儀親筆日記保存到『四人幫』覆滅的一天。一九七九年秋，王慶祥同志來京找我，要求與我合作共同整理溥儀那批手稿資料，我同意了。誰知這以後也經歷了一場又一場的風雨，一些追名逐利的人到處鑽營，節外生枝地搞了許多名堂，這些事我不願再提。總之，我能把丈夫的部分日記、筆記、會議記錄和發言草稿、書信、照片以及接待外賓的談話記錄等親筆資料保存至今，絕非易事，這批資料是中國末代皇帝的最後遺產，也是中國兩千年封建專制制度的代表最後被歷史埋葬的實證，它們的歷史價值是不言而喻的。」

一九八九年四月廿五日，北京市中級人民法院終於受理了李淑賢的起訴；同年九月底，北京市中級人民法院召開第一次《我的前半生》版權糾紛答辯會。一九九〇年二月廿七日，開庭公開審理。李淑賢陳述起訴理由時說，《我的前半生》一書從一九六四年出版至今，一直署的是溥儀的名字，李淑賢請求法院制止李文達對版權的侵犯。被告李文達答辯說，溥儀《我的前半生》全部是由他執筆完成的，書寫完後，他之所以沒有署自己的名字，完全是從政治上考慮的，這並不等於放棄了自己的著作權。他請求法庭確認他是此書的合作者。

雙方及律師陳訴後，合議庭建議調解，不成。審判長讓雙方回去等候法院裁決，然後宣布休庭。誰也沒有想到這一「休庭」竟然是五度春秋。

「中國第一號著作權糾紛案」還在「休庭」，《我的前半生》一書卻再版不誤，似乎因為那場沸沸揚揚的官司而備受讀者青睞。最令李淑賢不能容忍的倒不是這本書再版，而是出版者不經版權繼承人許可，隨意增加《序》、《代序》和《補充注釋》等內容，侵權行為深深刺痛了李淑賢的心，她焦急地等待著判決。

一九九〇年十月，上海人民出版社又推出李淑賢與筆者合作編著的《愛新覺羅・溥儀畫傳》一書，評論者認為這是用歷史照片資料反映歷史人物生平的「集權威性、完整性和藝術性於一體」

的專著，裝幀豪華，印刷精良。該書以八百幅照片和六萬字的篇幅，展示了溥儀從皇帝到公民的一生，反映了中國紛繁複雜的時代特徵。其中李淑賢提供的溥儀宮廷生活和生命最後八年中色彩斑斕的生活照片，在保存了半個世紀以後首次披露，更顯得珍貴。

一九九三年八月廿五日，李淑賢應愛新覺羅・恒年之邀，啓程越洋訪美探親。恒年是大阿哥溥儁之孫，也就是溥儀的侄孫，八十年代初移民美國。恒年全家都盼望李淑賢能有機會與紐約的華人歡聚，順便看看美國的景色。到達紐約機場，剛下飛機便有美國《僑報》記者採訪，一篇題爲《「末代皇后」「巡幸」紐約》的新聞，立即登上該報的顯著版面。

在美期間，李淑賢先後接受了《世界日報》、《僑報》、《亞美時報》等新聞媒體的採訪，會見了宋子文先生的大小姐，觀覽了紐約市區，還登上美國摩天大樓頂樓，享受一下置身九霄雲外的感覺。

李淑賢在美期間，還應邀參加了兩次重要的社交活動，一次是爲中美文化交流而舉行的，另一次是美中關係全國委員會舉行的兩年一度的招待宴會，來賓八百餘人，規模宏大，中國駐美大使李道豫把李淑賢尊爲貴賓，讓她與一些國家的駐美大使坐在一起，其中有位前美國駐中國大使，因爲能講簡單的漢語，熱情地跟李淑賢交談。九月廿五日，李淑賢來到紐約整整一個月，正好恒年也要去北京辦事，他們便搭機離開紐約，經歷二十多小時的飛行，回到北京。

一九九四年五月，在陽光燦爛的日子裏，李淑賢由她與溥儀的婚姻介紹人之一沙曾熙的愛人陪同，第二次來到長春。

一九九四年九月，李淑賢提供溥儀日記遺稿原件，筆者整理、注釋的《溥儀日記》一書日文版，由日本學生社在東京出版。該書近百萬字（**按中文六十餘萬字**），一大厚冊，裝幀十分精美，出版後頗受評論界關注，山室信一、大江志乃夫等日本學者紛紛撰文評述。《京都新聞》一九九四年十月十日發表的一篇評論中寫道：「這部日記是溥儀晚年的妻子李淑賢在『文革』年代從火堆中救出並保存下來的，具有極高的資料價値，加之由當代史學家王慶祥參照其他多種珍貴文獻核證彙編，而把溥儀從皇帝到公民的充滿波折坎坷的後半生給真實地表現出來了。」

一九九四年十一月，臺灣中國電視公司錄製的四集系列專題片《末代皇帝溥儀專集》（共八十分鐘），在臺灣連續播放。該片是根據同年八月對李淑賢和筆者以及其他幾位相關人士的電視採訪而製作的，李淑賢就溥儀後半生的婚姻家庭生活經歷發表了談話，而筆者則對溥儀一生中重大問題加以評述。

一九九五年一月廿六日上午九時，北京市中級人民法院在「（一九八九）中民字第一〇九二號民事判決書」中，表述了《我的前半生》產生過程，認爲該書是溥儀的自傳體作品，在該書的寫作出版過程中，李文達根據組織的指派，曾幫助溥儀修改出書，付出了心血，但李文達與溥儀之間不存在共同創作該書的合作關係。因此應認定溥儀爲《我的前半生》一書的作者，並享有該書的著作權。

歷經長達十年的審理，北京市中級人民法院終於對中國第一號著作權案——《我的前半生》版權歸屬問題，做出了艱難的判決！李淑賢說：「這場延續十年的版權官司，我不知經歷了多少曲折，也不知流過多少眼淚，更不知跑破了多少雙鞋子，總算盼到了宣判的這一天！」這真是遲到的宣判。

從一九八四年因國內外影視界爭相拍攝以溥儀生平爲題材的電影和電視而引發《我的前半生》版權之爭，到一九八九年在法院立案，其間經歷了一個五年；從立案到判決，其間又經歷了一個五

年。十年下來，李淑賢從「花甲」步入「古稀」，她那張飽經風霜的臉上又增添了幾多皺紋。十年下來，要跟溥儀爭「一半版權」的李文達先生，也已在一九九三年十一月五日作古。十年下來，根據《我的前半生》改編的貝托盧奇執導的電影《末代皇帝》、李翰祥執導的電影《火龍》和中國電視劇製作中心拍攝的電視劇《末代皇帝》，都早已搬上銀幕和螢光幕，其中，有的作品還一舉獲得多項奧斯卡大獎……。

然而，事情沒那麼簡單，繼承訴訟的李文達家屬，又於一九九五年三月初向北京市高級人民法院遞交了上訴狀，他們雖不否認判決書中所認定的事實，但反對判決的結論。對上訴的審理又經歷了一年零四個月的時間，北京市高級人民法院民事判決書「（一九九五）高知終字第十八號」於一九九六年七月十七日下達。其中最重要的一段是這樣寫的：

「本院認爲：《我的前半生》一書從修改到出版的整個過程，都是在有關部門的組織下進行的，李文達是由組織指派幫助溥儀修改出書，故李文達與溥儀不存在合作創作的事實。《我的前半生》一書既是由溥儀署名，又是溥儀以第一人稱敘述親身經歷爲內容的自傳體文學作品；該書的形式及內容均與溥儀個人身分聯繫在一起，它反映了溥儀思想改造的過程和成果，體現了溥儀的個人意志；該書的輿論評價和社會責任也由其個人承擔；因此，根據該書寫作的具體背景和有關情況，溥儀應是《我的前半生》一書的唯一作者。溥儀去世後，該作品的使用權和獲得報酬權，其合法繼承人有權繼承。綜上，上訴人王瀅等人的上訴請求不能成立，本院不予支持。原審判決處理結果正確，應予維持。」

這是終審判決，李淑賢最後勝訴了，她鬆了一口氣，一件大事總算做完。

憑著勝訴的判決，李淑賢已鄭重聲明，向有侵權行爲的出版社收回了《我的前半生》一書的版權。李淑賢敢於向法律討公道，用法律維護權益，這無疑是進步，是勇敢，是值得讚揚的行爲。

一九九五年一月廿六日，遷陵隊伍一行分乘六輛轎車，沿京石公路駛往易縣清西陵，李淑賢親自護送丈夫溥儀的骨灰，到達華龍皇家陵園的靈堂。這裏已經佈置就緒，正前方懸掛著「全國政協委員愛新覺羅・溥儀」橫額，以及一幀放大的溥儀晚年的照片，四周擺滿了花圈，當她把木質雕花的溥儀的骨灰盒捧放在鋪著黃緞的靈臺上的時候，遷葬安靈儀式就正式開始了。

李淑賢說，她今天很高興，溥儀有了這個歸宿，她也就放心了。今天還給丈夫帶來一個好消息，《我的前半生》版權官司一審判決勝訴了，在丈夫遷陵的時候，這是對他最好的安慰。說完，在場的人行了鞠躬禮，然後李淑賢戴著黑色手套，捧著溥儀的骨灰盒，緩步走向一百多米以外的墓穴。

這時，一位陵園工作人員跳下一人多深的墓穴，鄭重地從李淑賢手裏接過骨灰盒，輕輕放入鋪著黃綢的水泥槨內，又特意解開包裹骨灰盒的黃緞布，確認方向爲面南背北，再重新繫好，蓋上槨蓋，窩好鋼筋，再澆築混凝土封死。

丈夫已經入土爲安，李淑賢爲歷史劃上了圓滿的句號。

一九九九年一月，李淑賢的回憶錄《溥儀與我》，經增訂而以《我的丈夫溥儀》爲書名，字數已經翻倍，所涉事件與情節也已擴展到一九九五年定稿之前。不但增添了李淑賢和丈夫溥儀共同生活的許多細節，還新寫了丈夫去世後李淑賢作爲溥儀遺孀，在「文革」十年中間以及改革開放新時代裏的漫長經歷。所以能夠增添大量新的內容，是因爲近十幾年來，前來訪問李淑賢的中外各界人士、記者、歷史研究者以至普通讀者、遊客，越來越多了。每次接待來訪客人，都勾起她對溥儀的許多回憶。其中，特別是一些外國記者，從李淑賢與溥儀的相識相愛到組成家庭的經過，從平日工

作到家常生活，從愛新覺羅家族、國家領導人與溥儀的關係，從她們的外出旅遊到溥儀住院治療等等，無不一一細問。爲了更好地回答記者的採訪，李淑賢一邊回憶一邊做些簡要的記錄，這些記錄成爲這本書重要的新素材。

一九九七年五月下旬，李淑賢的新版回憶錄《我的丈夫溥儀》一書日文版，由日本學生社在東京出版，該書是筆者根據李淑賢的口述和日記撰寫的，不但寫出她與溥儀共同生活的經歷，還詳細撰寫了溥儀去世後她在「文革」年代遭受的磨難，在改革開放時期的思想和生活，以及在長達十年版權官司的坎坎坷坷，一直寫到一九九六年在華龍皇家陵園爲丈夫建墓，入土爲安，而使各國讀者能從這個特殊家庭的角度瞭解中國社會和時代的氣息。

令人遺憾的是，當散發著油墨香的嶄新而漂亮的樣書從東京寄到長春時，李淑賢已經飄然遠行了。

一九九七年六月九日下午三時十分，中國末代皇帝溥儀先生的妻子李淑賢女士在北京中日友誼醫院的一間病房內，度盡她人生的最後時光，享年七十三歲。她的身邊沒有子女，也沒有直系親屬，只有一兩個朋友和遠親，以及雇用的保姆，還來不及對身後事作出深思熟慮地安排，就匆匆而去了。

李淑賢的遺體火化後，暫存公墓骨灰堂，葬地尚未確定。有人主張仍入華龍皇家陵園，合入現有的溥儀墓，還有人主張葬於香山金山陵園，再遷來溥儀的骨灰合葬。筆者能做的是寫一篇悼念的文字，希望能寫出筆者與李阿姨的將近二十年的交往，寫出其間的坎坷與歡欣，表達筆者對逝者真誠的懷念之情。

國家圖書館出版品預行編目資料

末代皇帝和他的五個女人／王慶祥著. — 初版.—
臺北市：風雲時代，2009.05
面；　公分

ISBN 978-986-146-549-4（平裝）

1.（清）溥儀　2.后妃　3.傳記

627.99　　98005958

風雲歷史人物

末代皇帝和他的五個女人

作者：王慶祥
出版者：風雲時代出版股份有限公司
出版所：風雲時代出版股份有限公司
地址：105台北市民生東路五段178號7樓之3
風雲書網：http://www.eastbooks.com.tw
官方部落格：http://eastbooks.pixnet.net/blog
信箱：h7560949@ms15.hinet.net
郵撥帳號：12043291
服務專線：(02)2756-0949　傳真：(02)2765-3799
執行主編：朱墨菲
美術編輯：許芳瑜

法律顧問：永然法律事務所 李永然律師
北辰著作權事務所 蕭雄淋律師
版權授權：北京團結出版社

初版日期：2009年6月

ISBN 978-986-146-549-4

總經銷：成信文化事業股份有限公司
地址：台北縣新店市中正路四維巷二弄2號4樓
電話：(02)2219-2080

行政院新聞局局版台業字第3595號
營利事業統一編號22759935

定價：280元